普通高校文化与传播类专业系列教材编委会

主　　编　杨柏岭

执行主编　秦宗财

编　　委（按姓氏笔画先后排列）

马　梅　　王玉洁　　王艳红　　王霞霞
卢　婷　　刘　琴　　阳光宁　　苏玫瑰
杨龙飞　　杨柏岭　　杨振宁　　肖叶飞
张书端　　张军占　　张宏梅　　张泉泉
陆　耿　　陈久美　　罗　铭　　周建国
周钰楣　　赵忠仲　　胡　斌　　秦　枫
秦宗财　　秦然然

首批部校共建新闻学院系列成果
安徽省高等学校"十三五"省级规划教材
普通高校文化与传播类专业系列教材

安徽师范大学教材建设基金资助成果

文化与传播十五讲

主编　杨柏岭　张泉泉
编委　王友群　秦　枫　赵忠仲
　　　张泉泉　杨柏岭

中国科学技术大学出版社

内容简介

本书系"普通高校文化与传播类专业系列教材"之一,侧重从文化与传播的基本理论素养方面构建"文化与传播"的知识体系。除"绪论""结语"外,全书共分五编十五讲,以文化的逻辑结构为主线,以时间轴为内在线索选择具体话题,汲取文学、历史学、哲学、社会学、艺术学等多个学科理论,注重地域特色,从不同维度对研究框架进行延伸拓展,形成了"物质文化与科技传播""制度文化与伦理传播""精神文化与思想传播""审美文化与艺术传播""地方文化与民俗传播"五大版块。聚焦"文化"与"传播"两个关键词,探寻二者的内在联系,将中外文化对照并融合文化理论与传播理论,以文化视野观照传播活动,以传播视角聚焦文化现象,以历史眼光分析媒介发展。本书适用于作为各类院校新闻传播学专业的教材,也适合作为其他专业的通识类教材,以及对文化与传播问题感兴趣的读者。

图书在版编目(CIP)数据

文化与传播十五讲/杨柏岭,张泉泉主编. —合肥:中国科学技术大学出版社,2022.2
ISBN 978-7-312-05363-4

Ⅰ.文… Ⅱ.①杨… ②张… Ⅲ.中华文化—文化传播—高等学校—教材 Ⅳ.G125

中国版本图书馆 CIP 数据核字(2022)第 016078 号

文化与传播十五讲
WENHUA YU CHUANBO SHIWU JIANG

出版	中国科学技术大学出版社 安徽省合肥市金寨路96号,230026 http://press.ustc.edu.cn https://zgkxjsdxcbs.tmall.com
印刷	安徽国文彩印有限公司
发行	中国科学技术大学出版社
经销	全国新华书店
开本	787 mm×1092 mm 1/16
印张	17
字数	435 千
版次	2022 年 2 月第 1 版
印次	2022 年 2 月第 1 次印刷
定价	56.00 元

总　序

　　文化传播是人类社会的基本活动,也是人类社会形成的重要途径。一部人类发展史就是一部文化传播史,走进历史和现实深处,我们便会发现,人类发展的历史就是文化传播的历史。文化传播随着人类的产生而产生,随着社会的发展而发展。文化为人们提供了宝贵的精神财富,同时也建构了不同地域的文化空间。文化是连接民族情感、增进民族团结的重要纽带,而这些对于人们精神文化需求的满足具有重要意义与价值。文化承载着不同国家、不同民族、不同地域各具特色的文化记忆,无论是语言、音乐、神话、建筑还是其他,无一不是地域特色和文化特色的体现。文化借助各种传播手段,使得人们增长见闻,了解不同时间、不同地域的历史文化,满足精神消费的需求。文化本身具有的历史和价值对于人们的生存和发展具有重要意义,不断汲取文化价值是人们获得更好发展的客观需求。文化传播与人类文明互动互进、休戚相关。没有文化传播,便没有人类的文明。

　　文化是人类社会发展动力系统中的重要一环。马克思主义辩证唯物主义认为,经济、政治、文化、社会、生态五位一体的动力系统,构成了人类社会发展的驱动力。经济动力是社会发展基础性、决定性的动力因素。"仓廪实而知礼节",当物质生产水平和物质生活水平极大提高以后,物质需要便不能完全满足人们的生活需求,精神需求便日益成为人们主导性的需要。在此情境下,文化传播的功能已不仅仅是人们精神交往的需要了,精神娱乐和价值实现的需求更加凸显,文化因素对社会生产力的影响作用迅速增大。文化生产虽然依托于有形的物质载体(即媒介),但其核心要素是无形的精神(人的创意思维),不仅仅是物质生产,更关键的是意识形态(价值观念)的生产,其满足的不仅仅是视听审美,更在于提高人的科学文化水平、思想道德素质,深层次地影响人们的意识形态,塑造人的世界观、人生观和价值观,从而达到改造人的灵魂,进而改造整个社会的意识形态的作用。由此可见,相比于物质生产而言,文化的生产与传播对于人类社会的发展更具有深层次的决定作用。

　　有鉴于亟须提升当代大学生的文化传播的基本素质和能力,我们编写了这套"文化与传播"系列教材,目的是一方面帮助大学生学习并理解社会生活中传播的现象、表现形式、发生发展规律及其社会功能等,关注传播与社会政治、经济、文化、生活的相互关系,认识传播媒介对人的作用,传播与社会发展和社会阶层的互动关系等,为将来的生活和工作奠定文化传播的基础;另一方面培养学生文化传播的思维,以期让学生从文化传播的视角对社会发展尤其是文化的繁荣创新有更深入的了解,提高认识社会文化、理解文化传播的水平,提升分析媒体、运用媒体的能力,从而提升大学生认识社会、融入社会乃至改造社会的能力。

"普通高校文化产业管理专业系列教材"为本套教材奠定了前期基础。编委会自2013年组织编写面向文化产业管理专业的系列教材,由中国科学技术大学出版社陆续推出,成为全国普通高校新闻学、广告学、文化产业管理、广播电视学、旅游管理等相关专业学生的专业教材,同时也成为科研工作者重要的参考资料,受到了一致好评。为更好地适应新时代文化繁荣发展新形势,更好地满足高校相关专业教学研究需要,编委会决定对"普通高校文化产业管理专业系列教材"从内容到形式进行大幅度修订。

经过充分吸收前期教材使用者的反馈意见,并细致地考察国内外"文化与传播"类相关高校教材,在系统分析此类教材的共性与差异的基础上,力求编写一套既重基础,又突出差异化、特色化的系列教材。基于此,编委会经过多次邀请同行专家深入讨论,决定从文化与传播的基本理论素养、媒介与传播、文化与产业三大方面,构建"文化与传播"的知识体系。经过精心遴选,确定11部教材作为建设内容,定名为"普通高校文化与传播类专业系列教材"。本套教材建设于2017年7月启动,计划在2021年12月全部完成出版。本套教材包括《文化与传播十五讲》(杨柏岭、张泉泉主编)、《数字影视传播教程》(秦宗财主编)、《广播电视新闻学教程》(马梅、周建国、肖叶飞编著)、《文化资源概论》(秦枫编著)、《影视非线性编辑教程》(周建国、杨龙飞编著)、《传媒经营与管理》(肖叶飞著)、《文化产业项目策划与实务》(陆耿主编)、《文化市场调查与分析》(阳光宁、张军占主编)、《文化创意产业品牌:理论与实践》(秦宗财主编)、《文化企业经营与管理》(罗铭、杨柏岭主编)、《文化旅游产业概论》(张宏梅、赵忠仲主编)。在丛书主编统一了编写体例之后,由各分册主编组织人员分工编写,并由各分册主编负责统稿。最后由丛书主编、执行主编审稿。由于我们水平和时间的限制,书中一定存在着某些不足,敬请学界、业界同行以及广大读者批评指正。

丛书主编　杨柏岭
丛书执行主编　秦宗财
2020年5月

目 录

总序 ·· (i)

绪论　作为文化的传播：人、媒介与社会关系的形上之思 ···················· (1)
 一、人的媒介与媒介的人：以人的传播实践为本的文化理念 ··············· (1)
 二、媒介技术与文化：思想被赋以轻快特质的路径 ····························· (4)
 三、媒介形式与传播内容："内容为王"的践行策略 ····························· (6)
 四、媒介社会与文化共生：传播话语权的选择与建构 ·························· (8)

第一编　物质文化与科技传播

引言　中西物质文化的技术元素 ··· (11)

第一讲　四大发明：中国古代科技传播的文化意义 ····························· (13)
 第一节　传播的仪式观与科技传播的理论启示 ·································· (13)
 第二节　四大发明传播主体的圈层节点及文化认同 ··························· (15)
  一、科技传播的"多元主体"及圈层节点 ·· (15)
  二、四大发明的提出者及文化认同 ·· (16)
 第三节　四大发明传播的历史剪影与符号隐喻 ·································· (17)
  一、四大发明传播的历史剪影 ·· (17)
  二、四大发明的符号隐喻与文化表达 ··· (19)
 第四节　四大发明传播的文化意义与影响 ··· (22)
  一、信息传播与有效沟通 ·· (22)
  二、教育输送与知识普及 ·· (23)
  三、商业繁盛与文化发展 ·· (24)
  四、文化交流与文明互通 ·· (24)
  五、政治教化与文化统一 ·· (25)

第二讲　工业革命：西方近代技术传播的观念变革 ····························· (28)
 第一节　起源：另一种角度的"李约瑟之谜" ··································· (28)
 第二节　历程：从科学启蒙到技术创新 ·· (30)
  一、从改变历史的眺望说起 ··· (30)
  二、笛卡儿与科学方法论 ·· (31)
  三、牛顿与机械论的确立 ·· (32)
 第三节　本质：飞跃"马尔萨斯陷阱"的技术革命 ···························· (33)
  一、瓦特的双重贡献 ·· (34)

二、工业革命的本质是动力革命 …………………………………（35）
　第四节　启示：从农耕文明到工业文化 …………………………………（36）

第三讲　智媒时代：人类现代认知迭代的技术升级 ………………………（39）
　第一节　"第三次浪潮"冲击"后工业社会" ………………………………（39）
　第二节　网络社会的崛起 …………………………………………………（41）
　第三节　万物皆媒的数字化生存 …………………………………………（43）

第二编　制度文化与伦理传播

引言　中西制度文化的伦理指向 ………………………………………………（47）

第四讲　"教化"传播：中华礼乐制度及孔子文化传播实践 ………………（49）
　第一节　文武之政，布在方策："教化"传播的制度保障及旨趣 ………（49）
　　一、治国理政的基本方略 …………………………………………………（50）
　　二、传播渠道的基本格局 …………………………………………………（51）
　　三、传播方法的类型体系 …………………………………………………（52）
　　四、传播效果的新民目标 …………………………………………………（55）
　第二节　好学、修德与弘道：传播主体的身份界定 ……………………（55）
　　一、敏而好学、温故知新：传播者的知识素养 …………………………（56）
　　二、见贤思齐、择善而从：传播者的道德修养意识 ……………………（56）
　　三、人能弘道，言传身教：传播者的媒介意识 …………………………（57）
　第三节　游说、教学、修书与雅言：人之延伸的媒介品质 ……………（58）
　第四节　播知育德：成人之美的传播内容 ………………………………（62）
　　一、言必有中的意图传播 …………………………………………………（62）
　　二、知德并举的品质传播 …………………………………………………（63）
　　三、尽善尽美的人格传播 …………………………………………………（64）
　第五节　循循然善诱人：直面受众的传播方式 …………………………（65）
　　一、述而不作：秉承传统的文化劝服 ……………………………………（66）
　　二、诲人不倦：有教无类的传播态度 ……………………………………（67）
　　三、因材施教：尊重差异的沟通之道 ……………………………………（67）
　　四、不失人亦不失言：举一反三的交流之法 ……………………………（68）

第五讲　"净化"传播：西方宗教制度及主体德性二元结构 ………………（70）
　第一节　仪式中的美德："净化"传播的宗教底色及伦理指向 …………（71）
　　一、"净化"传播的仪式规则 ……………………………………………（71）
　　二、"净化"传播的多维内涵 ……………………………………………（72）
　　三、"净化"传播的二元人性 ……………………………………………（73）
　第二节　"狮身人面"像的灵与肉冲突：信息主体生命体征的文化象征 …（75）
　第三节　"万物尺度"的人与神属性：信息主体话语权利的角色启示 …（76）
　第四节　"灵魂说"的善恶对立结构：信息主体德性内涵的多维建构 …（78）
　第五节　"说谎悖论"的诚与伪之辩：信息主体真诚义务的社会责任 …（81）

第六讲　制度交流：中华文化演进、传播及世界秩序重塑 …………………（84）
　第一节　中外文化交流的基本特点 ……………………………………………（84）
　　一、时空格局：源远流长，东西辉映 …………………………………………（85）
　　二、对外传播：如银泻地，立体传播 …………………………………………（86）
　　三、吸收转化：内核外缘，相得益彰 …………………………………………（87）
　　四、交流效应：回馈扬厉，青胜于蓝 …………………………………………（89）
　第二节　中国文化的近代化历程 ………………………………………………（90）
　　一、从"忧器"到"变器"：物质层面的变革 ……………………………………（90）
　　二、从"忧法"到"变法"：制度层面的改革 ……………………………………（93）
　　三、从"忧民"到"变道"：思想层面的革新 ……………………………………（95）
　第三节　"人类命运共同体"的文明价值 ………………………………………（98）
　　一、文明交流，实现文化振兴的新主张 ………………………………………（98）
　　二、文明对话，破解全球问题的新责任 ………………………………………（99）
　　三、文明承传，重塑世界秩序的新认同 ………………………………………（101）

第三编　精神文化与思想传播

引言　中西精神文化的传播智慧 …………………………………………………（107）

第七讲　天人合一：中国古代传播观念的哲学根基 ……………………………（109）
　第一节　"天人本无二"之"道"论："信息"的本体意涵 …………………………（109）
　　一、"天人合一"观念的"道"论 …………………………………………………（109）
　　二、"道"之信息的哲学依据 ……………………………………………………（110）
　　三、信息之"道"的文化特色 ……………………………………………………（112）
　第二节　"俯仰天地间"之"人"论：传-受者的道德自觉 ………………………（113）
　　一、"究天人之际"的"传-受"互动身份 ………………………………………（114）
　　二、"通古今之变"的"道-人"一体角色 ………………………………………（115）
　　三、"成一家之言"的"知-行"合一意识 ………………………………………（116）
　第三节　"易以道阴阳"之"象"论："媒介"的民族特征 ………………………（117）
　　一、"为阳语阴，媒介事"：媒介的关系哲学 …………………………………（117）
　　二、"阴阳天道，象之成"：媒介的象数思维 …………………………………（119）
　　三、"易有四象，所以示"：媒介的体悟功能 …………………………………（121）

第八讲　天人相分：西方古代传播学的思想基础 ………………………………（124）
　第一节　二元对立思维的理念论：信息存在的本体依据 ……………………（124）
　　一、"我的道"："两个世界"的信息存在论 ……………………………………（124）
　　二、"我的理"："双重真理"的信息本质论 ……………………………………（126）
　　三、"我的话"："二元标准（话语）"的信息信仰论 …………………………（128）
　第二节　物质与精神的二重性："世界如何成为可能"的媒介学思考 ………（130）
　　一、原子与虚空：自然媒介论 …………………………………………………（130）
　　二、工具与器官：技术媒介论 …………………………………………………（132）

三、日常与想象:仪式媒介观 ……………………………………………… (134)
　　四、能指与所指:符号媒介论 ……………………………………………… (136)

第九讲　文明对话:当代传播学的文化意蕴 ……………………………… (138)
第一节　和而不同,多元互竞的文明对话心态 …………………………… (138)
第二节　各美其美,美人之美的文明对话策略 …………………………… (140)
　　一、信任关系是展开文明对话的前提 …………………………………… (141)
　　二、倾听是增强文明对话信任度的保障 ………………………………… (142)
　　三、理解是增进文明对话有效性的重要途径 …………………………… (143)
第三节　交流互鉴,美美与共的文明对话格局 …………………………… (145)
　　一、交流互鉴:文明发展的根基与动力 …………………………………… (145)
　　二、美美与共:人类文化传播的涵化和创新 ……………………………… (147)
　　三、信息共享:媒体的演化趋势及地位 …………………………………… (148)
第四节　天下大同,创新发展的文明对话目标 …………………………… (149)

第四编　审美文化与艺术传播

引言　中西文化艺术的审美内核 ……………………………………………… (155)

第十讲　艺术觉醒:魏晋南北朝绘画的审美传达 …………………………… (157)
第一节　纸张、意象、文字:魏晋南北朝绘画媒介的审美流变 ……………… (157)
　　一、纸张介质的审美萌动 ………………………………………………… (157)
　　二、意象世界的审美传递 ………………………………………………… (158)
　　三、文字媒介的审美储存 ………………………………………………… (159)
　　四、魏晋南北朝绘画的传播 ……………………………………………… (161)
第二节　形神、骨肉、神思:魏晋南北朝艺术觉醒的审美信息 ……………… (163)
　　一、形神兼备中的"顾得其神" …………………………………………… (163)
　　二、骨肉相称中的"陆得其骨" …………………………………………… (164)
　　三、骨肉相称中的"张得其肉" …………………………………………… (168)
　　四、神思方运中的"畅神"说 ……………………………………………… (170)

第十一讲　人的觉醒:文艺复兴时期绘画的人文呈现 ……………………… (173)
第一节　媒介环境变化对意大利文艺兴盛的影响 ………………………… (173)
　　一、对社会政治、商业的影响 ……………………………………………… (174)
　　二、对人的价值观影响 …………………………………………………… (175)
　　三、对社会文化的影响 …………………………………………………… (175)
第二节　"文艺复兴三杰"造型艺术中的人文呈现 ………………………… (176)
　　一、用人的精气神表现宗教神祇:宗教造型艺术 ………………………… (176)
　　二、世俗情感的直接流露:他人模特的人物画 …………………………… (180)
　　三、对自我的清晰认识:自画像 …………………………………………… (181)

第十二讲　多元一体:跨文化视域下当代艺术的发展 ……………………… (183)

第一节 现实主义创作风格的画坛撷英	(183)
一、现实直观的凝重美感:从米勒到陈丹青	(183)
二、超级写实的敦厚美趣:从查克·克罗斯到罗中立	(184)
三、怀乡写实的和谐美韵:从安德鲁·怀斯到何多苓	(186)
第二节 后现代主义思潮冲击下的艺术景观	(186)
一、达达主义与"反艺术"的艺术性	(186)
二、观念摄影与艺术的有意味思考	(188)
三、波普艺术与艺术复制的精神性	(189)
第三节 中华传统文化的艺术守望先锋	(190)
一、汉字媒介的冥想:徐冰作品中的禅意	(190)
二、榫卯媒介的逻辑:傅中望作品的"关系"意味	(191)
第四节 文化交融中当代艺术的发展之思	(192)

第五编 地方文化与民俗传播

引言 中西地方文化的民俗内涵	(195)
第十三讲 家风承传:地方宗族文化的沿革路径	(197)
第一节 宗族、家族与家风文化	(197)
第二节 家风文化的核心精神与价值	(200)
一、当代家风文化建设的精神旨归	(200)
二、家风传承的时代要求及当代价值	(202)
第三节 家风文化的当代传播路径	(203)
一、从祠堂到家风馆	(204)
二、家风动画传播	(205)
三、家风电视节目传播	(208)
第十四讲 民俗传播:民间仪式文化的社会价值	(211)
第一节 民俗文化的内涵与功能	(211)
一、民俗的内涵	(211)
二、民俗的特征	(213)
三、民俗的功能	(214)
第二节 民俗仪式的特点与功能	(216)
一、民俗仪式的特点	(216)
二、民俗仪式的功能	(218)
第三节 民间风俗与仪式传播	(219)
一、民俗传播、传播仪式观、仪式传播	(219)
二、民俗与仪式传播	(222)
第十五讲 文化记忆:人类文明遗产的当代意义	(225)
第一节 文化记忆与遗产概述	(225)
第二节 文化遗产承传新场景:以非遗为阐述对象	(226)

一、移场与错位 ……………………………………………………… (227)
　　二、转译与赋权 ……………………………………………………… (229)
　　三、改变与忽视 ……………………………………………………… (231)
　　四、再现与传承 ……………………………………………………… (232)
　　五、传播与认同 ……………………………………………………… (233)
　第三节　文化遗产传播新模式：以物质遗产为阐述对象 ………………… (235)
　　一、数字媒介下文化遗产传播主体 ………………………………… (236)
　　二、数字媒介下文化遗产传播内容 ………………………………… (238)
　　二、数字媒介对文化遗产传播的影响 ……………………………… (241)

结语　作为传播的文化：媒介文化研究的路径之思 ……………………… (244)
　一、理论溯源：从文化人类学到文化研究学派 ……………………… (244)
　二、文化研究的媒介转向与媒介研究的文化转向 …………………… (246)
　三、"媒介＋文化"与"媒介文化＋" …………………………………… (249)
　四、十字路口的展望 …………………………………………………… (251)

参考文献 ………………………………………………………………………… (253)

后记 ……………………………………………………………………………… (258)

绪论 作为文化的传播：人、媒介与社会关系的形上之思

传播犹如居住、营养、教育等，是人类的一种基本需要。回溯人类文明史，从某种意义上说，围绕信息传播的问题意识，如"谁在言说""为何言说""如何知道""怎样言说""说了什么""是谁在听""言说效果"等，引发有关人类文明的传播与思考，甚至影响着人类文明的进程。人类的社会生活、文化活动离不开传播，同时，社会的文化属性是人类传播行为的本质存在。不过，面对技术革新带来的有关"媒介"认识的偏向、传播学在中国及国际上出现的身份焦虑、人才培育中的文化修养迷失等问题，我们必须重新思考文化与传播的关系。对传播活动而言，文化既是来源，也是资源，因为"它提供'可以获得的意义'，这些意义极大地影响文化成员'能够表达的东西'"[①]。文化既是内容，也是形式，历史地看，文化或许并不直接教导我们如何实现传播效果，但它可以告诉我们如何使自己配得上有效传播，能把困顿的传播行为变得意味深长。文化与传播的关系既是价值观也是方法论，传播不只承继文化，还要创造文化。一方面，引自西方的传播学所用范畴、范例、方法等一直面临本土化的问题；另一方面，植根于中国传统知识体系发掘当代传播学话语，也是迫切需要解决的现实问题，而"作为文化的传播"的传播学学科定位，理应是可行的建设路径。

一、人的媒介与媒介的人：以人的传播实践为本的文化理念

从人类思想史来看，如何审视人与媒介的关系，早已进入思想家的视野。人与媒介的关系，实为人与物、我与物等传统命题的延伸。除了"媒介是人的创造物"这个占据统治地位的媒介工具论外，还有"媒介是人的延伸"的媒介环境论以及"人即媒介"的媒介文化论（或互动性）等多种主张。每种主张均有与之相适应的媒介技术情境及其现实逻辑。随着新媒介的兴盛，我们需要重新认识人与媒介的关系。

（一）媒介变革引发人与媒介关系的思考

宇宙万物是普遍联系和永恒发展的，人们或视物茫茫，直观物我浑然之感；或出入宇宙，辨析物我昭然之义。对此，中国哲学创设了"源流""本末""体用""道器""一多"等概念，西方哲学有"现象与本质""内容与形式""原因与结果""必然与偶然""可能与现实"等诸多范畴。然而即便如此，人类审视世界，仍时有类似于如何找到白天和黑夜分界线的困顿。由此困顿，人类的自我认识及其关于与自身创造物之间关系的认知，就会发生转向或偏移。历史上关于人与媒介关系的认知，就是如此。

严格地说，作为"关系""中介"的媒介无处不在，万物也因媒介而普遍联系。同时，人类

---

① 詹姆斯·罗尔.媒介、传播、文化：一个全球性的途径[M].董洪川，译.北京：商务印书馆，2005：151.

在不同时期都曾创造出最新的媒介技术,并借助这些技术实现讯息的交换。在一定意义上,技术及技术的媒介化是人类创造性思维的物化,可被视为人类身心的一种延伸,是人类与外部世界联系和抗衡的中介性工具。在人与媒介之间,人是主体,媒介是人类创造物的载体。因此,传统主流的媒介解释理论都把人与媒介联系在一起加以认知,而不仅仅以媒介(物)为孤立的研究对象。

自工业社会以来,科技的迅猛发展及其带来的媒介技术变革,不断地改变着人们对媒介服务环境的认知。20世纪以来,媒介革新更是达到历史的新高度,从而催生出诸如"媒介是人的延伸""媒介即讯息"等现代传播学的主流论断。虽说马歇尔·麦克卢汉自称非媒介技术决定论者,上述言论只是他关于媒介价值的比喻修辞,但伴随着当代新媒介日新月异的社会环境,还是有很多人从强化媒介中心论的角度赋予麦克卢汉媒介观"新"的意义,认为"媒介形式与媒介的具体内容相比毫不逊色""或许可以说麦克卢汉更强调硬件而非软件"[①]……诸如此类,均告诉我们需要重新审视人与媒介的关系,强化人类文化学视角,守护以人尤其是人的传播实践为本的媒介本质论,科学把握当今新媒体的人学意义。

(二)媒介文化神秘主义的存在及反思

从人与媒介相联系的角度说,媒介对人类具有一定的反作用。每一种媒介都以它自己的方式储存信息,限制文本,并引导人们以不同方式接受信息等。口头语言与书面语言不同,文字符号与影视符号有异,线上与线下更是相去甚远,即便是同一种媒介,因其结构及目的不同,信息呈现方式也有区别。可以说,每一种媒介在人类的使用中,都会以独特的方式影响着人类的生活方式、思维习惯、情感趣味乃至社会的组织结构。而每一次媒体变革无不推动了知识学习、接受及更新的方式,更是孕育、促进了新的知识阶级的产生。从某种意义上说,一代之人(或文化),每与一代之媒介相表里。人类学家玛格丽特·米德在20世纪70年代所提出的"三喻文化"说(前喻文化、同喻文化、后喻文化)[②],即是从传播学角度思考"代沟"问题的文化生成与传承的理论。人们常言的"代沟",便与代与代之间掌握、熟悉的媒介密切关联。如今因使用媒介获得信息方式不同而带来的代际差异,可谓愈演愈烈。

不过,我们不能将媒介的反作用抑或一定程度的自主性,视为媒介具有了"神性"和"魔性",认为媒介具有操纵、支配以及奴役人类的功能。正如人与大自然的关系一样,有一种来自"大自然"的声音,"我并不需要人类,人类却离不开我。没错,你的未来由我决断……"[③]其实,这里所传递的是破解"人类中心主义"的论调,希望人类选择善待自然、敬畏自然的生活方式,而不是将大自然神性化。在人类早期生产力水平较低的远古社会,人们不得已只能将仓颉造字神话化,表达他们对媒介的诞生敬字如神般的神秘感知。然而进入科学、理性的时代,再次将媒介文化神秘化,那就需要反思了。20世纪以来,"媒介中心论"日渐兴盛,部分论者认为对于媒介来说,人类是它的载体,出现了把媒介及其文化与它的人类载体区分开来的思潮,将人的精神世界及其产品视为"媒介"这个绝对理念的客观化。这一极端走向,带来的结果就是媒介文化的神秘主义。

---

① 詹姆斯·罗尔.媒介、传播、文化:一个全球性的途径[M].董洪川,译.北京:商务印书馆,2005:45,315.
② 玛格丽特·米德.文化与承诺:一项有关代沟问题的研究[M].周晓虹,周怡,译.石家庄:河北人民出版社,1987:27.
③ 苹果公司广告人 Lee Clow 为保护国际基金会创意制作的公益短片《大自然在说话》(2014)第一季,中文版由蒋雯丽等人配音(2015)。爱德华·威尔逊.创造的本源[M].魏薇,译.杭州:浙江人民出版社,2018:118.

因此,当身处网络新媒体、4G技术以及已经到来的5G时代媒介环境,似乎使常人长出了顺风耳、千里眼,我们固然可以有震惊、神奇乃至奇观的体验,也需要像敬惜字纸一样尊重新媒体传递信息的规律及功效。但若将此媒介功能无限放大,以"媒介中心"构建人类的社会结构,无疑是对人与媒介关系的曲解。因为"媒介毕竟是社会的媒介。媒介为社会中的人所运用",真正"具有神性和魔性"的是人类。① 我们不能陷入历史虚无主义的境地,因为通过对传播学历史的研究,可以看出,"所有当代的媒介和传播技术都被看作人类基本的、与生俱来的传播能力的延伸""现代媒介技术只是最新的技术形式而已,虽然非常重要,但是并未超越远古人类的传播技术形式中已经包括的各种类型的言语、手势、戏剧和社会仪式"。② 而这些传播形式在不同时期都曾以"祛魅"的方式,发挥着传递真善美的"魅力"作用。

(三)"人即媒介"说与传播角色论

人类活动及其文化生成本身就是一种传播现象,一直存在于某种媒介"场所"之中。我们无法离开符号以及信息的交流,来讨论人的社会活动和文化的创造发展。在媒介传承与创新人类文化的历史进程中,每一次媒介变革似乎都曾带给人类有关技术神话的体验与认知,但最终还是回归了以人的传播实践为本的媒介本质论。在这个过程中,人类始终注重通过创造和革新传播媒介储存体内外的记忆,扩展自己的活动范围,并具有反向适应和寻求互动的意识,制造自己的思想工具。观察、思索、阐释和了解各类符号系统,掌握丰富多样的传播模式,是人类公认的个体成为社会人乃至文化人有机组成部分的最重要途径,"更易获得传播技术"往往成为社会阶层差异的"最明显的指示器"③。故孔子云"兴于《诗》,立于《礼》,成于《乐》","不学《诗》,无以言"④。除了实际功用,中西方学人都认识到包括语言在内的媒介是人际沟通的桥梁,对人类而言,媒介是治疗苦恼的医师,具有治愈灵魂的不可思议的力量。因此,那种仅仅将媒介视为外在于人的一种载体、渠道或工具的主张,并未能真正把握基于人与媒介相互联系下的以人的传播实践为本的媒介本质观。

人在创造、运用媒介的同时,与媒介处于共生状态,或是媒介的一部分,或直接扮演着媒介。孔子说"人能弘道,非道弘人",主张在道与人的互动中,"人"要有成为"弘道"媒介的自觉意识。于是,他构建了以"言传身教"为主要特色的传播观,"不能正其身,如正人何""其身正,不令而行;其身不正,虽令不从"⑤。作为媒介的人及其言传身教的传播方式极大地发挥了传播者威信暗示的作用。这在网络与社交化媒体占主导的新媒介环境下,有着积极的建设意义。人也是一种媒介,意在强调人作为媒介的地位与责任。

当然,作为媒介的人,即传承信息或言说的"人",已非自然的个人,而是某种"角色",是被"话语形构"所设定的"角色"。从传播过程而言,信息传递需要角色之间的相互理解与期待,这个"角色"让说话者拥有了在某个问题上的发言权,同样也承担着相应的传播伦理责任。对受众来说,"角色"的发言及其言说的内容,具有一定的合法性。从组织传播的角度来说,组织中每个成员都应担负着某个角色,且在实际传播中角色必须具体化。当然,这个角

---

① 马克斯韦尔·麦库姆斯. 议程设置:大众媒介与舆论[M]. 郭镇之,徐培喜,译. 北京:北京大学出版社,2008:3.
② 小威拉德·罗兰. 序言[M]//戴维·克劳利,保罗·海尔. 传播的历史:技术、文化和社会. 6版. 董璐,何道宽,王树国,译. 北京:北京大学出版社,2018:1-2.
③ 詹姆斯·罗尔. 媒介、传播、文化:一个全球性的途径[M]. 董洪川,译. 北京:商务印书馆,2005:10.
④ 杨伯峻. 论语译注[M]. 北京:中华书局,1980:81,178.
⑤ 杨伯峻. 论语译注[M]. 北京:中华书局,1980:168,138,136.

色可能是正式的,也可能是非正式的。正式的角色,即责任、权利、义务通常被明确规定的角色,其传播信息的合法性表现为一种"正当的权威",这也就是孔子所强调的"正名"思想。现如今在社交媒体环境下,我们尤其要重视传统的"非正式的角色"。在多元化的社会舆论中,这个"角色"极可能产生如"公认权威"的传播效果。由此,在人与媒介的关系上,倡导以人的传播实践为本的传播理念,实质上就是要强化对"传播角色"的教育与引导。

二、媒介技术与文化:思想被赋以轻快特质的路径

技术性与文化性,是媒介的基本属性。媒介技术与文化的关系,实为技与道、形而下与形而上、实践与理论等传统命题的延续。媒介演变源自技术革新,从口语/文字时代、印刷时代、电子/网络时代,到人工智能时代,无不以技术创新为物质基础。比较来说,传统社会的技术革新、该技术的媒介化及社会推广应用往往有着一个较长的时间差,故而能得到使用该技术的民族及其文化的长久浸润。或者说,传统媒介自身拥有一种文化生长的时间保证,故而,"技道并进""技道合一"及"道进于技"等成为中国古代关于媒介技术性与文化性相统一的共识。然而进入现代社会,一种技术发明和该技术的社会应用之间,抑或说技术媒介化的时间差越来越短,致使现代人普遍重视媒介的技术性而无暇顾及直至忽视其文化品质的塑造。

(一)新技术革新背景下媒介文化建设的紧迫性

按媒介心理学的一般认识规律,新媒介起初总是不受传统媒介的欢迎。譬如文字发明后,虽然自三代始便有"动则左史书之,言则右史书之"[①]的记事制度,滋养了儒家极重视书籍传播的文化传统。即便如此,然如《史记·老庄申韩列传》记载,孔子适周,将问礼于老子,老子即云:"子所言者,其人与骨皆已朽矣,独其言在耳?"[②]老子这种"不以书籍所传言语为重"[③]的态度,在某种意义上说是当时口语传播遮蔽文字传播的现象反映。如果说孔子的"言能尽意"媒介观更多地体现出书面语的传播要求,那么老子、庄子等道家的"言不能尽意"说则主要承传了口语传播的文化脉络。

同样,在苏格拉底看来,那种书写可以让"人更加聪明,能改善他们的记忆力"的观点,只能是"头脑实在是太简单"的人的想法,因为文字会扼杀人的精神,在"灵魂中播下遗忘""装的不是智慧,而是智慧的赝品"。与此相对的,那种如口头演说等"更加本原的""活生生的话语",远胜过"用墨水写下的东西"。[④] 当然,作为当时新媒介的文字在信息存储、异地传播及其"再现"功能上,毕竟拥有口语传播无法比拟的优势,故而成为反映人类文明肇始、文明承传的代表,至今仍被看成第一媒介的符号体系。不仅如此,文字符号在漫长的人类文明进程中,伴随着印刷术的推广应用,业已滋长成蕴藏人类文明的思考,具有自身文化特性的意识化符号系统。

与文字的媒介化及应用时间相比,如19世纪习惯于传统书本文化的人痛批各种平面媒

[①] 郑玄,注;孔颖达,正义.礼记正义[M]//阮元.十三经注疏.北京:中华书局,1980:1473.
[②] 司马迁.史记[M].北京:中华书局,1982:2140.
[③] 柳诒徵.中国文化史:上[M].北京:中国和平出版社,2014:399.
[④] 柏拉图.斐德罗篇[M]//江文.柏拉图文集.北京:中国戏剧出版社,2008:259-261.

体为"可憎激情的渣滓"①,20世纪以来如电影、电视、网络、手机等都曾有过被诅咒为"恶魔"的经历……但往往是这些新媒体自身的文化特性尚在构筑之中,就已经被新的技术及其媒介化的应用所取代。在这个快速变革的时代,我们如今已经不必怀疑以互联网为代表的新媒体对生活的影响,反而将适应各类新媒体并有效运用视为今人一种新的文化素质。只是人们关于这个新素质的兴趣点逐渐从媒介的文化性移向了技术性,从而更加关注媒介的"技术-生活"而非"技术-文化"的世界。

(二)"技术-文化"路径是发挥新媒介内在力量的保障

文化是当今社会关注的一大热点。于国内,这是中华民族"富起来""强起来"之后的精神需求、价值需要,反映出人们对建设中国特色社会主义文化的参与热情;于国际,与互联网、新媒体革新带来的"地球村"图景密切相关,原本需要跋山涉水、跨洋过海方能捕获异域信息,如今可以在瞬间触摸中完成交流、交融、交锋的过程。当然,颇具讽刺意味的是,某种思想或术语的"流行"与"泛滥"往往并行而至。"文化"一词便遭遇过这种尴尬,不少学者均指出"文化"这个概念已经超越了其有用性,不再保持所指的特性。这种批评对纠正那种"泛文化"偏向意义极大——那种"什么都是文化"的现象,往往就是打着文化的幌子制造着"假文化""庸文化"。与"文化"一词处境类似的,则是"传播"所陷入的窘境。不仅"新闻无学""新闻传播人才人文修养不足"等,俨然演化为人们的一种刻板印象,而且狭义的新闻专业主义、传播技术主义等,也将新闻传播学科的建设带进了某种内卷化的死胡同。

与"文化""传播"的尴尬处境类似的,媒介及其技术也是一把双刃剑,"既被用来讲真话,同样可以被用来撒谎;既被用来教育人,又可以用作迷惑他人的工具;既可以开拓认知的范围,又能够使头脑懒散"②。从人与技术的关系角度说,"人类既是技术元素的主宰者,也是它的奴隶,我们的命运将是保持这种令人不快的双重角色"③。针对新传播技术到底是"救世主"还是"恶魔"问题,我们既要充分认识并利用新技术的媒介功能,更要重视新媒介自身文化的建设,而不能仅仅满足于它们在技术层面上的价值。像电子与数字媒介不仅在信息存储、检索传递等技术上,而且在文明呈现、重构文化上,同样具有印刷媒介绝对达不到的优势。唯有立足于新媒介"技术-文化"的建设路径,方能真正发挥其内在的力量。

海德格尔曾说过,对于真理来说,技术不仅仅是呈现的手段和工具,也是"一种解蔽方式",即"在解蔽和无蔽状态的发生领域中,在无蔽即真理的发生领域中成其本质的"④。由此,可以深度理解技术媒介化所呈现、传递、阐释与再造文化的功能。作为文化形式的传媒,其本身即负载着文化传承效果的责任,新媒介更是需要在讯息交流和生产的过程中塑造自己的文化秩序。文化是象征符号体系,也是意义之网。媒介是文化的一部分,媒介本身就是文化。文化建设不仅为一个新媒介的技术发展提供了思想基础,也是技术应用的发展方向和拥有意义的理想境界。

---

① 埃德蒙德·卡彭特.新语言[M]//戴维·克劳利,保罗·海尔.传播的历史:技术、文化和社会.6版.董璐,何道宽,王树国,译.北京:北京大学出版社,2018:273.
② 安德鲁·罗宾逊.文字的起源[M]//戴维·克劳利,保罗·海尔.传播的历史:技术、文化和社会.6版.董璐,何道宽,王树国,译.北京:北京大学出版社,2018:29-30.
③ 凯文·凯利.科技想要什么[M].熊祥,译.北京:中信出版社,2011:188.
④ 海德格尔.演讲与论文集[M].孙周兴,译.北京:生活·读书·新知三联书店,2005:12.

（三）符号化是技术媒介化的文化发展向度

媒介技术性与文化性的融合，必然走向以传播为中心的媒介人类学观。美国西海岸电话公司广告云："技术将为人提供更多的时间，使人生活得更像人。"①从某种意义上说，符号化是技术媒介化的文化发展向度的突出体现。哈罗德·伊尼斯说："人思考的时候，用的是符号而不是物体。"②媒介及其传播方式的革新，其人类学本质即在于让人的交流、信息存储乃至思考更加"轻盈"。人类较早使用象征物进行信息传播与思考，透过各类象征物便可理解早期人类的知识、经验和信仰。文字的发明，"大脑就从记忆的重负下解放出来"③，同时"'由于摆脱了石头这个沉重的媒介'，思想被赋以轻快的特质"④，极大地提高了人类抽象思维的能力。

信息存储、挖掘与提取是媒介革新程度的重要标志，当代数字新媒介技术在存储"量"、挖掘"面"、提取"速"等方面，超越了所有传统媒介。同时，数字技术（键盘、录音及其转换等）的传播方式正在改变着传统的"书写"方式。随着人们敲键、触屏等技艺日渐娴熟，"思想获得了轻灵"的感觉较之前有明显的改观，思想和活动的世俗化日渐明显，但尚未达到"书写"时思想获得的轻灵程度。正如亚历山大·菲尔德指出的"决定技术成功的不是它的硬件，而是它的软件"⑤，如何学会将情感、思想转化为纸上文字、视频上符号以及电脑存储器里的信息比特，以及掌握此过程中的脑力和体力的活动等，既是媒介心理学、人类学需要求索的问题，也是数字技术媒介化的文化建设方向。

三、媒介形式与传播内容："内容为王"的践行策略

形式与内容的完美统一是有效传播的最佳方式，堪为传播艺术思想史上的不刊之论。《周易·家人·象》云"君子以言有物而行有恒"⑥，突出传播内容及实践行为的人格意义；孔子有言"言之无文，行而不远"⑦，强调媒介形式对传播效果的意义；孔子又曰"质胜文则野，文胜质则史。文质彬彬，然后君子"⑧，力主形式与内容的统一。可见，媒介形式与内容的关系，乃是言意、文质、文道、文德等传统命题的延续。不过，在传播实践中始终存在"形式至上"和"内容为王"的对立路径。随着新媒介的崛起，此番对立现象呈愈演愈烈之势。

（一）新媒介品质传播建设的重要性

我们对媒介形式之于传播效果的认识，历经了"酒香不怕巷子深""广而告之""创意包装"直至"人设"等阶段。如何通过对媒介形式的设计，吸引眼球，刺激消费，既直接作用于人

---

① 詹姆斯·罗尔.媒介、传播、文化：一个全球性的途径[M].董洪川，译.北京：商务印书馆，2005：28.
② 哈罗德·伊尼斯.帝国与传播[M].何道宽，译.北京：中国传媒大学出版社，2015：41.
③ 埃里克·哈弗洛克.希腊遗产[M]//戴维·克劳利，保罗·海尔.传播的历史：技术、文化和社会.6版.董璐，何道宽，王树国，译.北京：北京大学出版社，2018：44.
④ 哈罗德·伊尼斯.帝国与传播[M].何道宽，译.北京：中国传媒大学出版社，2015：47.
⑤ 丹尼尔·希德里克.视觉电报[M]//戴维·克劳利，保罗·海尔.传播的历史：技术、文化和社会.6版.董璐，何道宽，王树国，译.北京：北京大学出版社，2018：153.
⑥ 黄寿祺，张善文.周易译注[M].上海：上海古籍出版社，2010：282.
⑦ 左丘明.左传：下[M].杜预，集解.上海：上海古籍出版社，2015：616.
⑧ 杨伯峻.论语译注[M].北京：中华书局，1980：61.

们的显意识，又间接渗透人们的潜意识，依赖潜移默化的影响，控制人们的选择心理和行为企图，成为传媒院校、传媒公司等机构培养人才的主要任务。至于对原本有利于传播内容的专业把握以及文化修养支撑的课程，也伴随着新闻与传播院系的纷纷独立和新闻传播学科独立为一级学科的兴奋，而渐次被抛出于多家新闻传播类专业人才培养方案之外。

这一现象在自媒体时代尤为突出。因为市民或读者由受众逐渐变为兼有信息提供者的角色，改变了新闻报道一向由专业机构和人员负责的传统，出现了"市民新闻"，也导致记者角色的变化——在"把关人"的基础上增添了信息导游、信息经纪、信息中介等身份。因为"市民"大多缺乏新闻传播业的专门训练，也缺少"全职"的意识与职责，致使内容生产的品质弱化、新闻专业的形象及社会地位呈滑落趋势。

（二）"内容为王"的内涵及新要求

亦如前文讨论人与媒介、媒介技术性与文化性关系时指出的，因新技术迅猛革新以及技术媒介化应用之快捷，新媒体已走进人们的日常生活，无孔不入地吸引着人们，不仅仅挤占、侵入闲暇时间的所有活动，还改变着人们的生活方式及习惯，在不知不觉中发挥着某种文化塑造作用，发挥着它们的文化领导权的功能。媒介对我们个人和对社会的影响越来越深远，然这种影响始终喜忧参半：获得文学、艺术和思想信息，令人更加"文雅"抑或"娱乐"；强化对政治和社会的认识，令人更具"理解""同情"，抑或"不解""抵触"；有了情绪的"宣泄"途径，令人更加"平和"抑或"暴力"；冲破了人们的传统生活秩序，在家庭、课堂等空间中发挥着人际间的"聚拢"抑或"紧张"作用……这些新现象，无不与媒介的形式或内容所发挥的作用相关。

"内容为王"是传播学的一条定律，然而这条定律如今是新闻传播学科研究及教学面临的一大难题。"随着媒介信息技术变得更加容易获得、更具活力，文化的可能性也同时扩大了。虚与实、真与假、实质与表象之间的传统对立，在当代文化活动中已经丧失了其原有的意义。"①虽如此，但若从传播史来看，品质化的传播无不是对政治、法律、经济、道德乃至文化的精准呈现，不仅如此，还要更加有规律地与各种元素融合传播。如此，方能编织成一幅内容与形式完美结合的画卷。从传播过程来说，传播行为是一种对材料的处理过程，而有质量的传播，在"材料"的处理上，既要有能感之的能力，也要有能写之的水平。虽然人们普遍认为传播效果并不取决于增加深度，而是决定于扩展广度，但是后者必定要以前者的有效呈现为前提。尽管媒体人及媒介教育者主张且努力实现专业化的知识技能，极力模仿甚至拥有如医生、律师等意识一样，但他们在对象（顾客）面前的权威性与医生、律师完全不同。虽如此，亦不能为了吸引受众，丢掉"内容为王"的信念，而改变转播方式。如设计汽车广告，不再强调汽车在机械上的卓越，而突出了用语言、图像等来描述汽车的诱人乐趣。因此，"内容为王"的内涵，除了指传播内容的专业化认知、传播艺术的专业性技能，还包括传播伦理的职业操守等。如此，传播者在处理信息时才可能不被个人的兴趣、情绪、利益等因素干扰自己的传播判断。

（三）"讲好故事"与"真善美"三位一体的传播目的

"真善美"是所有传播活动的内在规定性，只是不同的传播样式、传播风格或文化传统的理解有差异。例如，艺术传播倾向于美的特质，政治、宗教、教育传播侧重善的目的，而新闻

---

① 詹姆斯·罗尔.媒介、传播、文化：一个全球性的途径[M].董洪川，译.北京：商务印书馆，2005：306.

传播则以"真"为灵魂,有了"真",新闻传播才有资质谈论"美"与"善"。习近平总书记在党的十九大报告中指出,"讲好中国故事,展现真实、立体、全面的中国,提高国家文化软实力"①,而不是所谓的"夸大""虚假"宣传,亦不是形式上的"美颜""保养"所能取代的。"真实、立体、全面"的要求,实则遵循了"真善美"三位一体的传播价值观,那种以善为目的,以美为形式的"真",才是新闻宣传的真实。在传播实践中,始终存以孤立、局部的事件为某社会本相的真实观,此乃未能领会"真善美"三位一体中"真"之要义的表现。面对发生的事件,并不是说镜头不能拍摄、文字不能书写其中的社会黑暗面,而是说我们在考虑镜头不撒谎、文字不欺骗的同时,也要考虑镜头、文字会不会流泪的问题。

遵循"真善美"三位一体的传播观,势必会对媒介形式与内容的关系、"形式至上"的偏误、"内容为王"的内涵等产生更深刻的认知,更好地发挥品质传播的引导、教育作用。孔子云"《诗三百》,一言以蔽之,曰思无邪"②;麦克卢汉指出"书籍是最早的教学机器,也是最早大批量生产的商品"③……媒介及其形象表现始终发挥着现实参照系的作用。有鉴于此,故有学者认为"人类全部的经历似乎很大程度上依赖于在每个时代占优势地位的某种或某几种传播形式","传播的不同形式和媒介体验是人类经验发展的中心"④。此说虽然意在突出媒介的作用,但现如今当我们看到青少年普遍地将影视、网络、移动媒体上的形象转化为他们日常的行为,用其中的虚拟场景来解释或澄清他们所生活的现实场景,并深信不疑地认为他们获得的信息合法化,由此走进成人的世界,期待他们的观念能得到成人的认同。于是,我们并不再怀疑媒介化的形象在构建人类经验中的作用。每当这类媒介化的形象发挥积极的或消极的作用时,人们总是归功或归咎于媒介及其形式化的一面。由此,文字新闻"标题党"大行其道,图片新闻追逐"眼球经济",影视传播刻意营造"明星效应"……诸如此类,一方面说明媒体展示方式的重要性,另一方面从媒介社会功能角度说,其所展示的"内容"更为重要。因为,影响年轻一代的,最终还是所展示的"内容",而不是媒体本身。因此,我们在对媒介的形象系统地认知与把握中,在重视"技术性媒介"的同时,更要重视"社会性媒介"所担负的道义责任。

四、媒介社会与文化共生:传播话语权的选择与建构

"我们是什么",是所有学科均要追问的话题。卡西尔曾说,"认识自我乃是哲学探究的最高目标"⑤,这个目标将永远伫立在探究的路上。与此同步的,则是"我们的对象是什么"以及"我们要言说怎样的事实真相",实与人类的自我认识是一个问题的两个方面。这其中,立足于媒介社会,在人与媒介的文化共生中探寻言说话语权的构建路径,就是一个重要视角。

(一)"媒介化社会"的历史回溯与现实观照

传播行为与人类文明同步。屈原《天问》发出170余个问题,首问"遂古之初,谁传道

---

① 习近平.决胜全面建成小康社会 夺取新时代中国特色社会主义伟大胜利:在中国共产党第十九次全国代表大会上的报告[M].北京:人民出版社,2017:44.
② 杨伯峻.论语译注[M].北京:中华书局,1980:11.
③ 马歇尔·麦克卢汉.理解媒介:论人的延伸[M].何道宽,译.北京:商务印书馆,2000:221.
④ 小威拉德·罗兰.序言[M]//戴维·克劳利,保罗·海尔.传播的历史:技术、文化和社会.6版.董璐,何道宽,王树国,译.北京:北京大学出版社,2018:2.
⑤ 恩斯特·卡西尔.人论[M].甘阳,译.上海:上海译文出版社,2004:3.

之",即思考了人类文明承传的话题。孔子一生以传播周代文化为己任,时人即视之为"木铎"。"哲学之王"亚里士多德论及文明传承时曾言:"我们的远祖们以神话的形式把他们的痕迹流传给后代。"①其《修辞学》被视为西方传播研究的开山之作,建立了含说话者、说的话、阅听者、场合及效果五个传播要素的"线性模式"。不过,作为一门年轻的学科,百余年来,传播学自身尚在建设之中。然而传播就是文化,或者说文化就是人的传播活动,在审视人类社会、文化及其变迁上,作为跨学科研究的产物,传播学或许可以提供一个新的立体的视角。因为媒介为社会中的人所创造和运用,接触和运用媒介是个人与社会交往的基本方式,该方式不仅是人类文化呈现的形式,而且有关媒介的规范与标准更是"文化生存和变化的重要社会基础"②,故媒介本质上是社会的媒介。

所谓"媒介化社会",除了媒介无处不在的历史、媒介毕竟是社会媒介的性质,还有就是指媒介具有"反映""改变"抑或"塑造"社会的功能。哈罗德·伊尼斯曾言:"一种新媒体的长处,将导致一种新文明的产生。"③也就是说,"一个有关信息技术发展历史和发展未来的旅程"④,既是人类社会创造与运用媒介及其革新的历程,也是媒介形态不断影响社会结构的过程。在口语传播时代,具有超常记忆力的人往往拥有话语权,"这就是历史上祭司之类的人为什么一定程度上控制酋长的原因";文字及其书写的时代,因为识字、书写和表达需要长时间的训练,故而"只有极少数人有机会掌握这种技艺并成为统治者,构成一种等级性极强的线性的社会权力链";印刷术则造就了信息传播向社会下层转移,趋向规模人群,为开启公共教育提供了条件;工业化社会带来了大众传播时代,报纸进入千家万户,"信息流动的加快,打破了社会的封闭状态";电影、电视,特别是网络传播等电子媒介通过诉诸视听,改变了传统媒介使用者的身份标签,将传播带入信息共享时代,改变了原有的社会结构。⑤

(二)人工智能时代文化共生方式的选择

马歇尔·麦克卢汉一度预言:"我们正在迅速逼近人类延伸的最后一个阶段——从技术上模拟意识阶段。"⑥"在一定程度上,这样的延伸是进化的延伸。进化不再是千万年来的生物学意义上的延伸,而是过去几十年那种信息环境的延伸。"⑦当前,信息技术正由4G过渡到5G,如果说4G革新的是信息传播方式,那么5G改变的将是人类的社会生活方式,可以说,信息技术媒介正走向人工智能化。"人工智能"关涉到"人机耦合"的话题,但已不是指"技道合一""得心应手"之类对某种技艺熟练掌握而达到的境界,而是指向人造的机器人或植入芯片的人脑。那么,机器人能否思考,是个未知的领域,亟待科学哲学来探讨。若有意识与思维,那么没有血肉的存在,是否合乎我们熟知的人类生命的概念?植入芯片的"人脑"这个存在是"人"还是"机器",也需要研讨。说是机器,然而它又是有血肉的思想者;说他是人,然而他的脑神经能向电脑输送电子信号,指挥机器臂,又类似一种物理事物。

无论如何,正如古希腊智者学派普罗泰戈拉提出过的"人是万物的尺度,是存在者存在

---

① 乔纳森·巴恩斯.亚里士多德的世界[M].史正永,韩守利,译.南京:译林出版社,2013:100.
② 潘忠党.传播媒介与文化:社会科学与人文科学研究的三个模式:下[J].现代传播,1996(5):18-19.
③ 哈罗德·伊尼斯.传播的偏向[M].何道宽,译.北京:中国人民大学出版社,2003:28.
④ 保罗·利文森.软边缘:信息革命的历史与未来[M].熊澄宇,等译.北京:清华大学出版社,2002:10.
⑤ 陈力丹.试看传播媒介如何影响社会结构:从古登堡到"第五媒体"[J].国际新闻界,2004(6):33-35.
⑥ 马歇尔·麦克卢汉.理解媒介:论人的延伸[M].何道宽,译.北京:商务印书馆,2000:20.
⑦ 斯蒂芬妮·麦克卢汉,等.麦克卢汉如是说:理解我[M].何道宽,译.北京:中国人民大学出版社,2006:105.

的尺度,也是不存在者不存在的尺度"①。尽管翻译、写作等这些原先只有"人"才能完成的精神活动,现在可以由机器人替代,但机器是学习人类的,或者说,是人类教会机器学习人类。有论者指出,"人工智能的结构性缺陷和算法推荐的偏见决定了传播伦理无法通过纯粹的技术问题加以解决,媒介生态的平衡需要以一种人性化赋能的方式加以系统矫正,即要明确人类价值观在技术系统中的原则和尺度,让未来的媒体更安全、更道德。"②虽如此,人工智能必将改变人类的生活、学习、思考的方式,影响着社会结构乃至国家治理方式,这一点则是毋庸置疑的。这是人类面向未来,需要持续关注与思考的旅程。

(三) 媒介与社会耦合中的传播话语权建构

媒介与社会的耦合,很大程度来自技术和科学这个中介。当然,"技术并不能等同于科学,技术只有被人使用时才具有现实性,而当技术被人选择和利用时,就以最为隐蔽和柔软的方式蕴藏着最为尖锐和鲜明的价值观。"③法国哲学家布鲁诺·拉图尔进一步指出,"在现代社会,大多数新兴权力来自科学(不论是何种科学),而非来自于经典的政治过程"④。有了技术科学的支撑,媒介在表述现实、传递信息这些基本功能的同时,能将可感世界和永恒世界联结在一起,融合成一个整体的巨大精神,有形或无形中创造着新的行为方式和道德准则,让自己成为文化的生存与共生的场所,生产出无限的神奇。

如此,媒介能扮演公共教师的角色,在大众传播时代,人们对近期最重要问题的认知,通常来自"四到八周内的媒介教导"⑤,如今所关注的则是近日的舆情热点。媒介也是"标准"的制造者,作为传播和塑造意识形态的媒介,"可以通过塑造标准化的展示方式来规范事物的内涵"⑥,其所促成的能影响整个社会的短期模式和长期习俗。媒介也是治国术的一部分,典型的如"基谱"对印加人的意义,"四书五经"在中国社会所扮演的角色。某种媒介的发展,可以说就是权力和文化的一种体现,是社会结构的一部分,与军事、政治(意识形态)、经济等方面的需求关系密切,同时,可以通过媒介作为人类社会交往仪式,理解"我们做事、思考的方式",进而揭示"我们是什么""我们不是什么"等人类文化学的问题,构建自身和社会群体。

"文化就是人化",文化由人创造,人亦是文化的产品。但考察人、媒介、社会与文化的关系,我们不能简单抽象地理解,尤其是"不应以人的抽象本质为中介,而应充分考虑到人的社会性和实践性"⑦,媒介变革背景下人的传播社会实践才是思考的逻辑起点。正如兰德曼所言:"每一个人首先为文化所塑造,只是然后,他或许也会成为一个文化的塑造者。"⑧因此,对90后、00后等一波波的"后浪"来说,他们被新媒介、自媒体文化所塑造,也必将会成为一个新文化的塑造者。如果一味地鄙视、抵制、否定这群被新媒介文化塑造的人,就违背了人及其文化运动的规律。我们不仅要正视直至探究他们如何被塑造,更要思考他们将要创造怎样的新文化。

---

① 北京大学哲学系外国哲学史教研室.西方哲学原著选读:上卷[M].北京:商务印书馆,2003:54.
② 严三九.融合生态、价值共创与深度赋能:未来媒体发展的核心逻辑[J].新闻与传播研究,2019(6):14.
③ 荆学民.重新省思政治传播的价值旨归[J].新闻与传播评论,2019(5):20.
④ 约瑟夫·劳斯.知识与权力:走向科学的政治哲学[M].盛晓明,等译.北京:北京大学出版社,2004:241.
⑤ 马克斯韦尔·麦库姆斯.议程设置:大众媒介与舆论[M].郭镇之,徐培喜,译.北京:北京大学出版社,2008:457.
⑥ 詹姆斯·罗尔.媒介、传播、文化:一个全球性的途径[M].董洪川,译.北京:商务印书馆,2005:32.
⑦ 陈先达.文化自信中的传统与当代[M].北京:北京师范大学出版社,2017:7.
⑧ 米夏埃尔·兰德曼.哲学人类学[M].张乐天,译.上海:上海译文出版社,1988:217.

第一编　物质文化与科技传播

引言　中西物质文化的技术元素

直到今天,我们依然穿着10多万年前发明的衣服,吃着1万多年前培植的水稻,用着4000多年前的勾股定理和300多年前的牛顿力学,依然感受着四大发明的文明之光,体验着工业革命的文明成果……每一次科学技术的发展,都在为今天的科技大厦添砖加瓦,都让活在当下的人们享受它的恩泽。正如麦克卢汉(Marshall McLuhan)所说:"我们透过后视镜来观察目前,我们倒着走向未来。"[①]研究技术需要倒着放映过去的技术爆炸,才能看清这些技术对社会经验和社会组织产生漫长影响的历史过程。只有倒着播放,我们才能在熟悉中发现陌生、在新中体验旧,并因之受到震撼。

1万年前开始的农业革命,其本质是通过农耕有效地获得能量,为我们的祖先创造文明提供可能性。伴随着文字和数字的诞生,从文明之初的"结绳记事",到文字发明后的"文以载道",人类可以将以前的知识和信息传承下来,人类社会的发展进程得到第一次加速。18世纪中后期开始的工业革命,其核心是水能、蒸汽动力等为代表的新动力的使用。从那时起,人类产生和利用能量的水平有了巨大的飞跃。在工业革命之前的一个世纪里,欧洲迎来了一次科学大发现,其成果在工业革命中被转换成技术,由此在短期内涌现出许多改变世界的重大发明。进入20世纪之后,一方面是从原子能到各种清洁能源的进步;另一方面是信息技术的发展,以电子计算机为代表的现代信息技术出现后,人类掌握数据、处理数据的能力有了质的跃升,信息技术成为整个20世纪科技发展的主旋律。

英国历史学家伊恩·莫蒂默从"变化"这个主题出发,观察了10世纪以来的西方历史,他发现需求的变化反映着社会的变化。如果用这种量化标准看,1000年来,变化最大的是20世纪,另一个值得注意的时代是16世纪。历史变化经常呈"S"型曲线,开头缓慢,突然进入快速变化,之后趋向稳定。西方文化的变化趋势是逐渐超出欧洲边界,不断向外扩张,所以,"西方"不止是一个地理方位概念,而是一个不断扩大的文化网。[②] 观察1000年来的西方文明历史,人口是外在世界改变中最明显、最关键的变量,技术的意义也在不断加强。而在人的内在精神世界中,地理大发现、新世界的发现等带来的自我认知变化,对于社会时代的思想起到改变作用。

[①] MCLUHAN M, FIORE Q. The Medium is the Massage: an Inventory of Effects[M]. New York: Bantam Books, 1967: 74-75.

[②] 伊恩·莫蒂默.欧罗巴一千年:打破边界的历史[M].李荣庆,等译.上海:上海人民出版社,2019:16.

人类科技发展史关乎科技在经济和社会生活中的角色,以及它在历史上对文明进程的推动作用。有学者把人类科技史划分为四个阶段:远古科技、古代科技、近代科技和现代科技。① 从空间维度上看,科技在人类文明进程中的作用巨大,是一种进步的力量。从时间维度来看,科技发展史值得书写的内容最开始以十万年为颗粒度展开,然后以千年纪的最高成就为中心展开,接下来以世纪为区隔,也就是以百年计,进入20世纪之后,则以10年甚至更短的时间为单位。可见,科技进步呈现出加速度前进的趋势,人类力量的突破成为改变自然和改变物质世界的基础。科技的正循环一旦开启,就是一个功效不断放大的过程,人类获得的收益也在不断叠加。

　　美国未来学家凯文·凯利采用拟人的手法,把科技看作一个人格化的个体,并发明了"technium"这个词囊括科技,中文译为技术元素。如同孩子一样,技术元素有成长的过程,有需求、有性格、有方法、有使命。其使命就是带着整个世界上的物质,构建更复杂的生命,走向宇宙的终极规律。② 面对技术元素,人类有三种态度,分别是:激烈抗争、迟缓接受和正面拥抱,哪种态度更正确呢?有技术元素的未来又会是什么样子?

---

① 吴军.全球科技通史[M].北京:中信出版社,2019.
② 凯文·凯利.科技想要什么[M].熊祥,译.北京:中信出版社,2011:188.

第一讲　四大发明：中国古代科技传播的文化意义

科技文化是人类文明的重要组成部分，它不仅作为知识形态的生产力，"通过技术物化的途径改变社会的物质文化形态，不断为社会文化的发展注入新的活力和动力"，而且"直接通过规范、价值、信仰要素的示范过程作用于社会精神文化"，影响到了社会文化价值体系的变迁。① 关于中国古代科技成就，马克思、恩格斯曾高度评价中国火药、罗盘、印刷术等科技发明，称其对世界和人类的发展进步做出了巨大贡献，为"资产阶级发展的必要前提"②；造纸术、印刷术③、火药与指南针被英国汉学家李约瑟誉为"四大发明"。"四大发明"不仅是世界科学技术史上的重要发明，作为传播媒介和媒介传播符号的双重身份，在中国传统文化的发展及中西方文化交流中同样扮演着重要角色。如何立足于物质文化与科技传播的关系，借鉴传播的仪式观认识和理解四大发明对人类社会发展带来的贡献，如何深刻改变了世界文明传播与发展的进程，其文化意义与价值如何？本讲将对这些问题进行探索与解答。

第一节　传播的仪式观与科技传播的理论启示

传播仪式观(a ritual view of communication)是相对传递观(a transmission of commnunication)而言的另一种研究视角。美国文化研究的主要代表人物，著名的传播学者、媒介批评家詹姆斯·凯瑞(James W. Carey)认为"传播的传递观自20世纪20年代开始，一直占据美国思想的主流地位。我刚涉足这一领域时，发现行为主义或功能主义术语对这一观点的表达已经黔驴技穷，已经成为一种经院式的东西：一再重复过去的研究成果，对明确无误的事加以验证"④。这种传递观在定义中多和这些词语联系，如"传授"(imparting)、"发送"(sending)、"传送"(transmitting)、"把信息传给他人"(giving information to others)、"源自地理和运输方面的隐喻"(transportation)，其目的是使得"讯息得以在空间传递和发布的过程，以达到对距离和人的控制"。但在凯瑞看来，应该更多地从人类学、文学等领域出发考量传播学的研究方法，据此他提出传播的仪式观。仪式观下的传播在古文中更多的是与"分享"(sharing)、"参与"(participation)、"联合"(association)、"团体"(fellowship)和"拥有共同信仰"(the possession of a common faith)这类词有关，与"共性"(commonness)、"共有"(commnunion)、"共享"(community)及"沟通"(communication)在古代有着同一性和共同的词根。由此，传播不是线性一对一的发送信息，不是信息在空间的扩散、传送，其重点"不是指传达信息的行为，而是共享信仰的表征"，本质上"是一种以团体或共同的身份把人们召集

---

① 翟杰全. 让科技跨越时空：科技传播与科技传播学[M]. 北京：北京理工大学出版社，2002：102.
② 中共中央编译局. 马克思恩格斯全集：第三十卷·上册[M]. 北京：人民出版社，1975：318.
③ 通常意义上的印刷术是胶泥活字印刷术，由中国流传到西方的是雕版印刷术，在此基础上西方人独立发明了自己的活字印刷术。
④ 詹姆斯·凯瑞. 作为文化的传播："媒介与社会"论文集[M]. 丁未，译. 北京：中国人民大学出版社，2019：19.

在一起的神圣典礼",最终"建构并维系一个有秩序、有意义、能够用来支配和容纳人类行为的文化世界"①。

詹姆斯·凯瑞的传播仪式观备受世人关注,中国学者的讨论主要集中在两个方面:一是传播仪式观与仪式传播在内涵和外延上的异同。从某种程度上说,传播仪式观是将仪式作为一种研究视角,而仪式传播是本土化的概念,更类似传播的方式,在不同学科的研究者眼中其概念也不尽相同。因此,许多学者始终强调不应将"传播的仪式观"(a ritual of communication)与"仪式传播"(ritual communication)进行置换性使用,因为两者既有差别,亦有关联。② 二是传播仪式观与传递观的运用与本土学术传统的关系。有学者在詹姆斯·凯瑞所认为的仪式观与传递观相互对立的基础上,进一步指出两者在描述、隐喻、角色、宗教观、目的、意蕴、符号功能、评估标准、研究方法及学术传统上的不同。当然,也有学者持保留意见,认为"仪式观是对传递观的有益补充""从传递观到仪式观是一种递进关系"。其中,"传统社会较重视传播'传递'的一面,而现代社会更强调传播'仪式'的一面"③,两者其实密不可分,是"一个硬币的两面"④。

讨论四大发明的文化传播旨意并不在"传播仪式观""仪式传播""传播传递观"三者的争辩,而是认为西方传播学理论在进入中国本土语境和学界研究时产生不同的声音是必然的结果。詹姆斯·凯瑞期望从文化学视角来看待传播现象以抵制当时主流的"传播的传递观",有不同看法属于越辩越明的真理之议。因此,西方学术话语在进入中国后,遭遇了不同文化背景和语义环境下所产生的歧义,也是跨文化传播不对等条件下产生的现象。不过,目前文化传播研究多局限于新闻传播领域的时代性话题,基于历史学视野,系统研究相关文化传播史的问题,仍是一个有待开拓的领域。基于传播仪式观与仪式传播的研究范式讨论,探讨诸如四大发明的文化传播,可以说这"既是一种理论视角,也是一种分析方法;既是一种显微镜,也是一种手术刀"⑤。

四大发明以各自不同的传播形式从中国传至阿拉伯再到欧洲,给整个欧洲甚至世界带来划时代的影响,被称为"整个古代没有能与之相匹敌的发明"⑥,成为具有代表性的中国传统文化符号象征。作为重要的传播媒介,四大发明不仅实现了信息传递的正确传播,而且在艺术交流、教育学习、宗教信仰等方面的内部传播,以及中西方文化交流等方面都发挥了重要作用。同时,四大发明又作为传播内容,在提炼设置、重复使用与再现的过程中使其文化隐喻功能得以步步实现,在仪式性的文化场景设置中实现了四大发明的身份认同与文化共享。

---

① 詹姆斯·凯瑞. 作为文化的传播:"媒介与社会"论文集[M]. 丁未,译. 北京:中国人民大学出版社,2019:16.
② 刘建明. "仪式"视角下传播研究几个关键概念被误读现象研究:与郭建斌教授商榷[J]. 国际新闻界,2015(11):64-67.
③ 陈力丹. 传播是信息的传递,还是一种仪式?——关于传播"传递观"与"仪式观"的讨论[J]. 国际新闻界,2008(8):45,47.
④ 郭建斌. 如何理解"媒介事件"和"传播的仪式观":兼评《媒介事件》和《作为文化的传播》[J]. 国际新闻界,2014(4):15.
⑤ 郭建斌. 理解与表达:对凯利传播仪式观的解读[J]. 2006中国传播学论坛论文集,2006:16.
⑥ 朱天纵. 从"三大发明"到"四大发明":"四大发明"说的由来[J]. 文化创新比较研究,2019(11):38.

第二节　四大发明传播主体的圈层节点及文化认同

四大发明的传播主体不仅包括发明者、使用者、生产者与经营者等人际传播中形成的传播者,也包括政府、民间和经济团体在组织传播中形成的传播者,"来往于陆、海丝绸之路的传教士、商人、工匠、医生、官员和一般百姓都有可能成为信息的传递者"①。从传播仪式观的角度说,四大发明系中国不同朝代科学技术的卓越代表,其传播者不仅包括各自的人际传播与组织传播者,更重要的是指将这几类发明统称,作为一种整体的、系统的文化符号广为传播的各类传播者。

一、科技传播的"多元主体"及圈层节点

作为人类文明传播的一个重要分支,科技传播与普及具有自身的独特性。其中,在传播者与受众二维之间,具有明显的社会层次结构特征,包括发明者自我认知过程、发明者之间的信息交流、科技共同体之间的信息交流以及科技信息面向社会的传播过程等。② 因此,整体来看,科技传播者是一种多元主体,且在传播活动中构成了相应的圈层节点。

其一,科技的发明者、使用者等形成传播活动过程的中枢节点。发明者与使用者是科技传播系统中最基本的两端,也是科技传播活动中的中枢节点。其中,发明者作为科技传播系统中的核心与起点,其发明创造过程中的自我认知,也是科技信息传播的重要构成。无数的科技发明无不证明了这种自我的传播,不仅影响而且决定着所发明的科技信息的质量。使用者作为科技传播系统中的终点,同时也是科技发明信息的参与者,同样扮演着科技传播的轴心角色。在科技传播活动中,发明者如何满足使用者的欢迎与青睐,使用者为了使用的便利而反馈发明者,发明者与使用者双向互动,是科技传播区别于其他文明传播的一大特点。究其原因,主要是科技发明植根于人们的生活、生产的需要之中。如造纸术与印刷术降低了知识获取的难度,火药受到了民俗的欢迎,迎合了武器制造者的偏好,指南针开辟了堪舆圈、航海圈的新的空间等。同时科学技术的与时俱进,决定了其在传播活动中,会不断有传承者、技术的革新者研发迭代,科技信息传播亦传承有序,发展变化。

其二,科技发明的记录者及政治团体形成传播活动中的外周节点。科技发明记录的方式多样,无论在东方还是西方,口耳相传都是自古至今科技发明极其重要的手段。除此,文字符号在漫长的人类文明进程中,伴随着印刷术的推广应用,业已滋长成蕴藏人类文明的思考,超越了"言不能尽其意"口语传播的限制,具有自身文化特性的意识化符号系统。一本《马可·波罗游记》让西方人了解到中国,一部部西方经书让中国人看到了异国的语言、哲学与文化。以统治者为代表的政府组织态度与行为,决定着科技发明从中枢点传播至外周节点的半径与范围。西方曾积极主动了解中国农耕文明时代的技术及其博大精深的文化,以四大发明为代表的中国科技发明更是促进了西方世界的变革与发展。与此同时,清末统治

---

① 王介南.中外文化交流史[M].上海:书海出版社,2004:220.
② 贾英杰.科普理论与政策研究初探[M].成都:四川科学技术出版社,2016:49.

者的故步自封则导致中国科技文明于近代时期落后于西方,直至西方用火药为原料的大炮打开中国大门,将西方思想和技术等传入中国后,中国的一些有识之士才得以重新觉醒,睁眼看世界,通过系列运动重新植入科学的意识。

其三,科技利好产业的生产者、经营者等经济团体形成传播活动的扩散节点。手工作坊、印刷厂家、书坊、火药生产者、武器制造商等经济团体的出发点是与消费者产生利益往来,满足消费者生活生产需求。正是科技运用产生的普遍需求催生了大量的生产经营者,形成科技发明传播的扩散节点,并成为决定其传播范围阈值的关键因素。科技利好的产业甚至导致了一种新贸易结构的建立,1470年,欧洲中部地区的商业中心德国的纽伦堡建立了具有综合印刷、出版、销售等业务的较大规模的国际企业。在1500年以后,德国共有140个城镇开设过印刷所。① 徽州、南京、扬州和北京是明清时期的四大刻书中心,徽州刻板印刷业的繁荣为书院刻书提供充分条件。迄明隆庆、万历后,具有较高人文素养的徽商大力推动家刻、坊刻等使私刻兴盛。紫阳书院就是徽州书院刻书的典型代表,所刻图书作者、作品层次较高,吸引力不言自明。康熙初年,宣城施润章致信徽州知府曹冠五信云"拙诗蒙镌置书院"②,表达他对徽州书院刻书的信任感。多重利益的捆绑,促使生产者、经营者及使用者恪守传播仪式的规则与流程,维护了科技信息传播的完整性,增强科技传播的广度、深度与力度。

二、四大发明的提出者及文化认同

四大发明并不是中国人提出来的,而是来自西方世界对中国文化的认知与认可。早在17世纪,英国哲学家弗兰西斯·培根指出中国印刷术、火药、磁石(指南针)三种发明,各自在学术、战事、航行方面"在世界范围内把事物的全部面貌和情况都改变了",甚至说"并由此又引起难以数计的变化来;竟至任何教派、任何帝国、任何星辰对人类事务的力量和影响都仿佛无过于这些机械性的发现了"③。后来,马克思做出了这样的评论:"火药、指南针、印刷术——这是预告资产阶级社会到来的三大发明。火药把骑士阶层炸得粉碎,指南针打开了世界市场并建立了殖民地,而印刷术则变成了新教的工具,总的来说变成了科学复兴的手段,变成对精神发展创造必要前提的最强大的杠杆。"④

第一个在上述三种发明中加入造纸术的是英国来华传教士、汉学家艾约瑟,于1884年在比较日本和中国时指出:"我们必须永远记住,他们(指日本)没有如同印刷术、造纸、指南针和火药那种卓越的发明。"⑤1925年,美国学者卡特在《中国印刷术的发明和它的西传》一书的序论中说:"欧洲文艺复兴初期四种伟大发明的传入流播,对现代世界的形成,曾起重大的作用:造纸和印刷术,替宗教改革开了先路,并使推广民众教育成为可能;火药的发明,削除了封建制度,创立了国民军制;指南针的发明,导致发现美洲,因而使全世界、而不再是欧洲成为历史的舞台。这四种以及其他的发明,中国人都居重要的地位。"⑥

当然,四大发明真正为国人、世人广为所闻,让四大发明更有说服力的,是英国科学技术

---

① 项翔. 近代西欧印刷媒介研究:从古腾堡到启蒙运动[M]. 上海:华东师范大学出版社,2001:53-54.
② 施闰章. 与曹太守言紫阳书院事[M]//施闰章. 施愚山集. 合肥:黄山书社,2014:565.
③ 培根. 新工具[M]. 许宝骙,译. 北京:商务印书馆,2017:114.
④ 马克思. 机器. 自然力和科学的应用[M]. 北京:人民出版社,1978:67.
⑤ 李忠杰. 马克思恩格斯怎样看中国[M]. 北京:人民出版社,2019:66.
⑥ 卡特. 中国印刷术的发明和它的西传[M]. 吴泽炎,译. 北京:商务印书馆,1957:9.

史专家、汉学家李约瑟。1954年,李约瑟出版了《中国科学技术史》,"迄今为止还没有任何别的著作,在全面研究中国古代科学技术发展及与整个文明的关系方面,达到如此的规模、深度和水准"①。可以说,正是这种印刷媒介使得中国四大发明的传播走向世界,为人们广泛认知。无论是"三种发明"还是"四大发明",它们的提出均有一定的时代文化背景。从传播仪式观是一种文化分享的传播观角度来看,造纸术、印刷术、火药和指南针四种科学技术发明的传播参与者,在多元传播主体中,更要加进"四大发明"的提出者、改造者等个体与组织。他们是以一种共情方式强化这四种科学技术发明并称之为中国"四大发明",诠释着他们对于中国文化优先权"想象的共同体"的认同。可见,科技传播在文明创造及其发展中的重要意义。

尽管在四大发明的提出及其传播的过程中,不乏噪音与争议。如"全世界用的都是黄色炸药,而中国人所发明的火药是黑火药,这是完全不同的两个系列""中国古代到底是真的发明了指南针,还是只不过发现了地磁现象"②,以及还有"四大发明是为抗战提出来的"之类判断,等等。关于这些争论,尤其是四大发明的提出到底是"抗战说"还是"印刷媒介说",其实都在强调被认定的只有"造纸术、印刷术、火药和指南针",而不是其他的科学技术发明。因此,四大发明的传播者是在一种文化传播的视域下,肯定或思考中国人拥有这四项科学发明的优先权,遵循着文化传播的"信仰-仪式"模式及其群体性的共享习惯,分享着包括四大发明在内的中国古代科技文明的社会与文化意味。这不仅进一步证明了中国古代辉煌的历史,而且还不断地重塑着华夏文明的新形象、新认知,带给世人合情合理、合规合法甚或是合律合条的认同感。

第三节 四大发明传播的历史剪影与符号隐喻

"符号是携带意义的感知,意义必须用符号才能表达。"③"四大发明"既是科技产品,也是科技信息,更是代表中华科技文明的象征性符号。造纸术、印刷术、火药、指南针等在被冠以"三大发明"或"四大发明"之前,各自均有着独特的传播流程。在其被冠名之后,更是在中华文明地理空间的扩散、社会空间的拓展上扮演着重要的角色。无论是"四大文明"作为科技信息的各自传播过程,还是作为中华文明符号的整体形象的传播,参与者既感知科技对人类生活的推动力,也从符号表征中共享了中华科技文明符号隐喻的文化意义。

一、四大发明传播的历史剪影

历史地看,中华民族在科技成就方面有过辉煌的过去,在很长的历史时期内居于世界的领先位置,也形成了富有民族特征的科技传播传统。在对内传播上,这个传统更多的是"依靠生产实践过程本身、依赖'人-人'(如师传徒受)之间的经验传递,科学技术知识和百工技

---

① 江晓原.技术与发明[M].上海:复旦大学出版社,2010:168.
② 江晓原.关于四大发明的争议和思考[J].科技导报,2012(2):15.
③ 赵毅衡.符号学原理与推演[M].南京:南京大学出版社,2011:47.

艺也主要是在民间、在实践中通过观察模仿、师传徒受、甚至是'传子不传女'的家族传承来传播"①。在对外传播上,中国古代科技信息呈现出先向周边亚洲国家辐射,继而经阿拉伯等地延展至欧洲,直至传播至全世界的运行轨迹。无论哪种传播,从传播仪式观角度说,包括"四大发明"在内的中国古代科技传播的历史进程及其行为本身就是种种"仪式"。

首先,造纸术的传播。中国在西汉时有麻质的纤维纸,东汉时蔡伦在前人基础上进行改造,用树皮、麻头、破布和破渔网等浸泡,再剪碎或用斧头剁碎,用水洗净,然后用草木灰水浸透并进行蒸煮……将原料中的油脂、木素和果胶等杂质除去。清水漂洗后,捣烂成糊状,再用水将之配成悬浮的浆液,然后用漏水的纸模捞取纸浆,晒干后就成了纸张②,时称"蔡伦纸"。751年,唐朝高仙芝大将与大食(阿拉伯帝国)将军会战于中亚重镇怛逻斯。怛逻斯之战后,唐军中的部分造纸工匠被俘后流落他乡,中国造纸手艺得以西传。造纸术给西方带去了传播媒介的重大变革,从制作成本极高需要宰杀动物的羊皮纸到简捷的植物纤维纸。1797年,法国人罗伯特发明了机器造纸的方法,超越了东汉蔡伦的造纸技术,机器造纸的流程使得造纸术更快、更广地传播开来。即便如此,然而正如德国人亚可布于1931年说的:"我们还是靠中国人蔡伦的智慧,才能享受到现在这种便利。"③

其次,印刷术的传播。四大发明中的印刷术往往特指"活字印刷术"。北宋年间毕昇首创泥活字印刷术,之后中国西部的西夏和回鹘便开始使用活字印刷术,并从泥活字印刷术演进为木活字印刷术,纸钞、宗教印刷物和纸牌等都是印刷术传播的媒介和掌握印刷技术的路径。事实上,在历史进程中,中国大部分书籍采用雕版印刷术,反倒是西方多采用活字印刷术。活字印刷术在西方的运用比在中国本土要广泛得多,这与英文只有26个字符而中文有几万个不同汉字有着重要的关系。公元1456年,德国人古登堡发明了哥特体拉丁文金属活字印刷术,排版印刷《圣经》,解决了长期困扰欧洲人的字形问题。正如有学者评价,"如果说谷腾堡活字印刷术为西欧的现代变革提供了动因的话,那么我们似乎也可以说,宋代的雕版印刷术,从文化普及、学术形态、思维方式等多个层面推动了文化的整体转型,开启了我国现代性经验的源头,并呈现出不同于欧洲文明的另一种现代性模式"④。

再次,指南针的传播。公元1119年,宋宣和年间朱彧在《萍洲可谈》中提到驾驶小船的师傅通过夜观星象,白天察看太阳的走向,天气不好时就通过指南针来判断地理位置。指南针在中国不仅应用于风水,于北宋发明后很快用于航海。郑和下西洋时,"宝船上设有专门放置罗盘的针房,选派最有航海经验的人为大长,根据罗盘、针路和海图掌握航向",罗盘成为海上导航的最重要工具。⑤ 参加郑和七下西洋的巩珍描述道:"往还三年,经涉大海,绵邈浩茫,水天连接。四望迥然,绝无纤翳之隐蔽。惟观日月升坠,以辨西东,星斗高低,度量远近。皆斫木为盘,书刻干支之字,浮针于水,指向行舟。经年累日,昼夜不止。"⑥指南针传入阿拉伯、欧洲等地区后,更是在航海活动中发挥了更大的作用。指南针的发明、运用及传播,既为全球航海事业翻开了历史性的崭新篇章,也从根本上革新了科技媒介,更是在极大程度上打破了当时世界各国文化间相对封闭、缺乏交流的格局。

---

① 任福君,翟杰全.科技传播与普及概论[M].北京:中国科学技术出版社,2014:21.
② 王介南.中外文化交流史[M].上海:书海出版社,2004:78.
③ 亚可布.论东方对于西方文化之影响[M]//朱谦之.中国哲学对欧洲的影响.上海:上海人民出版社,2006:28.
④ 李昕揆.雕版印刷术与宋代文化转型[J].兰台世界,2015(5):71.
⑤ 王毓铨.中国通史.第9卷:中古时代·明时期:上册[M].上海:上海人民出版社,2015:700.
⑥ 巩珍.西洋番国志自序[M]//西洋番国志.向达,校注.北京:中华书局,1961:5.

第四,火药的传播。火药在古代被炼丹家所青睐,应用于军事领域还是在唐末,宋代时相继发明了"火枪""飞火枪""突火枪""火炮"①等武器。据波兰历史学家德鲁果斯《波兰史》记述,1234年,蒙古灭金后,俘虏了工匠和火器。1241年,蒙古与波兰、日耳曼组成的联军在东欧展开激战,蒙古军使用了大量的火器。波兰火药史学家盖斯勒躲在战场附近的修道院内,偷偷描绘了蒙古士兵使用的火箭样式,配备火药武器的蒙古军队在欧洲长期驻扎,也给欧洲人偷窥火药技术提供了机会。②火药与火器为后世西方资产阶级组织并发起的反封建革命活动,以及摧毁封建城堡与反动势力提供了强大的武器,进而间接地引领了当时众多西方国家从中世纪的黑暗走向了光明,同时也为资本主义和资产阶级的发展壮大提供了必要的前提条件。另一方面,火药确实衍生出了另外两种科技文化产物——爆竹与烟火。唐宋时期,爆竹与烟火逐渐演变为举国上下庆祝隆重节日的必备品,因而也相应地成为了唐宋文化对外传播的"文化名片"。

二、四大发明的符号隐喻与文化表达

詹姆斯·凯瑞的传播仪式观源于杜威及芝加哥学派,克劳福德·格尔兹、雷蒙·威廉斯对其思想形成也有着重要影响。杜威提出传播创建符号和意义,并以此建构和维系社会。格尔兹认为文化是"用一套单一的象征符号,引入一套心境和动机因素——一种气质——并定义一个宇宙秩序的图像——一种世界观"③。詹姆斯·凯瑞进而认为传播活动正是符号及其代表的意义共同组成的系统,象征性符号的不断重复,代表着某种象征意义和传播的文化意义在不断地显现。在瑞士语言学家菲尔迪南·德·索绪尔(F. Saussure)和社会、文学评论家罗兰·巴尔特的笔下,符号进入传媒文化的世界,主要包括"所指和能指、系统和组合段、直接意指和含蓄意指"④,"第一层次的意义指向客体事物,存在于以能指为形式的所指中,第二层的意义指向所指概念意义的内蕴,巴尔特称之为隐喻"⑤。至此,传播的仪式观注重传播行为本身,认为传播的意义并不只局限于信息的获取以及传播效果的体现。中国四大发明在传播过程中,在特定的时空中由人物、语言、实物及城市等符号构成的仪式中完成,共同表达着对中国文化的认同与尊崇。符号在不同时空中所表达的意义各异,然而在一个完整的仪式场域,符号与其文化表达、意义表述同时在场。这里以人物、城市符号为例略作说明。

(一)传播仪式中的人物符号

四大发明在传统社会的仪式传播中首先多赖人与人之间的口头传播,尤其是重要人物在集体记忆建构的途径承担着重要角色。在某种固定化程序即仪式中,人物符号在场景中的言行、表达,通过人物表达的文化仪式感让观众从更深层次的意义上领悟四大发明代表的中华文明精神特征和其象征的社会意义,让受众产生、认可及维系立足于中华文明基础上的文化认同。

---

① 陈江风.中国文化概览[M].南京:南京大学出版社,2005:291.
② 夏立怡.跃进的文明[M].济南:山东人民出版社,2012:223.
③ 克利福德·格尔茨.文化的解释[M].韩莉,译.南京:译林出版社,2008:125.
④ 罗兰·巴尔特.符号学原理:结构主义文学理论文选[M].李幼蒸,译.北京:生活·读书·新知三联书店,1988:115.
⑤ 余志鸿.传播符号学[M].上海:上海交通大学出版社,2007:77.

《后汉书·蔡伦传》记载:"自古书契多编以竹简,其用缣帛者谓之为纸。缣贵而简重,并不便于人。伦乃造意,用树肤、麻头及敝布、鱼网以为纸。元兴元年,奏上之。帝善其能,自是莫不从用焉,故天下咸称'蔡侯纸'。"①中国人蔡伦在造纸术上划时代的意义无人可替,宣告着中国在科学技术发明上的优先权,寓意着传播媒介从竹简为代表的硬性媒介向纸张为代表的软性媒介转变。元朝来华的马可·波罗,在中国居住20多年后,写了一本《马可·波罗游记》,介绍了中国的纸张、钞票等。通过这本书,西方人了解到中国的造纸术、印刷术,感知了中华科技文明的魅力。清廷画师、耶稣会教士蒋友仁,也将中国的造纸技术画成图寄回巴黎。他们在中西方造纸术传播中发挥着重要的中介作用,是中国科技发明信息的传播者。同时,以中国造纸术为基础,1797年法国人罗伯特发明机器造纸的方法。随着中国的植物纤维纸及其制造技术在欧洲的普及,1456年,德国人古登堡在中国活字印刷和油墨技术的基础上,创造了金属活字排版印刷,并印刷了《圣经》……这些在印刷术等科学技术发明史上出现的一个个鲜活人物,都是人类文明发展进程中的转折点与闪光点,隐喻着有显著价值的文化意义,象征着科学技术的国界发明权与传播过程中使用权的无国界,而受众在这种人物符号的指引下共享着这种国界与无国界的文化认同。

四大发明之意义不仅在于科学技术,更在于文化。四大发明蕴含着中国传统文化的基因,英国行为生态学者理查德·道金斯提出与"gene"(基因)相类似的文化传播单位"meme"(文化基因)②。这种"文化基因,就是决定文化系统传承与变化的基本因子、基本要素;其中最重要的是结晶在一个民族语言文字系统中、升华为哲学核心理念的思维方式与价值观念"③。蔡伦、毕昇、郑和等及炼丹家们就是代表了这种文化基因的人物符号,凝聚了人们对中国古代科技发明的自豪感与成就感。而在四大文明的传播上,培根、马克思、艾约瑟、陈登原、李约瑟等人物符号重复出现,在受众认知中反复确认"中国最伟大的发明",这一仪式中唤起、建构受众形成对这一文化的集体记忆与认同(表1.1)。

表1.1 四大发明提出者人物符号意义构建关系

能指	所指	意指
1620年,培根	这三种发明(印刷、火药和磁石)已经在世界范围内把事物的全部面貌和情况都改变了。——《新工具》	从"三大文明"到"四大文明",作为中华民族灿烂的瑰宝,对冲破中世纪的蒙昧与黑暗,推动欧洲文艺复兴蓬勃展开及中西方文化交流和传播,起到了不可忽视的历史性作用
1863年,马克思	火药、罗盘、印刷术——这是预兆资产阶级社会到来的三项伟大发明。——《机器。自然力与科学的应用》	
1884年,艾约瑟	我们必须永远记住,他们(指日本)没有如同印刷术、造纸、指南针和火药那种卓越的发明。——《中国的宗教》	
1933年,陈登原	在其1933年编著的《陈氏高中本国史》中,就冠名有"四大发明"一目。——《陈氏高中本国史》	
1946年,李约瑟	中国人最伟大的三项发明无疑是造纸——印刷术、磁盘罗和黑火药。——李约瑟在巴黎联合国教科文组织发表的演说	

---

① 范晔.后汉书:蔡伦传[M].北京:中华书局,2000:2513.
② DAWKINS R. The Selfish Gene[M]. New York:Oxford University,1976:249.
③ 王东.中华文明的五次辉煌与文化基因中的五大核心理念[J].河北学刊,2003(5):134.

(二)传播仪式中的空间(城市)符号

历史上记载四大发明传播经过的重要城市,作为隐喻的符号通过历史人物、实物载体等多种方式,呈现了四大发明辐射的传播网络,从中国内地沿着陆上、海上运输、传递,抑或通过战争等方式影响。这种城市网络不仅是一种地理区域的范畴,更是一种文化领域的辐射。

造纸术在公元5世纪前传入朝鲜,盛唐时传播到中亚。作为丝绸之路上重要的枢纽城市,撒马尔罕建起多家造纸工场,因此以地域命名且质地优良的撒马尔罕纸较为有名,畅行中亚、西亚,以至于一度被认为是造纸术的发源地。11世纪,东罗马帝国在君士坦丁堡(今伊斯坦布尔)造纸。中国造纸术经由阿拉伯、埃及、西班牙传到欧洲。12~13世纪,"从阿拉伯经北非到西班牙和意大利——造纸术西传完成跨海动作"①——"一条是经过摩洛哥再渡海于1150年到欧洲的西班牙;另一条是通过地中海进入西西里岛于1276年传至西班牙和意大利,再转传到欧洲内陆各地"②。意大利经济贸易比较发达,造纸商十分受青睐,所以法比诺亚、热那亚、威尼斯、伦巴第等多个造纸中心形成,意大利也成了欧洲植物纤维纸的主要原产地、造纸技术的重要改良提升和中转输出地。自15世纪起,欧洲普遍学会了造纸术,这为欧洲文艺复兴在意大利及欧洲各地的蓬勃兴盛奠定了创新文化传播和信息流通的载体基础。因此可以说,伴随着中国造纸术、印刷术等传遍整个欧亚大陆,提供了必要的印刷技术与书籍武器,催生了欧洲16世纪的文艺复兴和德国宗教改革运动,促进了西方资本主义的发展和资产阶级的壮大。

毕昇发明活字印刷术后不久,中国西部地区的西夏和回鹘便开始使用活字印刷术,并从泥活字印刷术演进为木活字印刷术。后来又向东西两个方向传播,东传高丽、朝鲜、日本等。13世纪,意大利的马可·波罗把中国雕版印刷的纸币带到西方,后由西北陆上丝绸之路传至西夏、畏兀儿、中亚和欧洲等国。其中,波斯是印刷术西传道路上的另一个中转站。10~11世纪,"巴比伦纸"和"开罗纸"开始风行,传到欧洲后,在15世纪中叶有与古腾堡发明的铅活字印刷术佳偶天成③。印刷术、造纸术的意义还在于改变了阅读的方式,"阅读过程能促进理性思维,铅字那种有序排列、具有逻辑命题的特点……还需要读者具有相当强的分类、推理和判断能力"④;进而对社会产生了各方面具有革新性的影响,如印刷术下产生的版权观念,受众的变化从聆听型公众到阅读型公众,从地缘、血缘群体到趣缘群体,"精神集合体"从"村"到"地球村"等(表1.2⑤)。

中国的造纸术、印刷术沿着丝绸之路,指南针与火药沿着海上运输从内地到新疆、广州,传至朝鲜、日本及周边越南、印度等国家,盛唐时传播到中亚等。四大发明经由的城市、国家,都留下了具有时代性的意义,巴比伦纸、开罗纸、撒马尔罕纸等意味着城市成为了四大发明传播中的代表性符号,这些城市符号串联起来隐喻着了四大发明传播的空间意义,即促成了"一带一路"文化圈的形成。正如有学者指出,造纸术传播表面上是技术的流传,本质上是文明的传播。全球公认的源自中国的造纸技术内涵了东方文明和"中国意象",也是向西方

---

① 万安伦,王剑飞,杜建君.中国造纸术在"一带一路"上的传播节点、路径及逻辑探源[J].现代出版,2018(6):73.
② 刘仁庆.中国造纸术的西传[J].中华纸业,2008(9):79.
③ 万安伦,周杨,翟钦奇.试论中国造纸术和印刷术与欧洲文艺复兴之关系[J].教育传媒研究,2020(1):35.
④ 尼尔·波兹曼.娱乐至死[M].章艳,译.桂林:广西师范大学出版社,2004:67.
⑤ 胥晓冬.印刷术与互联网的社会影响机制比较:读《作为变革动因的印刷机》[J].青年记者,2017(7下):101.

传达中国国家形象的重要路径和方式。①

表1.2　印刷媒介与互联网对社会的相似影响

	印刷术	互联网
媒介的"格式"影响人类的"思维方式"	分类思维,逻辑思维,系统精神,线性思维,纵向思维	超文本、超链接思维,碎片化思维,跳跃式思维,整合思维,横向思维
媒介"回馈"机制与受众的参与	读者直接/间接参与知识积累	基于web 2.0的UGG
媒介的保存功能与新观念的出现	保存观念的转变;版权观念的兴起	新版权观念:从copyright到copyleft
媒介中的"模型"	印刷文化中的"定型"	互联网中的模因
受众/公众的变化	从聆听型公众到阅读型公众;从地缘、血缘群体到趣缘群体;"精神集合体";从"村"到"地球村";自学精神到自助精神	从阅读型公众到书写型公众;社群、趣缘群体形成;新媒介赋权

第四节　四大发明传播的文化意义与影响

媒介与社会的耦合,很大程度依托技术和科学的中介。"当技术被人选择和利用时,就以最为隐蔽和柔软的方式蕴藏着最为尖锐和鲜明的价值观。"②有了技术科学的支撑,媒介在表述现实、传递信息这些基本功能的同时,能将可感世界和永恒世界联结在一起,融合成一个整体的巨大精神,在有形或无形中创造着新的行为方式和道德准则,让自己成为文化的生存与共生的场所,生产出无限的神奇。

一、信息传播与有效沟通

造纸术与印刷术发明之前,文化传播主要依靠绢帛、羊皮纸、石壁等传播载体与刻写、手抄、口耳相传的方式。后者虽说在文明储存、传递等方面发挥过积极的作用,但是这种载体的保管难度、传播广度与流传方式的限制使得信息传递受到许多阻碍,而且带来了信息传播过程中的噪音与误读、传播时效性差等诸多问题。同时,区域与区域、中国与外部世界之间的交流相对封闭也使得信息传递的广度、文化传播的阈度受到了限制。"纸的广泛应用,刺激了印刷术的进步"③同时"印刷术改变了知识储存、更新和扩散的方式,印刷并不是创造了

---

① 万安伦,王剑飞,杜建君.中国造纸术在"一带一路"上的传播节点、路径及逻辑探源[J].现代出版,2018(6):75.
② 荆学民.重新省思政治传播的价值旨归[J].新闻与传播评论,2019(5):20.
③ 王士舫,董自励.科学技术发展简史[M].北京:北京大学出版社,2004:50.

书,但它改变并界定了它"①。这些科技发明改变了过去信息传递的方式与载体,改变了口耳相传的弊端,从根本上降低了文化传播的成本,使得信息得以正确传播并持久地保存。中国发明指南针后将其运用于航海事业,并在传入欧洲等国家后,阿拉伯与欧洲地区的国家在航海活动中大量使用指南针,使得西方应用指南针于航海活动的信息传播也较为广泛。指南针发明与应用的传播加快了信息传递的速度,推动了信息传播的广度,让更广范围的国家与人类看到文明的书写与记录的内容,打破了当时世界各国文化间相对封闭、缺乏交流的格局,并让造纸术、印刷术承载的文明得以正确、有效、广泛的传播。

二、教育输送与知识普及

内藤湖南认为"印刷技术的发展对弘扬文化是个巨大推动,随之出现了学问的民众化倾向"②。刘永华也认为在明清文字下乡活动中,有两个重要的条件:一是识字率的提高,二是印刷书的大量出现和广泛流通。③ 而在后一条件即印刷出版的书籍中,童蒙书籍作为乡土社会基本的识字工具,无疑是文字下乡活动中最基础的传播载体和核心要素。中国传统社会蒙学教育兴盛,除与民间兴办的教育机构、高素质的塾师教育者、完备的讲课制度等息息相关外,也离不开重要的传播载体——各种刻印、手抄本的童蒙书籍。造纸术、印刷术问世之前,书籍课本都属于稀缺资源,因此历史上生产出版各种形式的蒙学书籍是"文字下乡"的可能与基础,蒙学文本的传承创新是从"文字下乡"量化到"知识下乡"的质化传播阶段,蒙学书籍不断被翻刻、加工出版及在本土和域外传播形成的文化氛围,最终助推中国形成了"文化留村"的文化生态环境。

造纸术、印刷术作为重要的传播媒介,通过与科举取士的互动,推动了古代的政治文明建设和士人阶层的更替。同样,印刷术也同样推动了西方近代化的进程,像印刷术改变了教育垄断现象,"提供了更多的受教育机会,促进了知识分子阶层的产生",增加了人力资本的积累;同时,"印刷术作为一种新的信息技术",加速了知识产权制度的发展,降低了交易成本,"促进了文化产业的形成,影响了西欧科技革命的广度和深度,加速了技术扩散的速度";进而,印刷是民族意识产生的关键,"深刻地影响了西方近代化过程中'民族国家'的形成"。④

文字是知识传播的重要载体,文字组成的书籍与结绳记事、以刀刻图相比更能够加快文化传播的速度,造纸术与活字印刷术在消除愚昧迷信与启迪民智等方面,在中西方教育历史进程中都发挥了十分重要的作用,推动文化"从都市扩展到乡村,从中心地域辐射到周边地区,从上层士人传播到下层民众",打破了教育权力集中在金字塔顶端的现象,使得教育从精英传播走向大众文化传播,社会"从野蛮转向文明"⑤,对于推动世界文明的发展与进步均具有重大的历史意义。

---

① 黄建铭.图书馆文化研究[M].福州:海风出版社,2007:311.
② 内藤湖南.中国史通论:内藤湖南博士中国史学著作选译[M].夏应元,译.北京:社会科学文献出版社,2004:389.
③ 刘永华.厦大新闻学茶座(9):刘永华教授谈"新媒体与乡下人——明清时代的文字下乡问题"[J].国际新闻界,2015(6):172.
④ 崔林.媒介史[M].北京:中国传媒大学出版社,2017:42.
⑤ 葛兆光.七世纪至十九世纪中国的知识、思想与信仰[M].上海:复旦大学出版社,2000:358.

三、商业繁盛与文化发展

造纸术、印刷术发展之后,加快了刻书出版业的发展,其中出版业中出现的新品种——商业文献,其记载了传统社会商业文化、商路和商业教育中的重要知识。这些水陆行程书、日用类书、商贾便览、士商类要①等作为商业文明交流与传承的重要载体,既传承了中国商业文化,并沿丝绸之路将中国的商业文化传向域外。

"杂字是我国古代蒙学教育阶段重要的识字刻本"②,多用于本土百姓日常生活的教学、交往所用,是区域性特色较强的启蒙书籍。从目前史料记载来看,以徽州为例,出现的杂字抄本种类较多,有《对相识字》《日用杂览》《珠玑杂字》《三言杂字》《六言杂字》《农工杂字》《逐日杂字》《略要杂字》《韵文杂字》《新绣便蒙群珠杂字》《五刻徽郡释义经书士民便用通考杂字》《新刻易见杂字农业》《读书须识字》《家常文字》等。这些杂字抄本多作为学徒入门的主要教材,既包含了基本的识字释义,也包括士农工商从业类的基本知识,充分反映了传统徽州"田少民稠,商贾居十之九"③商业社会的特质及其迫切需求。

除商业启蒙类书籍外,鉴于商业经营的需求,有关地理、水陆交通路线方面知识的"途程(路程)"就显得十分重要。正如明人《合刻水陆路程序》所言,"舟非水不行,车非陆不至,乃水陆莫不有程途。无程途,滔滔天下令人迷津,茫茫山河令人裹足。行必有径,篡人迷途,故差毫厘失之千里"④,故而促使大量商业路程书的出现和传播。如徽州记载就有《一统路程图记》《士商类要》《新刻士商要览天下水陆行程图》《江湖绘画路程》《新安纪程》《徽州至广州路程》《沐风栉雨》《万里云程》《商贾便览》《商贾要览》《徽商便览》等。其中,《一统路程图记》(又名《新刻士商要览天下水陆行程图》)关于商业经营路线记载的刊刻出版,堪称是最早的商旅交通指南,"山川险夷、物产出处、行程风险、水旱码头、牙侩好坏、门摊课税、名胜古迹,乃至轿夫船户是否可靠,沿途食宿是否整洁等商旅须知,皆有所记"⑤,为商品货物贩运和商贾四处奔走上提供了便利和支持。《布经》《典业须知录》《典务必要》《当行杂记》《做茶节略》《日平常》《经历志略》等商业技能书则包含了各行各业经营的规范和守则、商业道德和为人处世待人接物之道,师徒世代相传,对商帮、商业整体及其商业文化生态环境的形成和可持续发展有着重要意义。

四、文化交流与文明互通

柳诒徵说:"雕版印刷之术之勃兴,尤于文化有大关系。"⑥它不仅是我国实现从中古时期向近古时期变革的一项根本动因,而且从文化普及、学术形态、思维方式等多个层面推动了宋代文化的整体转型。⑦ 在造纸术、印刷术、指南针问世之前,中西方文化艺术的交流与传播

---

① 陈联.徽州商业文献分类及价值[J].徽学,2000(2):385.
② 戴元枝.从明清徽州杂字看徽州的商业启蒙教育[J].淮北师范大学学报(哲学社会科学版),2015(1):26.
③ 张佩芳,修.刘大槐,纂.中国方志丛书:华中地方(232)[M].台北:台北成文出版社,1975:122-129.
④ 黄汴.天下水陆路程[M].杨正泰,校注.太原:山西人民出版社,1992:266.
⑤ 杨正泰.明代驿站考:增订本[M].上海:上海古籍出版社,2006:197.
⑥ 柳诒徵.中国文化史:中[M].北京:中国和平出版社,2014:819.
⑦ 李昕揆.雕版印刷术与宋代文化转型[J].兰台世界:2015(5):70.

是非常有限的,竹简等不便的传播载体造成传播内容十分有限,传播难度较大。造纸术、印刷术西传后,不仅传播了这种科学技术,更使得附着于这种技术基础之上的文学、艺术、宗教等内容通过书籍、绘画等载体,借助指南针之上的航海技术,广为传播。这不仅促进中外文化交流的广度、深度及速度,推动了西方社会的发展,而且强化了中国向国外先进文化学习的意识,进而在文明交流互鉴中提升自我,加快历史发展的进程。

根据史料和已有研究表明,13~14世纪起,欧洲人已对中国雕版印刷和印刷品有所了解,甚至接触过实物,他们有可能直接获得这方面的技术信息,进而利用这一技术发明。[①] 1294年,意大利传教士孟高维诺甚至在北京用中国的印刷技术出版宗教读物。[②] 因此,在中国的《金刚经》等宗教雕版印刷品较早地传入西方后,中国许多文学典籍、绘画作品等也相继广为传播,为西方尤其是欧洲文艺复兴直接提供一些思想启蒙印刷品和读物,对当时西方的知识、宗教、文化、思想传播等具有强烈的冲击力和辐射影响力。同时,欧洲文艺复兴时期人文思想、现代科学、文学艺术的成果也影响了世界各地,直至反哺了造纸术、印刷术发源地的母国。西方传教士带来的天文、地理、几何、美术、音乐等现代科技文化知识,对中国的教育、文化艺术的发展带来了不一样的视角,在"西学东进""西风东渐""中体西用"的时代风潮下,中国的园林、建筑等有了西式欧洲文艺复兴的影子,中国的小说、诗词等文学作品的语言表述与思想里也有了西方思想的影响,"民主"和"科学"思想伴随着西方印刷术、造纸术的反哺,为中国的新文化运动点燃了新生的火花。

五、政治教化与文化统一

廉价的传播纸质载体、简单快速的印刷传播技术、辐射传播范围更广的指南针载体及构筑在火药基础上的战争传播等,使得大量的政令、法规、族规、家法、家典等内容得到了自上而下的广泛传播,有效地实现民众思想意志的教化、政权的巩固以及文化的统一。

以中国传统文化的典范区域徽州为例,其蒙学书籍的刊刻亦是如此,"培养深沉的历史意识和道德情感是传统童蒙教育的重要特色之一"[③],其读物从内容上来看基本上也是以"忠、孝、节、义、礼、义、廉、耻"的伦理道德教化为主,兼顾识字技能、自然科学教育。如明末清初歙县人胡渊所撰书籍《蒙养诗教》就以"事亲""事兄""尊师"为核心,教导子女"父母恩泽等昊天,孩童孝顺报难全"的孝养之情,"兄友弟兮弟恭兄,天然伦序要分明"的恭敬之心,"父生君养分相参,教者惟师恩并三"[④]的尊重之意。

徽人胡渊的《蒙养诗教》基本上可以代表徽州大部分童蒙书籍所要表达的内容,即始终要把"孝敬父母、恭敬长上"的德行放在首位。除此之外,徽州族规家法的教化文本内容亦如是,明末徽州歙县人张习孔就撰《家训》七则,作为教化读物经常诵读、警示、训诫后世子弟,提醒家中子女要守孝弟、兄道友、弟道恭、睦宗族,要长幼有序、雍和肃穆。这些内容与国家上层统治者大力推行的教化政策(如圣谕六言等:孝顺父母,恭敬长上,和睦乡里,教训子孙,各安生理,毋作非为)是同符合契、毫无二致的,因此即使在文字狱的朝代,这些童蒙书籍的

---

① 潘吉星.中国科学技术史[M].北京:科学出版社,1998:600.
② 吴伟.文化西游:印刷术[M].北京:华文出版社,2009:83.
③ 萧放.儒家伦理与中国古代童蒙美育[J].史学月刊,1991(3):49.
④ 韩锡铎.中华蒙学集成[M].沈阳:辽宁教育出版社,1993:1082.

刊刻出版也并未受到多大影响。

祁门《桃源陈氏宗谱》卷首部分内容,首页即是"圣谕"两字,而后几页分别是圣谕十六条具体内容,可谓是谨遵圣谕(图1.1)。这种情形在当时各县均有普遍体现,如明崇祯休宁县叶氏宗族为"家乘俾传之有永",在族谱中"特为演皇祖六谕,以示宪章"。开篇即奉圣谕,内容如下:

图1.1 《桃源陈氏宗谱》(光绪刻本)

圣谕:恭惟我太祖高皇帝开辟大明天下,为万代圣主,首揭六言,以谕天下万世。第一句是孝顺父母,第二句是尊敬长上,第三句是和睦乡里,第四句是教训子孙,第五句是各安生理,第六句是毋作非为。语不烦而赅,意不刻而精,大哉王言!举修身、齐家、治国、平天下之道,悉统于此矣。

从上文内容可看出,叶氏族训内容第一点即是圣谕内容中所强调的"孝顺父母",如何孝顺父母?叶氏祖训告诫子弟第一件要安父母的心,第二件要养父母的身,并详细阐述如何从这两点做起的要求。进而围绕如何尊敬长上、和睦乡里、教训子孙、各安生理、毋作非为等方面详细讲述,字字珠玑,均可见圣谕影响。如其中写到"我太祖皇帝劝百姓们孝顺父母,正欲吾民辈辈为孝子顺孙也。你若不孝顺,朝廷有律例,决不轻贷"①。

另外,如圣谕十六条中第十四条"完钱粮以省催科",统治者对此多做如下诠释:交纳钱粮仅等列鼎奉于父母。徽州祠规家训中基本秉承圣意,屡屡提到,输赋税、力役等虽是国家重务,但"若拖欠钱粮,躲避差徭,便是不良的百姓。连累里长,烦恼官府,追呼问罪。甚至伽号,身家被亏,玷辱父母"②,此乃真不孝、大不孝之举。

除休宁叶氏、休宁范氏、茗洲吴氏、古林黄氏等外,徽州许多宗族都直接将"圣谕六条"作为家规内容,要求子孙恪守谨记。如《休宁古林黄氏重修族谱》祠规"非解臆说,皆推圣谕之遗意也",第一条即"敦孝悌":"事亲从兄,良心真切,尧舜之道不外是焉。'圣谕十六条'首著

---

① 叶文山,等.《休宁叶氏族谱》卷9《保世》[Z].明崇祯四年(1631年)刻本.
② 范涞.休宁范氏族谱:卷6:谱祠·第四宗规[M]//陈宏谋.五种遗规.北京:线装书局,2015:217.

'敦孝悌以重人伦',良有以也。"①可见圣谕内容已经成为徽州孝文化理论的重要组成部分,族规家法逐渐演变成圣谕的书写者和宣传者。

文化的发展和创造是文化传播的重要过程,文化传播也是文化最终不断融合形成体系的前提。族规家法、族谱家谱、典章政令、碑文、楹联等文本传播载体有利于传统社会统治阶层意志的灌输、政治巩固与文化一统。同时,火药、指南针的发明与西传在历史上也成为统治者巩固政权的工具。正如恩格斯在《反杜林论》中指出的,"火器一开始就是城市和以城市为依靠的新兴君主政体反对封建贵族的武器。以前一直攻不破的贵族城堡的石墙抵挡不住市民的大炮,市民的枪弹射穿了骑士的盔甲。贵族的统治跟身穿铠甲的贵族骑兵同归于尽了"②。

思考题

1. 从传播仪式观角度,谈谈你对四大发明符号隐喻的理解。
2. 如何理解从四类科学技术发明到"四大发明"的文化认同?
3. 四大发明的传播主体有哪些?从中可以获得哪些启示?

---

① 黄治安,卢鹏.乾隆《休宁古林黄氏重修族谱》:卷2·祠规[Z].清乾隆三十一年(1766年)刻本.
② 中共中央编译局.马克思恩格斯全集:第26卷[M].北京:人民出版社,2014:175.

第二讲　工业革命：西方近代技术传播的观念变革

"300年前,当18世纪来临的时候,中国的康熙皇帝正在用他的文治武功,开辟一个新王朝的辉煌,并开始对遥远的西方产生了兴趣。此时的英国,正在孕育人类历史上一种崭新的生产方式,后世称之为'工业革命'。"①大型电视纪录片《大国崛起》第四集《工业先声》解说词的开篇如是说。谈论文化与传播的话题,离不开中西比较的语境,而在科技传播层面,这种比较也是很有意味的。

1848年,马克思、恩格斯在《共产党宣言》中写下这样一段话:"资产阶级在它的不到一百年的阶级统治中所创造的生产力,比过去一切世代创造的全部生产力还要多,还要大。自然力的征服,机器的采用,化学在工业和农业中的应用,轮船的行驶,铁路的通行,电报的使用,整个大陆的开垦,河川的通航,仿佛用法术从地下呼唤出来的大量人口,——过去哪一个世纪料想到在社会劳动里蕴藏有这样的生产力呢?"②提起"工业革命",众所周知,这是人类发展历史上一次伟大的事件。"第一次工业革命"于18世纪六七十年代在英国开启,极大地推动了生产力的发展。工业革命之后,人类社会呈现出加速度前进、跨越式发展,知识总量爆炸式增长,三百多年所取得的成就比过去上万年的总和还要多出千百倍。直到今天,我们依然在享受着它给人类社会所带来的成果。如今,"第四次工业革命""新工业革命"等说法也成为当下流行的一些概念。如何从物质文化与科技传播的角度理解工业革命的内涵和本质?如何认识和理解工业革命的历史地位及其对人类社会发展带来的贡献?工业革命如何深刻地改变了西方文明传播与发展的进程?本讲将对这些问题进行探索与解答。

第一节　起源:另一种角度的"李约瑟之谜"

20世纪,英国学者李约瑟编著了15卷的《中国科学技术史》。他很推崇中国古代的科学技术,在回顾了中国古代灿烂辉煌的科技成果之后,李约瑟不解地问:"尽管中国古代对人类科技发展做出了很多重要贡献,但为什么科学和工业革命没有在近代的中国发生?"这就是著名的"李约瑟之谜"③,关于中国为什么没有出现工业革命的探讨至今仍在延续。其实,换一个角度,"李约瑟之谜"还包含另一个问题,那就是世界那么大,为什么工业革命独独在英

---

① 任学安,陈晋,等.大国崛起:CCTV十二集大型电视纪录片:解说词特辑[M].北京:中国民主法制出版社,2007:68.
② 马克思,恩格斯.共产党宣言[M]//中共中央编译局.马克思恩格斯文集:第2卷.北京:人民出版社,2009:36.
③ 也称"李约瑟之问""李约瑟难题"等。

国发生?

关于这个问题的回答,学术界仁者见仁、智者见智,一直都有争论,常见的有掠夺说、圈地说、制度说等,但也都存在着不同意见。

第一,关于"掠夺说":赞同者认为英国依靠掠夺海外殖民地完成了资本的原始积累,为工业革命提供了必要条件;反对者则认为虽然英国的殖民扩张掠夺了大量财富,但是当时掠夺殖民地最厉害、获利最多的是西班牙,而不是英国。但是西班牙并没有率先进行工业革命,所以掠夺说解释不了工业革命为什么首先在英国发生。

第二,关于"圈地说":赞同者认为由于英国搞"羊吃人"的圈地运动,产生大量的无产者,正好为工业革命提供了廉价的劳动力;反对者则认为这个常见的理由忽略了一点,那就是英国工业革命开始的时候,圈地运动已经进行两百多年了。时间环节上出现的空档,对解释为什么这个时候发生工业革命缺乏说服力。

第三,关于"制度说":以诺贝尔经济学奖得主道格拉斯·诺斯为代表,诺斯的核心观点是制度决定一个国家的经济增长,他认为上述问题的关键在于英国的政治制度出现了重大变化。变化来自工业革命之前,英国发生了两件具有里程碑意义的事:一是1642年到1651年的英格兰内战;二是1688年的光荣革命(Glorious Revolution)。光荣革命更重要,它使英国这个欧洲边陲岛国实现了君主立宪,这是人类历史上第一个保留了皇权又实行了宪法的国家。虽然这个制度与现代民主政治还有巨大差距,但它的关键点在于英国议会跟国王之间出现了权力平衡,这样,当支持议会的贵族和商人想做生意或者要投资时,就会尽力限制国王随意征税与开支的权力。正是这个制度变化,催生了一个更有问责性的政府,为民间投资和企业家创新提供了保证。在这种保证的激励下,引发了英国的工业革命,从而开启了人类的新纪元。工业革命之所以诞生在英国,一是与英国特殊的历史所给定的初始制度安排有关,二是与它在地理大发现后,参与蓬勃发展的大西洋贸易的地理条件有关。这两个相关点又帮助英国创造出了全世界第一套"广纳式"的政治制度,正是这种制度创新催生了工业革命与英国的长期繁荣。总之,工业革命是因为英格兰率先发展出包容性的政治制度,而这些政治制度又催生了包容性经济制度。但这些变化没有发生在西班牙、葡萄牙、法国等其他可以参与大西洋贸易的国家,这些国家也就不可能产生改变人类命运的工业革命。

"李约瑟之谜"关系整个人类的福祉,一直吸引着中西方学者探寻其中的奥秘。对于"李约瑟之谜"的回答,下面介绍几种近些年的新研究与新说法,其现实意义在于为抓住下一个技术爆发的先机而提供启发。

彭慕兰是美国著名历史学家、加州学派的代表学者之一,他在耶鲁大学取得了历史学博士学位,是当代西方非常有影响力的汉学家史景迁的学生。在2001年出版的《大分流:欧洲、中国及现代世界经济的发展》[1]著作中,彭慕兰详细对比了1800年前后英格兰地区与中国江南地区的各项经济指标,提出西方与中国的分流并不是制度跟文化上的原因造成的,只不过是地理上的机缘巧合。在18世纪,中国与西方同样具有发展出工业革命的一切潜质。然而由于非常偶然的地理因素,最终工业革命出现在了欧洲而不是中国。一是工业革命最早的发源地英格兰,恰巧有距离经济中心非常近的煤矿;二是英格兰的美洲殖民地资源,帮助它摆脱了发展困境。

---

[1] 彭慕兰. 大分流:欧洲、中国及现代世界经济的发展[M]. 史建云,译. 南京:江苏人民出版社,2001.

2007年,"大历史"学科的提出者大卫·克里斯蒂安出版了《时间地图:大历史导论》[①],他从130亿年前的宇宙大爆炸讲起,综合物理学、地质学、生物学等多学科的知识后提出,人类之所以能从地球生物中脱颖而出,是因为人类具有独一无二的"集体知识"。无论是在农业社会还是近现代,知识的交换所带来的创新,都是推动人类发展最重要的动力源泉。为什么欧洲能率先完成工业革命,成为知识和创新的中心呢? 克里斯蒂安的回答是:一方面由于地理位置的原因,到了16世纪,欧洲和美洲之间的隔绝被打破了,新的全球交换体系建立起来了,而欧洲恰好处在这个交换体系的中心;另一方面,欧洲本身的社会和经济制度,也有利于商业交换,因此可以积累更多的集体知识,产生更多的知识交换,爆发出最强有力的创新。

《近代英国工业革命揭秘:放眼全球的深度探视》[②]是英国经济史教授罗伯特·艾伦的著作,其核心思想是工业革命由诸多因素的合力推动产生的。以前的教科书或专著都会提到诸如科技革命、农业革命、产权制度、法律环境、文化宗教等产生的作用。其实,有科技革命不一定带来工业革命,也不是农业革命为工业革命提供了动力,而产权、法律、宗教也不是主因,蒸汽机的出现也不必然会带来产业革命。原生工商业的繁荣和城市化推进,加上高工资和便宜的化石燃料,是工业革命的主要推手。艾伦特别指出,英国当时特有的高工资现象,让资本家非常热衷于用新技术节省人力,这是工业革命的核心推动力。

产生历史变化的推动力,往往是社会的综合需求。英国工业革命是一个综合性的系统工程,它绝对不仅是一场技术革命,也是一场生产制度革命;不仅是一场基础设施革命,还是一场观念的革命。无论是哪一种说法,上述回答都在丰富"李约瑟之谜"的解题视角,但也都离不开工业革命的技术革命之本。有关工业革命的介绍,免不了提到珍妮纺纱机、瓦特的蒸汽机,还有飞梭、火车等一系列技术标志,这些既是工业革命的表象,也是其他国家竞相向英国学习的本质内容,可以说,工业革命的表象和本质都涉及技术革命。谈到技术革命,必须回溯人类历史上科学发展最重要的时期。

第二节 历程:从科学启蒙到技术创新

历史变化常常以"剧变"的形式登场,悄悄运行了很久,前一个世纪还悄无声息,后一个世纪就突然发生了剧烈改变。

一、从改变历史的眺望说起

1492年,克里斯托弗·哥伦布带领船队航行在茫茫大海上,已经两个月多过去了,他们还没有在三千英里航程内发现陆地,船员们的情绪随着海面情况变化而变化。据说,有的船员精神接近崩溃,有的误将远处的云朵看成山峰、不断发出假情报,还有的以叛乱相威胁,拒绝继续向西航行。经过谈判,哥伦布最后宣布:如果再向西航行3天还见不到陆地的话,就放弃这次远航。第三天,近乎绝望的水手再次向前方眺望:"陆地! 陆地!"这一天是1492年

---

① 大卫·克里斯蒂安. 时间地图:大历史导论[M]. 晏可佳,等译. 上海:上海社会科学出版社,2007.
② 罗伯特·艾伦. 近代英国工业革命揭秘:放眼全球的深度探视[M]. 林旭文,译. 杭州:浙江大学出版社,2009.

10月12日,后来被定为西班牙的国庆日,这是一次改变人类历史的眺望。大航海时代的来临,证明地球是圆的,新兴的工业文明成为世界的主流。西班牙、葡萄牙、荷兰、英国,最后是美国,都是从海上眺望着世界,成为海上崛起的世界大国。

1620年,英国哲学家弗朗西斯·培根在《新工具论》中提醒人们注意,印刷术、火药和指南针,这三大发明,改变了整个世界所有事物的面貌和状态。作为现代科学之父,培根注意到机械发明的意义所在,意识到科技正在日益强大,没有任何帝国、宗教或时代的开端对人类事务产生过如此强大的动力和影响。他所说的三大发明都来自中国,通过传播交流来到西方,直到15世纪逐渐发挥技术发展的催化剂作用。1455年,约翰尼斯·古登堡通过印刷术完成了全本拉丁语《圣经》的出版,此后印刷技术被广泛引进西方,迅速拓宽了信息交流的带宽,迎来17世纪整个欧洲的启蒙时代。

下面以笛卡儿和牛顿为例,谈谈他们各自所取得的成就,他们所生活的时代就是科学启蒙时代。

二、笛卡儿与科学方法论

牛顿有句名言:"如果我看得比别人更远,那是因为我站在你们这些巨人的肩膀上。"[1] 暂且搁置这句名言背后的讥讽故事,从比喻意义上理解,牛顿所说的"巨人肩膀",其中之一就来自笛卡儿。笛卡儿是法国数学家、哲学家,发明了解析几何,牛顿和莱布尼茨发明的微积分就是在解析几何基础上完成的。

除了数学上的贡献,笛卡儿所总结的科学方法论,对牛顿等科学家发现宇宙运行规律具有启发意义。笛卡儿在他著名的《方法论》一书中揭示了科学研究和发明创造的普适方法,并把它概括成四个具体步骤,尤其强调"批判的怀疑"在科学研究中的重要性。不管什么权威的结论,只要没有经过自己的研究,都可以怀疑。例如,亚里士多德曾说,重的物体要比轻的物体下落速度快,但事实并非如此。后来常说的"大胆假设、小心求证",理论源头就来自笛卡儿,对今天的科学研究仍然具有指导意义。

笛卡儿将科学发展的规律总结为:第一,提出问题;第二,进行实验;第三,从实验中得到结论并解释;第四,将结论推广并且普遍化;第五,在实践中找出新的问题。如此循环往复。

在笛卡儿之前的科学家,并非不懂科学方法,但是他们所了解的方法往往是自发形成的,与先天条件或特殊机遇等相关,没有找到其中的规律性。比如,古希腊著名的天文学家喜帕恰斯能发现一些别人看不见的星系,其中一个原因是他的视力超常;开普勒发现行星运动三定律,是因为从他的老师第谷手里继承了大量宝贵的数据;而亚里士多德能成为最早的博物学家,在很大程度上仰仗于他的学生亚历山大大帝带着他到达过世界各地。这些条件常常难以重复,以至于科学的进步难以持续。笛卡儿改变了这种情况,他总结出了完整的科学方法,大大地提高了科研的效率。受到他影响的学科,不仅仅是他所研究的数学和光学,还包括生理学、医学等很多其他自然科学。

---

[1] TUMBULL H. The Correspondence of Isaac Newton: Vol. 1[M]. Cambridge: Cambridge University Press, 1959: 416.

三、牛顿与机械论的确立

牛顿开启了近代社会和科学的时代,是人类科技史上的标志性人物。牛顿到底有多牛?如果要用相对简单的文字概括牛顿在科学上的主要贡献,可以用下面这段话:在数学上,发现二项式定理,与莱布尼茨分别独立发明微积分;在物理学上,奠定了经典力学的基础,定义了许多物理量,提出了力学三定律和万有引力定律;在光学上,提出了光的粒子说,发现了光谱,发明了牛顿望远镜;在天文学上,利用经典力学和微积分,构建了当时最准确的天体运动模型;在化学上,通过对炼金术的研究,提出了原子论的原型,以及朴素的物质不灭定律的构想。

如果用蒙太奇手法进行文字剪辑,可以是下面这段话:1664年,年仅22岁的牛顿提出了太阳光谱理论,即太阳光是由七色光构成的。1665年夏天,剑桥流行瘟疫,牛顿回到家乡伍尔兹索普,在那里度过了近两年的时间,这也是他思想最为活跃的时期,做出了近代科技史上很多重要的发现和研究成果,其中包括:发现离心力定律,完成牛顿力学三定律的雏形,明确了力的定义,定义了物体碰撞的动量,等等;在数学上,牛顿发明了二项式定理并给出了系数关系表;在研究运动速度的问题时,提出了"流数"的概念,这是微积分的雏形。这些成果中的任何一项放到今天都可以获得诺贝尔奖,因此,后世把1666年称为科学史上的第一个奇迹年。

在牛顿之前,几乎所有的科学发现都需要先观察到现象,才能发现规律,在牛顿之后,很多发现则是先通过理论的推导,预测可能观察到的结果,然后再通过实验证实。牛顿最了不起的成就不在于提出了那么多的理论,而在于构建起很多庞大的学科体系,许多科学领域都以牛顿为分界点开启了新的纪元。比如在天文学方面,牛顿通过万有引力定律阐释了宇宙中日月星辰运行的规律,也从理论上解释了他的前辈开普勒的行星运动三定律。这件事情对人类的认知意义如何理解呢?从此以后,宇宙中星体的运行和各种天文现象都变得可预测了,人类从此有了非凡的自信心。与牛顿同时代的科学家哈雷利用牛顿的理论,准确地预测出一颗彗星回归的时间。虽然他本人没有能够等到它的归来,但是73年后,彗星真的回来了。这颗彗星也因此以哈雷的名字命名。

牛顿的贡献还不止于此,他在思想领域最大的成就是将数学、物理学和天文学三个原本孤立的知识体系,通过物质的机械运动统一起来。因此,牛顿和当时其他科学家们一起,确立了一种新的世界观,就是机械论。简单而言,机械论认为我们的世界是客观物质的,是确定的,是可以认识的。物质世界的变化,我们看到的各种现象都可以用各种机械运动来描述,而人类则可以通过对世界的研究,发现那些运动背后确定的规律。这些描述虽然今天听起来觉得有些绝对化,但是在人类的进步过程中,这是一次巨大的飞跃。因为在牛顿之前,人类想不清楚世界上的很多事情,于是就把自己能力所不及的原因都想象为神的作用。但是牛顿等人给了人类自信,从此,人不再匍匐在神的脚下,而开始相信人的力量。

18世纪英国诗人亚历山大·蒲柏在拜谒牛顿墓时写下著名的诗句:"大自然和大自然的法则躲在黑夜里,上帝说:'让牛顿干去!'一切就大放光明。"[①]诗句写出了人类在牛顿之前

[①] 蒲柏为牛顿写的墓志铭。阿伦·布洛克.西方人文主义传统[M].董乐山,译.北京:生活·读书·新知三联书店,1997:75.

和之后对世界态度的变化,在那之后,人类不再觉得自己身处不可知的黑暗中了。牛顿最伟大的地方在于他通过确立机械论,让人类有了空前的自信。我们如今遇到问题时,不是求助于神,而是通过自己的努力解决问题,并且相信问题一定有答案,这种自信来自牛顿的年代。

从历史的必然性来看,牛顿的出现不是偶然的,与他同时代的英国出现了一大批顶级科学家,包括胡克(弹性定律的提出者)、哈雷、波义耳和惠更斯(生活在英国的荷兰人,牛顿选定的继承人)等。哈雷和胡克等人其实也注意到了行星围绕太阳运动需要一种向心力,即来自太阳的引力,只是这些人没有能力完成理论的建立罢了。不过,如果没有牛顿,可能用不了多久,也会有科学家发现万有引力定律。事实上,哈雷参与了牛顿《原理》一书的出版,并且是该书第一版的出资人。这些事实说明了科技发展的必然性。

从历史的偶然性来看,牛顿又是非常幸运的,他生逢其时,以一己之力构建起多门学科大厦。法国数学家拉格朗日曾经感慨道:"找到建立世界体系的机会只有一次""牛顿是多么幸运啊,在他那个时候,世界的体系仍然有待发现呢!"[①]而在牛顿之后,世界上还有很多伟大的科学家出现,但是这样的机会几乎不会再有了。

可以说,整个人类社会都受益于牛顿。有学者说,自牛顿以来,人们再无法忽视这样一个事实,那就是迅速进步正在发生。牛顿改变了人类认识世界的方式,没有他,或许没有后来的一切,诸如科技发展、工业革命、财富增长。在欧洲科学启蒙时代之后,人类迎来了技术的大爆发,从而引发了工业革命,世界文明的进程瞬间加速,整个世界为之一变。人类之后的进步,甚至不以人类的喜好为转移,机器、城市、市场经济……它们的出现与增长,都像自我进化的生物,无论是喜欢还是讨厌,是接受还是排斥,它们都要改变人类的生活。

第三节 本质:飞跃"马尔萨斯陷阱"的技术革命

从公元元年至18世纪中叶,人类社会虽然产生很多重要的发明与技术革新,但是古代社会大多数人的生活都贫困艰难,甚至王公贵族也未必过得很好。比如亚历山大大帝去世的时候只有32岁,后世学者根据记载,推断他是死于感染导致的持续高烧和器官衰竭。还有13世纪的英格兰国王爱德华一世,他的王后一生中生育了16个孩子,前15个孩子中的男孩全部在十岁之前夭折了,直到第16个孩子才顺利长大成人,王位的继承才有了着落。为什么诸如新农业作物的改良、新动物的驯化、犁的使用等等已经发生或者发明,人类社会依然处于长期的停滞发展状态,而且这一状态直到工业革命后才被打破? 针对这个问题,有位名叫托马斯·罗伯特·马尔萨斯的牧师提出了他的假说,这就是著名的"马尔萨斯陷阱"。

1798年,马尔萨斯在其著作《人口论》中提出了三个假设:第一,他认为在人类社会中存在一个基本工资,即维持个人生存的最低工资水平。如果一个人的工资低于这个基本工资,他就无法生存。第二,人类社会收入水平只要高于生存工资,那么多余的收入就会被用于人口再生产,导致人口增加。因此,人口是收入的增函数。第三,马尔萨斯认为,人们收入的多少主要受制于资源的多少,由于自然资源是有限的,因此收入也是有限的。在这三个假设前提之下,马尔萨斯提出了自己的人口理论。他认为,当人口不受约束时,人口呈几何级数增

---

① 埃里克·坦普尔·贝尔. 数学大师:从芝诺到庞加莱[M]. 徐源,译. 上海:上海科技教育出版社,2018:183.

长,而生活资料只能按算术级数增长。因此,如果不对人口进行有效的控制,那么经济发展就会陷入马尔萨斯陷阱之中,即人均社会财富长期保持不变的均衡状态。通俗的解释就是,每次农业大丰收之后,就会有更多的孩子出生,更多的人又消耗了更多的粮食,进入下一代后,每个人就又回到了缺吃少穿的状态,和祖辈没什么区别。因为饥饿,好不容易增加的人口又减少了。人类面临生存压力的这个无限循环,就叫作"马尔萨斯陷阱"。

根据英国学者麦迪森的研究,欧洲在古罗马时代(公元元年)的人均GDP就达到了600美元左右,但是到了18世纪英国工业革命之前,人均GDP基本上还是这么多,只涨到800美元。在欧洲进入工业革命后,人均GDP持续增长,今天英国的人均GDP已经达到了4万美元,比工业革命前增长了近50倍,而在此之前的1800年,只涨了1/3。工业革命把人类进程的速度提高了一个数量级,从农耕时代走出"马尔萨斯陷阱",实现了质的飞跃。如果以人们生活水平的变化判断工业革命的影响,称之为人类历史上最伟大的事件,这并不为过。

一、瓦特的双重贡献

一般认为,牛顿找到了工业革命的钥匙,瓦特拿着这把钥匙开启了工业革命的大门。牛顿的钥匙既包括他的物理学和数学理论,也包括机械思维。而瓦特除了自己的贡献外,还教会了当时的一代人如何有效地进行发明创造。在瓦特之后,各种发明不断涌现,最终形成了工业革命。

在一些励志读物中,瓦特通常被描写成出身贫苦、没有上过大学的业余发明家,甚至关于他受到开水顶开壶盖的启发而发明蒸汽机的故事也广为流传,其实,那不过是宣扬努力必有回报的心灵鸡汤而已。事实上,瓦特出生在一个中产家庭,小时候的教育基础很好,只是后来父亲破产、家道中落,不得不中断学业当了工匠。20岁出头的瓦特就在格拉斯哥大学工作,那所大学在苏格兰仅次于爱丁堡大学,在历史上还出过一位经济学家亚当·斯密。利用工作之便,瓦特听了很多力学、数学和物理学的课程,并与教授们讨论理论和技术问题。在当时,像瓦特那样系统地学习过大学物理课程和高等数学的人并不多。

如果问瓦特最大的贡献是什么,答案可能是发明了蒸汽机,也可能是改进了蒸汽机。这两种说法都有道理,后一种更准确,因为蒸汽机在瓦特之前就有了,而瓦特的贡献在于发明了一种新的蒸汽机,与之前的蒸汽机不同,不仅效率高,而且能够通用,这使得蒸汽机成为工业革命的动力来源。

英国在工业革命之前,采矿业已经开始发展。把矿井里的地下水抽掉,是采矿业需要解决的一大问题。18世纪,英国工匠纽卡门发明了一种蒸汽机可以将矿井里的水抽上来,但是这种蒸汽机效率低下,而且非常笨拙,因此实用性很差。纽卡门蒸汽机虽然有很多缺点,但是半个世纪都没有人能够改进它。这不是因为工匠们不想改进,而是不知道该怎样改进。1763年,瓦特受命修理一台学校的纽卡门教学模型机,此前这台机器送到伦敦维修都没有修好。瓦特精通机械,当时负责修理大学各种仪器,虽然没有碰过蒸汽机,但是他在机械方面的造诣得到认可。最后,瓦特不仅修好了那台蒸汽机,而且在修理时还仔细分析了它效率低下的原因,并由此决定改进蒸汽机。在瓦特之前,工匠们往往是靠经验的积累来改进一种产品或者一个技术,而瓦特是直接通过科学原理找到了现有产品的技术缺陷,然后又通过科学分析找到了解决问题的答案。这就让科学和技术紧密地结合在一起了。

瓦特的过人之处在于,他虽然是工匠,但是他解决问题的思维方式是牛顿和伽利略那种科学家式的。首先,他是第一个自觉应用牛顿力学原理做出重大发明的发明家。牛顿、伽利略以及古希腊的阿基米德都曾经直接利用科学指导发明,但是他们发明的东西的重要性远比不上蒸汽机。其次,瓦特是通过发明一种通用的机器解决很多问题。在瓦特之前,几乎所有的发明都是针对具体问题的解决。比如纽卡门蒸汽机,就是为特定目的设计和制造的,很难从一个厂矿拆下来用于其他地方。瓦特在发明蒸汽机时就考虑了它的通用性,目的是将蒸汽机卖到不同的工厂。这也是机械思维的重要特征——所有问题有一个通用的解决方法。因此,瓦特对工业革命的贡献,不仅仅是发明了一种机械,甚至不仅仅是发明了一种动力源,而在于彻底改变了那一代发明家们的思维方式,这才让人类从18世纪末到20世纪初的重大发明,如井喷般不断涌现。

在瓦特之后,机械思维在欧洲开始普及,工匠们发明了解决各种问题的机械。比如,19世纪初,英国技师史蒂芬孙利用机械发明了火车,并且在1825年实现了英国斯托克顿和达灵顿之间的火车交通,从此人类的距离开始大大地缩短。1830年,史蒂芬孙在儿子小史蒂芬孙的帮助下,建成了利物浦到曼彻斯特的铁路,这是人类第一次将两个大城市用铁路连接起来,也是第一条只跑蒸汽机车的铁路。在那条铁路修建的过程中,大学毕业且有着扎实理论功底的小史蒂芬孙发挥了巨大的作用。如果没有他的理论计算,那条铁路是不可能在短时间、可控的成本下建成的。1807年,美国发明家富尔顿发明了第一艘成功投入商业运营的蒸汽船,从此开启了全球航运的新篇章,并且将大帆船挤出了历史舞台。早在1787年,只有22岁的富尔顿前往英国学画,有幸在瓦特的50岁生日会上为这位伟大的发明家画像。富尔顿受到瓦特的鼓舞,从此开始学习工程并且成为了一代伟大的发明家。和富尔顿同年的美国发明家惠特尼,通过干农活、当老师攒够学费进了耶鲁大学,他原本毫无工程方面的工作经验,但是精通物理知识和机械原理。大学毕业后,惠特尼本打算继续学习法律,因囊中羞涩,只能前往南方去当家庭教师,留意到当地工人摘棉籽很辛苦,就发明了轧棉机,把过去要用手工技巧才能完成的工作,交给机器来完成了。轧棉机使得摘棉籽的效率提高了50倍以上,并因此而彻底改变了美国南方种植园经济,后来的美国南北战争也可以说是惠特尼的轧棉机带来的间接结果。

这些类似于瓦特改进蒸汽机的伟大发明在瓦特之后还有很多,它们的共同特点是主动使用科学知识指导发明,重大发明不再是人类历史上的偶然事件,而是科学发展的必然结果。瓦特的成功不仅仅是技术的胜利,更重要的是他思维方式的胜利,所以说,改进蒸汽机和推进思维方式的变革,是瓦特对于工业革命的双重贡献。

二、工业革命的本质是动力革命

人类历史上创造与使用的工具基本都是物质性工具,也就是说,使用工具都是为了达到物质性的目的。人类最早用的是石器,后来有了金属工具。到工业革命,这些物质性工具有了动力。所以,"工业革命的本质在于对动力的大规模使用,是人类历史上的一次动力革命,让物质性工具发生了质变"①。如果仅仅用手工方式进行工业生产,生产力是非常有限的。因此人类数千年的文明历史,全球的人均年经济增长率不超过0.05%。可以说,直到第一次工业革命之前,人类生活水平同两三千年之前没有实质性的差别。工业革命的核心是蒸汽

---

① 谢耘."智能革命"对"工业革命"的超越[J].中国信息界,2019(6):43-46.

动力取代畜力和水力，机械代替人工，人类使用能量的水平得到了飞跃。

英国在工业革命前，羊毛变得很贵，出现了"羊吃人"的圈地运动，很多农田被改成牧场，都用来养羊纺毛线了，以致很多农民破产。农民破产的原因不仅是被羊挤走了，如果从另外一个角度来看，也说明此时的英国出现人工的富余，耕地不再需要那么多农民了。当时英国开始了以改进工具和耕种方法为核心的农业革命。农具和耕种方法有了长足的进步，他们当时已经开始使用播种机，懂得了垄耕种植和轮耕（农作物和肥料作物苜蓿轮流播种），其结果就是农业生产效率大大提高，而且超过了同时期的中国和印度。

所以，17世纪的英国产生了大量的农业剩余劳动力投入到手工业的发展中。同时，农业生产效率的提高，还使得粮食产量也随之提高，结果就是英国南部的人口翻了将近一番，对手工业来说，这意味着更广阔的需求和市场。英国当时除了出产羊毛，在农业技术提升的前提下，还大量地种植了麻、棉等纺织材料。把羊毛、麻和棉大量加工成各种布料则需要更多的劳动力，而英国当时的人口数量并不足以支撑一个规模庞大的纺织业。加上英国国王明令禁止英国直接出口棉麻羊毛，因为那样获得的利润太低，因此围绕纺织业各种工具的改进就层出不穷。英国人最初从荷兰工匠那里获得了纺织技术，但是很快英国的工匠做出了很多发明，最初是飞梭和珍妮纺织机这样高效率的纺织机械，但是很快工厂主们就发现动力不够用了，于是水能、畜力，各种能想到的动力来源都用上了。

当英国产业发展蓬勃兴起的时候，动力成为了瓶颈，一次从人力到机械力的质的飞跃势在必行。当时，英国发展起来的产业还不止纺织业，采矿、冶金、制盐、造纸、玻璃和啤酒等很多手工产业也跟着发展起来。所有产业都缺乏劳力和动力，如何把英国当地的煤炭，也就是能量，转化成更高效的动力，成为当时最大的需求。瓦特和他之前的纽卡门等人发明蒸汽机，就是在这个背景下开始的。工业革命起于能量的剩余，而当剩余能量卷入新产业后，又启动了新一轮对能量的更大的需求。人们不得不实现一次从人工到机械的质的飞跃，于是新的动力呼之欲出。工业革命的实质就是以机器代替人工，用煤、油、气、电等工业能源代替人力、畜力等原始动力，体现了技术进步方向，工业生产成为人类创造物质财富的主要方式。工业革命的诞生是能量富余的结果，是人类使用能量水平的飞跃。

第四节　启示：从农耕文明到工业文化

工业革命使人类生存和发展的状况得以彻底改变，人类社会的生产力摆脱了束缚它的桎梏，这在人类历史上还是第一次。在工业革命推动下，人类的生产力得以极大提高，并持久迅速地发展。在以往，还没有任何社会能够突破前工业化时期的社会结构、不发达的科学技术，以及由此而来的周期性破坏、饥饿和死亡强加于生产的最高限制。工业革命之后，人类社会所创造的物质财富超过之前历史上所创造的全部劳动成果。从认知观念来看，所谓"工业革命"就是对技术与生产组织的新认识。技术不仅是以再生产方式制造物品，而是目的与手段关系的合理安排，使工作甚至生活成分合理化。

"人类的物质文化在过去的200年中发生的变化远甚于前5000年。18世纪时，人类的生活方式与古代埃及人和美索不达米亚人的生活方式相同。人类仍在用同样的材料建造房屋，同样的牲畜驮运人和物，同样的帆和桨驱动船只，同样的纺织材料缝制衣服，同样的蜡烛和火炬照明。然而今天,金属和塑料补充了石材和木头;铁路、汽车和飞机取代了牛、马和驴;蒸汽机、柴油机和原子动力代替风力和人力驱动船只;大量合成纤维织物与传统的棉布、毛纺品和亚麻织物竞争;电取代了蜡烛,并已成为只需按一下开关便可作为许多事物的动力之源。这一伟大变革都源自科学革命和工业革命。"① 斯塔夫里阿诺斯(L. S. Stavrianos)将工业革命以及与之相关联的科学革命视为人类历史的大分水岭。

任何重大的历史转变都不是简单匀质的过程。人们一般将工业革命的发生时间放在1760～1830年间,并将英国视为发源地,但其实大部分新技术都是在欧洲其他国家和后来的美国产生巨大效应的。工业革命的成果是逐渐显现的,工业革命既不是棉花革命,也不是蒸汽机革命,而是观念革命——技术从此被视为进步的阶梯。关于工业革命带来的工业化、现代化,有观点认为,工业化仿佛在二三十年之间就完成了,英、法、德、美等国家走过的路,其他世界各国可以殊途同归。这样的错误认知其实严重低估了工业革命的复杂性和伟大意义。

西方自身的现代文明进程,就证明了经济现代化非常复杂,绝不是各国在不同时间走了同一条路。英国率先启动工业化,是在1760年左右;欧洲大陆国家,比如法国、德国,要到1830年以后才启动;美国还要再晚10年。时间上,西方列强差距不小;空间上,也分布得不均匀。西方各国工业化所依靠的主要产业、科学进展和国家力量并不完全相同。以主要产业为例,英国主要靠棉纺业,德国主要靠化学和军工,美国主要靠铁路;英国和美国工业化的自发性比较强,但世界上最早的专利法规体系也出现在英美法等国家中,为技术创新转化、为市场利润提供了强大的法律保护。德国是国家推进工业化的典型,国家成了工业化的发动机和指挥部。② 从工业革命在西方各国发展的进程来看,它不是一个匀质的过程,这意味着,走赶超路线其实很难成功。认识到这一点,可以说是工业革命带给我们的重要启示之一。

人类最伟大的科学发现、技术发明,以至于人类任何杰出想象力的实现,都要以工业为基础和手段。工业革命也是人类最伟大的民生事业进步。工业革命之后的社会进入有史以来最安全、最清洁、最长寿的时代。③ 工业革命带来指数级的财富增长。1760年,英国出口的棉花制品价值不到25万镑,到了1800年,其出口价值超过500万镑,增长了20倍;1814年,英国出口57万吨铁,到了1852年,超过103万吨,超过全世界其他所有国家的铁产量总和。再以铁路为例,在1830年的时候,全世界的铁路只有几千米,到了1840年已经超过了7200千米。当时的美国人修铁路,半个世纪修了40万千米,可以绕地球10圈。④ 工业革命带来的不仅是财富,也大大延长了人类的寿命。在工业革命之前,无论是欧洲、东亚还是印度,人均寿命都在30～40岁徘徊。而在1800年之后,世界各国一旦进入工业革命,人均寿命都差不多会翻一番。棉布、钢铁、铁路只是工业革命时代三种典型的产品,整个经济的规模大大增长了,政治控制经济的复杂性也大大上升,财富高速增长让社会和经济有了独立性和自主性。所以,工业革命文明的结果是国家和社会的二元结构,正式取代了中世纪的政权

---

① 斯塔夫里阿诺斯. 全球通史:从史前到21世纪:下册[M]. 7版. 吴象婴,梁赤民,译. 北京:北京大学出版社,2020.
② 勒纳,等. 西方文明史[M]. 王觉非,等译. 北京:中国青年出版社,2005.
③ 金碚. 世界工业革命的缘起、历程与趋势[J]. 南京政治学院学报,2015(1):41-49,140-141.
④ 罗伯茨,等. 英国史:下册[M]. 潘兴民,等译. 北京:商务印书馆,2013;勒纳,等. 西方文明史(Ⅱ)[M]. 王觉非,等译. 北京:中国青年出版社,2005:693-694.

和教会的二元结构,其中的差别在于,新的社会结构是高度世俗化的、理性化的。[①] 技术变革引发社会、政治、经济、文化等一系列变革,这就是历史的巨变。

> **思考题**

1. 如何理解工业革命的本质?
2. 作为一个历史学术语,"工业革命"这个词为什么能不断被现代人用于指称当前乃至未来的现象?
3. 爱尔兰历史学家威廉·莱基曾说过这样一句话:"但凡一条铁路铺成,必将同时带去知识的影响。很可能瓦特和史蒂芬孙最终会像路德或伏尔泰那样深刻改变人类的许多看法。"请你谈谈对这句话的理解。

---

① 李筠.西方史纲:文明纵横3000年[M].长沙:岳麓书社,2020:244.

第三讲　智媒时代：人类现代认知迭代的技术升级

在2016年那场围棋的人机大战里,谷歌人工智能程序AlphaGo下出的一步棋,让在场的人都非常震惊,因为人类的围棋高手绝对不会那样走。当时就有评论员觉得,AlphaGo出故障了,下了一步臭棋。这场比赛里,跟AlphaGo对弈的是韩国围棋的顶尖高手李世石。他看到这步棋之后,完全不知该怎么应对,坐在那里足足想了12分钟。在走了50步棋之后,李世石发现自己输了,而AlphaGo那招怪棋,正是制胜的关键。

2019年,在杨澜成为电视节目主持人30年之际,新华社人工智能主持人问世。"他"中文标准,英文流利,将来会讲上百种语言也不在话下;"他"断句准确,没有口误;还有"分身术",可以同时出现在数个新闻现场。杨澜不禁感慨:"'他'会不会抢走我的饭碗啊?"①

进入20世纪以后,人类的科技水平比19世纪有了巨大的进步,更重要的是,在认知方法上也取得了新的突破,这主要体现在对不确定性的认识。理性时代之前,人类会将自己无法理解的事情归结为非自然力,就是神的作用。在牛顿之后,人类相信一切都是确定的、连续的,可以用简单明了的规律加以描述。物理学危机之后,人类承认不确定性和非连续性也是世界的本质特征之一。在系统论、控制论和信息论等"三论"的基础上,信息技术和信息产业有了巨大的发展,并且成为"二战"之后世界科技发展和经济增长的火车头。

20世纪90年代以来,数字和通信技术的发展带来以互联网、移动互联网、大数据、人工智能、5G为标志的一系列变革,颠覆了生产和商业的运行方式以及人们的生活和思维方式。正如本讲开头两段文字描述所展示的那样,互联网日新月异的发展令人惊叹不已,人工智能技术成为当今科技热点,人们对人工智能的潜在功能和未来发展既寄予无限的希望,也存在技术伦理等方面的担忧。以互联网为代表的信息技术具有极强的革命性,数字科技正在进一步加速一个全新的数字世界的出现,它已经并将继续对现实社会产生强烈的冲击,不断推动人类政治、经济、文化和社会的深刻转型。

第一节　"第三次浪潮"冲击"后工业社会"

1959年夏季,美国社会学家丹尼尔·贝尔(Daniel Bell)在奥地利的一次学术讨论会上首次使用"后工业社会"的概念,提出了他对未来西方社会的设想。1962年,他又撰文《后工业社会:推测1985年及以后的美国》,强调智能技术和科学理论在社会变革中的作用,并认为这是后工业社会最重要的特征。1973年,贝尔出版《后工业社会的来临:对社会预测的一

---

① 杨澜.提问[M].杭州:浙江文艺出版社,2020:3.

项探索》,对后工业社会理论进行了更加全面和详细的阐述,此书也被公认为是社会学领域的经典著作。在贝尔眼中,"工业"成为确立社会的主导性影响因素,社会的进化阶段由此划分为"前工业社会""工业社会"和"后工业社会"三个前后衔接和继承,又能够同时出现在不同地区和国家的基本阶段。他提出"后工业社会"的五大基本内容是:① 在经济上,由制造业经济转向服务性经济;② 在职业上,专业与科技人员取代企业主而居于社会的主导地位;③ 在中轴原理上,理论知识居于中心,是社会革新和制定政策的源泉;④ 在未来方向上,技术发展是有计划、有节制的,重视技术鉴定;⑤ 在制定决策上,依靠新的"智能技术"。[1] 贝尔描述了未来世界的景象,认为在今后30到50年间,人们将看到所谓的"后工业社会"———一个新的社会形态的来临。

"后工业社会"成为后来广为流传的概念,出现很多套用"后……"为前缀的概念,如"后资本主义社会""后现代社会""后传统社会"等,可见出于贝尔思想的后续影响。在该书1976年和1999年两次再版时,贝尔都补充了长篇序言。尤其是1999年英文最新版,贝尔撰写的题为《技术轴心时代》的新序言长达8万字,对20世纪末后工业化趋势的新发展进行了新的补充说明。

阿尔文·托夫勒(Alvin Toffler)是当今较具影响力的社会思想家,因《未来的冲击》《第三次浪潮》《权力的转移》等未来三部曲而享誉世界。他在《第三次浪潮》一书中,将人类社会划分为三个阶段,提出了"三次浪潮"的概念:第一次浪潮是农业阶段,即农业文明时期,人类就此从原始渔猎时代进入以农业为基础的文明社会,并历经千年,其划时代的意义在于人类脱离游牧,定居生活将人们的生活范围固定下来,开始发展城镇和自己的文化。第二次浪潮为工业阶段,即工业文明,从17世纪末18世纪初开始,人们以工业革命为契机,离开农场,涌向大城市的工厂寻找生机。历时300年摧毁了落后的第一次浪潮文明,并在二战后10年迎来了第二次浪潮的顶峰。第二次浪潮文明渗透社会生活的方方面面:以使用不可再生的化石燃料为能源基础;技术发展突飞猛进;大规模的销售系统应运而生;家庭不再是共同劳动的经济单位,小家庭、工厂式学校及大公司三者形成了第二次浪潮文明的核心社会结构。第三次浪潮为信息化(或服务业)阶段,从20世纪50年代后期开始。这一阶段被称为人类思想的又一次大变革,这就是后来所说的"信息时代"。这一阶段,信息技术和社会需求成为发展的强大动力,整个世界融为一体,人们打破国界,寻求合作。电子工业、宇航工业、海洋工业、遗传工程组成了工业群;社会进步不再仅以技术和物质生活水准来衡量,精神文化的富足也成为重要指标。它鼓励个性,培养人类崭新的社会性格;它提倡发展全新的民主,摈弃谬误和偏执的观念。托夫勒将其称为人类面临的量子式跃进,面对的是有史以来最强烈的社会变动和创造性的重组。[2] 如今,托夫勒笔下的信息革命早已席卷全球,"第三次浪潮"也演化为一种思维框架,帮我们站在未来先驱的肩膀上,理智、宏观地看待这个变化万千的世界。

---

[1] 丹尼尔·贝尔.后工业社会的来临[M].高铦,等译.南昌:江西人民出版社,2018.
[2] 阿尔文·托夫勒.第三次浪潮[M].黄明坚,译.北京:中信出版社,2018.

第二节　网络社会的崛起

20世纪下半叶,计算机的历史几乎等同于这个时期的半部科技史,人类的进步从以能量为核心转变为以信息为核心。回顾信息化的发展历程,也可以梳理出三次高速发展浪潮,即从单机应用到大规模商用到智能化发展阶段。从20世纪40年代第一台电子计算机出现到20世纪80年代之前,计算机价格昂贵、体积巨大、能耗较大,仅应用在国防、气象和科学探索等领域。20世纪80年代,随着个人计算机的大规模普及应用,第一次信息化浪潮到来,这一阶段可总结为以单机应用为主要特征的数字化阶段,信息技术褪去神秘的面纱,开始广泛应用到其他领域。从20世纪90年代中期开始,以美国提出"信息高速公路"建设计划为重要标志,互联网开始了大规模商用进程,信息化迎来了蓬勃发展的第二次浪潮,即以互联网应用为主要特征的网络化阶段。如今,信息化建设的第三次浪潮扑面而来,信息化正在开启以数据的深度挖掘和融合应用为主要特征的智能化阶段。

互联网最早叫作ARPA网(ARPANET,中文翻译为阿帕网),ARPANET是美国高级研究计划署的缩写(APRA)和网络(net)一词构成的合成词,就是互联网的前身。1969年,美国成功地实现了"阿波罗"计划,登月的轰动效应掩盖了另一个同样具有震撼力的伟大事件,那就是1969年年底,美国国防部高级研究计划署资助的阿帕网开始运行。与现代的互联网相比,刚刚问世的阿帕网粗糙而稚嫩,但它奠定了现代互联网的基本结构,也确定了互联网的发展格局。时代的发展证明,阿帕网的成功远比人类登月的影响深远得多,人类的生产、生活乃至社会结构因它而改变。

互联网的诞生标志着人类历史从此掀开崭新的一页。其中,有一项非常重要的技术诞生,为后来互联网大脑的形成奠定了基础。这项技术就是TCP/IP协议,它主要解决联网计算机之间的通信问题。互联网的诞生首先是为军事和科研服务的,随着接入主机数量的增加,越来越多的人把互联网作为通信和交流的工具。一些公司开始在这个刚诞生的网络上开展商业活动。随着互联网的商业化,其在通信、信息检索、客户服务等方面的巨大潜力被挖掘出来,由此互联网有了质的飞跃,并最终走向全球。

万维网的出现,成为国际互联网历史上划时代的分水岭,这种全新的浏览方式无疑创建了一个知识、信息交换的新生态环境,赋予了国际互联网强大的生命力的同时,也破除了一些固有的传统。英国计算机科学家蒂姆·伯纳斯·李(Tim Berners-Lee)被称为万维网之父,在他的无私贡献下,一个资源共享、无中心、无高墙的自由交换、共同参与的新平台出现了。

1989年,正在欧洲核子研究中心工作的蒂姆提出设计万维网的构想。1990年11月12日,他与罗伯特·卡里奥合作,提出关于万维网的技术性建议。接着,在这年的圣诞节期间,制作出第一台万维网的浏览器和第一个网页服务器,并把这一发明定名为world wide web,简称www。1991年5月,www在互联网上正式露面,立即引起世界轰动。1993年4月30日,欧洲核子研究中心正式宣布万维网免费推向世界,以帮助人们走入网络时代。1994年,美国网景公司推出了万维网的产品,从此,万维网风靡世界。

作为万维网的创始人,蒂姆·伯纳斯·李自己并没有将万维网的发明申请专利。曾经有人测算过,如果他当年申请了专利,如今他的身价将达到 27.5 万亿美元。但是如果万维网被申请专利,每个人使用它都要收取一定费用的话,互联网的世界可能会完全变成另外一个样子,很难想象是否还有今日的规模和广度。蒂姆坚持互联网技术发展的核心精神,应该是"消除边界、跨越壁垒、没有高墙、没有中心与权威",只有这样才能保持"思想的多样性",才能适应"新知识的多维、松散和彼此碰撞的网状结构,才能适应大数据时代的到来"。① 2012 年夏季奥林匹克运动会开幕式上,蒂姆·伯纳斯·李被特邀上台,用他当年写作万维网程序的一台 NeXT 计算机敲出了一行字:"THIS IS FOR EVERYONE"(为了每一个人)。蒂姆积极倡导互联网的自由和数据资料的开放,2012 年,又与他人合作创建了英国开放数据研究所(ODI),由于这些成就,他被授予德拉普尔奖,被《时代周刊》选为 20 世纪最重要的百人之一,被誉为"改变世界的人"。2007 年 6 月 13 日,英国女王亲自授予他"荣誉勋章",成为 24 位获奖人中唯一一位在世的人。

从 1980 年到 1990 年间,互联网从大学和研究中心的一种独享特权扩展为涵盖世界各地的公共实体、机构和私营企业乃至私人用户的强大技术-社会组合。它不再是国家控制的项目,而是世界上最大的计算机网络,包括数以万计的子网、数以百万计的系统和数以亿计的用户。利用计算机工作的人们,通过互联网实现了高效连接,人类信息交互、任务协同的规模得到空前拓展,空间上的距离不再成为制约沟通和协作的障碍。政府和企业利用互联网促进信息交流与异地协作,从而实现业务流程和资源配置的优化,并大幅提高工作效率和产品(服务)质量。另外,越来越多的人通过互联网结识好友、交流情感、表达自我、学习娱乐,人类开启了在信息空间中的数字化生存方式。可以说,互联网快速发展及延伸,加速了数据的流通与汇聚,促使数据资源体量指数式增长,数据呈现海量、多样、时效、低价值密度等一系列特征。万维网从根本上改变了互联网,"这种改变并不是通过扩张它的基础设施或主要协议,而是提供了一个对无数新用户都有诱惑力的新用途。""万维网改变了人们对互联网的认知——网络不再被看作搜索工具或是单纯在人与人之间传递信息,而是承担着娱乐媒介、商店橱窗、将某个个人展示给世界的工具等新角色。"② 可以说,万维网的出现与广泛应用,真正形成了网络社会崛起的技术基础和媒介环境。

"网络社会"一词最早由学者狄杰克在 1991 年提出,但是真正将其作为结构性的社会形态提出并进行系统研究的是美国社会学家曼纽尔·卡斯特(Manuel Castells)。卡斯特的网络社会理论观点主要体现在《网络社会的崛起》《认同的力量》《千年的终结》三卷书中,被称为信息社会三部曲。尤其是在《网络社会的崛起》一书中,卡斯特对日渐明晰的新社会结构、社会关系做了全面阐述,呈现了网络社会的完整图景。

卡斯特首先对网络概念进行界定,认为"网络是一组相互连接的节点,节点是曲线与己身相交之处。具体地说,什么是节点根据我们所处的具体网络种类而定"。网络社会作为以网络技术为基础的新社会结构,是一个具有高度活力的开放系统,随着网络技术的不断更新与应用,网络社会从最初产生于政治、军事和技术的目的性工具,逐渐成为文化的、社会的、私人的和自在的互动空间。网络节点的意义在于凝聚不同类别的互动关系,人们在"网络"崛起的今天找到新的栖息地和归属地,这些节点受人们的时间、空间、语言、文化、经济活动

---

① 魏凤文,武轶.科学史上的 365 天:上册[M].北京:清华大学出版社,2018:415.
② 珍妮特·阿贝特.互联网的普及[M]//戴维·克劳利,保罗·海尔.传播的历史:技术、文化和社会.6 版.董璐,何道宽,王树国,译.北京:北京大学出版社,2018:341-342.

及社会互动情况约束,而网络成为这些社会关系的承载体和新的生长点。日常生活中人们的具体形态能够在此找到相对应的"拟像物",这其实是社会关系的投射。

历数多次时代革命,从农业技术、工业技术到信息技术出现,直至网络技术的诞生,每一次新的革命都重塑和调整了人们的社会互动关系,并搁置在新时空中。网络社会的内核不是技术主流化及其主导地位的体现,而是人的主体性展示和自我延伸。在这里人并非成为依附,也不是工具理性的"寄生物"。网络社会打破了理性囚笼,没有回避技术的情感价值,为人们提供了一个独一无二的互动空间,而网络技术成了新附着物。

卡斯特认为,社会正经历着一场信息技术革命,在这场革命中,信息技术就像工业革命时期的能源一样,重塑今日社会的基本结构。与其他技术革命不同的是,这次革命的变迁核心,是信息处理与沟通技术。而根植于信息技术的网络,已成为现代社会的普遍技术范式,引导着社会再结构化,从而改变社会的基本形态。作为一种历史趋势,信息时代的支配性功能与过程日益以网络组织起来。网络建构了社会的新形态。在网络中现身或缺席,以及每个网络相对于其他网络的动态关系,都是社会中支配与变迁的关键根源。因此,我们可以称这个社会为网络社会,其特征在于社会形态胜于社会行动的优越性。从更广的历史角度来说,网络社会代表了人类经验的性质变化。假如我们根据古老的社会学传统,认为在最基本层次上社会行动可被理解为自然与文化之间关系的变迁模式,那么,我们的确是置身于新纪元之中。在网络时代,无论从何种角度来看,信息技术都具备了支配人们生活和引导社会发展的作用,由网络等延伸而来的媒介交流工具及其技术运转逻辑规训了人们的思维方式、语言表达方式和社会交往方式。①

互联网本质的规定性是互联互通,是人与人之间的信息直接交流。互联网本身经历了巨大变化,从历史来看,早期的互联网是一种静态网络,旨在两个终端之间传送少量字节或短消息。那时的互联网是一个信息库,仅由专业编码人员发布和维护内容。然而在今天,海量信息经由互联网上传和下载,人人都是评论员、发行者和创作者。

第三节　万物皆媒的数字化生存

1995年,美国麻省理工学院媒体实验室的创始人尼古拉·尼葛洛庞帝(Nicholas Negroponte)在著作《数字化生存》(Being Digital)中提出,随着信息技术的迅速发展,信息不再只是与计算机有关的一个技术性术语,更重要的是,它决定了人类的生存方式。作为信息构成和传播的"比特"(bite)正迅速取代原子成为人类社会的重要构成要素和重要特征。数字化生存使人类可以挣脱一切现实时间、空间的限制和原子化世界的束缚,遨游于更为广阔的虚拟世界,接触更为广泛的人群。同时,信息技术的发展不仅为文化全球化提供了物质技术基础,还改变了知识的性质,比特的生产、传送使知识、文化演化具有一种不断复制、拓展和互惠的特征,比特智慧成为人类生存智慧的一种新形态,呈现出一种后信息、后现代状态。② 如今这本书的很多预言都成为现实,中文版也出版了20周年纪念版。

---

① 曼纽尔·卡斯特.网络社会的崛起[M].夏铸九,等译.北京:社会科学文献出版社,2001.
② 尼古拉·尼葛洛庞蒂.数字化生存:20周年纪念版[M].胡泳,译.北京:电子工业出版社,2017.

随着互联网向物联网延伸而覆盖物理世界,"人、机、物"三元融合的发展态势已然成型。物联网的基础是互联网,"互联网＋各领域"就能实现各领域的互联网化。万物互联(IOT)概念被推出来以后,物联网几乎就是无所不能的,当一副眼镜、一只水杯、一双鞋子都能智能化并且联网之后,便引起人们广泛关注。"互联网＋"在内涵上根本区隔于传统意义上的信息化,而是重新定义了信息化。传统的信息化没有释放出信息和数据的流动性,而互联网作为信息处理成本最低的基础设施,其开放、平等、透明等特性将使信息和数据动起来,转化成巨大生产力,成为社会财富增长的新源泉、新动力。

如果说互联网的本质是"连接",而物联网的本质是"连接一切";现代信息技术的最新进展即将把人类带向智慧商业经济新时代,这是一个以"互动、体验、分享"为特征的"连接时代"。"我们的社会是超连接(superconnected)的,我们人类也是这样:在人类的历史上,从没有如此多的人与如此多的其他人通过如此多种多样的方式连接起来,而这种连接又带来了如此广泛的社会影响。"①在物联网、人工智能、云技术等新技术的推动下,一个万物皆媒的泛媒时代正在到来。未来,通过5G网络实现人与人、人与物、物与物的连接,以往独立的广电网、有形分发网、互联网、物联网等形成真正的物理归一。

泛媒化趋势首先表现为物体的媒介化,目前在这个方向下,有三个动向尤其值得关注:其一是传感器对信息生产深层变革的触发,其二是智能家居等技术将在家庭中带来的全新媒介,其三是车联网技术带来的流动化、场景化的新媒介。泛媒化的另一个表现,是基于可穿戴设备及其他传感器应用的人体终端化,它意味着人体、人的行为甚至思维将被常态性数据化。在人体上的智能设备,既可能增强人们的某些能力又可能削弱人们的另一些能力,隐私保护问题也变得更为突出。在泛媒化时代,人与物的关系,将成为共生、协作的关系,甚至会进一步出现人机合一、人与机器共同进化的可能。② 智能化作为刚刚开启的信息化新阶段的主要特征,通过各类智能化的信息应用帮助人们判断态势,预测趋势并辅助决策,当前仍处于起步期,本质上还是数据驱动的智能。相信随着信息技术的不断进步、信息应用智能化程度的不断提升,数据资源蕴藏的巨大能量将会不断释放,进一步惠及人类社会。

除了人类在使用信息系统的过程中产生数据,各种传感器、智能设备也在源源不断产生数据,并逐渐成为数据最重要的来源。数据资源的不断丰富、计算能力的快速提升,推动数据驱动的智能应用快速兴起。大量智能应用通过对数据的深度挖掘与融合,帮助人们采用新的视角和新的手段,全方位、全视角展现事物的演化历史和当前状态,掌握事物的全局态势和细微差别;归纳事物发展的内在规律,预测事物的未来状态;分析各种备选方案可能产生的结果,从而为决策提供最佳选项。当然,第三次浪潮还刚刚开启、方兴未艾,大数据理论和技术远未成熟,智能化应用发展还处于初级阶段。然而,汇聚和挖掘数据资源,开发和释放数据蕴藏的巨大价值,已经成为信息化新阶段的共识。

纵观信息化发展的三个阶段,数字化、网络化、智能化是三条并行不悖的主线。数字化奠定基础,实现数据资源的获取和积累;网络化构造平台,促进数据资源的流通和汇聚;智能化展现能力,通过多源数据的融合分析呈现信息应用的类人智能,帮助人类更好认知事物和解决问题。数字化已经在整个社会中引发了根本性的变化,人类从工业时代迈向网络时代。全球信息网络是人类世界至关重要的基础设施,使人们得以摆脱地域的束缚,聚集在基于兴

---

① 玛丽·吉科.超连接:互联网、数字媒体和技术-社会生活[M].2版.黄雅兰,译.北京:清华大学出版社,2019:1.
② 彭兰.万物皆媒:新一轮技术驱动的泛媒化趋势[J].编辑之友,2016(3):5-10.

趣、认同和主题的社区中。它改变了政府、商业、金融、娱乐、教育、医疗保健、交通等各个领域，甚至改变了人们交流互动的方式，成为 21 世纪社会发展的主要动力之一。

人们不仅依靠互联网协同工作，也借助互联网开展生活中的各种活动，信息化场景从办公室拓展到整个人类社会。人类积累的数据不再局限于结构化的业务数据，无结构的文本、图片、音频、视频等用户生成内容占比日益增加，数据呈现结构化、非结构化并存，并通过网络大规模交换、共享和聚集的态势。这个阶段的重点可归纳为"社会数字化"。信息化进入新阶段，数字化的重点变为"万物数字化"，越来越多物理实体的实时状态被采集、传输和汇聚，从而使数字化的范围蔓延到整个物理世界，物联网数据成为人类掌握的数据集中最主要的组成部分，海量、多样、时效等大数据特征也更加突出。

数字时代带来了新的挑战，但新的挑战到底是什么呢？下面这个公式或许可以说明挑战包含的内容，即"A＋B＋C＋D＋5G＝？"。其中，A 即 AI（人工智能），B 是 Blockchain（区块链），C 指 Cloud（云计算），D 是 Big Data（大数据），加上 5G 移动通信技术的同时出现，这意味着一个新的时代已经到来，这是互联网下半场的开始。上半场是信息科技，下半场是数字科技。伴随着当今科技突破与信息的爆发性增长，人类社会正迅速地从信息科技时代（IT）向数字科技时代（DT）迈进，以大数据、云计算、区块链、人工智能等数字技术为代表的新趋势迅猛发展，并将在 5G 时代进一步释放能量。信息能力的提升、传播方式的变革，不止引领了新一轮的经济产业升级，更将重塑社会网络。

2019 年 5 月 21 日，美国智库战略与国际研究中心（CSIS）发布《超越技术：不断变革的世界中的第四次工业革命》（《Beyond Technology: the Fourth Industrial Revolution in a Developing World》）。报告指出，第四次工业革命是数字和技术的革命，发展中国家将和发达国家同时经历第四次工业革命。它正在颠覆所有国家的几乎所有行业，将产生极其广泛而深远的影响，彻底改变整个生产、管理和治理体系。而面对技术的突飞猛进，人们更应该从仅仅考虑如何实现技术变革转向理解新技术对人类意味着什么，超越技术对人类的控制，避免反乌托邦的结果。[①] 与机器人取代人类劳动相比，更重要、更直接的是为未来的趋势做准备，而未来的趋势将以某种方式被证明是具有颠覆性的。无论你是否认同第四次工业革命的存在，很少有人会否认社会能够从预测创新的影响中获益。

互联网终于由工具的层面、实践的层面抵达了社会安排或曰制度形式的层面。在描述技术发展令人叹为观止的速度之后，人们需要思考的问题可能是：在所有事物都被数字化的时代，"数字化"到底意味着什么呢？其实这是关乎互联网文明的可能性问题，最终的含义是人的可能性问题——在不久的未来，我们或将到达"后人类状态"[②]。互联网以及整个新媒体家族，作为巨大的分布式的数据生产、复制工厂和推送、分享空间，具有一种吞噬性的力量。人类有史以来创造的所有内容，基本上都可以用极低的成本迅速数字化。新媒体以不可阻挡之势，席卷了内容、娱乐和各种各样的应用市场。人们对移动和社交的迷恋，甚至已逐渐成为一种"文化症候"。新媒体，正在成为人体的新延伸。

---

① 熊一舟.超越技术：迎接第四次工业革命[N].社会科学报，2019-6-20（7）.
② 胡泳.数字位移：重新思考数字化[M].北京：中国人民大学出版社，2020.

思考题

1. 从互联网的起源、商业化和技术发展出发,如何重新思考互联网的发展历史?
2. 作为互联网的接触者、使用者,你如何解读分享精神、社交媒体属性等互联网特性?
3. 智媒时代,媒介是否需要重新定义?如何定义?
4. 学者徐贲提出:互联网文化是文艺复兴和启蒙运动之后又一次可能具有巨大积极意义的文化转型。你同意这样的说法吗?谈谈你的理由。

第二编　制度文化与伦理传播

引言　中西制度文化的伦理指向

　　制度文化是物质、精神等文化样态的一种社会化的结合,在规范人的行为活动中彰显着风俗习惯、道德伦理及价值观念。人们一般从社会形态的性质(如社会主义制度)、各类意识形态的约定(如经济制度)及相关办事程序和规范等层面理解制度文化的内涵与外延。放眼四海之内,华夏民族素有"泱泱大国,礼仪之邦"的盛誉。从"礼"的广度一面观照华夏整个文化系统,可以称为"礼乐型的文化系统",并"以与西方的宗教型的文化系统相区别"[①]。中西传统文化分别以礼乐文化、宗教文化构成了各自制度文化的民族特性的底色,传播方式及伦理价值指向上则呈现出"教化"与"净化"之别。

　　在世界各民族中,中华民族是"早熟的儿童"[②],子不语怪力乱神的事实与教诲使中华民族较早地过上了理性生活,"礼制"可谓中华民族非物质文化遗产的重要制度。道与器是中国古代对文化结构层次的基本认识,所谓"器",接近现在所说的物质文化;所谓"道",接近现在所说的制度文化和观念文化。在中国古代漫长的封建宗法制度下,制度文化与观念文化二者常混为一体:"是道也,是学也,是治也,则一而已矣。"[③]以儒家文化为正统的中国古代传统文化观念并不是独立不依的,不仅需要各种制度来保障,而且就具体体现在这些制度之中。这二者的二合一关系最突出的表现就是中国古代传统文化的伦理特色。在中国古代,伦理既是一种道德观念,又是一种社会制度。因此,在中国古代传统文化中,制度文化与观念文化被统一称为"道",视为文化之本、社会之本乃至宇宙之本。正是沿着这个思路,陈独秀在《吾人最后之觉悟》里才说:"吾敢断言曰:伦理之觉悟为吾人最后觉悟之觉悟。"[④]

　　仪式活动源自先民的宗教活动,随着中西文化各自的演进进程,前者越来越重视礼,偏向政治伦理秩序的"教化";后者在走向森严的宗教戒律的同时亦丰富了"净化"的审美哲学的意蕴。西方哲学的二元人性论,同样反映在对信息主体的意志、意图及权益等方面的认知特征上。可以说,有关信息主体属性的灵与肉、神与人、善与恶以及诚与伪等二元对立观念的讨论,贯穿于整个西方传播观念史的演进历程。二元论、以白人为中心、个人主义、言说者

[①] 牟宗三.历史哲学[M].9版.台北:台湾学生书局,1988:166.
[②] 马克思.《政治经济学批判》导言[M]//中共中央编译局.马克思恩格斯全集:第2卷.北京:人民出版社,1995:114.
[③] 龚自珍.龚自珍全集[M].上海:上海人民出版社,1975:2.
[④] 陈独秀.独秀文存[M].合肥:安徽人民出版社,1987:41.

中心论等传统立足点,被日本学者石井敏视为西方传播研究的四个理论弱点①,而再次思考西方传统哲学与传播观念,也是通过反观经典理论的优劣现象,助推当代传播观念的新发展。基于"天使与野兽之间"的人论乃是一种信息主体素养的二元构建,"狮身人面"像的灵与肉冲突可谓信息主体生命体征的文化象征,"万物尺度"的人与神属性具有信息主体话语权利的角色启示,"灵魂说"的善恶对立结构表明信息主体德性内涵的多维建构,而"说谎悖论"的诚与伪之辩则揭示信息主体真诚义务的社会责任。

---

① ISHII S. An Mmerging Rationale for Triworld Communication Studies from Buddhist Perspectives[J]. Human Communication, 2001, 4(1):1-10.

第四讲 "教化"传播:中华礼乐制度及孔子文化传播实践

华夏民族素有"礼仪之邦"的盛誉,礼乐制度是华夏文化的突出内容和形象代表。"'礼'是整个中国人世界里一切习俗行为的准则,标志着中国的特殊性"①,自古至今彰显着民族文化品牌的功能。唐代孔颖达有云:"中国有礼仪之大,故称夏;有服章之美,谓之华。华、夏一也。"②也就是说,华夏文化绵延不断的承传与礼乐文化传播密切相关,"中国之所以成为民族,就因为'礼'为全中国人民树立了社会关系的准则。"③从华夏民族衣食住行的习惯与个体修身的要求、家庭家族风气建设与各类社会活动的风俗,上升到家国情怀与民族心理的积淀,华夏民族对中华文明的特殊情感、思想认知及历史价值,很大程度上源自礼乐文化的认同心理。

第一节 文武之政,布在方策:"教化"传播的制度保障及旨趣

传播作为治国理政的有机构成,是其哲学本体论之所以可能的现实根据的追问。孔子曾云"文武之政,布在方策"④,后人亦说"夫政者,治化也;布在方策者,文也"⑤,"布在方策"的教化传播实践是实施"文武之政"的治化必不可少的手段与载体,也是儒家教化或文化传播、中国古代政治传播等传统话题得以延续的重要的制度保障。如廖声武站在中国古代传播史上,充分肯定了儒家的传播方式"首开先例、卓有成效"的特点及地位,揭示儒家在宣传"仁政""礼治"中对传播功能具有双面效应的特点,并认为这种认识是一种独到的见解⑥。崔炼农全面系统地对孔子思想作了传播学诠释,尤其在分析孔子"仁者"的政治传播学时,将"礼"作为孔子确定言行规范的传播尺度:"礼"的作用重在教化,重在君子之德的传播;"礼"是防范道德过失的堤防,一种传播区界的设定;"礼"囊括一切社会关系,构成一整套传播符号体系;"礼"是人们"视听言动"必须遵循的普遍规范,是一种"制中"的传播尺度;"礼"将社会关系条理化、稳固化,建构出一种超稳定的传播秩序;"礼""政"互融,完成教化的使命。同

---

① 钱穆回答邓尔麟的话。邓尔麟. 钱穆与七房桥世界[M]. 蓝桦,译. 北京:社会科学文献出版社,1995:7.
② 左丘明,传. 杜预,注. 孔颖达,疏. 春秋左传正义:卷五十六[M]//阮元,校刻. 十三经注疏. 北京:中华书局,1980:2148.
③ 钱穆回答邓尔麟的话。邓尔麟. 钱穆与七房桥世界[M]. 蓝桦,译. 北京:社会科学文献出版社,1995:7.
④ 朱熹. 中庸章句[M]//四书章句集注. 北京:中华书局,1983:28.
⑤ 林传甲. 中国文学史[M]. 北京:知识产权出版社,2013:42.
⑥ 廖声武. 论先秦时期儒家的传播思想[J]. 新闻与传播研究,2000(3):51-54.

时,在对"刑"做出强制言行入轨的传播控制阐释中,又指出"刑"为罚而"礼"为法,"刑"以"礼"为依归,"教而后刑"才能从源头杜绝"恶(德)"的传播①。诸如此类,诚如孟泽在该著序言中说"传播学的视角也未必是审视孔子思想的最恰当的视角",但由此"所给出的说法,便至少是一种有意思甚至有意义的说法,并不辱没孔子,也不辱没自以为清明者的智力"②。

一、治国理政的基本方略

作为中国古代传播理论基石的"教化"多指政治教化,这几乎成为儒家政治传播的代名词。所谓"儒家者流,盖出于司徒之官,助人君顺阴阳、明教化者也"③,"圣人之教,非家至而户说,故有儒者宣而明之"④,足证儒者通过教化担负治国理政的社会身份及职责要求。故而,无论儒家各派持有怎样的人性论,无不重视教化的传播价值,丰富了"化"观念在中国传播理论上的构建意义。性善论者,从内在之善的普遍性出发,强调"尽其在我""圣人,与我同类者"⑤,靠教化存养与扩充善性,人人均有化育成圣的潜质;性恶论者,基于内在之恶的普遍性,选择"化性而起伪"的教化路径,主张"不教,无以理民性"⑥,通过人为(伪)的礼义法度教化民众惩忿窒欲,迁善改过;董仲舒基于性三品说,认为教化意在扬善惩恶,"教化不立而万民不正"⑦;宋儒则多基于人的"天地之性""气质之性"的双重结构的认识,由教化"善反之"⑧,将"气质之性"回复到"天地之性"的澄明境界。

在中国古代政治传播中,"自天子以至于庶人,壹是以修身为本"⑨,"教化"的对象包括差序格局中各个层次的人及其关系,是另一种形式的"有教无类"。不仅持之以恒地自化而后方可教人,而且"接受教化并能施教化,是为政者的前提"⑩。可见,"教化"既是中国古代政治伦理传播的责任和使命,也是中国古代宗法社会行之有效的治民方略。尤其是儒学取得了由政治制度保障之后的合法性,采用多种方式着力于态度、知识、情感及信仰等政治社会化过程,培养一批批"圣君""圣人""忠臣""顺民""孝子"等政治化的道德人格,服务于封建王权"移风易俗"的治化目标。作为治民方略,"教化"又是一种多元一体的政治传播观念。孔子曰:"道之以政,齐之以刑,民免而无耻;道之以德,齐之以礼,有耻且格。"⑪朱熹解释云:"政者,为治之具;刑者,辅治之法。德、礼则所以出治之本,而德又礼之本也……故治民者,不可徒恃其末,又当深探其本也。"⑫可见,"教化"首先是一个政治社会化或政治传播学的概念,以政治教化为轴心,涉及道治、德治、礼治、法治等重要辅助手段。

在中国古代政治传播理论建设上,对于"政治"的合法性而言,"道治""德治"既是原则性

---

① 崔炼农.孔子思想的传播学诠释[M].长沙:湖南大学出版社,2008:110-120,130-134.
② 崔炼农.孔子思想的传播学诠释[M].长沙:湖南大学出版社,2008:6.
③ 班固.汉书:艺文志[M].北京:中华书局,1962:1728.
④ 魏征,等.隋书:第四册[M].北京:中华书局,1973:999.
⑤ 杨伯峻.孟子译注:告子上[M].北京:中华书局,1962:261.
⑥ 王先谦.荀子集解:大略[J].沈啸寰,王星贤,点校.北京:中华书局,1988:438,498.
⑦ 班固.汉书[M].北京:中华书局,1962:2503.
⑧ 张载.张载集[M].章锡琛,点校.北京:中华书局,1978:22.
⑨ 朱熹.大学章句[M]//四书章句集注.北京:中华书局,1983:4.
⑩ 张汝伦.作为政治的教化[J].哲学研究,2012(6):77-84.
⑪ 杨伯峻.论语译注:为政[M].北京:中华书局,1980:12.
⑫ 朱熹.论语章句[M]//四书章句集注.北京:中华书局,1983:54.

前提,也是现实性依据,直接影响了采用"教化"实施"政治"的方式,所谓"以德服人者,中心悦而诚服也"①。礼治与法治的区别,正如《大戴礼记·礼察》说的"礼者,禁将然之前,而法者,禁于已然之后"②,前者可防患于未然,后者规诫惩处"既形"之恶行,劝善则仍以教化为优。尽管"圣人之治化,必刑政相参焉",但"太上以德教民,而以礼齐之,其次以政焉",只是在"化之弗变,导之弗从,伤义以败俗"的情况下"于是乎用刑矣"。可见,教化传播乃治化之本,笃行教化,统治者便可"不出户牖而化天下"③,有着无与伦比的感召力。春秋以前,治化之文,莫盛于六艺,故孔子平生致力于"六艺"的删订,成为春秋之前治化之文的集大成者,泽被千秋。在孟子心中,"信息"的质量及传播媒介直接影响着接受效果。所谓"仁言不如仁声之入人深也",即是说同样包括"仁"之信息,政教法度之言虽明晰,但不如感染力极强的"乐声《雅》《颂》"能深入人心。故而"善政不如善教之得民也","民爱之""得民心"等政治教化的有效传播,远在"民畏之""得民财"④的"法治"等社会治理之上。有了这些认识,中国古代统治者普遍重视以教育感化、政治风化(不是迎合,而是引导)为主流形式的政治传播,并视为治国理政的基本方略。

二、传播渠道的基本格局

多数人基于绵延数千年的中国古代宗法制度、维护封建等级专制制度的"三纲五常"道德规范以及"道法自然"等认知规律,讨论中国古代"化"观念传播渠道时,便常常偏重于自上而下的传播方式以及帜、露布、布告、诏书等媒介形式。即便《观》卦之"观"包括传、受的双向传播行为,然在上、下示位上,观下以"风行地上"之卦象指示"先王以省方观民设教"之意,观上又是"观天之神道"的仰德政之举,被"化"的对象仍以处在下层的民众为主。事实亦如此,"圣人以神道设教,而天下服矣"的"下观而化"⑤的教化传播,的确占据中国古代"化"观念传播的统治地位。除了前引《观》卦中两处"教"字,《周易》还有《临·象传》"君子以教思无穷,容保民无疆"、《坎·象传》"君子以常德行,习教事",以及《系辞下》说神农氏能制作耒耜"以教天下,盖取诸《益》"⑥等句,均是自上而下的指导、传授。其中,让神农氏深受启发的《益》卦,《彖》曰"损上益下,民说(悦)无疆。自上下下,其道大光"⑦,通过陈述人类社会管理和发展方式,清晰地揭示出下行传播模式的路径及效果。

人类传播除了下行传播,还有平行传播、上行传播等多种路径。值得注意的是《尚书·胤征》记载胤侯训诫众人之辞:"嗟!予有众。圣有谟训,明征定保。先王克谨天戒,臣人克有常宪,百官修辅,厥后惟明明。每岁孟春,遒人以木铎徇于路,官师相规,工执艺事以谏,其或不恭,邦有常刑。"⑧此段不啻一篇当时社会传播渠道网络及制度的文书,除了遒人代国家宣传政策或征求民意,还有官师相规的平行传播及百工劝谏的上行传播等渠道。同时,在

---

① 杨伯峻.孟子译注:公孙丑上[M].北京:中华书局,1962:74.
② 卢辩,注.孔广森,补.大戴礼记补注:第1册[M].北京:中华书局,1985:13.
③ 杨思贤,译注.孔子家语[M].郑州:中州古籍出版社,2016:12,272.
④ 杨伯峻.孟子译注:尽心上[M].北京:中华书局,1962:306."乐声",或释"声"为"声望"。
⑤ 黄寿祺,张善文.周易译注:观·彖传[M].上海:上海古籍出版社,2010:160-161.
⑥ 黄寿祺,张善文.周易译注[M].上海:上海古籍出版社,2010:154,225,533.
⑦ 黄寿祺,张善文.周易译注[M].上海:上海古籍出版社,2010:320.
⑧ 孔安国,传.孔颖达,正义.尚书正义[M]//阮元,校刻.十三经注疏.北京:中华书局,1980:157.

"圣—先王—臣人—百官"等自上而下的传播格局中,又构建了遒人、官师、百工等人群自下而上的信息反馈渠道,且从制度上予以了约束。《左传·襄公十四年》曾引"遒人"三句,同样在宗法等级制度下强化了信息反馈的规诫教化机制,所谓"天子有公,诸侯有卿,卿置侧室,大夫有贰宗,士有朋友,庶人、工、商、皂、隶、牧、圉皆有亲暱,以相辅佐也",其运行模式为"善则赏之,过则匡之,患则救之,失则革之",于是"自王以下,各有父兄子弟,以补察其政。史为书,瞽为诗,工诵箴谏,大夫规诲,士传言,庶人谤,商旅于市,百工献艺"①。如此,多渠道的信息反馈体系便得以构建。

在人类的传播实践中,每一种媒介及渠道均有"通"与"塞"之遇。孔子与众弟子对话,既有过"吾与点也"②知音般的愉悦,也有过以"朽木""粪土之墙"③"不仁"批评对话者的不得已之痛,更有过"天何言哉"④近似于诺依曼(Elisabeth Noelle-Neumann)"沉默的螺旋"舆论学理论所阐发的言说孤独窘境。孟子曾言"君子有三乐",其第三便是"得天下英才而教育之"⑤,视教育传播为自己的社会责任,然而他又屡屡申说"我岂好辩哉,予不得已也",其中"邪说诬民,充塞仁义"⑥的政治传播困境就是重要的原因。信息沟通中的"通"或"塞"的原因十分复杂,然正如王夫之所说的"藉格物"以"致知""知化"的传播效果,则是他们体验传播"通""塞"的共通准则。一则,要尽物之性,充分发挥媒介及渠道化育天地的功能。中国文化传播观念一直存在言教与不言之教的争论,但务必要说明的是,他们纠结的多是媒介或渠道的类型,而不是媒介或渠道本身。"言教"者如孔子主张"言之无文,行而不远"⑦,"不言之教"或选禅宗"拈花微笑"般的非语言符号,或用庄子"不可与庄语"⑧式的个性化符号,同样重视媒介的优化工作。二则,要尽人之性,媒介属人性,主要使用者决定着它的权力属性。《周易·系辞下》载"上古结绳而治,后世圣人易之以书契。百官以治,万民以察"⑨;孔子推广"雅言",目的即在"弘道"⑩;孟子"好辩",其意在"正人心,息邪说,距诐行,放淫辞,以承三圣者"⑪;直至貌似平等互动,实则等级严格的"谏议"传播,亦有着"君为元首,臣为股肱,同体相须,共成美恶者"⑫的理据。故《中庸》云"能尽人之性,则能尽物之性;能尽物之性,则可以赞天地之化育"⑬,由此可深度认识"化"传播的媒介及渠道观。

三、传播方法的类型体系

"为治之要,教化为先"⑭,言及中国古代社会的"教化",一般指儒家倡导的教育感化或政

---

① 左丘明.左传:上[M].杜预,集解.上海:上海古籍出版社,2015:549.
② 杨伯峻.论语译注:先进[M].北京:中华书局,1980:119.
③ 杨伯峻.论语译注:公冶长[M].北京:中华书局,1980:45.
④ 杨伯峻.论语译注:阳货[M].北京:中华书局,1980:188.
⑤ 杨伯峻.孟子译注:尽心上[M].北京:中华书局,1962:309.
⑥ 杨伯峻.孟子译注:滕文公下[M].北京:中华书局,1962:154-155.
⑦ 左丘明.左传:下[M].杜预,集解.上海:上海古籍出版社,2015:616.
⑧ 陈鼓应.庄子今注今译:天下[M].北京:中华书局,1983:884.
⑨ 黄寿祺,张善文.周易译注[M].上海:上海古籍出版社,2010:533.
⑩ 杨伯峻.论语译注:卫灵公[M].北京:中华书局,1980:168.
⑪ 杨伯峻.孟子译注:滕文公下[M].北京:中华书局,1962:155.
⑫ 陈蕃.理李膺等疏[M]//严可均.全后汉文:下册.北京:商务印书馆,1999:645.
⑬ 朱熹.中庸章句[M]//四书章句集注.北京:中华书局,1983:32.
⑭ 黄佐《南雍志》载朱元璋言。谷应泰.明史纪事本末[M].北京:中华书局,1977:204.

教风化,其教化方式主要是"游文于六经之中,留意于仁义之际。祖述尧舜,宪章文武,宗师仲尼,以重其言,于道最为高"①。凭此,甚至有"儒学即教化之学"的认识。其实,"教化"作为一种文化传播方法,各家学派均有"以善道教化天下"②之举,而不仅仅归属于儒家矣。老子即言"圣人处无为之事,行不言之教",且自信地指出"不言之教,无为之益,天下希及之"③,"教育""教化"仍是其宗旨,只不过他更强调身教、自化、言象互动等传播方式。至于后来的道教,则强化了科仪对众人"戒欲"的教化传播功能,由"道"的教化演变为宗教的道教。佛教作为宗教与一般神教不同,除了信仰还注重修学,"佛教的'佛'是遍知遍觉之义,'教'是教育教化之义"④,教化开悟众生,乃其立教之本,"以佐教化"⑤而有益国治又是其求得生存之道。至于禅宗发扬的"不立文字,教外别传",亦非反对"教化"传播,而是在传统的"言教"之外,拓展为"直指人心,见性成佛"⑥之类更强调自习自化的教化传播的方法及效果。作为传播方法及效果的"教化",经过儒道释三家文化数千年的传播实践,积累了丰富的经验,同样也不是人们习惯性理解的因"教"而"化"补充关系所能涵盖的。这里结合"教化"构词方法及相关文献归纳出四种传播类型:

其一,"教""化"均为动词性,两者之间是补充关系。"教"使之"化","化"系"教"之结果,堪为中国文化传播的主流方法。如,荀子论及行公道护公利的人臣,须"上则能尊君,下则能爱民,政令教化,刑(形)下如影"⑦,反过来说,就是"夫下之和上,譬之犹响之应声,影之象形"⑧。政令教化如此,那么礼仪教化如何?倡导"天下不可无教也,百姓不可不化也"的宋代高僧契嵩有言:"礼义者,教之所存也;习尚者,化之所效也。非所存则其教不至也,非所效则其化不正也。"于是他略变孔子《论语·颜渊》"君子之德风,小人之德草"之喻云:"教化风也,民飞物也,风其高下则物从之浮沉也。"⑨此处如形影、声响、风物之喻,形象地揭示了"教""化"之间的补充关系。从某种意义上说,"教"使之"化"重在理性的仪式传播,中国古代通过宗庙、书院、佛堂等日常训诫及仪式传播,官僚士大夫传布等多种渠道,通过传、受者之间的"频繁接触"实现信息的共享,探寻受众由信息的接受者到生产、传递者角色转变的路径,兑现教化最终在"自化"传播的深度意图。

其二,"教""化"均为动词性,两者之间是联合关系。"教和化"乃是"教使之化"的变异类型,进一步体现了宗法社会制度对传播方法及效果的制约性。董仲舒在《贤良对策》中向汉武帝建言"凡以教化不立,而万民不正也",其所提出的"立太学以教于国,设庠序以化于邑"⑩的办法,即"把教化二字分别言之。民之优秀,则使之入于太学,而可以从事于受教。其未能入于太学,因其智慧未开明,不能对于人类历史文化之大传统心知其意,则仅可以受化,而未遽能达于明教之更高境界"⑪。当然,此处"教化"二字分别言之,有互文性质,因为董仲舒也

---

① 班固.汉书[M].北京:中华书局,1962:1728.
② 陈寿,撰.裴松之,注.三国志:吴书一·卷四十六[M].北京:中华书局,1964:1094.
③ 陈鼓应.老子注译及评介[M].北京:中华书局,1984:64,237.
④ 多识·洛桑图丹琼排.藏传佛教培养人才的模式[M]//戒幢佛学:第一卷.长沙:岳麓书社,2002:371.
⑤ 柳宗元.柳州复大云寺记[M]//逸凡.唐宋八大家全集:第2卷.广州:新世纪出版社,1997:251.
⑥ 裴休.黄檗山断际禅师传心法要[M]//元惠.八家语录.北京:宗教文化出版社,2012:22.
⑦ 王先谦.荀子集解:臣道[M].沈啸寰,王星贤,点校.北京:中华书局,1988:248.
⑧ 王先谦.荀子集解:强国[M].沈啸寰,王星贤,点校.北京:中华书局,1988:305.
⑨ 契嵩.镡津文集[M].钟东,江晖,点校.上海:上海古籍出版社,2016:85.
⑩ 班固.汉书[M].北京:中华书局,1962:2503.
⑪ 钱穆.变与化[M]//晚学盲言:上册.桂林:广西师范大学出版社,2004:48.

说过"太学者,贤士之所关也,教化之本原也"①,太学并不局限于"教"。虽如此,所谓"夫教者生于官政也,化者成于民俗也"②等,"教"和"化"主张针对民之身份、知识、德性等进行分层之下的分类教育,实乃中国文化传播的一种基本观念。

其三,"教""化"均为动词性,两者之间是偏正关系。汉语偏正结构中"偏在前正在后"是强势选择,但也有少量的"正在前偏在后"的结构,以"化"之方式"教"即是如此。此种传播方法,如《礼记·学记》云"化民成俗""化民易俗"③,孔子讲《诗三百》之"兴观群怨"作用,佛家倡导"化仪四教"等均是典型的案例。又如,西魏苏绰为执政者宇文泰建言:"使百姓亹亹,日迁于善,邪伪之心,嗜欲之性,潜以消化,而不知其所以然,此之谓化也,然后教之以孝悌,使人慈爱,教之以仁顺,使人和睦,教之以礼义,使人敬让。"④感化在前,教化在后,或是有意识地以信息和娱乐兼备、雅俗并存、贴近日常生活等多元丰富的知识激发受众的内在兴趣,或是非正式的、无固定课堂、不易被人重视的无意图施教,在受众的非刻意学习中完成潜移默化的作用。诉诸接受者的情感,使之感动,而后得以受教,抑或是自我教化。中国文化尤重自律、自省,一般指"教"而"化"的层面,但更高的境界则是"化"而"教"层面的那种从善无迹的自我觉悟。《礼记·学记》即云:"就贤体远,足以动众,未足以化民。"⑤"动众"不及"化民",这充分说明受众并非传播过程中一个软弱被动的靶子,在传播关系中应该是"活跃而主动的人"⑥。

其四,"教"为动词性,"化"虚化为词缀,两者之间是附加或派生关系。有学者指出"'化'是一个在汉语中公认的动词后缀","×化"所构成的词"呈现出一个动词性逐渐减弱而名词性逐渐增强的连续统",当"化"成为"地道的名词,没有了谓词性的痕迹,这说明'化'已经蜕变为比较纯粹的附缀了"。⑦如,先秦道家"教化"尤重"化而教",然此后道教之教化便强调了"教"。《说文》云"教,上所施下所效也""化,教行也"⑧,实亦突出了"化"中"教"的分量,直至无"教"不成"化",以至于不少人认为"教行"就是"教化"或"教","化"只是"教"的自然结果。所以在中国文化传播史上,各家均曾批评过"古之治也,有化而无教,化则民化淳。吾欲如三皇之世,用化而不用教"的观点,明确指出"当此无教,可乎?"⑨当然,这其中不乏辩证的思考,如清代徐元美《艾言》有云:"教以言相感,化以气相感。有教而无化,无以格顽;有化而无教,无以格愚。二者不可偏废。如王者诗书是教,礼乐是化,二者具而不格,则刑戮之民矣。"⑩但在传播实践中,那种近似于"强制性接触"效果理论,只"教"不"化"的现象还是十分普遍的。

---

① 班固.汉书[M].北京:中华书局,1962:2512.
② 契嵩.镡津文集[M].钟东,江晖,点校.上海:上海古籍出版社,2016:86.
③ 郑玄,注.孔颖达,正义.礼记正义[M]//阮元,校刻.十三经注疏.北京:中华书局,1980:1521.
④ 李延寿.北史·苏绰传[M].北京:中华书局,1974:2231-2232.
⑤ 郑玄,注.孔颖达,正义.礼记正义[M]//阮元,校刻.十三经注疏.北京:中华书局,1980:1521.
⑥ 威尔伯·施拉姆,威廉·波特.传播学概论[M].何道宽,译.北京:中国人民大学出版社,2010:198.
⑦ 吴为善.汉语"重轻型"韵律模式的辨义功能及其系统价值[M].上海:学林出版社,2015:80-81.
⑧ 段玉裁.说文解字注[M].北京:中华书局,2013:128,388.
⑨ 契嵩.镡津文集[M].钟东,江晖,点校.上海:上海古籍出版社,2016:299.
⑩ 王晫,张潮,编纂.檀几丛书[M].上海:上海古籍出版社,1992:272.按:部分人将这段话误判为近代思想家魏源的名言。魏源云:"教以言相感,化以神相感。有教而无化,无以格顽;有化而无教,无以格愚。"(魏源.魏源全集:第13册[M].长沙:岳麓书社,2011:61.)只是将徐元美"化以气相感"变为"化以神相感",我则全部抄录,特此说明。

四、传播效果的新民目标

从传播效果上说,"化"观念传播的"质变"观念最终落实在"育新民"上。"新民"乃中国古代"化"传播观念对传、受者的基本主张。《尚书·康诰》云"王应保殷民,亦惟助王宅天命,作新民"①,要求旧朝的殷民转变身份为新朝的周民。《大学》三纲领之一"亲民",程颐提出"亲"当作"新",朱熹赞同此说,且认为"新者,革其旧之谓也。言既自明其明德,又当推以及人,使之亦有以去其旧染之污也"②,即教化民众改过革变为新人。王阳明虽不同意朱熹的改动,但对《尚书》"作新民"有进一步的解释,"'作新民'之'新',是自新之民"③,强调了民之自我革新取向。王夫之赞同朱熹的改动,认为"民之新必底于化之成"④,明确了"化"与"新民"关系。"新民"说在近现代中国俨然已是最重要的社会思潮,直至"育新人"成为当前我国宣传工作的使命之一。

由上足以看出,"新民"的内涵丰富,类型多样,具有时代的鲜明特征及传播的功利性。然而,正如汤之《盘铭》所说的"苟日新,日日新,又日新"⑤,当是中华民族创新精神的最好写照;孔子说的"君子成人之美,不成人之恶,小人反是"⑥,则是儒家道德教化传播的原则性主张;白居易《与元九书》申述的"言者无罪,闻者作戒。言者闻者,莫不两尽其心焉"⑦,堪为中国古代传播观念在传-受一体观念下对传、受者共同责任的简明揭示。至此,通过"化"观念传播的考察,可见使传、受者接受信息或许不难,难的是使传、受者在心灵上认同信息的真善美价值,内化为自己的本质,由此转变并被充实提升。诸如此类,无不具有对当代传播学理论建设和实践的启示价值。

第二节 好学、修德与弘道:传播主体的身份界定

诗人屈原在《天问》中,曾向上苍发出了 174 个问题,开篇第一问"遂古之初,谁传道之"⑧,便从人类文明史的书写角度表明了对文化传播主体的尊重。在人类文明的历史演变中,那些向人类播撒真善美的传播者总是被奉为带来光明的神灵或圣贤。可以说,传播者的知识水平、品德修养直接决定着其转播活动的社会价值、文化品质以及历史意义。历史地看,孔子的身份很多,然究其实质,他是一个深谙文化传播之道,并身体力行的文化传播学者。他自称"学而不厌,诲人不倦"⑨,将知识修养的提升与传播有机统一,反映出他作为一个文化传播学者的身份定位。那么,从孔子的文化传播实践中,能获得哪些考察传播者提升文

---

① 孔安国,传. 孔颖达,等正义. 尚书正义[M]//阮元,校刻. 十三经注疏. 北京:中华书局,1980:203.
② 朱熹. 大学章句[M]//四书章句集注. 北京:中华书局,1983:3.
③ 王阳明. 传习录:上卷[M]//杨光. 王阳明全集:第 3 卷. 北京:北京燕山出版社,2009:669.
④ 王夫之. 四书训义:上卷[M]//《船山全书》编辑委员会. 船山全书:第 7 册. 长沙:岳麓书社,1991:44.
⑤ 孔安国,传. 孔颖达,等正义. 尚书正义[M]//阮元,校刻. 十三经注疏. 北京:中华书局,1980:1673.
⑥ 杨伯峻. 论语译注:颜渊[M]. 北京:中华书局,1980:129.
⑦ 严杰,编选. 白居易集[M]. 南京:凤凰出版社,2014:273.
⑧ 屈原,宋玉. 楚辞[M]. 廖晨星,注译. 武汉:崇文书局,2017:73.
⑨ 杨伯峻. 论语译注[M]. 北京:中华书局,1980:66.

化修养的启示呢？这就是孔子始终通过提高作为传播者的专业性乃至权威性，强化他作为有效信源的强度，传递他认为有效的信息，实现他作为传播者的时度、信度和效度。

一、敏而好学、温故知新：传播者的知识素养

积累知识，提升文化素养的好学态度，既是孔子的生活习惯与精神品格，也是他能成为一名文化传播学者的前提。《论语·公冶长》记载，卫国人孔圉死后，谥号"文"，子贡向孔子表示了对这位乡贤谥号的质疑，孔子说，因为孔圉"敏而好学，不耻下问"，懂得如何培养自己的文化修养，"是以谓之'文'也"①。可见，孔子对孔圉的评价，正是夫子自道，与他称许自己的好学精神十分一致。如《论语·述而》云"我非生而知之，好古，敏以求之者也"；《论语·公冶长》云"十室之邑，必有忠信如丘者焉，不如丘之好学也"；《论语·卫灵公》云"吾尝终日不食，终夜不寝，以思，无益，不如学也"；《论语·泰伯》云"学如不及，犹恐失之"②……在他看来，"好学"是进德修业，避免极端的唯一桥梁。《论语·阳货》中有一段孔子与仲由的对话：

子曰："由也，女闻六言六蔽矣乎？"对曰："未也。""居！吾语女。好仁不好学，其蔽也愚；好知不好学，其蔽也荡；好信不好学，其蔽也贼；好直不好学，其蔽也绞；好勇不好学，其蔽也乱；好刚不好学，其蔽也狂。"③

好仁、好知、好信、好直、好勇、好刚此"六言"，乃人之六种美德，然若没有"好学"这个阶梯，则极可能依次滑向"愚""荡""贼""绞""乱""狂"等弊病。这段话虽是孔子对子路的因材施教之言，所说的也主要是礼度方面的规范要求，但举一反三，足见孔子对"好学"的重视。

孔子如此好学，除了一般意义上所认为的强烈的求知欲与进取心，以及《论语·为政》说的"君子不器"④的人才观等，还有就是出于孔子要成为一名文化传播者的责任感。他有着以周文化的继承者与传播者的自觉意识，《论语·里仁》说的"朝闻道，夕死可矣"⑤，反映出的正是他以传道授业解惑的"师"者身份，对传播者提升文化修养的迫切期待。事实上，正是得益于"学而不思则罔，思而不学则殆"⑥的好学慎思的品行，孔子的知识结构可以说达到了他那个时代最优化的状态。当时人所学的"六艺"，孔子均比较精通，而对诗、书、礼、乐、易的研究更是达到了专业水平。

二、见贤思齐、择善而从：传播者的道德修养意识

孔子有成为一名文化传播者的自觉意识，其不断提升自己文化修养、道德修养的言行，堪称中国特色的文化传播者的人格典范。在《论语·为政》中，孔子谈及自己一生的修养进程时曾说："吾十有五而志于学，三十而立，四十而不惑，五十而知天命，六十而耳顺，七十而从心所欲，不逾矩。"⑦可见，孔子历经了从自律到自觉的人生修养历程，这其中除了知识积

---

① 杨伯峻.论语译注[M].北京：中华书局，1980：47.
② 杨伯峻.论语译注[M].北京：中华书局，1980：53，72，168，83.
③ 杨伯峻.论语译注[M].北京：中华书局，1980：184.
④ 杨伯峻.论语译注[M].北京：中华书局，1980：17.
⑤ 杨伯峻.论语译注[M].北京：中华书局，1980：37.
⑥ 杨伯峻.论语译注[M].北京：中华书局，1980：18.
⑦ 杨伯峻.论语译注[M].北京：中华书局，1980：12.

累、政治觉悟、人生体悟等层面,还有就是道德境界。可贵的是,孔子将人生不断进取的发展意识,视为有品德者提升修养的重要品质——如此自觉、清醒地提升自我道德修养的发展意识,难道不令今人思考吗?

更值得称道的,孔子除了自我修养,还善于向道德者学习,并将此学习习惯视为君子之品质。这其中又分两种情形:一是《论语·里仁》说的"见贤思齐,见不贤而内省"①,明确表达向那些具有道德典范的精英者们的看齐意识,反之亦然。所谓"君子食无求饱,居无求安,敏于事而慎于言,就有道而正焉,可谓好学也已"中的"有道",以及《论语·述而》说的"甚矣,吾衰也,久矣,吾不复梦见周公"②中的周公便是其心仪的贤者。二是《论语·述而》说的"三人行,必有我师焉。择其善者而从之,其不善者而改之",指出在公众中选择善者的学习态度,反之亦然。所谓"子与人歌而善,必使反之,而后和之"③,便是这个态度的反映。

在上述所引用语句的语境中,孔子所言"贤者"可谓"旗子","善者"近似于"尺子",而"不贤""不善"可视为进德者内省的"镜子",均是督促自我发展的"鞭子"。不过,在孔子看来,自我的发展又不能"徒欲以多闻多见为学",他曾批评子张"务外好高""多闻多见之病"④云:"盖有不知而作之者,我无是也。多闻,择其善者而从之,多见而识之,知之次也。"⑤不仅"不知而作"需要杜绝,而且即便择善而从的见闻之知亦为次,因为进德修业者的关键还是在于"能求诸其心"⑥。孔子曾自述其日常担忧之所在:"德之不修,学之不讲,闻义不能徙,不善不能改,是吾忧也。"⑦《四书集注》引尹氏曰:"德必修而后成,学必讲而后明,见善能徙,改过不吝,此四者,日新之要也。苟未能之,圣人犹忧,况学者乎?"⑧这正如孔子弟子曾子所说的"吾日三省吾身:为人谋而不忠乎?与朋友交而不信乎?传不习乎?"⑨的省思精神。

三、人能弘道,言传身教:传播者的媒介意识

人们常常将媒介视为外在于人的一种载体、渠道或工具,其实,人在创造、运用媒介的同时,始终与媒介处于共生状态,或是媒介的一部分,或直接扮演着媒介。而这正是孔子文化传播实践带给我们的重要启示。他明确指出"人能弘道,非道弘人",曾子亦说"士不可以不弘毅,任重而道远"⑩。面对"道之不行"的现实,孔子倡导一种主体自觉精神,人既是道的追求者、守护者,更是道的光大者。⑪ 也就是说,在道与人的互动中,"人"要有成为"弘道"媒介的自觉意识。当然,孔子所谓"人"并非抽象的概念,而是内含着政治、道德标准的活体。孔子云:"上好礼,则民莫敢不敬;上好义,则民莫敢不服;上好信,则民莫敢不用情。""君子之德

---

① 杨伯峻.论语译注[M].北京:中华书局,1980:39.
② 杨伯峻.论语译注[M].北京:中华书局,1980:67.
③ 杨伯峻.论语译注[M].北京:中华书局,1980:72,75.
④ 王守仁.传习录校释[M].萧无陂,校释.长沙:岳麓书社,2012:80.
⑤ 杨伯峻.论语译注[M].北京:中华书局,1980:73.
⑥ 王守仁.传习录校释[M].萧无陂,校释.长沙:岳麓书社,2012:80.
⑦ 杨伯峻.论语译注[M].北京:中华书局,1980:67.
⑧ 朱熹.论语集注[M]//四书章句集注.北京:中华书局,1983:93.
⑨ 杨伯峻.论语译注[M].北京:中华书局,1980:3.
⑩ 杨伯峻.论语译注[M].北京:中华书局,1980:168.
⑪ 朱人求.儒家文化哲学研究[M].合肥:安徽人民出版社,2008:83.

风,小人之德草,草上之风,必偃。"①强调了政治、道德地位不同的人的影响力的差异性。

由此,孔子构建了以"言传身教"为主要特色的文化传播思想,彰显了儒家对人这个传播媒介的重视。言传身教,建立在孔子知行合一的哲学思想之上。不过,在孔子看来,"身教"比"言教"更为重要,故而更突出"行"的媒介价值。所谓"君子耻其言而过其行""先行其言而后从之""古者言之不出,耻躬之不逮也""君子欲讷于言而敏于行"……一言以蔽之,"不能正其身,如正人何?""其身正,不令而行;其身不正,虽令不从。"②由此,文化传播工作者应当是个"师"者。纵观孔子的一生,他对学生的影响与教化,一部分是通过言传,通过学习古代文献、传授各种技艺,而更多的、更为深刻的则是身教。从传播规律上说,这就是将以人视为传播的重要媒介,传播者的修养及其"言传身教"的传播方式具有发挥传播者"威信暗示"的意义。事实上,从颜回谓之"仰之弥高,钻之弥坚"、子贡赞之如日月"无得而逾焉"③,孟子评之为"自有生民以来未有"的"出类拔萃"人物④等记载来看,孔子的媒介形象已实现了品牌传播的效果。而最形象的说法,则是仪封人叹之曰"天下之无道也久矣,天将以夫子为木铎"⑤,将孔子视为宣布政教法令,巡行振鸣的大铃——此可谓时人对孔子即媒介的典型比喻。

需要说明的是,"言传身教"虽是口语传播时代"人即媒介"的必然反映,但仍具有现实意义。除了具有提升传播者修养的一般意义,在当下,更具有一种特殊的针对性。在网络与社交化媒体占据绝对主导的新媒介环境下,口语传播正以一种视听共赏的方式备受青睐。一些"视频主播"们在网络视频的世界中,自认为的言是"空中语",身是"虚拟形",正以另一种"言传身教"方式在娱乐着、诱惑着受众,成为影响社会发展的一种负面力量。因此,如何强化他们作为非职业的公众传播的媒介意识,我想这正是要关注孔子"人能弘道""言传身教"媒介观念的意义所在。

第三节 游说、教学、修书与雅言:人之延伸的媒介品质

文明的演进与传播媒介的发展息息相关。可以说,一部人类文明史就是一部媒介发展史和变迁史。某个时代文化的传播性质和水平,与传播渠道、信道、传播工具等密切相关。在一定意义上,媒介品质决定着文化传播的速度、内容和范围。因此,人类为了使自己的文化"传之久远",总是在寻求着最佳的传播方式和传播媒介;一个真正希望传播自己思想,而且相信自己的思想和研究对社会有益的学者,一定不会忽视他所处时代先进的传播媒介。前文说过的,孔子倡导"言传身教",彰显"人即媒介"的理念,便是在口语传播时代对媒介建设的体现。除此之外,孔子在选择游说、讲学、修书等传播方式时,同样彰显出对媒介文化品质建设的自觉意识。

先说"游说"。梁启超曾言:"周既不纲,权力四散,游士学者,各称道其所自得以横行于天下,不容于一国,则去而之他而已。故仲尼干七十二君,墨翟来往大江南北,荀卿所谓'无

---

① 杨伯峻.论语译注[M].北京:中华书局,1980:135,129.
② 杨伯峻.论语译注[M].北京:中华书局,1980:155,17,40,41,138,136.
③ 杨伯峻.论语译注[M].北京:中华书局,1980:90,205.
④ 杨伯峻.孟子译注[M].北京:中华书局,1962:68.
⑤ 杨伯峻.论语译注[M].北京:中华书局,1980:32-33.

置锥之地,而王公不能与之争名;在一大夫之位,则一君不能独畜,一国不能独容'……"①可见,先秦时期的游士学者的游说行为,可谓那个时代最流行的政治文化传播方式,接近上行传播活动,目的在于劝服有权者接纳他们的政治主张。而孔子"率领弟子,周游列国,作政治的活动,这也是后来战国'游说'的风气的创始"②。

据《史记·孔子世家》载,孔子的游历有两个阶段:一是鲁昭公时期,孔子三十岁前后的两次出访。先是由弟子南宫敬叔的推荐,陪同鲁君由鲁国向西"适周问礼";次是三十五岁时,鲁国内乱,"平子与孟氏、叔孙氏三家共攻昭公,召公师败,奔于齐",此后孔子适齐,与齐景公谈了他的政治主张。二是鲁定公时期,孔子率弟子周游列国。起因是孔子为鲁国内政外交做出了成就,由大司寇行摄相事。齐人闻而惧,以为"孔子为政必霸,霸则吾地近焉",于是设计送女乐给鲁定公,致使定公"怠于政事"。由是,在子路"夫子可以行矣"③的建议下,五十五岁的孔子离开鲁国,开始了十四年的游说列国诸侯的活动。

孔子的行进路线由鲁—卫—匡—蒲—卫—晋(临河而返)—卫—曹—宋—郑—陈—蔡—负函—卫—鲁。现在看来,孔子游说历时十数年,足迹不过今天山东省和河南省的范围,然就当时的交通条件而言,仍可谓壮举。通过周游列国,孔子的政治主张、学术思想得到了一定的传播。像卫灵公、齐景公、鲁哀公等执政者向他问政、问礼、问仁、问兵陈等;鲁国季孙氏、孟孙氏等权臣,抑或如晋国叛乱者佛肸等也向他求教、寻求帮助。值得注意的是,在口语传播时代,孔子选择周游列国传播其政治主张,当是最佳的媒介方式。孔子甚至说过"道不行,乘桴浮于海"④,足见他传播自己政治理想的决心以及对游说方式的重视。

次说教学。学校是培养人才的专门教育机构,学校教育是传播和生产精神产品的基本途径,更是在口语传播时代极佳的媒介方式。据载,我国夏、商朝已出现"庠""校""序""学""大学""瞽宗"等学校名称。西周时,学校制度初具规模……包括国学与乡学两个系统,前者设在周王城和诸侯国都中,后者设在郊外的乡、州、党、闾等地方行政区域之中。⑤ 无论是国学,还是乡学,均是官学,体现的是"官师合一""政教合一"的办学体制。

西周末期,"学在官府"的局面被打破,渐趋形成"天子失官,学在四夷"的新形势。而开办私学,正是孔子一生最得意之举。凭借这种下行传播方式,孔子的政治主张与学术思想得到了广泛传播。孔子大约在三十岁时便授徒讲学,终其一生,"弟子盖三千焉,身通六艺者七十有二人",可谓"弟子弥众,至自远方,莫不受业焉"⑥。值得注意的是,孔子在提升"授徒讲学"这个传播媒介的过程中,积累了诸多极具启示意义的经验:一是前文已说的,他通过进德修业的好学精神与言传身教的媒介意识,强化传播者主体的学术水平与文化素养;二是他开创了诸如"因材施教""不愤不启,不悱不发"等系列教育方法,深入文化传播中讯息交换方法的本质;三是孔子率众弟子周游列国,既是一个流动的文化传播团体,也是一个流动的课堂,而频繁地在游历中授徒讲学,也是通过情境教学传播信息的一次突破;四是"自行束脩以上,

---

① 梁启超.论中国学术思想变迁之大势[M].上海:上海古籍出版社,2001:20.
② 张荫麟.中国史纲[M].北京:中国和平出版社,2014:90.
③ 司马迁.史记:孔子世家[M].北京:中华书局,1982:1909-1919.
④ 杨伯峻.论语译注[M].北京:中华书局,1980:43.
⑤ 张岂之.中国传统文化[M].3版.北京:高等教育出版社,2010:167.
⑥ 司马迁.史记:孔子世家[M].北京:中华书局,1982:1938.

吾未尝无诲也"①,提出并实践了"有教无类"②,扩大受众面的教育传播方针。

历来在讨论孔子办私学时,多强调他打破贵族对文化学习的垄断,开启"百家争鸣"局面,彰显思想自由、言论自由的意义。不过,与其他诸子略有不同,孔子授徒讲学的内容,主要"以诗、书、礼、乐教弟子"③,基本延续了西周以"六艺"为核心的教学内容。孔子的初衷不在开启言论自由,而是扩大受众面,以唤起更多的人对周代文化的认同与自信。如此,才能真正把握孔子提倡私人讲学这个传播媒介的历史价值,也才能理解他所谓"默而识之,学而不厌,诲人不倦,何有于我哉"④,平生以知识的汲取与传播为己任的深层动力。

再次说修书。书籍的起源可"追溯到竹简木牍,编以书绳,聚简成篇"⑤的时代,书籍的出现反映出人们用文字记录知识、传播思想的自觉意识。限于当时生产力的条件,有资格享用书籍这个传播媒介属于小众的权利,但文字毕竟是通过文明存储,实现异地传播,发挥"再现"功能的主要媒介,有着口语传播无法比拟的优势,故而三代时期极重史官文化,强调"动则左史书之,言则右史书之"⑥的记事制度。然即便如此,盖其时还是存在如老子者"不以书籍所传言语为重"⑦的现象。据《史记·老子韩非列传》载,孔子适周,将问礼于老子,老子曰:"子所言者,其人与骨皆已朽矣,独其言在耳。"⑧老子此处所批评的正是以书籍所传之言为重的孔子。

孔子对书籍传播媒介的重视,一则反映在对古籍的整理与研习上。据考证,《诗》《书》《礼》《易》《乐》《春秋》之文古已有之,然"孔子之时,周室微而礼乐废,诗书缺"⑨,故而亲自整理,传之于世。从对古籍整理的力度上说,"孔子是历史上已知的最早的书籍编纂者,开山之功不可没"⑩。关于对书籍的学习,《论语·先进》曰:

子路使子羔为费宰。子曰:"贼夫人之子。"子路曰:"有民人焉,有社稷焉,何必读书,然后为学?"子曰:"是故恶夫佞者。"⑪

孔子之所以说子路派子羔作费地长官是害人弟子,批评子路"何必读书,然后为学"之论是巧语狡辩之言,均是因为他们不重视对书籍的阅读。又如《论语·季氏》记载,陈亢问于孔子的儿子伯鱼曰:"子亦有异闻乎?"伯鱼回答,其父先是教他要学《诗》,因为"不学《诗》,无以言";继而教他要学《礼》,因为"不学《礼》,无以立"。于是,陈亢退而喜曰:"问一得三:闻《诗》,闻《礼》,又闻君子之远其子也。"⑫孔子教子伯鱼与教弟子并无不同,其秘诀都是重视文献的阅读,注重书籍的教育传播作用。二则表现在对书籍文献功能的重视。孔子主张"博学于文,约之以礼"(《论语·雍也》),常征引古代文献说理,曾言:"夏礼吾能言之,杞不足征也;殷礼吾能言之,宋不足征也。文献不足故也。足,则吾能征之矣。"(《论语·八佾》)⑬夏礼、殷

---

① 杨伯峻.论语译注[M].北京:中华书局,1980:67.
② 杨伯峻.论语译注[M].北京:中华书局,1980:170.
③ 司马迁.史记:孔子世家[M].北京:中华书局,1982:1938.
④ 杨伯峻.论语译注[M].北京:中华书局,1980:66.
⑤ 钱存训.印刷发明前的中国书和文字记录[M].郑如斯,增订.北京:印刷工业出版社,1988:59.
⑥ 郑玄,注.孔颖达,正义.礼记正义[M]//阮元,校刻.十三经注疏.北京:中华书局,1980:1473.
⑦ 柳诒徵.中国文化史:上[M].北京:中国和平出版社,2014:399.
⑧ 司马迁.史记[M].北京:中华书局,1982:1935.
⑨ 司马迁.史记:孔子世家[M].北京:中华书局,1982:2140.
⑩ 韩仲民.中国书籍编纂史稿[M].北京:商务印书馆,2013:39.
⑪ 杨伯峻.论语译注[M].北京:中华书局,1980:118.
⑫ 杨伯峻.论语译注[M].北京:中华书局,1980:178.
⑬ 杨伯峻.论语译注[M].北京:中华书局,1980:64,26.

礼虽然可以言说，但它们的后代并不能证明，究其原因乃是文献不足。三则将典籍"教材化"，发挥其教育传播作用。他曾说："入其国，其教可知也。其为人也，温柔敦厚，《诗》教也；疏通致远，《书》教也；广博易良，《乐》教也；洁静精微，《易》教也；恭俭庄敬，《礼》教也；属辞比事，《春秋》教也。"①像《论语·泰伯》说的"兴于《诗》，立于《礼》，成于《乐》"②，便是孔子在专业性的研习基础上，从文化教育的传播角度，为那个时代人才培育设置的核心内容（课程）以及阶段性安排。

第四，无论是游说、教学，还是书籍整理，都以语言为媒介之本。麦克卢汉说，语言是"伟大的、持久不变的大众媒介"，"既是一切媒介之中最通俗的媒介，又是人类迄今可以创造出来的最伟大的艺术杰作"③。可以说，孔子对语言媒介传播效果极为重视，概括而言，有如下几点：

一则，规范了通行语的传播价值。针对"五方之民，言语不通"④的现象，《论语·述而》曰"子所雅言，《诗》《书》、执礼，皆雅言也"。郑玄注："读先王典法，必正言其音，然后义全，故不可有所讳。"⑤所谓"雅言"，即正言，以此作为消解各地方言隔阂的通行语言，增强传播效果。雅言，除了正音、义，还有正名。孔子说"名不正，则言不顺……故君子名之，必可言也；言之，必可行也"，并明确提出了"君子于其言，无所苟而已矣"（《论语·子路》）⑥的语言运用原则。

二则，守住了慎言的传播伦理。孔子屡次批评巧言，指出"巧言令色，鲜矣仁"（《论语·学而》）、"巧言，令色，足恭，左丘明耻之，丘亦耻之"（《论语·公冶长》）、"巧言乱德"（《论语·卫灵公》）、"道听而途说，德之弃也"（《论语·阳货》）。与此相对，他认为"仁者，其言也切"（《论语·颜渊》）、"侍于君子有三愆：言未及之而言，谓之躁；言及之而不言，谓之隐；未见颜色而言，谓之瞽"（《论语·季氏》）⑦……诸如此类，孔子之慎言说明追求传播效果，当以追求客观诚信的传播伦理为底线，这对当今"不好好说话"而一味追求轰动效应的网络用语现象具有积极的针砭意义。

三则，践行了文质彬彬的传播效果。孔子说："质胜文则野，文胜质则史。文质彬彬，然后君子。"（《论语·雍也》）⑧这一人格理想反映在语言媒介的认识上，便是《左传·襄公二十年》所记录的孔子的话："志有之，言以足志，文以足言。不言，谁知其志？言而无文，行而不远。"⑨这可谓孔子论及语言传播的重要理念，一方面认识到言语是思想传播的最基本的媒介，另一方面指出唯有言语的艺术表达，才能使传播更有效果，提出了寻觅最佳传播方式的需求。如此，我们才能更为准确理解"辞，达而已矣"（《论语·卫灵公》）⑩这句话的深层含义。此句并非反对语言的"文"，而只强调语言为工具的意思，是在强调语言之"达"所需要的修养及其呈现的自由境界。所谓"夫言止于达意，则疑若不文，是大不然"，唯有"了然于心"又"了

---

① 郑玄，注. 孔颖达，正义. 礼记正义[M]//阮元，校刻. 十三经注疏. 北京：中华书局，1980：1609.
② 杨伯峻. 论语译注[M]. 北京：中华书局，1980：81.
③ 埃里克·麦克卢汉，弗兰克·秦格龙. 麦克卢汉精粹[M]. 何道宽，译. 南京：南京大学出版社，2000：424.
④ 郑玄，注. 孔颖达，正义. 礼记正义[M]//阮元，校刻. 十三经注疏. 北京：中华书局，1980：1338.
⑤ 郑玄，注. 孔颖达，正义. 论语正义[M]//阮元，校刻. 十三经注疏. 北京：中华书局，1980：2482-2483.
⑥ 杨伯峻. 论语译注[M]. 北京：中华书局，1980：133-134.
⑦ 杨伯峻. 论语译注[M]. 北京：中华书局，1980：3,52,167,186,124,176.
⑧ 杨伯峻. 论语译注[M]. 北京：中华书局，1980：61.
⑨ 左丘明. 左传：下[M]. 杜预，集解. 上海：上海古籍出版社，2015：616.
⑩ 杨伯峻. 论语译注[M]. 北京：中华书局，1980：170.

然于口与手","是之谓词达",如此,"词至于能达,则文不可胜用矣"①。

至此,孔子或许不像今人如此看重媒介环境的影响力,但他出于扩大受众面的需求,选择游说、教学、修书等当时最先进的媒介,并对语言的传播价值、传播伦理及传播效果予以了深度思考,均可见一名文化传播学者对传播媒介品质的建设力度。然孔子并非媒介决定论者,他看重媒介作为人的延伸的积极意义,但其目的还在于传播以人为本的政治文化思想。

第四节 播知育德:成人之美的传播内容

历来学人多认为,孔子平生主要工作就是"删《诗》《书》,定《礼》《乐》,赞《易》象,修《春秋》,以祖述尧、舜,宪章文、武"②,指出他在传先王之道,行仁爱之政上的历史价值。同时,我们也熟知"孔子以诗、书、礼、乐教弟子"③,乃是"子以四教:文、行、忠、信"(《论语·述而》)的重人伦、倡教化的教育传播。故而,"子不语怪、力、乱、神"(《论语·述而》)、"未能事人,焉能事鬼""未知生,焉知死"(《论语·先进》),又云"鸟兽不可与同群"(《论语·微子》)④……这正印证了威尔伯·施拉姆的名言:"我们既不像上帝那么完美,也不像动物那样低俗。我们的传播行为证明:我们就是普通的、地地道道的人。"⑤可以说,孔子的文化传播正是以人生实际问题为内容的,"是世俗的而非宗教的,现实的而非虚妄的"⑥……因而,始终能坚守人的本体地位,作为传播者或受众并没有也不会成为媒介的工具。

一、言必有中的意图传播

传播意图是传播内容的要素之一,"夫人不言,言必有中"(《论语·先进》)⑦,既反映了孔子"慎言"的传播媒介观,更是他关注传播意图的准确性、方向性的体现。在他看来,只有"言必有中"的有效传播,才是传播价值的真正实现。故而,他既说"不言,谁知其志"⑧,给予"言"的地位,然"志"才是"言"以及有文之言的对象,于是他又说"巧言令色,鲜矣仁"(《论语·学而》),"言"只是媒介,不能以媒介遮蔽其传播"仁"的目的。由此,孔子屡屡批评那些利口善变,却"言不由衷"或"言未有中"者,这其中也包括他的弟子如言语科的高材生子贡、宰予等。如,当他看到宰予昼寝,气愤而言:"朽木不可雕也,粪土之墙不可杇也。"甚至说:"始吾于人也,听其言而信其行;今吾于人也,听其言而观其行。"究其原因,乃是"于予与改是"(《论语·里仁》)。反之,则多加鼓励与褒扬。故当有人说"雍也仁而不佞",孔子反驳道:"焉用佞?御

---

① 苏轼.答谢民师书[M]//苏轼文集.北京:中华书局,1986:1418.
② 石介.与士建中秀才书[M]//四川大学古籍整理研究所.全宋文:第15册.成都:巴蜀书社,1991:213.
③ 司马迁.史记:孔子世家[M].北京:中华书局,1982:1938.
④ 杨伯峻.论语译注[M].北京:中华书局,1980:73,72,113,194.
⑤ 威尔伯·施拉姆,威廉·波特.传播学概论[M].何道宽,译.北京:中国人民大学出版社,2010:36.
⑥ 毛礼瑞.从方法论谈孔子教育思想的古为今用问题[M]//中华孔子研究所.孔子研究论文集.北京:教育科学出版社,1987:237.
⑦ 杨伯峻.论语译注[M].北京:中华书局,1980:114.
⑧ 左丘明.左传:下[M].杜预,集解.上海:上海古籍出版社,2015:616.

人以口给,屡憎于人。不知其仁,焉用佞?"①

舆论导向是传播意图的本质显现。孔子生活在诸侯放恣、百家争鸣、处士横议、舆情丛生的年代,若想做到传播意图"言必有中"在方向上的准确性,那就必须控制舆情,掌握好舆情导向。对此,孔子有着清晰的认识。一则十分注重舆情调研,无论是"求之与",还是"与之与","夫子至于是邦也,必闻其政"(《论语·学而》);而了解人,必"视其所以,观其所由,察其所安"(《论语·为政》)……如此,在引导舆论时便可有的放矢。二则深切地认识到舆情产生的社会机制,既云"天下有道,则庶人不议"(《论语·季氏》),又云"邦有道,危言危行;邦无道,危行言孙"(《论语·宪问》);前者指出庶人之议多滋生于无道之世,后者从君子避祸角度,同样强调了舆情与政治关系。三则明确指出了传播者担负舆情导向的责任,在他看来,"攻乎异端,斯害也已"(《论语·为政》)②,像前文分析的慎言、雅言等,以及"子不语"之类,均是典型例证。四则我们对孔子通过理性诉求影响受众的接受判断比较清楚,其实,孔子也擅长通过情感诉求直接影响受众的情绪,劝服受众,及时控制舆情走势。③ 譬如,《论语·雍也》记载,孔子求见俏丽风情的卫灵公夫人南子,子路不悦,认为这是不正当之举。于是,孔子连忙发誓说"予所否者,天厌之,天厌之",试图规避子路所挑起的舆情风险。当然,孔子通过情感诉求引导舆情的方式,更多的还是一种情中之理的劝服。像"孔子谓季氏:八佾舞于庭,是可忍也,孰不可忍也"④的舆情引导,就是典型的案例。

二、知德并举的品质传播

在儒家传统教育中,传播讯息须遵循真善美的统一。这个传统就是从孔子较早确立的。譬如,孔子在传播《诗三百》时说"《诗》可以兴,可以观,可以群,可以怨,迩之事父,远之事君,多识于鸟兽草木之名"(《论语·阳货》)⑤,典型地揭示出先秦用诗的审美、教育、认识功能。结合孔子文化传播实践,有几点值得关注:

一则遵循"博学于文,约之以礼"的制度保证。孔子曾在检验自己教育子路的效果时说:"由,诲女知之乎!知之为知之,不知为不知,是知也。"这种实事求是的求真态度甚至达到了极其谨慎的地步。这尤其反映在为政之道上,如子张学干禄,孔子教导说:"多闻阙疑,慎言其余,则寡尤;多见阙殆,慎行其余,则寡悔。言寡尤,行寡悔,禄在其中矣!"(《论语·为政》)⑥既要多闻多见,又要搁置不懂之处,只谨慎地传播和践行所知的东西,而不作虚妄之言行。

不作虚妄之言行,仅有求真精神还是不够的,还须有制度保证。《论语·子罕》记载,达巷党人曰:"大哉孔子!博学而无所成名。"子闻之,谓门弟子曰:"吾何执?执御乎?执射乎?吾执御矣。"面对人们对他博学而未能以专学名家的质疑,孔子一个"吾执御矣"的自我调侃,实则透露出他并不在乎凭借博学成名,而在乎他是个敬礼的引领者。明乎此,便可理解孔子

---

① 杨伯峻. 论语译注[M]. 北京:中华书局,1980:3,45,43.
② 杨伯峻. 论语译注[M]. 北京:中华书局,1980:6,18.
③ 关于情感诉求、理性诉求的劝服受众的话题,可参见:卡尔·霍夫兰,欧文·贾尼斯,等. 传播与劝服:关于态度转变的心理学研究[M]. 张建中,等译. 北京:中国人民大学出版社,2015:57.
④ 杨伯峻. 论语译注[M]. 北京:中华书局,1980:23.
⑤ 杨伯峻. 论语译注[M]. 北京:中华书局,1980:185.
⑥ 杨伯峻. 论语译注[M]. 北京:中华书局,1980:19.

告诫弟子们的话:"博学于文,约之以礼,亦可以弗畔矣夫"(《论语·雍也》)①。

可以说,在文化传播实践中,"述而不作"的孔子并不在意控制话语的提出权,但极为注重健全与执行知识传播、引领舆论导向的体制机制,以及掌握辨别是非的解释权。因此,他特别重视"礼"在文化传播中的作用,主张用"礼"来统一思想、引导舆论。在别人看来,"礼"只是空洞的仪式,但孔子认为"礼"是价值观的体现,有着鲜活的生命。而对"礼"的守护,关键在于自己,《论语·颜渊》记载,颜渊问仁,子曰:"克己复礼为仁。一日克己复礼,天下归仁焉。为仁由己,而由人乎哉?"颜渊曰:"请问其目。"子曰:"非礼勿视,非礼勿听,非礼勿言,非礼勿动。"②这可谓"约之以礼"的具体说明,同时也从传播制度、机制层面,道出了传播意图所需遵循的伦理规则,如此方不会做出离经叛道之举。

二则践行"道之以德"的教育责任。孔子罕言利,《论语·里仁》曰"放于利而行,多怨"③,循利行事,必然会带来天下非议的舆情氛围。不过,孔子在以求真精神传播"真理"的同时,除了重视意图传播的指向性目的,还十分强调传播内容的功用性价值。只是此时的功用性,已非"小人喻于利"的物质之利、私人之欲,而是"君子喻于义"(《论语·里仁》)的行仁义之道的"大利"。如他说:"诵诗三百,授之以政,不达;使于四方,不能专对。虽多,亦奚以为?"(《论语·子路》)④这一方面反映孔子尊重当时"用诗"的传统,另一方面说明孔子固有一种学以致用的教育传播观。

这其中,道德教育处在孔子政治思想及文化传播的首位。在他看来,"有德者必有言,有言者不必有德"(《论语·宪问》),将发挥道德的引导力量视为传播者的责任。唯有认识到"为政以德,譬如北辰居其所而众星共之""道之以德,齐之以礼,有耻且格"(《论语·为政》),如此传播才是一种有内涵、有品质的传播。故而,他在传播《诗》时,以标举一义的口吻言道:"《诗》三百,一言以蔽之,曰'思无邪'。"(《论语·为政》)在"言与德"结构中明确"德"的指向。事实亦如此,如子夏问曰:"'巧笑倩兮,美目盼兮,素以为绚兮'。何谓也?"子曰:"绘事后素。"曰:"礼后乎?"子曰:"起予者商也,始可与言《诗》已矣。"⑤孔子以绘画为喻,在遵循教学相长的教育传播规律下,秉承美质为先、文饰为后的原则,解读了《诗》的传播内容。如此,孔子传播的虽不一定是《诗》之本义,但确实彰显了一名文化传播者的道德责任感。

三、尽善尽美的人格传播

孔子有言"君子成人之美,不成人之恶"(《论语·颜渊》),但并非无原则地投人所好,而是以仁心帮助他人成为仁人。在孔子看来,"当仁,不让于师"(《论语·卫灵公》)、"求仁而得仁,又何怨"(《论语·述而》)⑥……而《中庸》说"仁者,人也"⑦,可见,"仁人"就是孔子心中有完全人格的人。当然,对于极重言传身教,以己为媒介的孔子而言,欲使受众成为"仁人",作为传播者首先须成为"仁人"。从这个意义上说,孔子平生的传播活动所追求的是一种人格

---

① 杨伯峻.论语译注[M].北京:中华书局,1980:87,63.
② 杨伯峻.论语译注[M].北京:中华书局,1980:123.
③ 杨伯峻.论语译注[M].北京:中华书局,1980:38.
④ 杨伯峻.论语译注[M].北京:中华书局,1980:39,135.
⑤ 杨伯峻.论语译注[M].北京:中华书局,1980:146,11,25.
⑥ 杨伯峻.论语译注[M].北京:中华书局,1980:129,170,70.
⑦ 朱熹.中庸章句[M]//四书章句集注.北京:中华书局,1983:28.

传播。他曾言:"吾道一以贯之。"曾参解释云:"夫子之道,忠恕而已。"(《论语·里仁》)①"仁"的内容是"克己复礼",所以"忠恕"既是为"仁"之方,也是克己复礼之方。② 如此,我们便能理解孔子所说的"己所不欲,勿施于人"(《论语·颜渊》)的内涵。此句表面上在"反传播",实则所不欲之己乃是符合"仁人"的标准,反过来说,就是"己欲立而立人,己欲达而达人,能近取譬,可谓仁之方也矣"(《论语·雍也》)③。由此,孔子以道德力量引领社会舆论,传播文化,目的是以自我修养实现民众的完全人格的塑造。

自我完善,直至达到完全的人格,既是孔子文化传播的内容,也是其社会理想的内核。由此,可深入理解传播的人学本质:一方面,媒介是人的延伸;另一方面传播内容是延伸的人。从《论语》来看,他所谓"仁","几乎是包括了做人的全部规范,它包括忠、恕、孝、悌、智、勇、恭、宽、信、敏、惠等"④。这些规范乃是孔子对真善美追求的反映。结合《论语》的相关记载,"孔子的人生境界(或圣人的境界)是由'求真'到'得美'而'行善',即由'真'而'美'而'善'"⑤。这一方面说明儒家的境界观是关于个人的知识修养与道德修养的问题,另一方面说明孔子遵循了文化传播的规律,即以讲真事、讲真话、讲真理为前提,通过讲文采、讲趣味,传播符合道德要求的善的文化。

至此,一个具有文化品位的传播行为,其突出的表征应在负载于媒介符号中的信息价值。由孔子在文化传播实践中,所践行的言必有中的意图传播、知德并举的品质传播、尽善尽美的人格传播,反观当前传媒界某些浮躁的现象,传播内容文化品位的缺失就是突出的表现。就当前新闻传播人才培养而言,提高教学质量的目的,绝不仅仅是向传媒界输送掌握采、写、编、评、摄、播等技术的熟练的工作人员,而是输送具有高水平文化修养的新闻传播人才。如此,才能成为优秀文化的真正传播者。

第五节　循循然善诱人:直面受众的传播方式

传播是"一个心灵影响另一个心灵的全部程序"⑥,"人在世界上的作用,最重要的是交流"⑦,由此亦可进一步理解"媒介是人的延伸之论"的传播学本质的内涵。不过,超越"主体际困境"一直是人类传播哲学的大难题。在文化传播的实践中,孔子遭遇过"再逐于鲁,伐树于宋,削迹于卫,穷于商、周,围于陈、蔡之间"⑧等多次的"交流的失败",甚至被郑人形容为"累累然若丧家之狗"⑨的媒介形象。即便如此,孔子对人类实现知音般交流的可能始终充满信心,将潜心学习,悉心传播视为自己的人生责任与为人品质;孔子此番努力也得到了受众

---

① 杨伯峻.论语译注[M].北京:中华书局,1980:39.
② 冯友兰.中国哲学史新编:第1册[M].北京:人民出版社,1982:151.
③ 杨伯峻.论语译注[M].北京:中华书局,1980:123,65.
④ 汤一介.孔子[M]//中华孔子研究所.孔子研究论文集.北京:教育科学出版社,1987:72.
⑤ 汤一介.当代学者自选文库:汤一介卷[M].合肥:安徽教育出版社,1999:589.
⑥ 沃伦·韦弗于1949年说的话.沃纳丁·塞弗林,小詹姆斯·坦卡特.传播学的起源、研究与应用[M].陈韵昭,译.福州:福建人民出版社,1985:7.
⑦ 特伦斯·霍克斯.结构主义和符号学[M].瞿铁鹏,译.上海:上海译文出版社,1987:127.
⑧ 陈鼓应.庄子今注今译:山木[M].北京:中华书局,1983:512.
⑨ 司马迁.史记:孔子世家[M].北京:中华书局,1982:1921.

的礼赞,像颜渊就喟然叹曰"夫子循循然善诱人,博我以文,约我以礼,欲罢不能"(《论语·子罕》)①,道出了师生心灵互动交流的一面。

一、述而不作:秉承传统的文化劝服

孔子的文化传播实践,主要选择了论述、讲授、编纂典籍的传播形式,并将这种传播方式总结为:"述而不作,信而好古,窃比于我老彭。"(《论语·述而》)②关于这一点,读者们常常将孔子视为极度尊古守旧之士,然而,孔子信而好古的"述而不作",实则也是一种"以述代作"的传播方式。可以说,在文化传播实践中,孔子秉承着传承文化的使命感,已经认识到并试图处理好文化认同与文化批判之间的关系。

一方面,孔子"继承、总结了原始社会后期以来和夏商周三代的文化传统"③,认为"殷因于夏礼,所损益,可知也;周因于殷礼,所损益,可知也;其或继周者,虽百世可知也"(《论语·为政》),古今文化制度虽于形态上有所损益,却有内在精神的连续性。这其中,孔子尤其表现出对周朝文化的认同感,指出"周监于二代,郁郁乎文哉,吾从周"(《论语·八佾》)。然而另一方面,孔子并不认为周制是永恒的,是尽善尽美的,也并没有否定创新,"温故而知新,可以为师矣"(《论语·为政》),要求接受者"告诸往而知来者"(《论语·学而》)。④ 因此,孔子"述而不作",绝不是简单地重复历史,而是精心选择历史,从古代历史中找到他自己内心中的永恒——道。事实亦如此,孔子传承的是周代礼乐文化,且正是由他将"礼"上升为儒家的仁学。

从传播学上说,孔子述而不作的诲人不倦态度,其主要目的在于劝服。劝服(说服),"它是有意图的传播,是由某种信源所作出的单向尝试,以便在接受者方面造成效果。但是由于说服通常是通过人际传播渠道而进行的,有些来回往返的相互作用便往往发生在说服过程之中⑤。孔子"吾从周"之"从",除了顺从,还有传播之意。而孔子选择"述而不作""以述代作"的文化劝服方式,也是其传播思想的反映,一种针对当时乱世的社会背景和民众接受心理做出的选择。一则人们总是对已成形的历史事物有发自内心的认同感,孔子"述而不作",便是立足这个心理,借助"重言",叙说上古帝王贤圣的功过得失,发挥传播的劝服功能。二则,"天下有道,丘不与易也"(《论语·微子》),孔子面临着新旧递变的文化断裂阶段,从而滋生出上天赋予自己"信而好古"、传播文化的使命意识。于是,当他在文化传播中遭遇交流困境时,便说"不患莫己知,求为可知也"(《论语·里仁》),甚至说:"文王既没,文不在兹乎?天之将丧斯文也,后死者(孔子自谓)不得与于斯文也;天之未丧斯文也,匡人其如予何!"(《论语·子罕》)文王既没,大道在我! 正是在这种信念的驱使下,他一生致力传播"先王之教","笃信好学,守死善道"(《论语·泰伯》)⑥。

---

① 杨伯峻.论语译注[M].北京:中华书局,1980:90.
② 杨伯峻.论语译注[M].北京:中华书局,1980:66.
③ 张岱年.孔子与中国文化[M]//当代学者自选文库:张岱年卷.合肥:安徽教育出版社,1998:373.
④ 杨伯峻.论语译注[M].北京:中华书局,1980:91-92,28,17,9.
⑤ 罗杰斯.传播学史:一种传记式的方法[M].殷晓蓉,译.上海:上海译文出版社,2002:378.
⑥ 杨伯峻.论语译注[M].北京:中华书局,1980:194,38-39,88,82.

二、诲人不倦：有教无类的传播态度

我们多次提到，孔子谈到自己社会角色时，屡言自己只不过是一名"学而不厌，诲人不倦"的文化教育传播者，所谓"若圣与仁，则吾岂敢"，"抑为之不厌，诲人不倦，则可谓云尔已矣"(《论语·述而》)。这虽是自谦之辞，但确实道出了实情。若从孔子这一身份的自觉意识出发，我们可以对歧解甚多的《论语·学而》首则做出新释。此则曰："学而时习之，不亦说乎？有朋自远方来，不亦乐乎？人不知而不愠，不亦君子乎？"①我们认为，这是孔子立足传播情境，交代了自己作为传播主体所应有的"君子"式修养境界：首句对眼前的受众而言，说看他们不断温习自己传授的知识所获得的幸福体验；次句就远处的受众而言，说因自己的传播者品牌效应吸引了远道而来的志同道合者所获得的满足感；第三句就传播者而言，说当自己遭遇传播的无效性时所具有的不愠心态……由此可见，"诲人不倦"乃是以受众为本的传播态度，反映出传播者在传播过程中的愉悦感与执着品格。

同时，孔子诲人不倦之精神还表现在"有教无类"(《论语·卫灵公》)②的立场上。类，既有类别之意，也有相同或相似的意思。前者侧重在选择受众时的无差别现象，后者指受众在教育传播之后的一致性，合起来就是：孔子主张广泛地选择受众，并通过教育传播，使他们均成为"君子"。对此，孔子表现出极大的热情，化为其诲人不倦精神之动力源泉。于是，当遭遇弟子们怀疑他传播知识有所隐瞒时，他立即回应道："二三子以我为隐乎？吾无隐乎尔。吾无行而不与二三子者，是丘也。"(《论语·述而》)③再次将自己定位为诲人不倦的教育传播者。

有鉴于此，我们完全有理由怀疑孔子"民可使由之，不可使知之"(《论语·泰伯》)之言的真实性。因为发扬诲人不倦之精神，创办私学，坦言"自行束脩以上，吾未尝无诲焉"(《论语·述而》)④的孔子，不可能说出这类带有愚民政策倾向的言论。抑或此句可句读为"民可，使由之；不可，使知之"或"民可使由之？不。可使知之"，方与孔子思想一致。

三、因材施教：尊重差异的沟通之道

"对传播的评价不仅取决于传播内容，还取决于受众本来的偏好和传播者表明意图之间的矛盾。"⑤对此，孔子有着深入的认知，也有着丰富经验。或是据受众思想水平、接受能力予以阶层性、类别式的划分，传播不同的内容，采取不同的沟通方式，所谓"中人以上可以语上也；中人以下，不可以语上也"(《论语·雍也》)。或是据传播情境的不同，有意识地控制传播者的媒介形象，以及传播的对象、内容和方式等，所谓"孔子于乡党，恂恂如也，似不能言者。其在宗庙朝廷，便便言，唯谨尔"；"朝，与下大夫言，侃侃如也；与上大夫言，訚訚如也。君在，

---

① 杨伯峻.论语译注[M].北京：中华书局，1980：76，1.
② 杨伯峻.论语译注[M].北京：中华书局，1980：170.
③ 杨伯峻.论语译注[M].北京：中华书局，1980：72.
④ 杨伯峻.论语译注[M].北京：中华书局，1980：81，67.
⑤ 卡尔·霍夫兰，欧文·贾尼斯，等.传播与劝服：关于态度转变的心理学研究[M].张建中，等译.北京：中国人民大学出版社，2015：21.

跋踏如也,与与如也"(《论语·乡党》)①。

而孔子对受众的关注,最为人们称道的则是他因人而异的传播路径、方式和方法。阅读《论语》便知,孔子十分清楚众弟子的性格、智力、能力、志向、兴趣、专长或不足,乃至学习态度、习惯等。像他对仁、义、礼、智、信等核心思想,多未下定义,而是据不同情境,对不同的人做出不同的解释,目的就在于处理好传播者表明意图与受众本来偏好之间的矛盾,追求传播的最佳效果。正是基于这一点,北宋程颐在解释《论语·为政》"子游问孝""子夏问孝"时说:"子游能养而或失于敬,子夏能直义而或少温润之色,各因其材之高下与其所失而告之,故不同也。"②孔子这种从受众的个性差异出发实施教育传播的做法,乃是其人性论的深入体现,进一步证明人是孔子文化传播的出发点与归宿点。

四、不失人亦不失言:举一反三的交流之法

孔子主张身教高于言传,"无言"③才是他理想的传播境界。然"人"本质上是需要说话者,孔子的"予欲无言"既在强调人之身教的重要性,也是他屡遭言之无效的挫败感的反映。从本质上说,传播并非单向度的传者输送与受者接受,而是一种双向交互影响与交流对话的过程。因此,孔子在现实的文化传播实践中,依旧十分重视传播者与受众之间互相"解惑"的过程。孔子曾说:"不愤不启,不悱不发。举一隅不以三隅反,则不复也。"(《论语·述而》)这就是由传播者到接受者以及二者之间双向交流的过程。为了实现这个目的,孔子还提出了一些具体的方法。如,"能近取譬,可谓仁之方也已"(《论语·雍也》),像《论语·子罕》中"逝者如斯夫"的流水,"譬诸德政"④的松柏等,以日常生活事例为喻,达到传播与劝服的目的。又如,针对"女以予为多学而识之者与"的疑问,孔子提出的"非也,予一以贯之"的信息提炼办法。"一以贯之",就是传播者或接受者经过思维的筛选,将所传播或接受的信息提炼成一个精粹的认识。孔子本人极善此道,如以"仁"概括人之美德,以"思无邪"概括《诗三百》等;他的学生也多有高手,如曾参以"忠恕"归纳孔子的学说,子贡以"温良恭俭让"论述孔子的品行等。

传播是交流,需要双向的主动性。前文从传播者角度讨论的比较多,其实,"循循然善诱人"的孔子特别重视受众的接受态度与能力,如此才能实现"告诸往而知来者"(《论语·学而》)的传播效果。他曾以"语之而不惰者,其回也与"(《论语·子罕》)表扬颜回,树立了一个倾听者的榜样。而当冉求曰:"非不说(悦)子之道,力不足也。"孔子则说:"力不足者,中道而废,今女画。"这其中既有对冉求的鼓励,也有对冉求将接受困难的原因推向客观的不满。当然,选择受众的对象以及说话的内容,也是有标准的。对此,孔子有过精辟的总结:"可与言而不与之言,失人;不可与言而与之言,失言。知者不失人亦不失言。"(《论语·卫灵公》)⑤从不能轻易放弃交流的对象,不可不顾交流对象而胡言,到将尊重交流对象与言语的内容视为"知者"的内涵,可见孔子对言传育人的重视——所谓"不失言"其本质仍在于"不失人"。

---

① 杨伯峻.论语译注[M].北京:中华书局,1980:61,97.
② 朱熹.论语集注[M]//四书章句集注.北京:中华书局,1983:56.
③ 《论语·阳货》:子曰:"予欲无言。"子贡曰:"子如不言,则小子何述焉?"子曰:"天何言哉? 四时行焉,百物生焉。天何言哉?"杨伯峻.论语译注[M].北京:中华书局,1980:187-188.
④ 杨伯峻.论语译注[M].北京:中华书局,1980:68,65,92.
⑤ 杨伯峻.论语译注[M].北京:中华书局,1980:9,93,59,163.

诚如梁漱溟所言"孔子以前的上古文化赖孔子而传""孔子以后数千年文化赖孔子而开"①,面对文化的传承与创新,孔子述而不作、诲人不倦、有教无类、因材施教,乃至提出"不失人亦不失言"的要求,围绕传播者与受众之间的心灵交流,既塑造了自己,也培育受众,更是树立了儒学旗帜,延续华夏文化。通过对孔子文化传播实践的考察,可见,人必须生活在文化传统中,接受文化教育的权利是公民的基本权利;"媒介是人的延伸",但传播者即媒介,传播内容应是延伸的人,传播的目的也是为了人的"延伸"……只有以人为本,才能真正发挥传媒在文化传承与文化建构上的双重功能。

通过对孔子文化传播实践的考察,可以全面而系统地认识中国礼乐制度下以人为本的传播规律:既重视传播者文化修养的提高与知识结构的优化,也通过言传身教等方式强调"传播者即媒介"的意识;既通过人性与工具性的统一,强调媒介的文化品质建设,也不回避媒介的局限性;既重视传播内容的专业性学习与把握,彰显传播行为的功利性,也重视有利于受众接受讯息为目的的传播方式,强调以人的培育与塑造为己任的功能……孔子这种以人为本的文化传播实践,对丰富"媒介是人的延伸"等现代传播学论断、反思当前社会中"品质弱化"的传播现象、加大"传播学本土化"的建设力度、优化当前传播人才培养方案等,都具有一定的借鉴意义。

思考题

1. 分析儒家"人能弘道"理念与麦克卢汉"媒介,人的延伸"主张之间的异同关系。
2. 分析儒家"言传身教"传播行为对自媒体时代传播者素养提升的启示意义。
3. 通过研究孔子的文化传播实践,你对文化修养与品质传播的关系有哪些新认识?
4. 基于礼乐制度进一步思考儒家教化传播的内涵及意义。

---

① 中国文化书院学术委员会.梁漱溟全集:第7卷[M].济南:山东人民出版社,2005:296.

第五讲 "净化"传播：西方宗教制度及主体德性二元结构

在传播学研究中，人们多重视传播媒介、内容等方面研究，而在信息链上的传播者与受众这个传播活动的首尾两大重心的研究上，多从组织结构或职业等社会角色阐释，传播效果研究也多在关注受众接受方式、接受程度以及结构布局（"可能的顾客"）等，而不太重视或者说缺乏哲学层面上对信息的主体（话语的主体）内在性的探索。面对"媒介"被视为传-受者"对象"的现代传播观念，我们需要认识到"人能弘道，非道弘人"①"人外无道，道外无人"②的传播价值论，即一切传播都是人的实践行为，传播的终极目的在于对"人"的改变，人的发展需求是信息活动的重要内驱力。从这个意义上说，"谁在发出声音""谁是信息的权威的生产者和传递者""谁是信息的真正接受者"，抑或说信息生产者、传递者及接受者主体属性应当如何？就是传播需要深度探讨的话题。

针对这一连串的问题，中国文化较早地走上了人本论的道路，而西方很长时间内纠缠在神与人之间。西方文化认为，"人的行为和观念必须遵守上帝的规定，而人在发现上帝创造万物规律的过程中形成了科学，造就了科学技术文明。同时认为上帝赋予了法律的神圣性，并保证法律的公正健全及合理，只有在神灵的指导下，才能作出贤明的决策。可见，西方人的法治观念也受到宗教的深刻影响"③。从历史唯物主义的眼光来看，与文学、历史学等一样，宗教学也是研究人类的经验、精神、行为，更何况宗教及其教育一直是西方文化的传统，存在将宗教学关注的意义视为一种神圣真理的普遍心理。进入现代社会后，宗教的社会地位有所下降，以至于部分西方人才发现"一个彻底世俗化的世界，一个完全去圣化了的宇宙，是人类精神发展历程中的一个最新发现"④。

不过，当我们追溯西方文化传统时，宗教仍是一个无法回避的话题。即便当下，宗教学也是一门独立的学科，普遍地被西方高等教育及研究者所接受。"发展至今天，西方宗教学者在宗教语言、神话、象征、仪式、圣典、制度、信徒群体、宗教文化、宗教经验、宗教比较等研究范围，都已经建立了许多具有说服力的理论和研究方法"⑤。因此，考察西方传播观念史，必须正视宗教文化及影响。宗教是人类历史上独特的文化现象，关注与"神圣"相遇的体验是其特殊性所在，但是研究宗教学不能出现非理性偏向，更不能顽固地持有将"特殊"视为"优越"或"永恒"的态度。

虽说在西方文化史上，神与人有统一，但主要还是分离，"二元人性论"可谓西方哲学的基本特征。这是在信息资源主观或客观属性二元建构的基础上，对信息主体的意志、意图及

---

① 杨伯峻.论语译注：卫灵公[M].北京：中华书局，1980：168.
② 朱熹.论语集注[M]//四书章句集注.北京：中华书局，1983：167.
③ 王晶.人类命运治理简史[M].北京：五洲传播出版社，2019：161.
④ 米尔恰·伊利亚德.神圣与世俗：序言[M].王建光，译.北京：华夏出版社，2002：4.
⑤ 黎志添.宗教研究与诠释学：宗教学建立之思考[M].香港：香港中文大学出版社，2003：17.

权益等方面的认知特征。可以说,有关信息主体属性的灵与肉、理性与感性、自由与约束、神性与人性等二元对立观念,以及信息传播过程中主体之间紧张关系的讨论,贯穿于整个西方传播观念史的演进历程。基于此,我们围绕天使与野兽之间,进一步分析西方信息主体素养的伦理构建,以此窥见西方宗教制度文化的伦理旨趣,以及"净化"传播的特色及不足。

第一节 仪式中的美德:"净化"传播的宗教底色及伦理指向

西方文化在人类德性建构上,贯穿着鲜明的人与神二元对立思维。其实,包括礼仪在内的仪式活动均源自先民的宗教活动,然而随着中西文化演变的进程,前者越来越重视礼,尤其是政治伦理秩序;后者在走向森严的宗教戒律的同时,亦引发了审美的哲学的相关思考。

一、"净化"传播的仪式规则

与中国传统"教化"观相对的,则是西方早期的"净化"观,二者均重视礼仪活动。"净化"一词源自古希腊语 katharsis(卡塔西斯),由日常生活的清扫活动演变成使肉体摆脱污垢或病毒的医学术语,进而作为一种隐喻运用到宗教学、戏剧学、哲学、政治学等领域中。古希腊奥菲斯教派是一种结合神学、心魂学和来世学的宗教,该教派基于"肉体是灵魂的坟墓,灵魂投身肉体是一种羁绊和惩罚""不死和轮回转世的灵魂,能保持生前固有的记忆"的认识,提出了"通过密教的入教典礼,灵魂可以得到纯化和解脱,可以避免在来世或阴间遭到进一步的惩罚"①。可见,这是典型的非科学的神学观念,不过这种通过宗教仪式涤罪或赎罪,拯救灵魂的方式,对后来净化仪式产生了深刻的影响。谈到毕达哥拉斯学派,一般多强调他们改造奥菲斯的"净化"主张,重视用科学、音乐来摆脱肉体束缚,净化灵魂。其实,从仪式的角度说,他们是"在一个为诸神秘宗教教义,尤其是奥菲士教教义所渗透的框架内,进行哲学和科学工作"②,净化仪式先于入会仪式,同样遵守一套秘传的"净化"灵魂的仪式规则。"譬如沉思默想,不掰面包,沉默观察,不拣面包屑,不用刀剑捅火,总把右脚的鞋放在左脚之前,凡此种种,不一而足",进而他们还鉴于灵魂在肉体死亡之后或许附到其他动物身上的信仰,主张避免食用如鱼类、禽类以及禁食豆类等饮食规则。③

从仪式角度说,宗教戒律下的仪式具有较强的稳定性,但并非说它们是一成不变的。像基督教为纪念耶稣牺牲的"弥撒"("圣餐")这个隆重的仪式,便因教派不同、时间推移而多有变化。由早期的植根于犹太人传统的餐桌仪式,逐渐吸纳犹太会堂的朗诵、赞美仪式而发展成全套的祭献礼仪,"即将感恩、圣餐与读经和祈祷仪式相结合的习俗"④,并分为圣道礼拜式、圣体圣事礼拜式等多个类型。同时,正如雅典演说家伊索克拉底所说的,"那些带给我们

---

① 范明生.柏拉图哲学述评[M].上海:上海人民出版社,1984:75.
② 理查德·塔纳斯.西方思想史[M].吴象婴,等译.上海:上海社会科学院出版社,2016:24.
③ 安东尼·肯尼.牛津西方哲学史:第1卷:古代哲学[M].王柯平,译.长春:吉林出版集团股份有限公司,2016:11.
④ 刘国鹏.基督宗教中的"弥撒"仪式[J].世界宗教文化,2000(3):33-35.

美好事物的神灵被称为奥林波斯神,而那些带来厄运和惩罚的神灵,得到的则是令人厌恶的称号"。两者的祭祀仪式也是有区别的,"为了尊崇前者,不管是个人还是政府都为他们建立庙宇和祭坛,而我们在祈祷或祭祀时都不会尊崇后者,但是所有仪式都会驱走他们邪恶的出现"①。各民族在宗教活动及日常生活中,对于信仰的神,采用祈祷仪式,期待其显灵,以求回报;对厌恶的神,采用辟邪仪式或驱邪仪式,控制其显现,以免灾害。进而,这个变化还有宗教文化的整体转型,由教会教义到哲学原理,由教会礼仪到行为仪式,由教会戒律到社会规范,由教会教理到国家宪法,由礼拜仪式到礼节规程,等等。

二、"净化"传播的多维内涵

柏拉图深受奥菲斯秘仪的影响,他的"学园"在管理上便带有宗教性质的"仪式",认为"真正的美德是一种宗教式的净化,最高的智慧体现在某种净化仪式的过程"②。在《智者篇》中,他认为"净化"就是"把坏东西扔掉,把好的东西保存下来"。对那些无生命的物体,"一般说来就是漂洗和磨光的技艺",清理物体的外在部分;对有生命的物体,则是"一种与灵魂有关,另一种与身体有关"③,除了肉体的外部清理,还有灵魂的内部净化(图5.1④)。

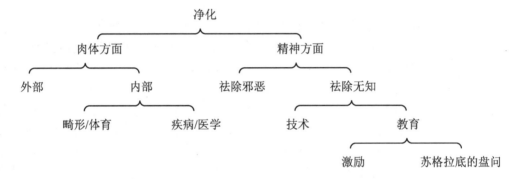

图 5.1 柏拉图"净化"说图解

可见,柏拉图将这个原始宗教秘仪的净化仪式学理化,以此探求生命的哲学意义。在《斐多篇》中,他借苏格拉底之口指出净化"包括尽可能使灵魂与身体分离,使之习惯于脱离与身体的所有接触,集中精力……拥有自己的独立居所,摆脱身体的桎梏",而"哲学家的事业完全就在于使灵魂从身体中解脱和分离出来"⑤。"净化"又是理想城邦与法治城邦的管理艺术,柏拉图在《法篇》里以看护牧群先适当清理再护理的方法为喻,指出"如果不提纯畜群……就会引起整个畜群的衰退"。这对于为人立法者来说,城邦清理或净化工作同样至关重要,无论采取比较激烈的还是温和的净化措施,目的都在于净化社会,淘汰那些糟糕的,礼遇那些优秀的⑥。同样,"净化"也是教育传播的重要方式及目的。在《理想国》中,他借苏格拉底之口谴责诗人们对年轻人讲述英雄和诸神故事的行为,主张"这些故事最好闭口不谈",因

---
① 冯金鹏.古希腊演说辞全集:伊索克拉底卷[M].李永斌,译注.长春:吉林出版集团有限责任公司,2015:144.
② 陈中梅.柏拉图诗学和艺术思想研究[M].北京:商务印书馆,2016:312.
③ 柏拉图.智者篇[M]//柏拉图全集:第3卷.王晓朝,译.北京:人民出版社,2017:17-18.
④ 弗朗西斯·麦克唐纳·康福德.苏格拉底前后[M].孙艳萍,石冬梅,译.上海:格致出版社,2009:129.
⑤ 柏拉图.斐多篇[M]//柏拉图全集:第1卷.王晓朝,译.北京:人民出版社,2017:64-65.
⑥ 柏拉图.法篇[M]//柏拉图全集:第3卷.王晓朝,译.北京:人民出版社,2017:494.

为这些故事涉及英雄和诸神丑恶的假故事,而年轻人分辨力弱,必然带来负面的效果。"即使这些故事是真的,我认为也不应该随便讲给天真单纯的年轻人听","如果非讲不可的话,只能许可极少数人听,并须秘密宣誓,先行献牲,然后听讲,而且献的牲还不是一头猪,而是一种难以弄到的庞然大物,为了使能听到这种故事的人尽可能的少"。① 从"闭口不谈"到"非讲不可",已见柏拉图对"净化"的重视,而后者必须先进行秘誓、献牲等仪式,足见仪式与净化相互依存的独特关系。

亚里士多德在柏拉图的基础上,进一步强调了仪式活动在城邦生活中的特殊作用。在他看来,在同一地区的居留、经济和军事团体只是"城邦所由存在的必要条件",进而"城邦是若干生活良好的家庭或部落为了追求自足而且至善的生活,才行结合而构成的",这其中"要不是人民共居一处并相互通婚,这样完善的结合就不可能达到",因此,诸如"婚姻关系、氏族祠坛、宗教仪式、社会文化活动等"城邦中共同的"社会生活""是常常可以见到的现象"。也就是说,仪式活动作为促进人间友谊、协调社会生活情调的手段,发挥着传播媒介的积极功能,具有城邦生活的必然性,其终极目的则是"优良生活"以及实现"人类真正的美满幸福"②。可见,作为共同体的"城邦应该是许多分子的集合",而人是有待被教育的政治动物,"唯有教育才能使它成为团体而达成统一"③。教育的方式方法多样,亚里士多德尤为关注艺术教育的净化方式及效果。譬如,那些"每每被祭颂音节所激动"的人,"当他们倾听兴奋神魂的歌咏时,就如醉似狂,不能自已,几而苏醒,回复安静,好像服了一帖药剂,顿然消除了他的病患"④,灵魂中非理性的不良欲望便得以"净化"。在他晚年完成的《诗学》中,一方面强化了戏剧与祭祀、表演仪式之间的联系,认为"悲剧起源于狄苏朗勃斯歌队领队的即兴口诵,喜剧则来自生殖崇拜活动中歌队领队的即兴口占"⑤,"即兴口占"者即是一个扮演者、演员。另一方面强化了悲剧的净化功能,认为"悲剧是对一个严肃、完整、有一定长度的行为的模仿","它的模仿方式是借人物的行动,而不是叙述,通过引发怜悯和恐惧来使这些感情得到疏泄"⑥,观众亦可以洗涤他们仇恨和恐惧的情绪。所谓"疏泄"的要义就是"陶冶""净化",揭示了悲剧有助于培养理性的功能,获得"一种轻松舒畅的快感"⑦。

三、"净化"传播的二元人性

从宗教制度及文化出发,方能深度理解西方"净化"传播功能的本体特性。"净化"说由医学术语到文化概念,西方宗教制度扮演着重要的改造力量。与中国古代教化强调"迁善改过"同中有异,自同者而言,两者所"化"的都是"过",均强调发扬"善";自异者而言,"净化"传播主要是基于西方二元人性论基础上的思考,更强调人类固有的"原罪"意识,所谓"净化"即是"净罪"。在西方文化史上,以悲剧的净化作用为例,持宗教意义上"净化说"的人大致可分为三派,第一派主张"净化怜悯与恐惧中的痛苦的坏因素,好像把怜悯与恐惧洗涤干净,使心

---

① 柏拉图.理想国[M].郭斌和,张竹明,译.北京:商务印书馆,2019:72-73.
② 亚里士多德.政治学[M].吴寿彭,译.北京:商务印书馆,2009:143.
③ 亚里士多德.政治学[M].吴寿彭,译.北京:商务印书馆,2009:57.
④ 亚里士多德.政治学[M].吴寿彭,译.北京:商务印书馆,2009:473.
⑤ 亚里士多德.诗学[M].陈中梅,译注.北京:商务印书馆,1996:48.
⑥ 亚里士多德.诗学[M].陈中梅,译注.北京:商务印书馆,1996:63.
⑦ 亚里士多德.政治学[M]//伍蠡甫.西方文论选:上.朱光潜,译.上海:译文出版社,1988:93.

理恢复健康";第二派主张"净化怜悯与恐惧中的利己的因素,使它们成为纯粹利他的情感";第三派主张"净化剧中人物的凶杀行为的罪孽"①。关于"卡塔西斯"的理解,除了"净化说",还有"宣泄说",且解读分歧更大。总之,通过"导泄"或"陶冶"方式完成心灵的精神"洗礼""净罪",乃是西方宗教文化赋予的主流方向。

需要说明的是,二元对立最终反映在人与其创作物之间的关系上,这原本是整体的关系,却常遭遇"分裂""断裂"或"异化"所带来的人的自由本质的丧失,于是人所创造的对象成为对立的甚至是反对的异己力量。那貌似"分裂"之后的黑暗,反而促使了人们需要思考原本完整的人的世界在"分裂"等之后如何运行,以及在何种形式上重新整合或统一的话题,"净化"传播就是在这个层面获得了新的意义。虽说在现代媒介崛起的环境中,犹如福柯通过"管他是谁在说话"的冷漠态度强调着"主体性的消失"这个观念,但"他所预言即将'消失'的人,无非是近代人文主义话语所建构的'大写的人'",所质疑的"只是他那无限权威的统一性"②,事实上主体不可能消失。研究人的心,不仅仅是为了发现它的本性,更要了解它的运作。一个好的信息主体应该是生活方式的确立者、缔造者,帮助社会模式定型的人,正如社会学家克拉普说的,他们"有一个主要的作用,这就是使典型显露出来"③。

从媒介学角度说,"包围人的是符号的世界"④,人的感知、思维方式以及人性内涵的构建,与其使用的符号有一定的关系,甚至可以说,人因为创作并使用符号而具有了信息活动的中介作用乃至核心媒介功能。对于西方文化来说,除了宗教制度带来的仪式符号,还有"拼音文字用没有意义的字母去对应没有意义的语音"⑤,拼音字母"由音位也就是没有意义的声音片段组成",其最大特点在于"字母表独特的力量,是使音形义分离。我们的字母在语义上是中性的……这种分离……渗透并塑造了识文断字的西方人的一切感知"⑥,强化和放大了人的视觉功能,人们把这种感知方式当作理性生活的标准,同时,拼音文字"形声和语义的割裂会造成深刻的心理影响。他的想象力、情感和感知生活就要发生相应的分离"⑦,将人的"有机和谐、复杂的通感转换为一致、连续和视觉的感知方式"。这时,"整合的人变成了分割的人","它好像使人发生爆炸,变成专门化的、心灵贫乏的'个体',或者叫作单位,在一个线性时间和欧几里得的世界里运转的单位"⑧。当然,二元对立思维虽说存在非科学的成分,但也孕育了西方文化演进中那种非此即彼的批判精神。马尔库塞对当代发达资本主义社会"单向度的人"的批评,就是呼唤现代人的否定精神、批判意识以及超越欲望,拥有黑格尔所说的"一个两面统一体"犹如麦比乌斯带的自我⑨。

---

① 罗念生.译者导言[M]//亚里士多德.诗学.罗念生,译.上海:上海人民出版社,2016:8-9.
② 刘建明,等.西方媒介批评史[M].福州:福建人民出版社,2007:297.
③ 阿尔温·托夫勒.未来的震荡[M].任小明,译.成都:四川人民出版社,1985:343.
④ 路德维希·冯·贝塔兰菲.一般系统论:基础·发展·应用[M].秋同,袁嘉新,译.北京:社会科学文献出版社,1987:165.
⑤ 埃里克·麦克卢汉,弗兰克·秦格龙.麦克卢汉精粹[M].何道宽,译.南京:南京大学出版社,2000:366.
⑥ 埃里克·麦克卢汉,弗兰克·秦格龙.麦克卢汉精粹[M].何道宽,译.南京:南京大学出版社,2000:285.
⑦ 埃里克·麦克卢汉,弗兰克·秦格龙.麦克卢汉精粹[M].何道宽,译.南京:南京大学出版社,2000:366-367.
⑧ 埃里克·麦克卢汉,弗兰克·秦格龙.麦克卢汉精粹[M].何道宽,译.南京:南京大学出版社,2000:364-365.
⑨ 彼得斯.交流的无奈:传播思想史[M].何道宽,译.北京:华夏出版社,2003:107.

第二节 "狮身人面"像的灵与肉冲突：信息主体生命体征的文化象征

从镌刻在古希腊德尔斐神庙天降陨石上的"认识你自己"，到现代哲学家卡西尔名言"认识自我乃是哲学探究的最高目标"[①]，关于"人"的认识一直是西方哲学的终极追问。从某种意义上说，"人是什么"，西方是从"斯芬克斯之谜"中朴素的回答开始的。之所以称之为"谜"，是因为围绕"人的认识"，此命题存在令人难以跳出的谜面与谜底之间的观念循环这个漩涡，出现了两种死亡的陷阱：一是"人"不知道谜语答案就是"人"时，按照斯芬克斯的游戏规则就会被"死亡"；二是"人"的答案出来，提出谜面的斯芬克斯主动"死亡"。前者意味着"人是什么"是个复杂难解的问题，以至于能以死亡作为筹码；后者象征着"人性"的觉醒是对神性、兽性的告别，因此斯芬克斯敢于拿死亡作为赌注。

此后，西方哲学不断地追问"人"的本质，回答也是多种多样。20世纪初德国哲学家马克斯·舍勒说过，当问到受过教育的欧洲人关于"人"这个词的时候，"几乎总是有三个彼此完全不可调和的观念范围在他头脑里相互冲突"，这便是"一个自然科学的、一个哲学的和一个神学的人类学，这三种人类学互不相干"，直至"我们却没有一个统一的关于人的观念"，导致当前"人对于自身这样地困惑不解"[②]。对此，舍勒一度采用观念史方法，概括出历史上人的自我形象先后出现的类型，即宗教人学观念下的宗教人、理性主义人学观念下的智慧人、自然主义人学观念下的工艺人、悲观主义人学观念下的本能人、乐观主义人学观念下的创造人共五种人。其实，按此思路，还可以分出其他更多类型。

面对人的本质的复杂性，西方哲人习惯在动物与上帝两极之间探寻人的存在形式。斯芬克斯的狮身人面这个兽身与人头的组合造型，即由神在的灵性与物在的肉性两面构成的虚实结合体，象征着力量与智慧集于一身、地位与权力共存的法老形象。这种通过现实"活体"元素组合成的非人非兽的"物在"形式，实则是一种"神在"的思想符号体。或是"半是天使，半是野兽"的神兽结合模式，这是典型的二元对立结合体，彰显出灵与肉分裂的人格形象；或是"半人半神"的人神结合模式，像"精灵"这种介于人与神之间的信仰物形象，往往在二元对立中将人性消失在神性之中；或是"半人半兽"的人兽结合模式，像"半人马"形象，在文明与野蛮、理性与非理性等对立中，偏向野蛮、欲望等。柏拉图将人的灵魂分为理智、激情和欲望，其中居于统帅地位的理智隶属人性，呈现为智慧；欲望归为兽性，激情则是辅助理智控制欲望。"人"是动物，然又是由动物进化后的特殊物种；"人"不是神，然又渴望成为神。于是，西方哲人在其习见的二元论思维模式下，更倾向于将完整的人尤其是将其中的灵与肉割裂，将人的欲望、情感需求从人的物质存在中剥离出来。

可以说，狮身人面的象征性具有普遍意义，意味着"人的双重本质，其不可调和的对抗是善恶、美丑的根源，是进化过程中灵魂超越肉身的残迹"[③]。这已不是中国人在华夷之辩观念

---

① 恩斯特·卡西尔. 人论[M]. 甘阳,译. 上海：上海译文出版社,2004:3.
② 马克斯·舍勒. 人在宇宙中的地位[M]. 李伯杰,译. 贵阳：贵州人民出版社,2018:1-2.
③ 安可. 半人半兽[N]. 中华读书报,1998-11-04.

中对西方人妖魔化的认知,而是西方人自我认知的哲学分析。在传播活动中,传-受者的自我形象意识,如外表吸引力如何、能力水平怎样以及德性感染力等,是每一位都想弄清楚的问题。对这些问题,可以结合具体的传播活动做出具体的分析。苏格拉底曾勾画过一个交流的理想模式,就像天使之间"灵魂相互盘结、互惠往来","这种互相盘结不仅是头脑的交融,肉体的美是其核心","对于心灵美的人来说,美丽的面孔和身段使人回忆起最美好的东西"①。亚里士多德谈到"由言辞而来的说服论证方式"时,特别指出"演说者的品格具有重要的说服力量",由于"听众,是演说的目的所在",因此,"通过什么途径才能让听众感受到我们在品格方面的某些特征",诸如作为"赞颂或谴责的目标"的"德性与邪恶、高尚与丑陋等"②,就是论证说服的重要方式。

需要说明的是,与天使与野兽、灵与肉对应的是彼岸与此岸、天界与凡间等时空场域,西方哲学在追问"人的问题"中赋予了天使、精灵们信息传递的使者角色,如斯芬克斯就是以一种特殊的方式向世间传播了"人是什么"的信息。伏尔泰亦将"天使""理解为上帝的使臣、代表、介乎上帝与凡人之间的神明,是上帝派遣来向我们传达他的命令的"③使者,担负着向人间揭示神的旨意或指导凡人行为的责任。因为他们虽被割裂为灵与肉的残片,但仍是一种"你中有我、我中有你"的存在,是同一个世界息息相通的两个方面,具有天界和凡间、灵与肉之间的沟通能力,扮演着搭建两个世界桥梁的媒介形象。二元对立的思维模式及其居于天使与野兽之间的"人"的结构,实则也促使西方哲学更为理性地认识到"人必须去寻求生存矛盾的更好解决办法,寻求与自然、他人以及自身相统一的更高的形式",如此方能认知"人的所有的情欲、感受和焦虑"。④

第三节 "万物尺度"的人与神属性:信息主体话语权利的角色启示

西方人类学思想史是一部哲学和神学的斗争史。期间虽然存在人类学中心的人文主义思潮,但基于人与神二元对立的思维模式,那种神学中心的人文主义观念一直存在于西方人基本的哲学判断中。且不说中世纪的神学人性论以及之前的古希腊哲学人性论,即便文艺复兴以后资产阶级人性论,也未能完全抹去神学笼罩的阴霾,抑或在与神学的抗争中前行。因此,神或人谁是这个世界的"尺度",自然就是西方哲学必须要面对的重要话题。

古希腊智者派代表人物普罗泰戈拉说过"一句伟大的话",提出了"一个伟大的命题"⑤:"人是万物的尺度,是存在的事物存在的尺度,也是不存在的事物不存在的尺度。"此言堪为人类学中心的人文主义的启蒙之论,"至于神,我既不知道他们是否存在,也不知道他们像什

---

① 彼得斯.交流的无奈:传播思想史[M].何道宽,译.北京:华夏出版社,2003:37.
② 亚里士多德.修辞术[M]//苗力田.亚里士多德全集:第9卷.颜一,译.北京:中国人民大学出版社,1994:338,339,346,371.
③ 伏尔泰.哲学辞典:上[M].王燕生,译.北京:商务印书馆,2017:123.
④ 埃利希·弗洛姆.健全的社会[M].欧阳谦,译.北京:中国文联出版公司,1988:23.
⑤ 黑格尔.哲学史讲演录:第2卷[M].贺麟,王太庆,译.北京:商务印书馆,2017:28.

么东西"①,存而不论正说明他对人类早期神学观的反思。其实,正如黑格尔指出的,"上帝是万物的尺度""这种直观也是构成许多古代希伯来颂诗的基调,这些颂诗大体上认为上帝的光荣即在于他能赋予一切事物以尺度"②。事实亦如此,普罗泰戈拉此论一出,便遭遇了来自神学中心论的批评。柏拉图即以"上帝是万物的尺度"修订了普罗泰戈拉注重人的感觉的相对性,以此证明他所说的理念的绝对性、"神圣"不可侵犯性。至中世纪,"尺度"属神性成为经院哲学的信条。"上帝"作为本体,"既是三又是一","他是一切事物的第一原因,这原因超越于一切结果之上",而"只有好人拥有关于上帝的知识"③。既然"上帝是万物的尺度",那么,人的存在如何?对此,面对怀疑论者"你要被骗了呢"的诘问时,奥古斯丁回答:"如果我被骗,这恰恰证明我存在。"④因为不存在的事物是不会被骗或出错的,维护了上帝作为万物尺度的权威地位。

  此后,尺度的属人与属神性质之争,一直贯穿于西方哲学史。文艺复兴时期,法国作家拉伯雷《巨人传》便以一种夸张的手法讲述了人文主义对抗经院主义的故事。主人公卡冈都亚(或译为"高康大")从母亲耳朵里出生,一出生就会说话,且大叫三声"喝!喝!喝!"。这种非同凡响的荒诞情节,象征着接受与生产信息(知识)的欲望乃是人类的本性,卡冈都亚天然地具有人文主义思想代言人的禀赋。可惜的是,他后来接受了经院主义的教育,尽管经文倒背如流,但是变得愈加愚笨,以至于眼光落在书本上,但脑子里却想着厨房,说话时连个死驴的屁也放不出来,此种教育让人回归动物而丢失人类言说真理的权利。后来,他接受人文主义教育,成为"全知全能"之人。有此经历,卡冈都亚对其儿子庞大固埃一开始就让他接受人文主义教育,并告诫他"无知是一种耻辱"。当然,这部小说在艺术想象上仍然存在神学色彩,其中象征智慧源泉的"神瓶"就是代表。小说结尾写到庞大固埃与巴汝奇终于寻到了神瓶,神瓶亦发出"喝吧"的声音。神殿女祭司解释了神瓶的谕示:"要喝爽口的美酒,它有能力使人的灵魂充满真理、知识和学问。"⑤

  除了文艺复兴时期"人性"的彰显,值得一说的,笛卡儿沿袭奥古斯丁"如果我被骗,那么我存在"的表述方式,改变其以人证神的做法,提出了"我思故我在"的命题,实现其以人的主体性替代全知全能的上帝的哲学探求目标,体现了近代西方认识论的人文主义倾向。在他看来,我可以怀疑我的身体、我所在的世界甚至上帝是否真的存在,但唯独不能怀疑的就是我自己的存在,因为"我只是一个在思维的东西",并且"我思维多长时间,就存在多长时间;因为假如我停止思维,也许很可能我就同时停止了存在"⑥。于是,他把"我思故我在"这条真理作为"所寻求的那种哲学的第一条原理"⑦。"我思"和"我在"之间的"所以"一词,"并不是推论的'所以';这只是思维与存在的直接关系"⑧,即"我思"不能把它与"我在"相分离,因为"我思"直接呈现出"我在"。

  上帝与人的尺度之争,又是有关人性的感性与理性之争。包括后来的启蒙运动,人类超

---

① 北京大学哲学系外国哲学史教研室.古希腊罗马哲学[M].北京:商务印书馆,1961:138.
② 黑格尔.小逻辑[M].贺麟,译.北京:商务印书馆,2017:234,235.
③ 布鲁克·诺埃尔·穆尔,肯尼思·布鲁德.思想的力量[M].9版.李宏昀,倪佳,译.北京:北京联合出版公司,2017:95-96.
④ 奥古斯丁.上帝之城:驳异教徒:中[M].吴飞,译.上海:上海三联书店,2008:105-106.
⑤ 弗朗索瓦·拉伯雷.巨人传[M].蔡春露,译.武汉:长江文艺出版社,2018:776.
⑥ 笛卡儿.第一哲学沉思集:反驳和答辩[M].庞景仁,译.北京:商务印书馆,2017:28.
⑦ 笛卡儿.谈谈方法[M].王太庆,译.北京:商务印书馆,2011:27.
⑧ 黑格尔.哲学史讲演录:第4卷[M].贺麟,王太庆,译.北京:商务印书馆,2009:78.

越了把自己视为上帝的客体对象,强化了对自己理性关注的力度。与此同时,"理性"的极端化(工具化)走向又将自己变成了新的神话。于是,一方面理性主义至上者说"大自然和大自然的法则躲在黑夜里,上帝说:'让牛顿干去!'一切就大放光明"①,另一方面关注非理性者说"上帝死了!上帝仍旧死了!是我们杀死他的!我们怎样才能安慰自己——我们,一切凶手中最大的凶手?"②可见,无论如何,在人与上帝关系中思考人在宇宙中的位置,纠结于"此世"与"彼世"之间,在神的发现中解读人性,是西方文化难以超越的传统。

尺度既是标准,也是支配者、权衡者。从传播学角度说,尺度属神性、属人性之争,本质上就是争夺"谁在说话"的权利。普罗泰戈拉说:"要想成为有教养的人,就应当应用自然的秉赋和实践;此外还宜于从少年时就开始学习。"③所以,有研究者认为,他说的"人是万物的尺度",本质上是有教养的人或智者是万物的尺度。信息主体并非信息传播过程中的"靶子",而是对信息有选择力的人,需要通过教育或学习强化言说或听说的能力赋予人的传播权益。智者们正是以知识、演讲术、修辞学及论辩术等为主要的研究和教授内容。说话者的肯定表现往往就是正价值的体现,表明他们拥有得知真理或公布真相的权力,或者说,"信息"的真伪和传播渠道,取决于满足尺度拥有者的主体需要的程度和性质。

第四节 "灵魂说"的善恶对立结构:信息主体德性内涵的多维建构

在西方哲学史上,"灵魂"说是与"上帝""世界"等并称的理念。"灵魂"说即"人性"论,人性的善、恶对立论,可谓西方二元思维的重要体现,即便存在"性善""性恶"之间的调和论,也多以两者对立为前提。在这个问题上,从宗教的神秘的、科学的自然的、道德的理性的等角度予以探索。而像毕达哥拉斯所说的"既有人,又有神,也还有像毕达哥拉斯这样的生物",则是一种基于数学与神学的结合的"一种半神明的性质"④的"灵魂说"。若从道德建设层面说,西方哲人又有将德性植根于知识、明智、习俗、逻各斯以及仁爱之心等多种路径⑤。这其中,苏格拉底"第一个将哲学从天空召唤下来,使它立足于城邦,并将它引入家庭之中,促使它研究生活、伦理、善和恶"⑥,他的著名命题"德性即知识"思考了一种人的哲学和理性主义的道德哲学,开启了西方德性伦理传统。

苏格拉底生活在智者的时代,那些智者们"完全忽略了人类事物而研究天上的事情""还以为自己做得很合适",这在他看来,"那些宁愿思考这类题目的人是愚妄的",因为哲学研究的对象不是自然而是人类本身。于是,他要求人们认识你自己,寻找真正的我。那么,认识

---

① 蒲柏为牛顿写的墓志铭。阿伦·布洛克.西方人文主义传统[M].董乐山,译.北京:生活·读书·新知三联书店,1997:75.
② 尼采《欢快的科学》中的观点。阿伦·布洛克.西方人文主义传统[M].董乐山,译.北京:生活·读书·新知三联书店,1997:198.
③ 北京大学哲学系外国哲学史教研室.古希腊罗马哲学[M].北京:商务印书馆,1961:138.
④ 罗素.西方哲学史:上卷[M].何兆武,李约瑟,译.北京:商务印书馆,1963:59.
⑤ 郝亿春.德性即知识?——亚里士多德对"苏格拉底"问题的应答及其根底[J].天津社会科学,2013(3):39.
⑥ 西塞罗.图库兰姆的谈话[M]//汪子嵩,等.希腊哲学史:第2卷.北京:人民出版社,1993:364.

自己从哪里着手呢？苏格拉底说，这就要从"知道什么东西是好什么东西是坏"[1]开始。进而说，"善是我们一切行为的目的。其他一切事情都是为了善而进行的，并不是为了其他目的而行善"[2]。"善"是宇宙万物存在的内在原因和目的，但"善"并非人类与生俱来的本性，需要人类在理性的指导下认识到，因为"未经思考的人生是没有价值的人生"[3]。而能认识人这一趋善避恶的本性（即德性）就是一种"知识"，"如果有善好的东西是与知识分离的，那么德性就不是知识；然而如果没有一种善好之物不是知识所能涵盖的，那么我们就有理由认为德性是一种知识"[4]。可见，"德性即知识"彰显的是"知识至善"理念，其反题即是"恶（如狂妄、自大等）即无知"。这些直接关系到对"知"与"行"关系的判断问题。在此问题上，苏格拉底显然走的是"知-行"模式，一个人知道什么是善必然行善。苏格拉底主张"德性即知识"在重视道德动机、强调人的品德培养（"正人心"）等方面具有优势，但"由于他把理性当作知识，就摒弃了灵魂的非理性部分，因而也摒弃了激情和道德"[5]，以及"德性在于实际的行为习惯""高尚的德性不是源自知识，而是源自实际的行动"[6]，对"行-知"模式重视不够。如此，"美德伦理学不可能成为功利主义和义务论的真正对手"[7]。

苏格拉底这位向真理献身的人，其内心始终有着浓郁的文化传播的自觉意识与责任感。他曾说他生活的城市好像一匹"身形巨大而动作迟缓"的良种马，"需要某些蚊子的刺激来使它活跃起来"，而他就是一个马虻，"整天飞来飞去，到处叮人、唤醒、劝导、指责你们中的每一个人"，"向我遇到的每一个人阐明真理"[8]。他的"德性即知识"直接引发了富有传播学意义的"德性是否可教"的命题。在《美诺篇》，美诺即向苏格拉底提问："请你告诉我，苏格拉底，美德能教吗？或者说，美德不可教，而是实践的结果，或者说，两者都不是，而是人凭着天性或以其他某种方式拥有美德？"[9]此番提问实则开启了西方哲学关于德性（美德）是否可教（传授、学习或接受）的多重思考。苏格拉底对此存在一定的模糊或矛盾认识，但基于知识的可教性，认为获得了"知识"即可获得"美德"，倾向于德性是可教的，传者能够将自己对美德的理解传递给受者并为其所理解。在《普罗泰戈拉篇》里，苏格拉底经历由德性不可教到可教的变化，而普罗泰戈拉开始从美德具有法律等约定俗成的因素，认为是可教的，但后来认为善恶的标准主要诉诸个人的体验，随之转向"不可教"的态度。

在这个问题上，柏拉图的探讨具有积极的意义。如果说他早期在《美诺篇》等对话中，对德性是否可教存在模棱两可的认识（美德作为知识是可教的，然而作为习惯是不可教的），但在他中晚期的对话中，"当伦理学过渡到政治哲学，当个人德性过渡到城邦德性，当公民践行转入城邦治理时"[10]，德性是否可教的话题便转移到"谁是德性的传者、受者"等有关信息主体权益这个更为本质的话题。在《理想国》中，奴隶除外，柏拉图将人分为哲学王、武士和劳动

---

[1] 色诺芬. 回忆苏格拉底[M]. 吴永泉,译. 北京:商务印书馆,1984:4,150.
[2] 柏拉图. 高尔吉亚篇[M]//柏拉图. 柏拉图全集:第1卷. 王晓朝,译. 北京:人民出版社,2017:500.
[3] 周辅成. 西方著名伦理学家评传[M]. 上海:上海人民出版社,1987:7.
[4] 郝亿春. 德性即知识？——亚里士多德对"苏格拉底"问题的应答及其根底[J]. 天津社会科学,2013(3):33.
[5] 亚里士多德. 大伦理学[M]//苗力田. 亚里士多德全集:第八卷. 徐开来,译. 北京:中国人民大学出版社,1992:242.
[6] 亚当·斯密. 道德情操论[M]. 谢宗林,译. 北京:中央编译出版社,2008:349.
[7] 罗莎琳德·赫斯特豪斯. 美德伦理学[M]. 李义天,译. 南京:译林出版社,2016:28.
[8] 柏拉图. 柏拉图全集:第1卷[M]. 王晓朝,译. 北京:人民出版社,2017:19.
[9] 柏拉图. 柏拉图全集:第4卷[M]. 王晓朝,译. 北京:人民出版社,2017:63.
[10] 章雪富,陈玮. 希腊哲学的精神[M]. 北京:商务印书馆,2016:79.

者三种等级,依次对应他的"灵魂"论的理性、激情、欲望,近似于人体的头部、胸部、肉欲。于是,他基于城邦治理的需要,从政治哲学的角度,指出拥有城邦德性的哲学王(而非智者)才是掌握美德教化权的传者,其他则是美德(理念)的学习者、模仿者。此后,西方人性理论发展呈现出以理性主义为主导下的理性和感性二重性对峙及调和的发展脉络。

  关于德性是否可教的问题,西方哲学家此后一直讨论着。这既反映出哲学家们各自的灵魂观,也生发出传播学的诸多观念。如亚里士多德在"所有知识都是美好而有价值的"前提下,明确表示"我们有理由把研究灵魂的学问放在第一重要的位置上","因为在某种意义上说,灵魂就是生命的本原"①,它赋予具有生命的自然躯体以形式,使生命体成为现实。因此,灵虽非肉,然依肉而存在。当然,生命有植物、动物、人类等不同层次,灵魂同样如此,人类的灵魂除了具有植物的营养能力、动物的感觉及运动能力,还有思维能力②,即拥有"心灵"这个灵魂的高级形式。于是,与柏拉图那种基于"处在运动之中"的"灵魂不朽"说不同,亚里士多德则认为唯有"心灵"永恒,而其他包括运动能力等灵魂能力便会随着肉体消亡而消亡。正因为亚里士多德立体性地认识到人的灵魂世界,故而,他将德性分为理智的、伦理的两类,"理智德性大多数是由教导而生成、培养起来的",而"伦理德性则是由风俗习惯沿袭而来的"③,立足于现实生活,是后天理性控制情感的应用问题,表现为过渡和不足这两个恶之间的中道上。④

  一名同行眼中优秀的新闻工作者,其德性是否就一定是善的,会不会可能是一个邪恶的人?此话题交织着新闻职业伦理、社会性传播伦理以及抽象的人性伦理等多元领域。人性之美德与新闻人的德操之间自然不能完全等同,但可以肯定地说,一个好的信息主体不是天生就是,而是变成信息主体的,也就是说,上述诸领域最终要走向对人类美德的讨论。这其中,"灵魂"善与恶直接关涉传播伦理的建构。马克思、恩格斯曾对那些为了个人利益、报刊经济利益以及被某种政治力量收买而出卖自己灵魂的坏记者们予以了无情的讥讽。在他们看来,这些记者"凡是能够引起某种哄动的东西,他都会不加选择地利用,至于是些什么东西以及来自何处,对他来说都是无关紧要的"⑤,殊不知他们所写的就像污染社会的"随意便溺"⑥,"康康舞、各种丑闻和小品文"⑦以及"将受到庸人们的赞赏"的这些东西,究其本质,则是在"善于装成一个热心肠的耿直人""文笔流畅""举止那样高尚、磊落"等等"这种外表后面隐藏着真正的魔鬼"⑧。一旦如此,不仅直接影响传播的内视角选择,而且无法做到外视角的客观性。

---

① 亚里士多德.论灵魂[M]//苗力田.亚里士多德全集:第三卷.徐开来,译.北京:中国人民大学出版社,1992:3.
② 亚里士多德.论灵魂[M]//苗力田.亚里士多德全集:第三卷.徐开来,译.北京:中国人民大学出版社,1992:33-34.
③ 亚里士多德.尼各马科伦理学[M]//苗力田.亚里士多德全集:第八卷.苗力田,译.北京:中国人民大学出版社,1992:27.
④ 田海平.西方伦理精神:从古希腊到康德时代[M].南京:东南大学出版社,1998:117-120.
⑤ 恩格斯.致卡·考茨基[M]//中共中央编译局.马克思恩格斯全集:第38卷.北京:人民出版社,1972:189.
⑥ 中共中央编译局.马克思恩格斯全集:第14卷[M].北京:人民出版社,1964:656.
⑦ 中共中央编译局.马克思恩格斯全集:第36卷[M].北京:人民出版社,1974:588.
⑧ 中共中央编译局.马克思恩格斯全集:第28卷[M].北京:人民出版社,1973:258-259.

第五节 "说谎悖论"的诚与伪之辩:信息主体真诚义务的社会责任

《墨子·经下》曰:"以言为尽谆(悖),谆。说在其言。"①"一切言论是虚假的"命题本身就自相矛盾,因为说这句话的人本身已经"言"了。公元前6世纪,古希腊克利特岛人爱匹门尼德说,"所有的克利特岛人都是说谎者",开启了西方"最简单和最古老的矛盾"②。自此,有关说谎现象尤其是说谎悖论的研究,成为哲学、逻辑学、法学、伦理学乃至传播学等领域持续不断探讨的话题,直至有研究者认为"说谎者悖论被认为是任何真理理论的建立都必须克服的主要障碍"③,涉及"真与假""诚实与虚伪"等二元对立的命题。在众多探讨中,"不许说谎"论尤为突出。奥古斯丁《论说谎》说:"既然一说谎就失去永生,就不可为救某人的短暂生命而说谎。""答案非常明确:任何情况下都不能说谎。"④托马斯·阿奎那针对奥古斯丁的谎言八分法及其相关主张提出了异议,思考了"谎言足以分成正规的、玩笑的、恶意的"以及"谎言都是不可饶恕的吗?"等话题,但最终仍认为若将一个品行完备的人"置于捍卫真理的岗位上",那么,"他们有义务通过判断和教授尽职""如果他们说谎就是犯大罪"⑤。

在西方哲学史上,对说谎做出最严格界定和要求的是康德。康德在不同的著述中都分析过"不许说谎"的话题,也举过多个例子。其中最经典的是:"如果一个凶犯问我们,我们那被其追杀的朋友是否躲在我们家中,对该凶犯说谎也会是一种犯罪。"⑥又如,"如果他的君王以同一种毫不拖延的死刑相威胁,无理要求他对于君王想以莫须有的罪名来诋毁的一个清白人提供伪证……他能够做某事乃是因为他意识到他应当做某事。"⑦他从德性、法权双重义务的角度,将"不许说谎"视为一个来自理性的、无条件的绝对命令,认为"出于责任而诚实和出于对有利后果的考虑完全是两回事情"。在面对凶手时,为了避免无辜者受害而选择说谎,那么他这个说谎的行动,就违背真诚义务的原则,因此而导致的后果,就是"我"这个说谎者的责任;相反,没有选择说谎,那么后果就无需"我"承担,乃是"事故"导致的结果。

因此,康德明确反对"善意的谎言"。尽管在处境困难而又找不到其他解脱办法时,"虽然我愿意说谎,但我却不愿意让说谎变成一条普遍的规律"⑧,因为一个人行动的道德价值就在于遵循义务而不是后果。那种"积极之善"的行为因符合义务法则,故而是"指令性"的;那种"实在之恶"的行为因违反义务法则,因此是"禁令性"的;惟有像居于两者之间的"消极之

---

① 墨翟.墨子译注[M].张永祥,肖霞,译注.上海:上海古籍出版社,2016:342.
② 伯特兰·罗素.逻辑与知识:1901—1950年论文集[M].苑莉均,译.北京:商务印书馆,2011:405.
③ 秦玮远,李晋红."说谎者悖论"新解[J].社会科学研究,2013(1):136.
④ 奥古斯丁.道德论集[M].石敏敏,译.北京:生活·读书·新知三联书店,2009:174,175.
⑤ 托马斯·阿奎那.谎言都是不可饶恕的吗[M]//希塞拉·鲍克.说谎:公共生活与私人生活中的道德选择.张彤华,王立懋,编译.长春:吉林科学技术出版社,1989:243.
⑥ 康德.论出自人类之爱而说谎的所谓法权[M]//康德著作全集:第8卷.李秋零,译.北京:中国人民大学出版社,2013:434.
⑦ 康德.实践理性批判[M]//康德著作全集:第5卷.李秋零,译.北京:中国人民大学出版社,2013:33.
⑧ 康德.道德形而上学原理[M].苗力田,译.上海:上海人民出版社,2002:18.

善"因游离在禁令之外,才存在某种"许可性"①。虽说学者们如西季威克等对"不说谎""讲真话""是否是一项绝对的独立义务,或是高一级原则的应用的问题并未获得一致的意见"②,但他仍视为义务分类中的一种,足见康德主张的影响力。

康德"不许说谎"命题在后来遇到它无法解释的悖论。一则,康德说的"不许说谎"乃是一种抽象的诚实义务,而他恰恰给出了一个个具体的案例。他对案例的解释只是一种理论分析,只是一种"单层理论",忽视了现实生活中说谎的复杂性,未能区分理想的与非理想的道德和法治环境,"在现实中缺少可行的条件,不可能得到普遍遵守"③。因此,"不许说谎"作为信息主体一条传播责任,需要依赖"顶天"(应该做什么)、"立地"(能够做什么)的双层理论支撑,方能得到辩证解释的可能。一方面"不说谎"以及"表达自由"应该是一个传播者尤其是新闻记者的职业伦理中的强规范,但另一方面,"把不撒谎贯彻到传播活动的每一场景和情境中是比较困难的。尤其是传播活动从来就与具体情境密切相关,是一种实践性特别强的活动,与康德式的强规范存在内在冲突"④,后者难以完整挪用到传播实践中。

二则,康德未能处理好不说谎与不害人的义务冲突,未能解决好说真话也可能会害人的问题。履行不害人义务可以说是各种文化都认可的正义底线,而康德却"要维系事实陈述的抽象真诚"⑤。与康德理性的理想的思考路径不同,鲁迅小说《伤痕》结尾说道:"我要向新的生活跨进第一步去,我要将真实深深地藏在心的创伤中,默默地前行,用遗忘和说谎做我的前导……"⑥涓生觉得因为自己点破并说破了现实残酷的真实致使子君之死,故而反思并遗忘了"诚实",堪为"说真话会害人"而陷入深度自责的愧疚感的典型案例。类似的,如一篇新闻报道伤害了部分人,却给更多的人带来了善;报道产生近期的好并不代表将来的好,反之亦然。由此,"什么是最好的行动"的问题,便摆在了是否说谎者面前。我们自然可以根据行动的结果来评判行动的目的,但结果除了效果时间以及获益者的量的不同,其本身往往兼有好坏,这又要看评判者持有的角度以及谁是评判者了。

三则,后人的解读始终存在把说谎话与讲假话混淆的现象。对此,戴维森说:"撒谎并不要求你说的话是假的,而要求你认为他是假的。""在说谎时,一个人必须做出一个论断以便表示他本人相信他并不相信的事情。"⑦假话以客观事实为参照,重在言不符实;说谎以主观态度为标准,偏向言不由衷。康德已说,"很可能并非一个人视之为真的,就都是真的",因为他可能在认识上犯错误而说了假话,"但凡是他说的,他都必须是真诚的","对这种真诚义务的违反叫作说谎"。无论是"外在的说谎"还是"内在的说谎",都与自己"意识到"有关。因此,必须将"说谎时人的本性中真正腐败的污点"⑧清除干净。可见,仅从量的结果上计算一篇报道的效果,并不足以得出是否合乎道德的判断,还必须回到对传播行为的适当性和正当性优先的常识性信念的把握上来。

---

① 刘清平.说谎:禁止、许可还是应当:解析康德的说谎悖论及其根源[J].学术界,2020(3):69.
② 亨利·西季威克.义务的分类:讲真话[M]//希塞拉·鲍克.说谎:公共生活与私人生活中的道德选择.张彤华,王立影,编译.长春:吉林科学技术出版社,1989:255.
③ 黄启祥.论康德对"出自人类之爱而说谎的权利"的批评[J].现代哲学,2017(5):99.
④ 邱戈.传播如何是好?——现代传播思想与实践中的道德探究[M].杭州:浙江大学出版社,2017:49.
⑤ 刘清平.说谎:禁止、许可还是应当——解析康德的说谎悖论及其根源[J].学术界,2020(3):66.
⑥ 《鲁迅文集全编》编委会.鲁迅文集全编:第一册[M].北京:国际文化出版公司,1995:126.
⑦ 唐纳德·戴维森.隐喻的含义[M]//牟博.真理、意义与方法:戴维森哲学文选.北京:商务印书馆,2012:165-166.
⑧ 康德.一项哲学中的和平永久条约临近缔结的宣告[M]//康德著作全集:第8卷.李秋零,译.北京:中国人民大学出版社,2013:429.

至此，康德从"你应该，所以你能够"的先验哲学出发，寻找"不许说谎"的依据，确实存在不少问题，但相比较打着"善意"幌子而谎话连篇的现象，他的立场仍有建设性意义。狄德罗有句名言："事实，不管它们具有什么性质，总是哲学家的真正财富。"[①]尊重事实或者说真实性更是新闻传播的生命，信息主体需要在追求新闻自由与担负社会责任之间遵循传播真理的真诚义务，要有"我之所为，乃为报纸之良知"[②]的自觉与行动，而"不是说为了政治需要可以不要它的真实性"[③]，为了利润而成为报道真假参半的"扒粪者"、扭曲了事实的"揭丑者"等，否则就是康德说的"说谎"。

思考题

1. 作为信息主体的人，如何在传播行为中理解并实践"人是万物的尺度"？
2. 西方文化"二元人性论"在构建信息主体内涵上的特点及作用。
3. 谈谈对"德性即知识"这一著名命题的理解。
4. 简述西方"净化"传播的内涵及意义。

---

① 狄德罗.狄德罗文集[M].王雨,陈基发,译.北京:中国社会出版社,1997:85.
② 姬纳·鲁博阿娜(《圣地亚哥团结论坛》报媒体监察员)的箴言。鲍勃·考德威尔.传媒的良知与责任[M].木雨,摘译.国际新闻界,1997(3):65.
③ 习近平.摆脱贫困[M].福州:福建人民出版社,2014:84.

第六讲　制度交流：中华文化演进、传播及世界秩序重塑

"文化是历史上所创造的生存式样的系统，既包括显型式样也包含隐型式样；它具有为整个群体共享的倾向，或是在一定时期中为群体的特定部分所共享。"[①]一个民族的制度文化既有历史的积淀，也有时代的选择；制度文化同样包括显性式样与隐性式样，后者即是观念；"制度的时效性特征在制度文化中则表现为完善制度的修复性和创新性"，"世界上哪怕曾经是最优秀、最完美的制度，也不可能永远有效"[②]。在此过程中，有了交流与传播，一个以制度为核心的文化系统方能从封闭沉闷走向开放鲜活，从奄奄一息走向生生不息，从单调乏味走向灿烂斑斓……交流与传播是一个文化系统赖以生存的手段、发展的动力和迈向成熟的阶梯。伴随着中国传统文化行进的步伐，除了有历时态的自身延续，本系统的内部互融，还有一个重要的方面，这就是共时态的中外文化的交流与传播。

第一节　中外文化交流的基本特点

中国传统文化像世界上其他古老文化一样，其自身涌动着向外传播的激情，蕴涵着与异域文化交流的机制，大度且自信。随着时空的变换推移，中国传统文化在自我孕育、自身区域整合的同时，与异域文化建构了"吸引、互融、扬弃"的传播网络，呈现了"平衡、不平衡、平衡"的交流轨迹。关于此，闻一多在分析世界上四个古老民族（中国、印度、以色列、希腊）时，曾有过生动的描述："四个文化，在悠久的年代里，起先是沿着各自的路线，分途发展，不相闻问，然后，慢慢地随着文化势力的扩张，一个个的胳臂碰上了胳臂，于是吃惊，点头，招手，交谈，日子久了，也就交换了观念思想与习惯。最后，四个文化慢慢地都起着变化，互相吸引、融合，以至总有那么一天，四个的个别性渐渐消失，于是文化只有一个世界的文化。"[③]不过，不同文化的交流并不一致，中国传统文化因所受区域位置的影响，有着自身的独特性；同时，中外文化交流也并不局限于这四个古老民族之间。因此，有必要先来鸟瞰一下中外文化交流与传播的总体风貌与特征。

[①] 克莱德·克鲁克洪，等. 文化与个人[M]. 何维凌，高佳，等译. 杭州：浙江人民出版社，1986：6.
[②] 彭加亮. 打造房地产企业核心竞争力：房地产企业信息化的理论与实践[M]. 上海：上海人民出版社，2003：206.
[③] 闻一多. 文学的历史动向[M]//闻一多全集. 第1册. 北京：生活·读书·新知三联书店，1982：201.

一、时空格局：源远流长，东西辉映

中外文化交流滥觞于先秦时代，这主要表现在中国对周边地区如朝鲜、越南和日本的影响上。明代张燮论到中国与越南交流史时，曾感慨而言："久矣夫。"① 有学者认为，在环绕中国的邻邦中，越南与中国接触最早，关系最深。② 不过，一般还是认为最迟在商末周初，中国与古朝鲜已经有了农桑技术、文化制度的交流活动，甚至古朝鲜的统治集团也来自中国。《汉书·地理志（下）》燕地条记载，"殷道衰，箕子去之朝鲜，教其民以礼仪、田蚕、织作"，并制定了《乐浪朝鲜民犯禁八条》等制度③。据日本考古学家、古人类学家的发掘和研究，在冰河时代（约 10 万年前），日本列岛南北两端皆有"陆桥"与中国大陆相连，大陆人常移民至日本列岛，并与其土著民婚媾，形成了日本民族的祖先。战国末期，"陆桥"已断，中日之间便利用朝鲜半岛这个媒介，往来不绝。

如果说先秦时期中外交流的对象还仅是周边近邻，主要还是因生活之需（如狩猎）产生的一种无意识的、自然的、小规模的迁移活动，那么秦汉时期的中外交流则开辟了多渠道的"陆上丝绸之路"和"海上丝绸之路"，直通中亚、西亚、欧洲和非洲。随着这时期汉文化的成熟与地位确立，此时的中外交流已逐步过渡为一种有意识的文化传播活动。公元前 138 年，汉中人张骞西征探险，带回西域信息，使战国时便开始的中西交通进一步加强；公元前 119 年，张骞又率队出使西域，使得乌孙、大宛、康居、月氏、大夏等西域诸国走进了中外文化的交流圈；东汉班超承继张骞的"凿空"之举，再通西域，巩固了这条横贯欧亚的交通大动脉。这些壮举足令世人震惊和羡佩，德国地理学家李希霍芬率先尊称它为"丝绸之路"（《中国亲历旅行记》第 2 卷，1882 年④）。同时，这时期的海上交通也备受青睐。其实，早在春秋时，孔子就曾畅想"道不行，乘桴浮于海"⑤，而几乎与开辟亚欧陆路大通道的同时，西汉的驿使、商民与船工们也探索出了连接太平洋和印度洋的海上通道，由南而西，经红海或波斯湾与罗马帝国沟通。这样，印度、大秦（罗马帝国）、非洲北部和东部诸国便走进了中外文化交流圈。有了这两条交通线，印度的佛教哲学先从陆路继从海路东传中国，成为影响中国传统文化最深的外来文化，掀起了中外文化交流的第一个高潮。

文化交流与传播，离不开交通观念的变革和交通条件的改进。秦汉人民在"大一统"时代精神的召唤下，克服了中国地理环境的局限，改善交通条件，拓宽交通视野，初步形成中外文化交流的交通格局。这就是水陆两便，东西辉映。有一段时间人们常重视陆路交通带来的中外文化传播线路，轻视海上交通形成的文化传播网络，认为中国古代的航海文化不及爱琴海沿岸的文明古国。其实，据《汉书·地理志》记载，汉代航船已频繁地出入东南亚，远至马来半岛。汉代形成的与外域文化交流和传播的网络，经过三国魏晋南北朝时期的继承、孕育和发展，至隋唐而发扬光大，唐代人更是养成一种开放宽容的文化交流气质，此时犹如"八面来风"，掀起了中外文化交流的第二个高潮。佛教哲学经过中国本土文化的吸收消化，在

---

① 张燮.东西洋考：卷一：交趾[M]//吴玉贵,华飞.四库全书精品文存：28[M].北京：团结出版社,1997：400.
② 郭廷以.中越一体的历史关系[M]//近代中国的变局.北京：九州出版社,2012：185.
③ 班固.汉书[M].颜师古,注.北京：中华书局,1962：1568.
④ 吴凤鸣.李希霍芬其人及宏著《中国》：为纪念李希霍芬逝世 100 周年而作[C]//中国地质学会.首届"地球科学与文化"研讨会暨地质学史专业委员会第 17 届学术年会论文集.北京：2005：64.
⑤ 杨伯峻.论语译注：公冶长[M].北京：中华书局,1980：43.

唐代那特有的文化土壤里孕育出了新生态,如禅宗、净土宗等。汉唐两代对文化交流的卓越贡献,奠定了中国文化在世界文化中的地位,致使汉文化、唐文化、汉唐文化成了中国古代文化的代名词。

宋人与外域文化交流,虽缺乏汉唐人"乘长风破万里浪"①的激情与气魄,缺乏"凿空""西行"那种开创性的惊人之举,但在整理前期文化交流的成果上表现出一种特别的冷静和睿智。宋人深知文化交流对传播中国文化的作用,朱彧即言"汉威令行于西北,故西北呼中国为汉;唐威令行于东南,故蛮夷呼中国为唐",于是"崇宁间,臣僚上言,边俗指中国为汉、唐,形于文书,乞并改为宋……诏从之"②。中外交流,外邦以"唐"称中国始于唐,宋时始沿袭之,一度以皇帝之诏令,欲强行改称,并无实效,迄明代亦复如此。③ 伴随着元人的西征北伐,疆域扩大,中外文化传播网络在原有的基础上又有所拓展。这种对外开放的态势,不仅吸引了外域文化,而且进一步向外输出了中国文化,出现了第三个中外文化交汇的高潮期。其中,较为突出的现象有:在穆斯林文化浸染下的回回民族渐趋成熟,此时已是"回回遍天下";唐代入华的基督教聂斯托里派此时再生波澜,首次入华的基督教罗马天主教派也在元朝找到了立足的空间。

明踵元后,中外文化交流网络在郑和七下西洋的推动下,把"海上丝绸之路"延伸到了非洲的东岸。郑和所率领的舰队规模之大,行程之远,次数之多,声势之壮,足令时人惊叹,实属空前壮举。同时,明万历年间,耶稣教传入中国,缠夹其中的欧洲科技文明等也随之而来。于是,中外文化出现了第四次交汇高峰。李约瑟认为这在当时是"两大文明之间文化联系的最高范例"④。近代中国之前,清代对外文化交流可分前后两期,前期以康熙为代表,他对"西学东渐"持宽容态度,其态度也令西人感觉到他欢迎那些擅长"物质科学之耶稣会士"⑤。后期从乾隆开始,逐步陷入故步自封之境。总的来说,这时期随着封建生产方式趋向衰落,统治阶级失去了对外交流的热情,在守旧隔绝中了度残生。这似乎是一种预示,被动等待着坚船利炮、欧风美雨"强行"打开这扇封闭的大门。

二、对外传播:如银泻地,立体传播

走出中外文化交流的历史,可以辩证地把握中国古代文化在交流中所扮演着的角色形象。无论是明代之前的客观效应,还是明代以后的主观"错位",中国文化总能凭其博大刚健的内蕴屹立在世界文化之林,以其特有的魅力与气势多层次多途径立体式地外移,迄波四邻,远涉他邦;外域文化或亦步亦趋或摹学创新,沉浸在中国文化深厚无私的传播氛围之中。学者们常形象地称这种传播的力度、广度与深度为"如银泻地"⑥。

就传播的内容而言,除了中国古代的四大发明,中国古代的物质文化、制度文化、精神文化或单线或聚合或整体,广泛地影响着世界文化的发展进程。如汉语便是日语、韩语、越语等一批"汉字型的文字"的源头。越南嗣德皇帝曾说:"我越文明,自锡光以后,盖上自朝廷,

---

① 沈约.宋书·宗悫传[M]//宋书.第7册.北京:中华书局,1974:971.
② 朱彧.萍洲可谈:卷二[M].北京:中华书局,1985:25.
③ 方豪.中西交通史:上[M].上海:上海人民出版社,2015:266.
④ 李约瑟.中国科学技术史.第4卷:第2分册[M].北京:科学出版社,1975:698.
⑤ 后藤末雄.康熙大帝与路易十四[J].周景濂,译.人文月刊,1936(5):13-81.
⑥ 朱云影.中国文化对日韩越的影响[M].台北:黎明文化事业公司,1981:29.

下至村野,自官至民,冠、婚、丧、祭、理数、医术无一不用汉字。"①直到19世纪末,越南才开始文字的拉丁化。最迟在公元前1世纪,汉字便输入朝鲜半岛。7世纪末,朝鲜新罗学者薛聪利用汉字为音符标记朝鲜语,创造出"吏读"法,为后来以汉字和谚文为正式文字的朝鲜语奠定了基础,直到第二次世界大战后,朝鲜除特殊出版物外,所有出版物才不再使用汉字。隋唐时代,汉字输入日本,直到现在,日语中还保留着大量的汉字。又如中国古代的农业、工艺、文学、哲学、科学等无不令世人折服。从某种意义上说,它们代表着中国文化,是中华文明的象征。因为中国陶瓷所拥有的极高声誉,"China"在英语中又是陶瓷或瓷器的意思;巴尔扎克称中国艺术有一种无边无涯的富饶性,中国神秘而又多彩的艺术,曾使几代西方哲人和艺术家为之倾倒;莱布尼茨从法国传教士白晋寄给他的两张易图(《伏羲六十四卦次序图》《伏羲六十四卦方位图》)中得到灵感,推进了二进制的计算系统,这直接影响了现代符号逻辑或数理逻辑直至计算机科学的发展;白居易《文集》尤其是他的《长恨歌》从局部和整体上都可称为日本紫氏部《源氏物语》的创作范本;"以诗书而化训国俗,以仁义而团结人心"②,更是汉文化带给周边各民族的国训国策。其中,公元645年,在一批返日留唐学的策动下,日本政府发动了以"中华化"为主旋律的大化革新,从中央集权的政治制度到班田制、租庸调制的社会制度无不以唐制为准的。这次革新完全可与后来"西洋化"的明治维新相媲美,正如木宫泰彦所说:"日本中古之制度,人皆以为多系日本自创;然一检唐史,则知多模仿唐制也。"③

就传播的途径而言,除了官方的互派役使,民间联络、个人交往也举足轻重;就传播的原因而言,除了经商、战争、迁移、探险、旅行、传教、逃难等也至关重要,甚至起到了关键性的作用;就传播的范围而言,除了汉文化圈的韩日越等国,同时也几乎遍及全球。唐代著名高僧玄奘西行印度即是一种集传教、探险、旅行为一体的文化交流活动。他在唐太宗"神仙事本是虚妄,空有其名"④的观念的影响下,西行印度求佛法,20年后回到长安,带回657部梵本佛经;又在唐太宗"至于佛教,非意所遵"⑤的背景下,撰写《大唐西域记》,翻译佛书,传其法相宗;他的《大唐西域记》对了解中印历史、地理、佛学及两国交流史具有重要的历史价值。所以,季羡林称他为"不畏艰险的旅行者,卓越的翻译大师,舍生求法的典型,中印友好的化身"⑥。在中外文化交流史上,与唐玄奘相类似,联系欧亚大陆的文化使者,有威尼斯人马可·波罗。自公元1275年至公元1292年,他漫游在中国大地上。回国后,他口述的《马可·波罗游记》为西方人描绘了一个梦幻般的中华帝国,激起了西方人了解中国,渴望与中国文化交流的热情。

三、吸收转化:内核外缘,相得益彰

走进中外文化交流的历史,不难发现中国古代文化不断地接受着外来文化的影响,才得以丰富和博大。小到一棉一马,大到科技文化、哲学思想,文化流入,源源不断。不过,中国

---

① 冬松.汉文与越南文化[N].南越:远东日报,1971-03-04.
② 黎嵩.大越史记全书:卷首[C]//越鉴通考总论.东京:东京大学东洋文化研究所,1986:84.
③ 木宫泰彦.中日交通史:节选[M].陈捷,译.贵阳:贵州大学出版社,2014:32.
④ 苏士梅.贞观政要[M].开封:河南大学出版社,2016:231.
⑤ 吴云,冀宇.唐太宗全集校注[M].天津:天津古籍出版社,2015:548.
⑥ 季羡林.中印文化关系史论文集[M].北京:生活·读书·新知三联书店,1982:179.

文化在接受外来文化时，主体上呈现出"内核外缘"的交流进路。这又可分为两种情况：一种是主动地消化吸收，把外域文化融进自己的文化体系中，并借此滋生无穷的创造力，为己所用，如对佛教文化的接受。另一种是被动地礼遇接纳，并存独立，继而保已不用，如基督教文化尤其是耶稣教。佛教、基督教是影响中国文化的两个最大的文化体系，它们分别在汉代、明代掀起了中外文化交汇的高潮。它们传进中国后，都经过中国文化"当天地之中"思维定势的检阅和审视，但结果何以不同？原因很多，主要有进入中国的时间不同，各自的文化内涵不同，传进中国的途径不同等。

据史书记载，公元前2年（汉哀帝元寿元年），佛教从西域传入中国内地。虽然它与已成中国文化主流的儒教有着深层的差异，诸如儒教视人为"三才"之一，佛教仅列人为"六凡"之二；儒教以有常对待人生，主张"乐天知命"，佛教以无常面对人生，主张"苦海无涯"；儒家以入世精神实现其"平天下"的理想，佛教以出世态度超脱现实苦难；儒教重生、讲现世不讲来世、远离鬼神、不语怪力，佛教则讲生死事大、因果报应、重轮回、驱鬼神、降妖魔等。然而在某种意义上，二者的分歧又是一种互补关系，如乐观与悲观、入世与超世、生生不息与轮回转世等构成了人生价值的不同方面。同时，二者也有许多共同点，如儒佛探究的对象都是人，都看重人的修行，都重视个体内向用功的修行方法，像默识、内照等。再者，佛教所具有的东方哲学的特征以及与中国本土道家学说的同构性等因素，皆加大了佛教与儒教会通互补的机会，最终被儒教所接受，成为中国古代文化的有机组成部分。

近代以前，基督教曾先后三次传入中国：唐贞观二年传入的聂斯托里派，时人称作"景教"；元代传入的罗马天主教，时人称为"也里可温教"；明万历年间传进的耶稣教。它们皆不同程度地被中国文化所接纳，但最终又被中国社会主流价值观所隔离。耶稣教传教士们肩负着以宗教"远征中国"的使命，但当他们来到中国，不得不顺应中国文化的特色和现实状况。如利玛窦就制定了"合儒、补儒、超儒"传教策略，认为"传道必须先获华人之尊重，最善之法，莫若以学术收揽人心，人心既服，信仰必定随之"①。尽管利玛窦等人为了传教的目的，称颂先秦儒教学说与基督教义相一致，但他们十分清楚，这二者之间是很难会通的。传教士们带来的西方学术确实吸引了部分中国学者，如徐光启、李之藻、杨延筠等名流受洗，开始研究西方文明，认为宇宙公理并非中国一家之私物，提出"欲求超胜，必先会通"②等中西调和的主张。但这只是少数人的认识，大多数人依然以"礼失而求诸野"的"西学中源"论调对待之，尤其当西方文明以强盛之势要求"超儒"时，中国人"夷夏之大防"的意识就会以强硬之势给予反弹。如康熙年间，罗马教廷宣布了禁止中国教徒尊祖祭孔等中国礼仪的法令，于是康熙下诏禁止天主教在中国传播。

佛教传进中国内地有西北陆路和东南海路两个传播路线，只是相对而言后者的影响并不大。因为前者是经过西域这个中间站的消化吸收，逐步渗入中原的；后者缺乏中间站的加工，很难在中国内地展开，并得到中国文化的真正认同。基督教带来的西方文化开始没有中间站而直接进入中国，虽然一度产生了一定的影响，但其文化精髓并未能渗进中国文化的系统中。鸦片战争以后，经过日本这个中间站，西方文化才真正触及中国文化的深层。佛教传进中国，正值中国文化的蓬勃发展期，并顺应东汉末年掀起的怀疑传统价值观的批判思潮，为其融入中国文化提供了便利，并最终成为中国文化的一部分，转化为与印度佛教不同的中

---

① 费赖之.利玛窦传[M]//冯承钧,译.入华耶稣会士列传.北京:商务印书馆,1938:42.
② 徐光启.历书总目表[M]//徐光启集:下册.王重民,辑校.上海:上海古籍出版社,1984:374.

国佛教。基督教传进中国时,中国古代文化已处于衰落滞后的状态。在与其交锋中,中国文化便显得缺乏自信,难以消化西方文化,反而陷入更加封闭的境况。

四、交流效应:回馈扬厉,青胜于蓝

反观中外文化交流的历史,可见中外文化交流在互通信息、互学互鉴的基础上,各自对一些文化进行了再创造,发展为一种更优越的文化形态。这种新形态往往又参与了新一轮的文化交流,在不断地回馈扬厉中推动着世界文化的交流与发展。不管是主动还是被动,中国文化从未停止过对外来文化的吸收与创造。简单地说,这就是外来文化的"中国化"现象。

印度佛教哲学的中国化就是明显的例子。佛的梵语为 Buddha,音译为佛陀,简称"佛"。佛本指人而非神,佛的名字是悉达多,姓乔达摩,又称释迦牟尼。佛的本义为觉者或智者,而不是造物主,更不是神。佛教是在反对神教中发展壮大的,其"诸法皆空"的理论本身并不承认"神不灭"的观念。佛教传进中国后,人们先以有神论的眼光审视它,视之为一种神仙方术,认为"神不灭"是佛教的真义,于是重精神修炼的小乘佛教在东汉时颇受欢迎。接着人们用老庄玄学思想阐释佛教教义,视之为一种智慧学,认为现象世界背后有一个超言绝象的永恒真实的存在,于是,宣传"诸法性空"般若学的大乘佛教便迎合了魏晋门阀士族的心理期待。随后,佛教在中国文化和封建社会上层建筑立足扎根,至隋唐时期出现了渗透着儒家心性思想的佛教,宋人进而以儒家为基,融合了道家、佛家学说,创造出了一门新学问——理学。佛教不仅给中国文化带来了无穷的创造力,而且在中外文化交流中,中国化的佛教从4世纪后期便传入朝鲜,6世纪前半叶传进日本,在对外域文化的建设与发展中扮演了重要角色。作为中国音乐文学的一种——词的诞生,是中国文化对外域文化再创造的另一个突出例子。隋唐时期,由于文化交流的强度增大,境外音乐和少数民族音乐传入中原地区,致使"今太常雅乐,并用胡声"①,唐王朝乐府机构在此基础上创造出"燕乐"。由于音乐极度的繁荣,促使了诗与乐在新的历史条件下,重新进行了一种更为高级融合,其结果就是"词",一种以"倚声填词"为主要创作方式的音乐文学样式。

同样,外域文化在吸收中国文化的同时,也在不停地再创造再发展。中国文化在中外交流的过程中有"如银泻地"的穿透力,但是外域文化也充分发挥着自己的主观能动性,有所选择有所创新。举世闻名的中国四大发明,由于受到中国古代文化观念的束缚以及封建经济发展滞后性的影响,在中国本土并没有发挥革命性的社会效应,恰如雨果讥讽的"停滞在胚胎状态,无声无臭",旧"中国真是一个保存胎儿的酒精瓶"②。可是,中国四大发明传进欧洲,便在政治、经济、宗教等领域卷起了狂澜,乃至推进了世界文明的进程。马克思敏锐地指出了这一点:"火药、指南针、印刷术——这是预告资产阶级社会到来的三大发明。火药把骑士阶层炸得粉碎,指南针打开了世界市场并建立了殖民地,而印刷术则变成了新教的工具,总的来说变成了科学复兴的手段,变成对精神发展创造必要前提的最强大的杠杆。"③进而,汉文化圈的国家也不断地对中国文化推陈出新,在新的一轮文化交流中成为中国文化借鉴的对象。如占城稻,这种成熟期快且耐旱的水稻发源于中国浙江余姚河姆渡,传入越南,后经

---

① 魏征.隋书:卷14:志第9:音乐中[M].北京:中华书局,2000:232.
② 雨果.雨果文集[M].孙利虹,译.西宁:青海人民出版社,1999:812.
③ 马克思.机器。自然力和科学的应用[M].北京:人民出版社,1978:67.

改进，于宋真宗时从越南中部一带反馈回中国。又如中国的冶炼技术传到日本，日本对此进行研习改进，所制刀具逐渐精良，以至于宋代人已开始盛赞日本刀为"宝刀"。由此，文化交流是文化自我更新和发展的重要途径，过去如此，现在和将来更是如此。

第二节 中国文化的近代化历程

经过数千年的跋涉，中国传统文化终于在"欧风美雨"的交加之中，踏上了近代化的征途，那股镶嵌在"辉煌"和封闭观念中的自我更新欲望便从明末清初的懵懂状态迈向近代中国的惊醒之路，历经了物质、制度和观念等文化层面的自救和重构的过程。于是，在积弱落后的近代中国，中国文化踏上由量变到质变的旅程。1922年，梁启超便在《五十年中国进化概论》里从鸦片战争算起，指出中国近代化历经了三个时期：第一期，先从器物上感觉不足；第二期，是从制度上感觉不足；第三期，便是从文化根本上感觉不足。[1] 确实，梁启超这段言论"有助于人们去认识整个近代中国文化变迁之史实"[2]。后来的学者基本上赞成梁启超的三期说，并在此基础上有所发挥和补充。中国文化的近代化在一定意义上是在与传统文化抗争和与西方文化较量中展开的；中国文化近代化历时甚短而变化甚速，众多观念错综交织，故分期没有死限，但每次转变皆有强劲的内外因，在一片嘈杂声中总有某个主旋律，故各阶段又相对分明。

一、从"忧器"到"变器"：物质层面的变革

这个阶段自鸦片战争至中日甲午战争，历时50余年，是中国文化近代化较长的一个阶段。这充分说明中国传统文化的迟滞性和中国文化近代化的艰巨性。开启这个阶段的活动主体是一些刚刚从传统文化阵营里觉醒的人士，他们以"中体西用"为自己的文化形态观，开启了中国文化近代化的自强之路，他们忧虑的焦点不是清朝的专制制度，不是国民素质，不是传统文化本身，而是中国落后的器物，尤其是不堪一击的军事武器。

中国文化为什么会走向近代化的道路？近代中国历史、近代中国人的探索已经为我们揭示了这个命题：中国传统文化的滞后性是内因，西方文化的介入是外因。鸦片战争之前，部分先觉之士已敏锐地观察到清王朝衰落枯朽，中国传统文化出现了迟滞僵化的现象。龚自珍就是一位满怀忧患、深感危机的社会批评家，他说这个社会已是"履霜之屦，寒于坚冰；未雨之鸟，戚于飘摇；痒痨之疾，殆于痈疽；将萎之华，惨于槁木"[3]。这不是耸人听闻的"骇世"之语，而是满怀苦心的醒世之论。此时，清朝社会、中国传统文化已是"四海变秋气"[4]：由传统"多子多福"观念带来的人口压力，由闭关锁国导致的外强中干，由封建专制引发的民怨

---

[1] 梁启超.五十年中国进化概论[M]//饮冰室合集：文集之三十九.北京：中华书局，1989：43-45.
[2] 庞朴.文化结构与近代中国[J].中国社会科学，1986（5）：3.
[3] 龚自珍.乙丙之际箸议第九[M]//龚自珍全集.上海：上海人民出版社，1975：7.
[4] 龚自珍.自春徂秋，偶有所触，拉杂书之，漫自诠次，得十五首[M]//龚自珍全集.上海：上海人民出版社，1975：485.

沸腾,由儒教一统、攻乎异端养成的空洞陈腐学风……一句话,"日之将夕,悲风骤至"①,中国传统文化本身,清王朝本身都面临着新的选择,潜藏着一个"向何处去"的问题。当时种种迹象如汉学与宋学的融合,经世致用思想的再度萌生等,表明中国传统文化将会有一次新的转变。而第一次鸦片战争的爆发,尤其是中国战败的残局无疑是一个强悍的外力,猛烈地刺激了这个危机四伏的文明古国。这个外力固然在一定程度上转移了国内矛盾,但是因清朝政府极度的虚弱,这个外力反而加剧了中国传统文化内部的分裂,促使国内矛盾的爆发,"中国文化向何处去"的问题终于被提上了议事日程。

西方文化的侵入,不同阶层的人做出了不同的反应。太平天国运动因主张推翻清朝、反叛儒教而最具有革命性。可是也由于太平天国的爆发吸引了一些正在觉醒的知识分子的注意力,使他们忙于消除内患而无心反思中国传统文化的迟滞性。更由于这个表面强盛的太平天国自身成分的复杂性和指导思想的非科学性,不仅使一部分觉醒的知识分子如容闳感到失望,而且随着太平天国的大势已去直至灭亡,反而又令腐朽的清政府有了中兴的希望,也令一些守旧者感到儒教还有"力量",认为太平军的覆灭是儒家文化仍有生命力的一次重大的检验。这样,因第一次鸦片战争所震醒的反思意识一度陷入了困顿,直到第二次鸦片战争爆发,一系列不平等条约的签订,方再次唤醒近代中国人的思变意识,洋务运动掀起了中国文化近代化的第一个高潮。从这个意义上,中国文化近代化的真正起点实在于此。

两次鸦片战争的败局首次真正地让近代中国人认识到中国传统文化有明显的不足。有不足就意味着要自我反思,要学习先进文化,要有振兴行动。可是因长期的闭关锁国,国人对西方文化多是模糊的认识。鸦片战争后,国门被迫打开,然充斥国人脑中的仍多是"华尊夷卑""天朝上国"观念。战败的屈辱换来的最深印象也只是西方拥有坚船利炮。对此,林则徐深有感触,他在后来遣戍伊犁的途中就说:"彼之大炮,远及十里内外,若我炮不能及彼,彼炮先已及我,是器不良也。彼之放炮,如内地之放排枪,连声不断,我放一炮后,须辗转移时,再放一炮,是技不熟也。"②这种"器不良""技不熟"的观念可以说是大多数觉醒之士对鸦片战争失败原因的总结。

道光咸丰年间部分觉醒之士虽深感中西差距,但或为了达到劝谕国人求学西方的效果,或因自己亦未能彻底摆脱华夏独尊意识,所构建的则是不离国本的以"中体西用"为纲领的中西文化观。如魏源在《海国图志》的序中回答此书写作目的时说:"为以夷攻夷而作,为以夷款夷而作,为师夷长技以制夷而作。""以夷攻夷""以夷款夷"系中国处理夷务的传统外交策略与手段,而后者"师夷长技以制夷"则体现了近代中国夷务政策的新主张。从希望鼓励持有"华尊夷卑"观念的国人向西方学习的角度说,魏源的主张充分考虑了国人接受的心理底线。一则"师夷"如同"以夷攻夷""以夷款夷"一样均是手段,而最终目的在于"制夷",由此可泄鸦片战争失败带给国人的愤怒情绪。二则必须消解国人对"夷"的传统认识,因为那个中国周边未被"王化"的"夷"是不足让华夏人学习的。于是,魏源明确告诫国人,此"夷"非彼"夷",这批"远客"之中"有明礼行义、上通天象、下察地理、旁彻物情、贯串古今者,是瀛寰之奇士、域外之良友,尚可称之曰夷狄乎?"③此"夷之长技三:一战舰,二火器,三养兵练兵之

---

① 龚自珍.乙丙之际箸议第九[M]//龚自珍全集.上海:上海人民出版社,1975:6.
② 林则徐.林则徐书简[M].杨国桢,编.福建:福建人民出版社,1981:197.
③ 魏源.西洋人《玛吉士地理备考》叙[M]//魏源.海国图志.郑州:中州古籍出版社,1999:423.

法"①尤为值得学习。

由此,魏源提出"师夷之长技以制夷"的著名命题以及改良出一整套的火器兵械、养兵练兵之法。李圭更是从破除中国古代的陋见,所谓"有机事者,必有机心,古人所不为也"出发,提出诘问:"夫机心用于器物,惟以利国利民,而弗为身家谋,则机心亦何尝不可用?"他的结论是:"是机器正当讲求。"②这些认识经过一段时间的沉积,又在第二次鸦片战争后爆发。此时"忧器""变器"的呼声越加强烈,行动上也由前期零散的办新学、置新科到有组织成规模的洋务运动。洋务运动自1861年1月总理各国事务衙门成立为起点,以军事工业为第一步,自此中国近代化历程向前推进了一大步。林则徐开始确立的"夷务"学问,此时变为一个具体操作的"洋务"大题目,夷、夷狄等名称变成了西洋、泰西、西方等;魏源开始从地理学观念上初步介绍的西方文化,此时变为一个"数千年来未有之强敌"的形象,中国文化也面临着"此三千余年一大变局"③的局面……这些充分说明近代中国人已经开始较为理性地思考中国传统文化的不足甚至存在的弊病。

两次鸦片战争也使中西文化碰撞日渐加强,近代中国人也由被动到主动地学习西方文化。一些觉醒者对西方文化的认识有所加深,尤其是第二次鸦片战争前后,出现几部富有体系、开维新变法之先路的学术著作,如洪仁玕的《资政新篇》、冯桂芬的《校邠庐抗议》、郑观应的《救时揭要》等,从器物到制度到观念提出了变革思想。除此之外,个别人针对中国文化的现状,发出了一些较为深刻的议论。如容闳以自己的亲身体验说出了对太平天国的看法:"以予观察所及,太平军之行为,殆无有造新中国之能力,可断言也。"④确实,太平天国表面反儒教,实则想以"上帝"换孔子;表面上反清,实则固存保守的夷夏之见;表面拜上帝,实则是洪秀全的懵懂附会,是迷信曲解。又如郭嵩焘主张:"能通知洋人之情而后可以应变,能博考洋人之法而后可以审机。"⑤从某种程度上说,这些观念对洋务派思想大有突破,但是总体而言,由于中国传统文化的惰性,他们无法彻底地摆脱对传统观念的依赖心理;由于迫于腐朽却专横的封建统治,他们无法实现美好的愿望;也由于人的认识有个由浅而深的规律,大多数人的认识尚无法突变。因此,当时大多数人只能认为中国传统文化之所以被击败,不是传统文化尤其是儒教的迟滞性,不是中国人的素质落后,而只是某些观念有欠缺,只是物质文化落后,尤其是军事武器不够先进的缘故。甚至有人认为只要去纯洁传统文化,从器物上弥补其不足,便可万事大吉。这时期中国人的心理是矛盾的:一则自感不足,需要自强,二则不愿丢弃传统,学习西方先进文化而抹不开脸面。以一小例证之,1863年,同文馆在京师设立,这所以培养外语翻译人才为主的学校,在当时无疑是中国近代文化的一大进步,但由诸如"同文""广方言"之类的命名可以看出,此时的改革者依然存有明显的自大虚骄之气。这些觉醒人士虽然认识到传统的道与器、本与末等观念需要改变,但此时他们忧患的是器,而不能忧患传统之道,故只倡导变器,文化观上只能是"中体西用"。他们的心灵深处,一言以概之:"道为本,器为末,器可变,道不可变。"⑥

---

① 魏源. 筹海篇三[M]//魏源. 海国图志. 郑州:中州古籍出版社,1999:99.
② 李圭. 环游地球新录[M]. 北京:中国旅游出版社,商务印书馆,2016:20.
③ 李鸿章. 筹议制造轮船未可裁撤折[M]//顾廷龙,戴逸. 李鸿章全集:第5册. 合肥:安徽教育出版社,2008:107.
④ 容闳. 我在中国和美国的生活[M]. 恽铁樵,徐凤石,等译. 北京:东方出版社,2006:81.
⑤ 郭嵩焘. 郭嵩焘全集:第4册[M]. 长沙:岳麓书社,2018:781.
⑥ 郑观应. 盛世危言[M]. 北京:华夏出版社,2002:15.

二、从"忧法"到"变法":制度层面的改革

这一阶段萌芽于早期的维新派思想家,实启动于中日甲午战争之后,中经改良派戊戌变法运动、清廷立宪运动、革命派共和运动至辛亥革命为止,历经近20年。这时期来自不同阶层的社会力量,尽管各自的宗旨、态度、途径不同,但他们所忧患的对象主要是中国传统社会的宗法制度,明显感到清廷社会制度有不足,并提出了各自的变革观点。这时期是中国文化的近代化的"变法"阶段,踏上由"变器"向"变道"迈进的征途。造成这种变化的原因是西方文化不断升级的侵入、近代中国半殖民地半封建化的不断加重和中国传统文化滞后性的深层暴露。

这时期,中国社会发生了较大的变化。伴随着与列强各种不平等条约陆续签订,被迫开放的通商口岸越来越多,由东南沿海到整个沿海,由沿海深入内地,传统手工业、小农经济几乎遭到"洋货"的毁灭性冲击……这时期,西方文化这个外力再次强悍侵入,中国人对西方的认识逐渐向文化的深层发展,学习西方文化的主动性逐步提高,走出国门的人日渐增多,租界、商埠、教会学校等西方文化传播的途径快速拓展……人们已经不再紧盯西方物质文明而不放,像以议会制度为代表的社会制度,以进化论为代表的科学理论,以民权为代表的政治学说等逐渐引起时人的兴趣。基于以上原因,近代中国文化酝酿着新的变革,洋务派那种"中体西用"的文化观及其"忧器、变器"的文化自强之路面临新的挑战。

其中,西化后的日本势力肆意介入是个不得不谈的话题。其实,明治维新中的日本已经开始窥伺中国,并有多次举动:1863年日本"千岁号"驶入上海港,1871年日本悍然出兵台湾等。在中日甲午战争之前,中国对这个"弹丸"小国,已历经轻视、留意到外交斡旋的几个阶段,且在几次外交中,中国并未占优势的结局也的确令一部分人吃惊和警惕。不过,直至甲午一战,北洋水师全军覆没的惨局着实让国人感到彻底的耻辱和愤怒,随之转化为反思中国古代社会制度弊端的动力。维新派人士自此走上了近代文化的舞台,中国文化的近代化出现了新的特征,突出表现为由"变器"转为"变法",由个人觉醒转变为群体觉醒,由操办实业到制度观念革新的启蒙宣传。直至清廷在维新运动的执着、八国联军的暴悍、革命派的愤怒以及民变的呐喊中,被迫"醒悟"过来,也开始立宪自救的挣扎举措。然而这是一个迟到的醒悟,20世纪初的中国已经不需要这个只在中国古代文化的"法"与"器"之间的浅层变革。于是,革命派从维新运动的失败、八国联军的肆意、清廷的挣扎以及民变的呼声中,逐渐理性起来。一个采取革命手段变传统之法、融西方制度文化且又改良中国古代传统文化之道的运动,遂成为这时期中国社会发展的一个主旋律。

中国文化近代化的第二阶段呈现出康梁维新派、清廷立宪派、资产阶级民主革命派三足鼎立的局面。这既是三股政治势力,也是三种文化势力。这三者相互冲突又互相交织,在不到20年的时间里,共同推动了中国文化近代化的进程,激起了层层狂澜。要说明这三者文化主张的区别与联系,先要弄清中国传统文化的道器观。道与器是中国古代对文化结构层次的基本认识,所谓"器",接近今人所说的物质文化;所谓"道",接近今人所说的制度文化和观念文化。在中国古代漫长的封建宗法制度下,制度文化与观念文化二者混为一体:"是道也,是学也,是治也,则一而已矣。"[①]以儒家文化为正统的中国古代传统文化观念并不是独立

---

① 龚自珍.龚自珍全集[M].上海:上海人民出版社,1975:2.

不依的,不仅需要各种制度来保障,而且其内涵就具体体现在各类制度之中。虽然名目繁多且随时代而变的各种制度也不是随意创制的,但它不仅处处要遵循传统文化的要旨,而且其本身就是以儒家为正统的传统文化观念的体证。这二者的二合一关系最突出的表现就是中国古代传统文化的伦理特色。在中国古代,伦理既是一种道德观念,又是一种社会制度,制度文化与观念文化被统一称为"道",视为文化之本、社会之本乃至宇宙之本。中国古代对道与器关系的认识一直争论不休,然基本上停留在谁主谁次的探讨中,无法彻底揭开"道"的内部组织及结构层次,一些朦胧的想法也最终被顽固的封建宗法制度所扼杀。中国文化进入近代,开始50年也只是处在忧器和变器的阶段。这时期,龚自珍所批评的"器可变,道不可变"[1]是近代文化思潮的主流,这个"道"就包括以儒教为正统的传统文化观念和各种封建制度。张之洞在《劝学篇·初序》里的一段言论就是有力的证明:"中国学术精微,纲常名教以及经世大法,无不毕具,但取西人制造之长补我不逮足矣。"[2]一些先觉之士对此虽有醒悟,但难以自觉地做到系统的理论澄清,更谈不上形成社会的群体效应。

中日甲午战争的战败结局刺激了国人对传统文化的反思力度和对现行制度的批判力量。他们思考之后的首个答案就是:日本通过西化变法,实行君主立宪制度而强盛。于是,在近代中国人被"弹丸小国"打败的耻辱愤怒的心里,鼓荡出救亡图存的自强欲望,一场以日本为参照的变法运动应运而生,而关乎道与器"变与不变"的争论也就随之而来。首先,启蒙者们通过不同方法力图说明"器"可变,"道"也可变,破"道"不变不灭之论。如谭嗣同承继王夫之"天下唯器而已,道者,器之道;器者不可谓之道之器"[3]的道器观,进而说道:"道,用也;器,体也。体立而用行,器存而道不亡……夫苟辨道之不离乎器,则天下之为器亦大矣。器既变,道安得独不变?"[4]言下之意就是,洋务派的变器之举值得赞赏和继承,但他们所持"器变而道不变"的认识是错误的,由"器变"到"道变"的观念更新之路必须往前推进。

其次,他们已经逐步认识到传统所谓"道"还有制度与精神之别,并用"法"或"制"界定制度文化,又用"道"代表华夏民族承传千载的文化理性,尤其是儒家的"道统"观念。虽如此,他们仍难以拥有彻底改变延续数千年的"道统"的决心,抑或是真正缺乏这个方面的觉醒意识。康有为的"托古改制"从学统上主张以今文经来取代古文经,破除"述而不作"的守旧意识,倡导"述而有作"的变革精神。这在一定程度上动摇了人们心中那万古不变的"封建正统思想的根基""越来越威胁到封建统治阶级赖以安身立命的纲常名教""为变法形成了舆论上和学理上的支持"[5],但他仍然"托"着孔子的威名,只是从强调变法的角度延续传统的儒家"道统",本质上是"中体西用"论的深入发展。即便是大谈"道"之变的谭嗣同,也不得不感慨而言:"圣人之道,无可疑也。方欲少弃之而不能,何况于尽!特所谓道,非空言而已,必有所丽而后见。"[6]孙中山谙熟儒道,学贯中西,深得中国博大气质,其革命之本质在于"以民主共和为国体,以完成宪政为政治目标的国民革命","三民主义"则是他政治上的具体主张。而支持其"三民主义"精神基底的"是把中国文化中的自由精神,经两千余年的艰辛而未能在政治中实现的,一旦使其实现",他"若是缺乏这种自由精神,便不可能有他百折不回的革命动

---

[1] 郑观应.盛世危言[M].北京:华夏出版社,2002:15.
[2] 张之洞.劝学篇[Z].芜湖:中江书院,1898:1.
[3] 王夫之.周易外传·系辞上传十二章[M]//船山全书:第1册.长沙:岳麓书社,1996:1027.
[4] 谭嗣同.报贝元征[M]//李敖.谭嗣同全集.天津:天津古籍出版社,2016:381.
[5] 张建民,闫富东.清代韬略[M].武汉:崇文书局,2018:225.
[6] 谭嗣同.报贝元征[M]//李敖.谭嗣同全集.天津:天津古籍出版社,2016:380.

力;他革命的目的若不是为了实现在政治中的自由,便不能解释他废除专制、实现民主的坚决主张"。①

第三,这三种文化势力在"器—法—道"的文化框架下,皆着眼于制度开展文化重建活动,各自反思的力度及向度并不同。从文化交流模式上说,这三种文化势力皆试图冲破前期"中体西用"而采取各自的"中西化合"思维方式。不过,他们的"化合"又都基本上停滞于"器"与"法"的层面上,"道"之化合力度不足。若说维新运动鉴于当时救亡图存的热情,在倡导君主立宪的政治变法的理性中掺和着许多非理性因素;清廷立宪出于自救的无奈,醒悟中夹杂着盲目与无奈;那么资产阶级革命派出于建立民主共和为国体的需要,则在易代的共情中有了更多的理性和认知的成分。维新变法派、清廷立宪派所变革的主要"器"与"法"之间的价值观,革命共和派则进入到"法"与"道"之间。鉴于此,三者归宿明显不同,前两者倾向保守,部分人甚至回到了"中体西用"之早期的文化模式,而后者中不乏退步人士,其中的进步力量甚至加入到新文化运动的阵容之中。总之,这时期,人们忧患的主要是"法"或"制":采取什么途径去变革,又变成怎样的"法"或"制"。这种忧患是急迫的、深层的,"若不改法,则大乱生"②,足以代表时人的心声。在这批觉醒之士的启蒙下,近代中国人在文化复兴的征程中,逐渐由个人走向了群体的觉醒,为新文化运动的到来创造了条件。

三、从"忧民"到"变道":思想层面的革新

早在民国初年,黄远生就著文指出近代文化演进经历了器物制造、政治制度变革两个阶段,且说"今日已成为思想上之争""本源所在,在其思想"③。从精神文化层面思考中国文化近代化的观念,萌芽于前期维新派或更早的部分"睁眼看世界"的人,然越来越多的人觉悟并付诸行动,还是民国成立前后,历时十多年,其余波延续到中国文化的现代化。这时期以"忧民"("忧人")"变道"("变理""变本")为思考社会发展的宗旨,强调宣传个体从传统中彻底的觉醒,整体地批判中国古代传统文化观念尤其是儒家伦理思想,主张以民主和科学为核心内容去重建现代意义上的中国人与中国文化。

民国的建立标志着近代文化发展的一个阶段性的成就,说明前期"变法"即在制度文化上的变革得到了政治文化势力的保障。与此同时,一部分人便认为中国传统文化的革新可以告一段落了,接下来的就是对前期革命文化成果进行弥补和建设。即便民国的缔造者孙中山亦曾一度表示,统一之后,所谓民族、民权二者已基本完成,下一步工作重点是要解决民生问题。其实,现实远不能令人如此乐观。民国不仅是在危机四伏中建立的,而且所谓的"建设"期也是各种政治势力、旧文化势力再生和抬头的时期。

一则,民国由革命到建设,并不是说社会矛盾都被扫除或都能扫除。自民国始,可以说,旧弊未除,新弊丛生:民生凋敝、兵匪满地、政俗难革、军阀嚣张、外敌伺隙……李大钊身处这疮痍弥目的环境,大呼"哀哉",撰《大哀篇》(1913年),痛惜、思变之情油然而生:"共和自共和,幸福何有于吾民也?"④孙中山也是怀着复杂苦痛的心情,于1918年在《建国方略·自序》

---

① 徐复观.学术与政治之间[M].北京:九州出版社,2014:438.
② 康有为.中庸注[M]//萧公权.近代中国与新世界:康有为变法与大同思想研究.汪荣祖,译.南京:江苏人民出版社,1997:74.
③ 黄远庸.新旧思想之冲突[M]//远生遗著:第一册.北京:商务印书馆,1984:154-155.
④ 李大钊.李大钊全集:第1卷[M].石家庄:河北教育出版社,1999:551.

里说:"夫去一满洲之专制,转生出无数强盗之专制,其为毒之烈,较前尤甚。于是而民愈不聊生矣!"①这残酷的现实自然会激起人们的求变欲望。

二则,"民主共和"政治制度的建立并不意味着近代以来中国政治制度变革的完善和彻底。袁世凯就任民国总统,这不仅仅因为他握有重兵,也不仅仅是孙中山顾全大局的谦让,更为根本的原因在于当时大多数"进步人士"还对立宪制度怀有依恋与眷顾之情,对革命派的形象有惧怕感,对共和制度缺少准备。如此,曾力倡立宪的袁世凯自然容易被不同层次的人所接受,就连同盟会的章太炎、黄兴等人也说袁世凯"素负全国重望"②,加上其他人的策划,致使举国上下一片"非袁莫属"的论调。宋教仁曾清醒地识破这种局面,他在《国民党沪交通部欢迎会演说辞》里说:"今革命虽告成功,然亦只可指种族主义而言,而政治革命之目的尚未达到也。推翻专制政体,为政治革命着手之第一步,而尤要在建设共和政体。今究其实,则共和政体未尝真正建设也。"③可宋教仁之死,又是这不完善的政治制度的牺牲品。如此,这必然激起人们的深层反思。

三则,民国建立是一场带有革命性的制度文化变革,并不能涤荡人们内心深处呵护传统文化的旧观念,还谈不上是一种彻底的思想质变。可以说,民国建立后,多种旧势力、旧思想皆演了一次"你方唱罢我登场"的丑剧或闹剧,最为突出的是张勋复辟、袁世凯称帝以及孔教会与灵学会的招摇过市。这几股浊流互为表里,共同说明辛亥革命并没有彻底破除陈规陋习,尤其没有扫清阻碍近代文化前进步伐的最根本的绊脚石。反而让这些旧种子有了重新发芽的气候,以至于这些守旧派变本加厉,不惜改头换面,肆意妄为,嚣张至极。如此时的康有为把孔子由人变为神,且大动感情地说:孔教是中国之国魂,如废孔教"则举国四万万之人,彷徨无所从,行持无所措,怅怅惘惘,不知所之"④。这里,他已经完全忘记自己曾"托古改制"的初衷,成为一个失去理性的时代弃儿。此时的严复则赋予灵学会的科学价值,主张要研究迷信、神秘,认为灵学非虚而实。这里他也完全忘记自己曾经介绍西方进化论的动机和"启民智"的甘苦,反而利用历史赋予他的科学形象,为打着"科学"旗号,实则土洋结合,贩卖迷信陈货的灵学会推波助澜,摇旗呐喊。

诸如此类,无不表明一场新的文化革命到来的迫切性和紧迫性。新文化运动是一次划时代的文化批判和重建运动,不仅要重视陈独秀、李大钊、鲁迅、胡适等旗手式的人物,而且不能忽视孙中山的"心理建设"理论,更不能忘记维新派人士的新民学说。正是维新派人士的新民学说启迪了新文化"忧人"或"忧民"的视角;正是孙中山的思考促进了国民自我建设的反思,人们也逐渐认识到由"道""法""器"所构成的文化体系乃是一个整体,而不能存旧心理用新制度;正是这些充满激情和理性的先驱们推动了新文化运动的顺利展开。这里拟从忧患对象、批判目标、重建标准等方面来评述这场中国特色的民族复兴运动。

一则,忧患对象"根柢在人"⑤。在世界各民族中,中华民族成熟较早,子不语怪力乱神的教诲使中华民族较早地过上了理性生活。然而这次觉醒的主要是"社会人""伦理人",还不是现代意义上的个体人的觉醒。随着近代中国文化的发展,西方资产阶级人权学说传进中国,人们在忧患器物、制度迟滞的同时,也逐步认识到国民品格积弱才是文化落后之本。于

---

① 张磊.孙中山文粹:上、下[M].广州:广东人民出版社,2009:209-210.
② 黄兴复汪精卫电(1911年12月9日)。王汝丰.黄兴宋教仁朱执信诗文选[M].成都:巴蜀书社,2011:46.
③ 陈旭麓.宋教仁集:下册[M].北京:中华书局,1981:459.
④ 康有为.复教育部书[M]//周德昌.康南海教育文选.广州:广东高等教育出版社,1989:136.
⑤ 鲁迅.魏晋风度及其他:上[M].上海:上海古籍出版社,2019:16.

是,严复强调鼓民力、开民智、新民德三者是自强之本,梁启超除此之外又指出"新民"必须具有公德与私德等一系列的要求。不过严、梁二人的"新民"理论思考多是中西文化观念的叠合,无法拂去传统文化的旧心理。随着中西文化深层碰撞,人们逐渐认识到所"新"之民应该是具有独立人格的个体意义上的适应社会进化的现代人。于是,他们的忧患思路就转变为如何使这些割了辫子却是"旧人"的人真正觉醒。早在1908年,鲁迅就提出"其首在立人,人立而凡事举"①的思想,之后他或用犀利冷峻的杂文,或用意蕴深刻的小说,用形象传达思想,塑造了阿Q、孔乙己、祥林嫂等典型人物,开始了改造国民性的工程。陈独秀于1915年在上海创刊《青年》杂志,次年改名为《新青年》,开始了"国民根本之进步"的呐喊。他在《东西民族根本思想之差别》一文里主张要"以个人本位主义易家族本位主义",因为中国传统的家族本位主义文化"损坏个人独立自尊之人格""窒碍个人意思之自由""剥夺个人法律上平等之权利""养成依赖性,戕贼个人之生产力"。②可以说,倡导国民个人人格的彻底觉醒是新文化运动的出发点。

二则,批判目标"伦理之觉悟"。新文化运动的倡导者们在思考国民之觉悟时,深刻地认识到中国"人"尚不是现代意义上的个人本位的人。造成"旧人"的根本原因不是没有先进的器物和政治制度,而是在于滞后的中国传统伦理观念,正是因为后者才酿成了前者。就中国古代传统文化而言,他们认为儒家礼教是罪魁祸首,而孔子是元凶。沿着这个思路,陈独秀在《吾人最后之觉悟》里说:"吾敢断言曰:伦理之觉悟为吾人最后觉悟之觉悟。"③应该说,中国古代驳礼教难孔说的人大有人在,如前有庄子后有李贽,但他们仍旧是在传统文化领域内的反思。戊戌变法前后,曾有过是否"尊孔保教"的争论,康有为力持"尊孔保教",谭嗣同猛击"三纲",严复则曾主张"教不可保,而亦不必保"④,梁启超的态度不定,而无政府主义者打起"排孔"旗帜,甚至说"孔丘砌专制政府之基,以荼毒吾同胞者二千余年矣"⑤。这些驳孔者或出于救亡图存的义愤,或无法超越制度观念的束缚,皆没有彻底地理性地去涤荡礼教伦理的旧观念,直至新文化运动重新肩负起这个使命。陈独秀认为如果伦理不觉悟,其他所谓觉悟皆非彻底之觉悟,只是"盖犹在惝恍迷离之境"⑥。李大钊在比较中西文化的"静"与"动"的差别后说:"苟不将静止的精神,根本扫荡……其结果必蹈于自杀。"进而主张彻底埋葬"那二千余年来支配中国人精神的孔门伦理"⑦。鲁迅则把封建礼教伦理比喻成"吃人的筵席",是"吃人的礼教",生活在其中的人的本位人格丧失殆尽。因此,对传统文化的批判精神至此时方走向彻底。

三则,重建标准"德赛两先生"。中国文化近代化经过近80年的变革,民主与科学至此方从文化的局部走进整体,由表层入乎深层。陈独秀说,只有德、赛这两位先生"可以救治中国政治上学术上思想上一切的黑暗";为了拥护这两位先生,"就是断头流血,都不推辞"⑧。新文化的倡导者大多精通西方文化,在近代中西文化急剧碰撞时,他们在扫毁传统文化旧标

---

① 鲁迅.文化偏至论[M]//鲁迅全集:第三卷.北京:人民文学出版社,1981:45.
② 陈独秀.独秀文存[M].合肥:安徽人民出版社,1987:29.
③ 陈独秀.独秀文存[M].合肥:安徽人民出版社,1987:41.
④ 梁启超.与严幼陵书[M]//梁启超全集:第1卷.北京:北京出版社,1999:72.
⑤ 绝圣.排孔征言[J].新世纪,1908(52).
⑥ 陈独秀.独秀文存[M].合肥:安徽人民出版社,1987:73.
⑦ 李大钊.李大钊全集:第3卷[M].石家庄:河北教育出版社,1999:45,434.
⑧ 陈独秀.独秀文存[M].合肥:安徽人民出版社,1987:243.

准的同时,必然会选择西方文化为参照系,思考重建中国现代文化的新标准。陈独秀关于除旧布新态度说得很直接:"新旧之间,绝无调和两存之余地,吾人只得任取其一。"[①]正因为如此,新文化批判旧文化的态度才得以彻底和坚决。由此可见新文化运动与文艺复兴的异同:二者皆主张人格独立之觉醒,但文艺复兴的观念变革对象是上帝及其人间的代表,而新文化运动变革对象是孔子及封建宗法制度;文艺复兴的观念变革思路是复古,是一种"托古改制",而新文化的观念变革思路是以西方文明为参照的反古。由此舆论场,新文化运动为马克思主义传进中国创造出了文化土壤,从而标志着一个新时代的到来。

至此,中国近代文化是中国传统文化的一次独特的延续。说独特,是指中国近代文化在西方文化的冲击下,滋生出了一系列新文化。这种新文化与中国传统文化相比有着由量变到质变、由单一到多元的差异。说延续,是指中国近代文化不仅内部包含着中国传统文化,而且其中的新文化也是中国文化在中西文化交流中创变的结果,而不是西方文化的简单移植。因此,中国近代文化理应是中国文化的一个有机组成部分,但又有着区别于中国传统文化的诸多特点。

第三节 "人类命运共同体"的文明价值

经过近80年的艰难选择,中国近代文化终于在新文化运动的推动下,走向了现代文化的旅程。那股用耻辱换来的,成为近代中国文化传统观念的"自救和重构"精神,已逐渐从醒悟状态走向了大众化的群体实践。然而面对着新的文化困境和机遇,中国现代文化同样走着一条坎坷曲折之路。从新文化运动的"再造文明"到今天对"未来取向"的思考,中国文化的现代之路又历经了选择主流文化、建设主流文化和再建主流文化等不同时期。于是,经过百余年的求索,一个独具特色且生机盎然的中国文化踏上了复兴的征途。

一、文明交流,实现文化振兴的新主张

人类参与文明交流的目标是当代传播学建设的结穴之所在,检验这个目标的价值就必然要考虑这么几个关键点:是否遵循以问题意识为导向的现实性原则,即须以破解全球问题作为思考的逻辑起点,避免落入"空想""乌托邦"式的窠臼;是否延续人类纵贯生命线的历史性原则,以汲取人类文明交流与对话的优秀经验作为思想展开的阳光土壤,避免陷入历史虚无主义的境地而失去心理接受的前提;是否尊重人类文明横剖面的多样性原则,以世界眼光关注各文明共同发展为中心,避免跌入狭隘的文明观谷底而失去对其他文明认同的条件;是否立足于以人类生态学为根基思索文明前行的创新性原则,避免落入人类中心主义之桎梏而失去守正创新的文明活力。

有了基点、目标和科学的指导思想,还要有一个正确的选择态度。中国现代新文化不是凭空产生的,它必须建立在古今中外文化的基础上,同时它也不是对古今中外文化的简单吸收或无原则的叠合,而是要以科学方法为思维武器,创造性发展与建构。此处,如何避免单

---

① 陈独秀.独秀文存[M].合肥:安徽人民出版社,1987:660.

极发展,选择中外会通的建设思路至为关键。自中国近代文化以来,"单极发展"的文化重建主张始终很活跃。这又有两种情况,一是主张中国文化本身的单极发展,二是主张西方文化取代中国文化而在中国发展。这是华夏中心论和西方中心论在文化选择中的极端表现。

主张中国文化的单极发展,乃是一种保守顽固的思想,在不同的时代有不同的表现。这种观点有时也主张适当地吸收西方思想,接近于"中体西用"或"中西调和",但是总的来说,这种观点排斥外域文化,沉湎在华夏文化的优越感中;这种观念虽然认识到文化传统的惰性力量,但是难以要求传统文化的更新求变,最终归宿就是回归传统,停滞不前,封闭僵固。这种观点虽然肯定了文化结构中民族性,却轻视了其中的时代性。主张中国文化西方化,走西方文化单极之路的观点,乃是一种狭隘的民族虚无主义,典型的代表就是"全盘西化"论。这种观点虽然认识到中西文化的差距,却非理性地盲目地夸大了这种差距;这种观点虽看到了文化结构的时代性,认识到中国文化学习西方文化的时代必要性和迫切性,但是却无视文化结构中的民族性,无视文化传统的动态延续规律;这种观点虽然认同了西方文化,但是却反对马克思主义或者是不归结到马克思主义,带有鲜明的政治目的性。

所以说,我们必须采取新的选择态度,即中外会通。"会通"本是明代的徐光启提出的,他曾说"欲求超胜,必先会通"[①]。只是早期的"会通观"因为受到各种守旧观念的干扰,缺乏先进的科学思维方式,常陷进折衷主义或体用二元思维模式的窠臼。"会通"一词具有较大的弹性,很有生命力,是一个切实的文化选择态度。若要"会通",就要在消除中西对立,体用二元错误思维方式的前提下,在承认文化结构中民族性与时代性的有机统一的基础上,在历史唯物主义和辩证唯物主义的指导下的一种融合和综合态度。如此"会通",方能真正拥有古今中外视域下的全球化治理的担当和能力。

全球化是一个历史性及延续性的过程,以西方殖民主义为主的"人种—民族—宗教—帝国"模式至今仍在发挥着作用。有鉴于此,"人类命运共同体"作为"全球化"进程中关于世界文明生存、交往和相处秩序的设想,既植根于华夏文明的历史底蕴,又是传承与创新"天下大同"及马克思主义思想,体现中国智慧的新主张。"人类命运共同体"既针对了目前人类文明发展中出现的全球性难题,也是抗拒西方殖民主义的模式,主动思考华夏民族"走出去",由在世界舞台上的参与者到领舞者转变的中国方案,以及提出有关全球治理、人类发展、建设世界新秩序的前行定力。一句话,这是进一步"提升中国的国际话语权"并"反省重建"国际社会发展理论,"为这个世界提供另一种文化选择"[②]的新主张。

二、文明对话,破解全球问题的新责任

人类一直在追求和谐美丽的世界,然与此相伴的则是不同时期遭遇的难题。不过,在辩证唯物主义者眼中,任何困难均是"危""机"并存的现实,只要化危为机,便能迎接晨曦,拥抱光明。中国儒家彰显的生生不息之精神,很大程度上体现在如何化"衰""乱"之"危"为走向"盛世"之机;道家笔下的人间世更是物欲、私欲横流的世界,然面对"天下大乱,贤圣不明,道德不一"的现实,庄子揭破了"天下多得一察焉以自好"这个"方术"思维之谜,主张以"内圣外

---

① 徐光启.历书总目表[M]//.王重民,辑校.徐光启集:下册.上海:上海古籍出版社,1984:374.
② 郑永年.郑永年论中国:中国的文明复兴:出版说明[M].北京:东方出版社,2018:1.

王之道"的"道术"①拯救之。20世纪80年代,德国乌尔里希·贝克首创"风险社会"概念,认为"生产力在现代化进程中的指数式增长,使风险和潜在自我威胁的释放达到了前所未有的程度",人类犹如生活"在文明的火山上",提醒世人"风险意识的核心不在当下,而在于未来。在风险社会里,'过去'丧失了它决定'现在'的权力,取而代之的是'未来'"②。进入21世纪以来,"全球化""信息化"在促进市场一体化,带来经济发展,享受科技文明,摆脱时空束缚的同时,带来了新的危机。如在人与自然关系上,自工业革命以来对自然和资源的掠夺性开发,对物质的过分享受,引发了环境危机,诸如天气变暖、飓风等自然灾害频发、不可再生资源日渐匮乏等;在人与社会的关系上,对利己主义、自由主义、极端主义的过分崇拜,侵害社会和文化,引发社会危机,如"恐怖主义"成为恐怖分子的一种意识形态,而"反恐"变为政府的一种日常工作;在人与自我的关系上,对自我中心主义的过分推崇,破坏身心有机状态,引发心理危机,如性别意识的模糊、压抑甚至抑郁心理的膨胀等。

当今世界已经进入全球化的新时代,正处于大发展大变革大调整时期,拥有世界眼光、全球视野,正确认识当今时代潮流和国际大势更是文明交流和对话的前提。可以说,"放眼世界,我们面对的是百年未有之大变局"③,在正确对待风险、忧患意识中强化抢抓历史机遇的意识,同解时代命题,共谋发展大计,把握人类命运的航向,这是历史赋予我们的新责任。关于世界处于百年未有之大变局的内涵,中共十九大报告有过明确解读:一方面,"世界多极化、经济全球化、社会信息化、文化多样化深入发展,全球治理体系和国际秩序变革加速推进,各国相互联系和依存日益加深,国际力量对比更趋平衡,和平发展大势不可逆转";另一方面,"世界面临的不稳定性不确定性突出,世界经济增长动能不足,贫富分化日益严重,地区热点问题此起彼伏,恐怖主义、网络安全、重大传染性疾病气候变化等非传统安全威胁持续蔓延,人类面临许多共同挑战"④。上述各类变局的关键点,一是百余年来由西方发达国家主导的国际秩序与全球治理格局正在发生深刻调整,发展中国家日趋拥有更多的全球治理的话语权,国家力量对比更趋平衡,世界多极化、文化多样性势不可挡;二是伴随着新一轮科技革命和产业变革的深入推进,日渐深入的经济全球化、社会信息化正在重塑世界,各国彼此依存或人类相互联系已达到命运与共的程度,文明交流互鉴是必然的选择;三是既因科技变革的"双刃剑"效应,也因国家力量对比调整所引发的斗争,都在说明人类社会进入"变局"与"危机"并存的新阶段。当然,"危机"具有向坏与向好转变的双重性,如何避免向坏方向发展的"危险",选择向好转向的"机会",是人类文明前进的必由之路。

世界处于百年未有之大变局,正是新时期文明对话得以提出的时代原因,更是当代新闻传播伦理学建设的现实背景。在以互联网为代表的当代数字媒介时代,人类社会的面貌正面临着前所未有的技术革新、资源管理、符号演变、主权内涵乃至自然观念等方面的转型,进入"一个多元、多维、多媒体化、跨时空、网状化、个性化甚至是碎片化的传播新秩序"⑤。一则,独立的、自由的特定个体成为"身兼多重传播身份的新型传播主体和客体",他们"可以使用市场上现有的传播资源,而不必在组织或资源上依附或依赖于任何政治或商业霸权"⑥。

---

① 陈鼓应.庄子今注今译[M].北京:中华书局,1983:855.
② 乌尔里希·贝克.风险社会:新的现代性之路[M].张文杰,何博闻,译.南京:译林出版社,2018:3,1,24.
③ 习近平.习近平谈治国理政.第三卷[M].北京:外文出版社,2020:421.
④ 习近平.决胜全面建成小康社会 夺取新时代中国特色社会主义伟大胜利[N].人民日报,2017-10-19(001).
⑤ 黄成炬.媒介社会学向传播社会学转向[M]//洪浚浩.传播学新趋势:上.北京:清华大学出版社,2014:346.
⑥ 黄成炬.媒介社会学向传播社会学转向[M]//洪浚浩.传播学新趋势:上.北京:清华大学出版社,2014:345.

相对于传统的传播组织秩序,这种新型传播个体可谓空前自由和解放,社会和政治不稳定风险迅速积聚,需要在重建传播游戏规则中强化责任意识。二则,伴随着国家力量对比日趋平衡,各国媒体"各美其美",塑造国家形象,竞逐国际舞台的现象愈演愈烈。可以说,"竞逐"是永远的现实,然当今有关"竞逐"的传播方式及其所树立的"竞逐"形象,均须尊重"文明对话"的文化背景和规则。像之前媒体所扮演的单一信息制造者及传送者角色、单向传播过程以及试图以"控制""灌输""施加影响力"的效果期待等,均不合时宜;相反,在内容生产上须重视使用者的共创作用,强调协同创作的双向传播过程,以及通过促进和平赢得发展空间的传播效果等,理应成为现代媒体的责任。三则,随着全球治理格局的变化,"强""弱"双方均要避免文化帝国主义的偏向,从而恪守以文明对话为要义的传播新秩序。近代以来,发达国家通过被赋予了统治力和渗透力的媒体,对发展中国家及欠发达国家之间的经济、文化的征服和控制,在更大范围内建立了标准、规则,进而影响着输入国国内的价值观、行为准则以及社会文化的进程。随着政治、经济世界格局的变化,文化输出已非传统的帝国主义国家的专利,我们需要构建"对话理解""合作共享"等为核心的全球传播新秩序。个中的关键一方面不能以"侵占""控制"输入国的文化和社会进程为目的,另一方面也不能将"文化对外传播"等价于"文化帝国主义"。由此,当代传播学建设需要面对并克服"文明传播的悖论",即"文明在物质、技术以及媒介层面的进步,常常打乱了固有的文明传播秩序,尤其是文化信息的骤然增加与分歧杂乱,使原本共享共信的文明价值被怀疑,甚至否弃,最终使文明成为人为传播的牺牲品"①。

三、文明承传,重塑世界秩序的新认同

为了解决在经济全球化的背景下,世界上不同文明如何和平共处的问题,费孝通认为思想界对此要有一种"文化自觉"的时代反应,"我们在精神文化领域里需要建立起一套促进相互理解、宽容和共存的体系"。这个体系必须"在对自身文化有'自知之明'的基础上,了解其他文化及其与自身文化的关系"②,实现文化的自我认识,重塑新的世界秩序,完成世界文明相互理解、宽容和并存共处的认同。随着世界处于百年未有之大变局,"人类命运共同体"正是这样一个不忘本来,吸收外来,面向未来的思想体系。

首先,中国古代"天下大同"学说的历史启悟。大同社会的经典描述见于《礼记·礼运》,该篇解释"大道之行也,天下为公""是谓大同"时,公、私对举思路极为明显,弃"私"为"公"的取向彰显出一种相互理解、宽容和并存共处的价值认同。"大同"是一个"有情"的世界,但此"情"并非私情、私利,所谓"不独亲其亲,不独子其子""货恶其弃于地也,不必藏于己;力恶其不出于身也,不必为己"等是也;而是体现"共情""公共权利"的价值导向,所谓"使老有所终,壮有所用,幼有所长,矜、寡、孤、独、废、疾者皆有所养。男有分,女有归"是也。与此同时,在公私分明中,构建出一个彰显正义("谋闭而不兴,盗窃乱贼而不作"),极具安全感、幸福感("外户而不闭")的世界。所谓"天下为公"对比的是"天下为家"③,后者虽体现了以"家"为核心的政治秩序,然已并不局限于"家",至于天下为公的大同世界,更是超越血缘、地缘、年龄、

---

① 杨瑞明,张丹,季燕京,毛峰.文明传播的哲学视野[M].北京:中国社会科学出版社,2012:21.
② 费孝通.文化与文化自觉[M].北京:群言出版社,2010:313.
③ 郑玄,笺.孔颖达,疏.礼记正义[M]//阮元,校刻.十三经注疏.北京:中华书局,1980:1414.

性别、自我等观念的束缚,走向了一种共同体的世界,颇具世界多极化、文化多样性的现代意义。

这是一个充盈着理想情怀又有现实依据的"礼治"社会。"礼"之正当性,既因其本于天道,又因其源于人情,"夫礼,先王以承天之道,以治人之情。故失之者死,得之者生"。"大同"即是在追溯"礼"之源头,叙述"礼"之沿革中提出的,"圣人以礼示之,故天下国家可得而正也"。"大同"既是"礼制"的社会理想,也是"礼"的现实运行,乃是源于现实与期待理想的双重结构。前者更是以后者为前提,于是,历代论者言及"大同"时,总会针对现实发出今不如昔的忧患声音,其中就有关于"大同"社会历史形态的认同。像郑玄等即认为"大同"乃"尧舜之治""禅让"时代的社会形态,"小康"则是夏禹之后"家天下"时代的社会形态①。可以说,中国古代的探本溯源思维方式,就是借助追溯人类生命本源揭示人类的共同价值,本在源中,又源中本。

正如清代孙希旦所言:"礼运者,言礼之运行也……周衰礼坏,孔子感之而叹,因子游之问,而为极言礼之运行,圣人所恃以治天下国家者以告之。"②那么,如何理解中国传统的"天下""国家"?孟子曰:"人有恒言,皆曰:'天下国家。'天下之本在国,国之本在家,家之本在身。"③孟子所言,即《礼记·大学》说的"身—家—国—天下"这个"差序格局"。在原初的语境中,"国家"指诸侯国,"天下"指天子治下的领域。不过,随着时间的推移,两者的含义均有所变化。其中,"天下"除了地理空间、政治空间,还有心灵空间("得民心者得天下"等)、文化空间("天下归仁"等)、价值空间("以天下为己任""天下者,天下人之天下"等)内涵。明末清初顾炎武曾专门辨析过"亡国"与"亡天下"之别:"易姓改号,谓之亡国;仁义充塞,而至于率兽食人,人将相食,谓之亡天下。"与关乎政权更迭的国家相比,"天下"则是民族文化的道德信仰、文明价值取向,深入到人之精神深处。"保国者,其君其臣、肉食者谋之;保天下者,匹夫之贱与有责焉耳矣!""是故知保天下,然后知保国"④,足见"天下"作为一种观念在中国文化中的独特价值。

至此,"天下",既是一个地理空间的概念,也是一个政治一统、文化一统的概念。早年中国人"因为知识所限,所以他们把自己的国家夸耀成整个世界,并把它叫作天下"⑤,且持有华夷有别的主张,认为自己居天下之中;又认为"普天之下,莫非王土",充实着政治秩序理念与民族主义情怀。这虽不是近现代西方霸权主义、帝国主义、殖民主义的"世界"观念,却多多少少带有一种"坐井观天"的"天下"观。即便如此,相对于中国古代的"国家"观念,"天下"观仍具有超越血缘、种族乃至政治的意义。只是伴随着"西学东渐"的进程,西方的国家观念日强,中国传统的"天下"观念反而走弱。在世界多极化、经济全球化日渐深入的当下,中国传统的"天下"观念是个值得重塑的概念。我们所理解的"天下大同",是放眼世界,建立在文明多样性、文明平等交流和对话,互鉴共荣基础上的多元一体的"天下"。

其次,马克思"真正共同体"理论的理想感召。人的发展既是马克思主义哲学的逻辑起点也是逻辑终点。从猿进化的人,其本质并非单个人固有的抽象物,在现实性上,人是一切

---

① 郑玄,笺.孔颖达,疏.礼记正义[M]//阮元,校刻.十三经注疏.北京:中华书局,1980:1414-1415.
② 孙希旦.礼记集解[M].沈啸寰,王星贤,点校.北京:中华书局,1989:581.
③ 杨伯峻.孟子译注:离娄上[M].北京:中华书局,1962:167.
④ 顾炎武.日知录集释[M].黄汝成,集释.栾保群,吕宗力,校点.上海:上海古籍出版社,2014:297,298.
⑤ 利玛窦,金尼阁.利玛窦中国札记:上[M].何高济,等译.北京:中国旅游出版社,商务印书馆,2017:203.

社会关系的总和。换句话说,"社会本身,即处于社会关系中的人本身"①。马克思曾针对亚里士多德"人是天生的政治动物"之论说,人"即使不像亚里士多德说的那样动物,无论如何也天生是社会动物"②。其实,此处"社会"与"政治"意思相近,均在强调人的社会性群体本质。故而,马克思又直言:"人是最名副其实的政治动物,不仅是一种合群的动物,而且是只有在社会中才能独立的动物。"如"孤立的一个人在社会之外进行生产""就像许多个人不在一起生活和彼此交谈而竟有语言发展一样,是不可思议的"③。简言之,人的社会性群体性质这个"人的实质也就是人的真正的共同体"④,符号媒介正是这个共同体的产物。不过,马克思、恩格斯认为,人的"共同体"不是一成不变的,因生产力水平的制约而有诸多阶段与类型。

一是部落共同体,这是与自然世界紧密地生活在一起的原始共同体或天然共同体,也是民族发生的前身。起初是"游牧",这种以流动作为生存方式的形式,"并不是共同占有(暂时的)和利用土地的结果";继而是"定居",依气候的、地理的、物理的等外界条件,以及他们的部落性质等特殊的自然习性,自然形成的带有血缘、语言、习惯等共同性的群体。⑤

二是虚幻的共同体,这以国家、阶级等这个社会在一定发展阶段上的产物为基础的集体形式,也是民族深度发展的时期。何为"国家"?恩格斯说"国家绝不是从外部强加于社会的一种力量",而是由于"这个社会陷入了不可解决的自我矛盾,分裂为不可调和的对立面而又无力摆脱这些对立面","需要有一种表面上驾于社会之上的力量""把冲突保持在'秩序'的范围以内",于是,"这种从社会中产生但又自居于社会之上并且日益同社会脱离的力量,就是国家"⑥。因此,共同体、集体主义只是国家的外在形式,"在过去的种种冒充的共同体中,如在国家等等中,个人自由只是对那些在统治阶级范围内发展的个人来说是存在的,他们之所以有个人自由,只是因为他们是这一阶级的个人。从前各个人联合而成的虚假的共同体,总是相对于各个人而独立的;由于这种共同体是一个阶级反对另一个阶级的联合,因此对于被统治的阶级来说,它不仅是完全虚幻的共同体,而且是新的桎梏。"⑦

三是真正的共同体,这是超越国家、阶级等"井口"的共产主义社会。马克思在《共产党宣言》中畅想未来"代替那存在着阶级和阶级对立的资产阶级旧社会的,将是这样一个联合体,在那里,每个人的自由发展是一切人的自由发展的条件"⑧。此时的"社会应当提供给人类尽可能多的快乐、自由、尊严以及自我发展的机会",此社会中的人各尽所能,按需分配,"他们都对于人类的善抱有坚定的信念"⑨。此时的社会消除了劳动者与生产资料相分离的

---

① 马克思.1857—1858年经济学手稿[M]//中共中央编译局.马克思恩格斯全集:第46卷·下.北京:人民出版社,1979:226.
② 马克思.资本论[M]//中共中央编译局.马克思恩格斯全集:23.北京:人民出版社,1972:363.
③ 马克思.《政治经济学批判》导言[M].中共中央编译局.马克思恩格斯全集:第46卷·上.北京:人民出版社,1979:21.
④ 马克思.评"普鲁士人"的"普鲁士国王和社会改革"一文[M]//中共中央编译局.马克思恩格斯全集:第1卷.北京:人民出版社,1956:487.
⑤ 马克思.政治经济学批判[M]//中共中央编译局.马克思恩格斯全集:第46卷·上.北京:人民出版社,1979:472.
⑥ 恩格斯.家庭、私有制和国家的起源[M]//中共中央编译局.马克思恩格斯选集:第4卷.北京:人民出版社,1995:170.
⑦ 马克思,恩格斯.德意志意识形态[M]//马克思恩格斯选集:第1卷.北京:人民出版社,1995:119.
⑧ 中共中央编译局.马克思恩格斯文集:第2卷[M].北京:人民出版社,2009:53.
⑨ 布鲁克·诺埃尔·穆尔,肯尼思·布鲁德.思想的力量[M].9版.李宏昀,倪桂,译.北京:北京联合出版公司,2017:336.

状况,集体主义已是所有人的基本要求和价值底线,"没有共同体,这是不可能实现的。只有在共同体中,个人才能获得全面发展其才能的手段,也就是说,只有在共同体中才可能有人的自由。"①

再次,近代以来中国道路的实践价值。受到西学东渐的影响,近代以来中国人伴随着"天下"空间观念的变化,对"和而不同"以及"大同社会"内涵的认识发生着历史性的变迁。这典型反映在对中西文化关系的认识上。孔子曾言"君子和而不同,小人同而不和"②。"和而不同"实为存小异而求大同③,体现出一种一元化统摄下的多样性主张,反过来说,就是多样性的和谐统一,"大同"(大和)乃是它的高级层次,和而不同,方为大同。不过,孔子又说"君子泰而不骄,小人骄而不泰"④,同样涉及文明交流与对话的态度。对此,王夫之将"泰而不骄""和而不同"组合,认为这是"君子之守也"。此解极为精到,若单说"和而不同",忽视"泰而不骄"之前提,极可能会"庞然自大,谓道无不容,三教百家可合而为一冶,亦无忌惮矣哉"⑤。这在近代中国"中体西用"文化观上有着鲜明的体现。鸦片战争后,国门被迫打开,然充实国人脑中的仍多是"华尊夷卑""天朝上国"观念。故而道光咸丰间部分觉醒之士虽深感中西差距,但或为了达到劝谕国人求学西方的效果,或因自己亦未能彻底摆脱华夏独尊意识,所构建的则多是不离国本的以"中体西用"为纲领的中西文化观。像魏源"师夷长技以制夷"⑥之主张几乎成为后来清廷洋务运动的指导纲领。不过,这种主张虽守护着"中体西用"的文化观,但实际上已内含着抑中而扬外的倾向,至少也是技不如人。

随着"西学东渐"的影响由器物向制度、文化转变的程度加深,至同治、光绪年间,人们在中西文化异同上的认识也发生了变化。江顺诒所著《訾赢子》三卷围绕中西异同关系展开,涉及中西宗教、语言、制度、文化等诸多层面。在中外文化碰撞与对抗中,如何认识西方势力来华的意图,直接关涉近代中国知识分子的觉醒程度。对此,作为一名普通知识分子,江顺诒一度认为西方列强开辟他域乃唯利是图之举,"熙熙攘攘为利往来,争者争此利耳"⑦,商业活动既是手段也是目的。究其原因,"西人以货税为国赋,赋之所在即国之所在",商业活动需依靠水运,故西人"以水为国";"若中国之赋在田,非有其地,治其民则利无从入,是以土为国也"⑧,故西人应无觊觎土地之心。类似这些带有中西文化优劣对比思路的言论,遭到了时人"多斥其抑中而扬外"⑨的批评。这一方面说明批评者们那种传统的"夏夷之防"的观念仍然在发挥作用,另一方面也不能因此就可以说江顺诒有"西化"倾向。其实,江顺诒骨子里仍未脱离"中体西用"的文化观,只是在中西文化差异的比较上,已开始摆脱"夏夷之防"的观念,以更加理性地态度观察中西文化的异同处。

伴随着近代中国人"放眼看世界"的观念演变及实践进程,如何在中外文明互鉴中思考华夏文明演进规律及其未来发展便成为一种主流的主张。1901年,梁启超曾用"三个中国"

---

① 马克思,恩格斯.德意志意识形态[M]//马克思恩格斯选集:第1卷.北京:人民出版社,1995:119.
② 杨伯峻.论语译注:子路[M].北京:中华书局,1980:141.
③ 当然,也有不同的解释。陈传席说:"'和而不同'者兴,'同而不和'者亡。后语即今之'求大同存小异'也;前者乃'求大异存小同'。"陈传席.悔晚斋臆语[M].北京:中国青年出版社,2015:161.
④ 杨伯峻.论语译注:子路[M].北京:中华书局,1980:143.
⑤ 王夫之.船山全书:第12册[M].《船山全书》编辑委员会,编校.长沙:岳麓书社,1996:428.
⑥ 魏源.海国图志[M].郑州:中州古籍出版社,1999:67.
⑦ 江顺诒.訾赢子:卷二[M].杨柏岭.江顺诒研究.芜湖:安徽师范大学出版社,2019:251.
⑧ 江顺诒.訾赢子:卷一[M].杨柏岭.江顺诒研究.芜湖:安徽师范大学出版社,2019:245.
⑨ 江顺诒.訾赢子集证·序[Z].光绪刻本.

来描述中国史的进程,即上世史,"自黄帝以迄秦统一"时期的"中国之中国";中世史,"自秦统一至清代乾隆"时期的"亚洲之中国";近世史,"自乾隆末年以至于今日"时期的"世界之中国"①。从前两个阶段的"以自我为中心的想象时代"到第三个阶段"一面镜子的时代"②,近现代中国人对古代"大同"社会有了诸多新的理解。康有为一方面汲取古代公羊家"三世"学说,指出"据乱之后,易以升平、太平,小康之后,进以大同",认为太平世就是"大同社会",另一方面认为社会发展的最高阶段即"大同之道,至平也,至公也,至仁也,治之至也,虽有善道,无以加此矣"③,又糅合了基督教公平博爱的文化元素。梁启超将《礼记·礼运》"大道之行也,天下为公……是谓大同"一段,"以今语释之,则民治主义存焉(天下……与能),国际联合主义存焉(讲信修睦),儿童公育主义存焉(故人不……其子),老病保险主义存焉(使老有……所养),共产主义存焉(货恶……藏诸己),劳作神圣主义存焉(力恶……为己)"④,融入了当时新传入中国的诸多西方思想。这貌似"西化"的解释,实则在他的"二十世纪,则(中西)两文明结婚之时代"判断下,期待实现"必能为我家育宁馨儿以亢我宗"⑤的目标,乃是对中国古代"大同"思想作现代转换的进路。孙中山在其《建国方略》(1917—1919)中谈到"人类进化之目的"时,明确指出此"即孔子所谓'大道之行也,天下为公'"(还有耶稣所谓"尔旨得成,在地若天"),并认为"此人类所希望,化现在之痛苦世界而为极乐之天堂是也"⑥。后来他既将"大同"思想称为"大同主义",在谈及三民主义时(1924)还将民生主义与共产主义、大同主义互释⑦,明确指出"真正的民生主义,就是孔子所希望之大同世界",在此世界中,"国家是人民所共有,政治是人民所共管,利益是人民所共享"⑧。

毛泽东自幼接受儒家正统教育,早年常读康有为《大同书》,他的诸多社会政治方面的思考均浸染了"大同"社会理想⑨。他致信黎锦熙(1917年8月23日)即坦言:"孔子知此义,故立太平世为鹄,而不废据乱、升平二世。大同者,吾人之鹄也。"读泡尔生《伦理学原理》批语(1917年下半年至1918年上半年)云:"人现处于不大同时代,而想望大同,亦犹人处于困难之时,而想望平安。"在致张国基信(1920年)中说:"世界大同,必以各地民族自决为基,南洋民族而能自决,即是促进大同的一个条件。"⑩随着中国革命的进程,毛泽东探索"大同社会"的实施路径的意识更为自觉。他在《论人民民主专政》(1949年6月30日)中,一方面认为"康有为写了《大同书》,他没有也不可能找到一条到达大同的路",揭示了康有为"大同"主张的空想性,另一方面明确指出"经过人民共和国到达社会主义和共产主义,到达阶级的消灭和世界的大同",并提醒人们资产阶级政党"怕说阶级的消灭,国家权力的消灭和党的消灭",而共产党"则公开声明",因此,应该"努力工作,创设条件,使阶级、国家权力和政党很自然地

---

① 梁启超.新史学[M].夏晓红,陆胤,校.北京:商务印书馆,2014:80-81.
② 葛兆光.预流、立场与方法:追寻文史研究的新视野[J].复旦学报:社会科学版,2007(2):3.
③ 康有为.大同书[M].上海:上海古籍出版社,2005:8.
④ 梁启超.清代学术概论[M].上海:上海古籍出版社,2005:68.
⑤ 梁启超.论中国学术思想变迁之大势[M]//饮冰室合集:文集之七.北京:中华书局,1989:4.
⑥ 张磊.孙中山文粹:上卷[M].广州:广东人民出版社,2009:247.
⑦ 张磊.孙中山文粹:下卷[M].广州:广东人民出版社,2009:833.
⑧ 张磊.孙中山文粹:下卷[M].广州:广东人民出版社,2009:871.
⑨ 李锐.毛泽东早年读书生活[M].沈阳:万卷出版公司,2015:67-71.
⑩ 中共中央文献研究室,中共湖南省委《毛泽东早期文稿》编辑组.毛泽东早期文稿[M].长沙:湖南人民出版社,2013:67,127,402.

归于消灭,使人类进到大同境域"①。如此,将建设一个强大的民族国家与成为一个国际主义者统一起来,成为毛泽东思想解读"全球化"的重要标志,而新时期以来,更是通过改革开放政策,由政治社会转向经济社会,从而增强政治利益的合法性、权威性,客观上又推动了民族国家的全球化进程。最后,关于"人类命运共同体"的内涵及价值,在本书第九讲有进一步的阐释,此处从略。

思考题

1. 在中国古代传统文化中,制度文化与观念文化统称为"道",视为文化之本、社会之本乃至宇宙之本。如何把握"道"的基本内涵?

2. 谈谈中西制度文化伦理指向的异同。

3. 从近现代中国文化演进的角度,进一步理解"天下大同""人类命运共同体"的思想意义。

---

① 毛泽东.毛泽东选集:第4卷[M].北京:人民出版社,1991:1471.

第三编 精神文化与思想传播

引言 中西精神文化的传播智慧

一般而言,传播学研究或侧重人如何借助媒介传播信息,或强调媒介如何改变人的生存方式以及思想情感的特征,贯串其中的多是人与媒介之间的技术维度。的确如此,在一定程度上,媒介的变革正是一种技术及其观念的革新。然而技术除了硬件还有软件,而且如亚历山大·菲尔德指出的"决定技术成功的不是它的硬件,而是它的软件"①,以及影响人、媒介以及二者关系的文化传统。就像近代中国人基于对清廷积弱及西方强大的认识,进而寻找变革、图强之道,便历经了"硬件"(坚船利炮)、社会制度到精神文化等多个层面,最终还是要从"育新民"上谋求安邦治国、民族振兴的良策。从哲学角度解读人类的传播行为,方能真正深入传播学话语背后的深层意义以及意识形态的文化脉络。

由天人关系可深度解读中国古代的传播观念,天人关系理论构成了中国文化及其传播学理论的本体论基础。中国文化系统建构了"道的感知、交流和分享"的信息传播体系,"道"作为信息具有去物质性、属人性质,"道之动"体现了"信息"运动的规律。中国文化尤重天人相通、相合的整体性、有机性,在传、受者的认识上,既重视"究天人之际"的"传-受"互动身份,"通古今之变"的"道-人"一体角色,也强调"成一家之言"的"知-行"合一意识。"媒介"观因嵌入了阴阳思维,具有了关系哲学的本体内涵,"象"的介入尤其是"言象互动"的媒介语言,奠定了中国文化最主要的信息传递方式的基础,构建了"观物取象"的媒介生成原则、"观象制器"的媒介技术路线、"立象尽意"的媒介价值取向以及"得意忘象"媒介功能定位等较为系统的媒介学观念,"示-悟"模式亦成为体认与把握信息之本体(道)的根本方法。"化"作为中国古代的一个哲学概念,贯穿中国古代传播活动的全过程。

从某种意义上说,农业文明是中国天人合一观的土壤,商业文明是欧洲天分相分论的温床。西方哲学无论是经验世界还是超越世界均以"相分"为主,由二元思维彰显出两个世界的存在论,注重主客体二元的对立与冲突。故而,西方哲学以本体论、认识论为基本内容,以逻辑分析方法见长,本着科学、宗教、民主三维视角求知求真。在此文化传统中,西方传播学善于构建传播学理论体系,存在将要素论升格为本体论的偏好:基于二元对立思维的理念论构建了信息存在的本体依据,"我的道"演绎"两个世界"的信息存在论,"我的理"表明"双重真理"的信息本质论,"我的话"揭示"二元标准(话语)"的信息信仰论。基于物质与精神的二

---

① 丹尼尔·希德里克.视觉电报[M]//戴维·克劳利,保罗·海尔.传播的历史:技术、文化和社会.5版.董璐,何道宽,王树国,译.北京:北京大学出版社,2011:153.

重性生发出"世界如何成为可能"的媒介学思考,从以原子与虚空为主题的自然媒介论,以工具与器官说为主题的技术媒介论,以日常与想象为内容的仪式媒介观,到以能指与所指为主旨的符号媒介论,呈现出对媒介功能的系统认识。进而,在传播方法上,擅长分析与运用,重视信息传递中的因果关系,侧重信息传递者与接受者之间的生产与消费关系;在传播目的上,强调知识与真理的传播,强调传、受者对信息的使用、控制及满足等。

　　从天人合一、天人相分分别解读中国与西方哲学的文化精神,主要着眼于二者各自的整体性,突出二者的相异处。不过,问题的复杂性在于我们常常会犯"一个极端到另一个极端"的错误。其实,不仅中国哲学有天人相分的主张,西方哲学有天人合一思想,而且西方哲学主客二分思维与中国天人合一观念并非完全水火不容;还有仅凭中国传统的天人合一观就能保护好生态环境,促进文明和谐发展?抑或西方天人相分观就是一种破坏力量?伴随着科学、经济、文化等方面的发展,当今人类社会已进入经济全球化、社会信息化、政治多极化、文化多样化而命运共同体化的时代,带来了传统知识难以解释的新挑战和创新文明发展的新机会,迫切需要一种文明交流与发展的新理念、新思想。超越文明对抗论、相对论,构建和而不同,多元互竞的文明对话心态,实施各美其美,美人之美的文明对话策略,共建交流互鉴,美美与共的文明对话格局,实现天下大同,创新发展的文明对话目标。人类命运共同体的理念从共同发展的时代主题、共享发展的未来愿景及共赢发展的文明价值为当代传播学研究贡献出中国智慧。

第七讲　天人合一：中国古代传播观念的哲学根基

天人关系理论构成了中国文化及其传播学理论的本体论基础，它说明中国文化的独特性和人之传播活动的为所当为。天人之际、天人感应、天人合一等在某种程度上既可被理解为传播行为的过程，也是中国文化基于相互理解对传播过程的一种期待性主张。

第一节　"天人本无二"之"道"论："信息"的本体意涵

在中国古代思想史上，虽有上古时期"绝地天通"①、荀子"天人之分"、王安石"天人不相干"等天人相分的主张，但占据主流的还是"天人合一"的观念。比较而言，占据西方传统文化主流的是"天人相分"的二元论，即便有"统一论"，主要还是一种"超越的观念论"，其经验世界所持仍重在二元对立论。由此，通过对天人关系哲学含义的解读，既可探寻到中国古代传播论的本体依据，也能为中西文化比较提供一个本质论的视角。

一、"天人合一"观念的"道"论

"天人合一"思想萌芽于诸如"天梯""擎天柱"等天地相通的原始思维，延伸至商周神人关系中的天命观：自"人"的角度说，有"殷人尊神，率民以事神"②，以及周公以来主张的"以德配天"③的观念；自"神"（天）的角度，"皇天无亲，惟德是辅"④，赋予"神"之敬德、保民的品性。因此，华夏民族较早地从道德要求上构建了"天人合一"的宇宙观、人生观。不过，与西方文化一直延续宗教传统的发展路径不同，"中国哲学是在清算原始宗教观念天命信仰的影响中，为自己开辟理性发展道路的"⑤。早在春秋时期，即出现过人为"神之主"的观点，周内史叔兴也说"吉凶由人"，至郑国子产自天人关系层面说"天道远，人道迩"⑥，在批评诸如占星术不可信、破解天人混沌之态的前提下，强化了"人道"所拥有的独特的实践理性精神，同时启

---

① 孔安国,传.孔颖达,等,正义.尚书正义[M]//阮元,校刻.十三经注疏.北京：中华书局,1980:247-248.
② 郑玄,注.孔颖达,正义.礼记正义[M]//阮元,校刻.十三经注疏.北京：中华书局,1980:1641.
③ 今人常视"以德配天"为周公之言,此词实则始于宋儒对周公"礼陟配天"等说法的解释。《尚书·君奭》："率惟兹有陈,保乂有殷,故殷礼陟配天,多历年所。"宋代蔡沈注云："陟,升遐也。言六臣循惟此道,有陈列之功,以保乂有殷,故殷先王终以德配天,而享国长久也。"蔡沈.书经集传[M].北京：中国书店,1994:165.
④ 孔安国,传.孔颖达,等,正义.尚书正义[M]//阮元,校刻.十三经注疏.北京：中华书局,1980:115.
⑤ 张立文,等.玄境：道学与中国文化[M].北京：人民出版社,2005:32.
⑥ 左丘明,撰.杜预,集解.左传：下[M].上海：上海古籍出版社,2015:190,829.

示人们能揭示天人之别是辩证分析二者关系的基础。接着，在冲破天命信仰等传统观念上，以孔子为代表的儒家"从抬高人的价值入手"，以老子为代表的道家则"从直接否定天的权威入手"①，分别以伦理哲学、思辨哲学的路径，开启了中国古代"天人合一"观及其"道"论的两种基本路径。

孔子在天人关系上提升了"人道"的价值，然并未否定"天道"，且始终存有因"获罪于天，无所祷矣"而倍感"巍巍乎唯天为大"，以及因难以说清鬼神崇拜的本质故而"不语怪力乱神"②的敬畏心理。只不过，孔子在残存"夏道尊命""殷人尊神"等观念的同时，弱化了神灵之天，推崇命运之天（如"五十而知天命"等），尤重"周人尊礼尚施"③的义理之天，且兼有"四时行焉，百物生焉，天何言哉"④的自然之天的意识。一句话，孔子之"天"在由人格神崇拜向自然数的认知的转变中，强化了天命崇拜以及鬼神祭祀中的伦理情怀与人文意识。这也为儒家后继者阐释天人关系留下了思考的空间，像孟子在尊重人之耳目感官及其思虑"此天之所与我者"的基础上，重在掘发"人"的主体觉悟，主张"心、性与天相通"，认为唯有"尽其心者，知其性也"，继而"知其性，则知天矣""存其心，养其性，所以事天也"⑤。汉代董仲舒则重寻"天"之权威，通过"人副天数"说宣扬天人感应的迷信思想，其所谓"天人之际，合而为一""以类合之，天人一也"等思想，遵循着天道主宰人道的基本主张以及本属人道的"王道之三纲，可求于天"⑥之论，并将此思路表达得更为清晰。

老庄在天人关系上，不仅否定神灵之天的权威地位，同时也不承认"尊礼尚施"的义理之天、人，而是在尊重自然之天、人的基础上，重塑一种新型的天人关系。因此，或以为老子以"有物混成，先天地生"⑦的道为最高实体，不以天为最高实体，便认为"老子哲学中没有涉及天人合一的问题"；庄子因为将"天"与"人"对立，因而他所谓"与天为一"的主张"不是天人相合，而是完全违背人"⑧的判断，都是未能尊重老庄哲学体系之论。其实，老庄尤其是庄子，他们所谓的"天""人"更为本质的意涵是指"一种人生态度"，抑或"观察或参与文明进程的方式"，而不是某种"实体"。正因为如此，我们不能说"儒家所讲的'天'一直保存了西周时期'天'的道德含义，'天'具有道德属性；道家所讲的'天'则是指自然，不具有道德含义"⑨。因为，这里的"自然"在老庄哲学思想体系中，是指与"人为"相对的顺其自然，形容"自己如此"的一种状态⑩或态度，并非自然界的意思。在一定意义上，老庄的"道法自然"通过反对宗法制下那种人为的伦理观，试图构建出一种无为的以人性自由为目的性的新道德。

二、"道"之信息的哲学依据

由天人关系可深度解读中国古代的传播观念。《周易·系辞下》云"《易》之为书也，广大

---

① 张立文,等. 玄境:道学与中国文化[M]. 北京:人民出版社,2005:32.
② 杨伯峻. 论语译注[M]. 北京:中华书局,1980:27,83,72.
③ 郑玄,注. 孔颖达,正义. 礼记正义[M]//阮元,校刻. 十三经注疏. 北京:中华书局,1980:1641.
④ 杨伯峻. 论语译注[M]. 北京:中华书局,1980:188.
⑤ 杨伯峻. 孟子译注[M]. 北京:中华书局,2019:298,334.
⑥ 苏舆. 春秋繁露义证[M]. 钟哲,点校. 北京:中华书局,1992:288,341,351.
⑦ 陈鼓应. 老子注译及评介[M]. 北京:中华书局,1984:163.
⑧ 张岱年. 中国哲学中"天人合一"思想的剖析[J]. 北京大学学报:哲学社会科学版,1985(1):3.
⑨ 张世英. 中国古代的"天人合一"思想[J]. 求是,2007(7):34.
⑩ 陈鼓应. 老庄新论[M]. 上海:上海古籍出版社,1992:25.

悉备,有天道焉,有人道焉,有地道焉","道"关乎天、地、人"三才",乃是宇宙间信息广大悉备之所在。这些"信息"又是人类如"古者包牺氏""仰则观象于天,俯则观法于地"的认知结果,并通过"近取诸身,远取诸物"创造的八卦媒介符号,实现"以通神明之德,以类万物之情"①的交流与共享目的。传播的本质在于"信息的交流和分享",这是以对信息的刺激反应为前提,在特定的社会关系中,通过拥有共同的符号体系及意义空间的主客体的互动沟通,实现信息流动的系统化过程。② 说到底,"信息就是人的'感知''反映''知识'等广义的心智现象","是主体对对象的感知、辨识和建构"③。在中国古代传统文化中,"道"是关于世界一切事物本性和规律的最高认识论范畴,堪为揭示"信息"本体意义的哲学术语。《说文》云:"道,所行道也,从行从首。""从首",标明接触信息、辨明方向的耳目器官之所在,继而由引导行路之义引申出道路、规律、方法、道理等意思;同时,"道"与"言语"传播密不可分,无论是《周书·旅獒》"志以道宁,言以道接"④、《孟子·尽心上》"君子之志于道也,不成章不达"⑤,还是《老子》"道可道,非常道"⑥,或重"言",或轻"言",然最终都要求用"道"来"说话"……可以说,以天人合一为本体依据,中国文化系统建构了"道的感知、交流和分享"的信息传播体系。

其一,"道"作为信息,具有去物质性。维纳曾言"信息就是信息,不是物质也不是能量"⑦,从某种意义上说,信息"是'看不见''摸不着'的一种无形的'虚在'。所谓'看到'或'听到'什么信息,其实那并不是'信息',而是信息的载体。"⑧《老子》第二十五章云"有物混成,先天地生……吾不知其名,强字之曰道,强为之名曰大"⑨,使用"物",既说明老子不是从"神"的角度来理解宇宙的创生,也不是说"道"是一个个具体的能繁衍后代的母体,而是一种比喻说法,因为"道"是"视之不见""听之不闻""搏之不得"的"虚无"存在。孔子尽管说"非礼勿视,非礼勿听,非礼勿言,非礼勿动",然"人而不仁,如礼何","礼"只是载体,"礼云礼云,玉帛云乎哉;乐云乐云,钟鼓云乎哉",那个"吾道一以贯之"⑩的"道"才是他要传播的真正"信息"!

其二,"道"作为"信息",具有属人的性质。"道"既有经验世界的实在性,也有观念世界的超越性,乃人之身心创造、体认的结果。哲学意义上的人与信息关系是"一种扩大了的反映和认识关系",隶属于认识论范畴。⑪ 孔子不仅要求"士志于道",而且坦言自己"朝闻道,夕死可矣"⑫。孔子所以对"道"如此虔诚,既反映出他对永恒真理及其功能的一种信仰,也反映出他对参"道"过程中人的心智能力的肯定。面对"道法自然"的理念,《老子》第一章即主张人类"常无,欲以观其妙;常有,欲以观其徼"⑬。在他看来,"无""有"双重的"道"性,取决于人之心境、态度;而那"自本自根"的"道",本质上是"无为而无不为"之人性的显现。从信息交流与共享的过程来说,天人合一观念下的"道"论极其注重"本为一体的传播过程中不同要素

---

① 黄寿祺,张善文.周易译注[M].上海:上海古籍出版社,2010:560,533.
② 胡百精.危机传播管理[M].北京:中国传媒大学出版社,2005:51-52.
③ 肖峰.重勘信息的哲学含义[J].中国社会科学,2010(4):42,32.
④ 孔安国,传.孔颖达,等,正义.尚书正义[M]//阮元,校刻.十三经注疏.北京:中华书局,1980:195.
⑤ 杨伯峻.孟子译注[M].北京:中华书局,2019:347.
⑥ 陈鼓应.老子注译及评介[M].北京:中华书局,1984:53.
⑦ 维纳.控制论[M].郝季仁,译.北京:科学出版社,1963:133.
⑧ 肖峰.重勘信息的哲学含义[J].中国社会科学,2010(4):33.
⑨ 陈鼓应.老子注译及评介[M].北京:中华书局,1984:163.
⑩ 杨伯峻.论语译注[M].北京:中华书局,1980:123,24,185,39.
⑪ 肖峰.重勘信息的哲学含义[J].中国社会科学,2010(4):42.
⑫ 杨伯峻.论语译注[M].北京:中华书局,1980:37.
⑬ 陈鼓应.老子注译及评介[M].北京:中华书局,1984:53.

之间的复杂关系"①,具有今人所说的生态学视角。

其三,"道之动"体现了"信息"运动的规律。在信息传播中,人们一直追求减少冗余信息,杜绝"噪音",防止信息损耗的保真度。所谓"信言不美,美言不信"②,"民无信不立"③以及中国古代占据主流的"诚"传播观念,所期待的正是这样一种信息传递的平衡结构理论。事实上,作为人的一种认识对象,变化才是信息运动的根本特征,进而在动态变化中实现其稳定秩序的耗散结构,又是信息运动的一种活结构。这其中,老子的"反者,道之动"④在反映"道"的运行状态的同时,亦有辩证地揭示了信息运动规律的启示意义。信息运动既有人们熟悉的顺向路径,也有难以掌控的逆向路径。因此,对信息安全"对抗信息"的控制,则可灵活运用"反其道而行之相反相成"与"共其道而行之相成相反"两条原理,形成各种具体措施。⑤

三、信息之"道"的文化特色

中国古代的"道"论固然有"三才"的类型之别,然实则以统摄物质世界与精神世界的一元论为本,作为人与对象之间信息关系的"道"在很大程度上反映出中国古代信息观的一元本质论。孔子所言"道",既关乎"礼乐征伐自天子出"的社会制度,"道之将行也与,命也;道之将废也与,命也"的天命观,仁爱、忠恕等德性论,也有"天下有道,则庶人不议"之类关涉政治传播功能的判断。孔子曰"人能弘道,非道弘人"⑥,作为信息的"道"是"人外无道,道外无人"⑦的认识论现象,体现的是"天人合一"视域下的一元世界。进而,仅仅有"道"还不够,"道以人弘,教以文明"⑧,人须主动自觉,且借助有形媒介去传播、推行,使之发扬光大。此后,儒家学者多秉承了这种"人能弘道"的传播理念。像孟子的"尽心、知性"说,就是要求君子们通过善养"塞于天地之间"的"配义与道"的"浩然之气",在"万物皆备于我"的内在自觉中传播"上下与天地同流"的仁义之"道"⑨。

与儒家强调人借助有形媒介("有待")主动"弘道"的传播观不同,"以天合天"的道家则希望信息传、受者"虚无恬淡,乃合天德",忘却各类媒介("无待"),顺其自然地"闻道""体道";一旦"以天合天",即体会到"天地与我并生,万物与我为一"的真实感、"通天下一气耳"⑩的浑成感。此"道"的传、受者务必要认识到"道可道,非常道;名可名,非常名"⑪以及"夫道,有情有信,无为无形;可传而不可受,可得而不可见"的独特性,即须通过悬置媒介这个中介可能存在的弊端,不违"道"性地生活,彻底消除经验世界中天道与人道、自然与当然之间的

---

① 丁汉青.重构大众传播中传播者与受传者之间的关系:"传"、"受"关系的生态学观点[J].现代传播(中国传媒大学学报),2003(5):27.
② 陈鼓应.老子注译及评介[M].北京:中华书局,1984:361.
③ 杨伯峻.论语译注[M].北京:中华书局,1980:126.
④ 陈鼓应.老子注译及评介[M].北京:中华书局,1984:223.
⑤ 王越,罗森林.信息系统与安全对抗理论[M].2版.北京:北京理工大学出版社,2015:128.
⑥ 杨伯峻.论语译注[M].北京:中华书局,1980:174,157,174,168.
⑦ 朱熹.论语集注[M]//四书章句集注.北京:中华书局,1983:167.
⑧ 僧祐.弘明集:序[M].上海:上海古籍出版社,1991:1.
⑨ 杨伯峻.孟子译注[M].北京:中华书局,2019:334,67,335,340.
⑩ 陈鼓应.庄子今注今译[M].北京:中华书局,1983:396,71,559.
⑪ 陈鼓应.老子注译及评介[M].北京:中华书局,1984:53.

紧张关系,方堪为体道者。如此这般,并不能说老庄放弃了对信息的知情权、传播权,相反,信息交流与共享仍是他们的初心。同时,体道者因为有了"吾丧我"①的过程,忘却成心,反而有了对信息"广大悉备"的可能性、开放性。于是,他们"不出户,知天下;不窥牖,见天道",因为"天之道"自本自根,"不言而善应,不召而自来"。②

"天人合一"思想到宋代张载、程颐、程颢、朱熹等理学家那里臻至成熟,而宋明理学正是以儒家学说为本,汲取道、佛学说,求同存异的结果。张载发挥了孟子及《中庸》思想云:"儒者因明致诚,因诚致明,故天人合一,致学而可以成圣,得天而未始遗人。"③程颢则吸收道家思想曰"天人本无二,不必言合",因为"天地人只一道也,才通其一,其余皆通"④。朱熹延续此说:"天人本只一理。若理会得此意,则天何尝大,人何尝小也!""天即人,人即天。"⑤这种物质世界与精神世界具有同构性质的本质一致性,既是一种超越的观念论,也是一种经验的实在论,因为中国古人认为"达到物我两忘,主客并遣,是经过修行实践而达到的圣境,不管这个实践的圣境是儒家式、道家式或佛家式的。如无达到这个境界就不能成圣成佛。故成圣成佛非得经由经验知识界、现象界往上翻而一定达到超越层"。⑥

至此,儒、道、释三家的天人关系论及其此背景下的"道"论,其内涵虽各自有别,然"天人合一"理念及其所赋予的"道"之哲学理路,则共同体现了中国古代文化强调万物依存关系、信仰宇宙整体性以及以和谐为人生目的的特性。⑦ 这些特性关系着中国古人认识和改造世界的思维方式以及对传播对象的认知,是研习中国古代信息论不可或缺的文化特征。

第二节 "俯仰天地间"之"人"论:传-受者的道德自觉

关注生命,尤以人生为核心,是中国哲学的一大传统。自《周易》始,中国人便确立天地人"三才"的宇宙观,"俯仰天地间,浩然独无愧"⑧,成为人们坚挺文化自信的哲学依据。"天"的含义变化影响着"天人合一"的类型,或是超验之"神"下的神、人关系;或是经验之"圣"(道德权威的最终根据)的圣、人关系,或是认识论之"物"下的自然与人的关系等。上述类型至汉代各自均得以彰显,在此氛围中,司马迁云"天人之际,承敝通变,作八《书》"⑨,直至其《报任安书》视"亦欲究天人之际,通古今之变,成一家之言"⑩为纂修《史记》之宗旨,延续儒家"三立"观,自"人道"的角度审视天人关系下的生命价值。解读中国古代传播学理念,尤其是分析传、受者之间双向影响关系以及有关传、受者的媒介素养时,我们理当要回避那种基于西

---

① 陈鼓应.庄子今注今译[M].北京:中华书局,1983:181,578,33.
② 陈鼓应.老子注译及评介[M].北京:中华书局,1984:248,334.
③ 张载.正蒙·乾称[M]//张载集.章锡琛,点校.北京:中华书局,1978:65.
④ 程颢,程颐.二程集[M].王孝鱼,点校.北京:中华书局,2004:81,182.
⑤ 黎靖德,编.朱子语类:第1卷[M].杨绳其,周娴君,校点.长沙:岳麓书社,1997:346.
⑥ 牟宗三.中西哲学之会通十四讲[M].上海:上海古籍出版社,1997:64.
⑦ 陈国明.跨文化传播学的现状与未来发展[M]//洪浚浩.传播学新趋势:下.北京:清华大学出版社,2014:589.
⑧ 邵雍语.欧阳守道.跋陆象山包克堂遗墨[M]//邵雍.邵雍全集:5.郭彧,于天宝,点校.上海:上海古籍出版社,2015:425.
⑨ 司马迁.史记[M].北京:中华书局,1982:3319.
⑩ 司马迁.报任安书[M]//班固.汉书.北京:中华书局,1962:2735.

方近现代传播学要素论所采取的"各自为政"的研究路径,回到中国古代"传-受""道-人""知-行"一体化的观念之中。

一、"究天人之际"的"传-受"互动身份

"传者中心论",一直是学界把握中国古代传播观念特色的主流意见。其实,这并不符合中国古代传播观念的实际。中国哲学审视天人关系下的生命存在,除了有"天道""人道"的双重视角,还存在处理"天、人"力量均衡关系的多种类型。这同样影响着中国哲学解读信息交流与共享方式的思维方式。一是孔子开启的"差等之爱",追求一种以"正名"为前提的社会伦理秩序的稳定性;二是老庄倡导的"平等之爱",追求一种以"齐物"为前提的心灵和谐状态;三是萌芽于孟子,经宋明儒家吸取道家、佛教思想之后形成的"平等博爱",追求一种以"万物一体"为前提的伦理精神及社会秩序。从中国社会演变历程来看,第一种影响最为深远,第二种发挥过积极作用,第三种代表着中国古代"天人合一"思想发展的顶峰。①

无论哪种模式,"天人合一"的理念都希图改变"受者"只"听"不"说"、"被影响"而不"影响"的局限,而是在"传-受"互动中,加强"受-传"过程的信息交流及传播的责任。这其中主张"平等之爱"的老庄学说最为鲜明,其要消解的正是"传者中心"现象。庄子《齐物论》提出"吾丧我"的命题,借助"天地人"三才模式,以音乐为喻,倡导摒弃传者中心之我见。这不是要丧失传者的身体或意志,而是要忘记"成心"——一种观念世界里自认为体认和传播真理的执着:"今者吾丧我,汝知之乎?汝闻人籁而未闻地籁,汝闻地籁而未闻天籁夫!"作为信息传播者的人类首先是"闻道"的"受者",而作为信息发出者的"天籁"则是无传播之心的"使其自己""咸其自取"。有了"倾听"的过程,人类方有可能不失真地体认和共享"道"之信息。其提出的"心斋"方法则进一步凸显了"若一志,无听之以耳而听之以心,无听之以心而听之以气"的倾听原则,当处于"气也者,虚而待物者也"之类身心一片虚灵的状态,就是"唯道集虚""虚者,心斋也"②这样"受-传"一体的境界。

不少学者基于中国古代宗法制度、"三纲五常"人伦秩序等,习惯性地认为儒家坚守的是"传者本位"的传播立场,其实这只看到了问题的一方面,因为儒家同样极为重视"受-传"的过程,重视以受者为中心的原则。一则,如孔子有着"郁郁乎文哉!吾从周"的文化传播自觉意识。在他看来,周代礼乐制度承载着他孜孜以求的"真理",故而提出"述而不作,信而好古"③这一文化承传模式。"不作"意在强调"述"这个传播行为不失真的要求,且"听""学"的受者角色正是扮演好"述"者身份的前提。二则,与宗法制度相关,中国历史上普遍存在着一种"传者位卑而受者位高"的传播现象,典型的如自春秋时代便兴起的"游说""讽谏"等活动,以及很长时间内艺术、文化传播领域里的"艺人卑微""雕虫小技"等观念。这些从另一侧面说明了中国古代传播观念为何重视"受-传"过程的特殊原因。

作为"天人合一"整体性思维的一种表征,"传-受"或"受-传"的一体化,除了强调信息交流与共享过程中不失真,以及传者与受者"我中有你,你中有我"角色互换,也十分看重传播环境对信息传递的意义。如孔子在不同场合中的角色变化,"于乡党,恂恂如也,似不能言

---

① 张世英.中国古代的"天人合一"思想[J].求是,2007(7):34-62.
② 陈鼓应.庄子今注今译[M].北京:中华书局,1983:33-34,117.
③ 杨伯峻.论语译注[M].北京:中华书局,1980:28,66.

者。其在宗庙朝廷,便便言,唯谨尔","朝,与下大夫言,侃侃如也;与上大夫言,訚訚如也;君在,踧踖如也,与与如也"①……对此,或言孔子善变,缺乏传者或受者身份的一贯性,然孔子此举实为重视人际传播的礼仪环境,追求传播效果之表现,深度体现了其崇礼的态度。儒家文化对"传-受"或"受-传"过程的重视,既不是消解传、受身份,也不能等同于当今"人人都是自媒体"那种传、受角色瞬间可以转换的"全员媒体"状态,而是一种等级制度下的整体性思维或以差等为前提的传-受一体观念的反映。

二、"通古今之变"的"道-人"一体角色

前文所言"天人合一"观的两种基本路径,实则滋养了儒家"人能弘道"、道家"无心体道"两大传播论传统。然就其同者言,儒、道两家均强调个体能在"天人之际"的文化空间中,用历史的尺度来观察宇宙万物的运动。"子在川上曰:逝者如斯夫,不舍昼夜。"②在感叹时间的流逝中,强调历史发展的不可重复性。《庄子·天下篇》在"悲夫,百家往而不返""道术将为天下裂"的叹息中,自觉地上承"天地之纯""古人之大体"的道术③。至司马迁"通古今之变"观,则以儒家"人能弘道"观为本位,在吸收"上古以来的史文化的同时,又将《易》理与道家哲学融会一体",在"述往事,思来者"的传播实践中,思考了时势、兴亡、成败、穷达之变,涉及社会与个人,整体与个体、一般与特殊等多个方面,"具有超越于表象世界而直透历史本质的内在深刻性"。④ 这种"究天人之际,通古今之变"的文化传承责任,在北宋理学家张载那里,就是著名的"横渠四句":"为天地立心,为生民立道,为往圣继绝学,为万世开太平。"⑤要求知识分子在"天人合一"思想框架下,秉承"内圣外王"的人格理想,以"立心""立道"为逻辑起点,通过继往开来的学术承传,践诺文化传播使命的终极志向。

司马迁、张载等人关于文化传播自觉性的论述,充分体现出知识分子的社会角色意识与担当。当人们从传者、受者的社会及个人动机来分析媒介由谁掌握、传播由谁操纵、讯息由谁控制等话语权的问题,就可以深入理解中国文化关于知识分子的社会角色的内涵认识。近代思想家龚自珍在《乙丙之际箸议第六》中,正是从"信息资本"拥有方式角度解析了中国的史官文化制度,并区分了知识分子的诸阶层。如"职以其法载之文字而宣之士民者",即那些担负文明记载及传播职责的知识分子,方可"谓之太史,谓之卿大夫"⑥。德国社会学家曼海姆称知识分子为"漂流阶层",就是因为他们从来就扮演着信息的拥有者、阐释者、总结者和传播者的角色,人们也凭此评价知识分子的社会价值及历史意义。如在司马迁看来,"孔子布衣,传十余世,学者宗之",作为"高山仰止,景行行止""虽不能至,然心向往之"的对象,司马迁正是通过"读孔氏书,想见其为人"⑦,视之为文明承传者而誉其"至圣"的结果。

古今之势有异,以史为鉴自然不能一味地以古非今,然作为基于"究天人之际"而"通古今之变"的传播者,其角色职责要求他们要超越个体的偶然行为,自觉地肩负着知识分子群

---

① 杨伯峻. 论语译注[M]. 北京:中华书局,1980:97.
② 杨伯峻. 论语译注[M]. 北京:中华书局,1980:92.
③ 陈鼓应. 庄子今注今译[M]. 北京:中华书局,1983:855-856.
④ 张大可,凌朝栋,曹强. 史记学概要[M]. 北京:商务印书馆,2015:46.
⑤ 张载. 张子语录:中[M]//张载集. 章锡琛,点校. 北京:中华书局,1978:320.
⑥ 龚自珍. 龚自珍全集[M]. 上海:上海人民出版社,1975:4.
⑦ 司马迁. 史记[M]. 北京:中华书局,1982:1947.

体追本溯源,承其脉络,传其系统的"道统"责任。唐代韩愈《原道》堪为复古崇儒、排斥佛道的宣言,提出了"尧传舜,舜传禹,至汤、文、武、周公、孔子、孟子"儒家正宗的道的传授系统。为了承传此"道",韩愈本着"道-人"合体原则,撰写《师说》,重释"师者"这个传者角色。一言以蔽之,即"道之所存,师之所存也"。同时,"道-人"合体是个动态的结构,须在"传-受"一体中得以完善。所谓"弟子不必不如师,师不必贤于弟子,闻道有先后,术业有专攻,如是而已","传""受"者身份的确认,不能仅靠社会标签,而是要以"闻道"与否为条件。因此,传者"通'道'之古今之变",在"道-传"模式下务必要重视"道-受"的过程,后者既是传播效果论的范畴,也是传播主体论的内容,因为它直接决定传者身份的构建要素具备与否的问题。故韩愈《师说》开篇提出"古之学者必有师。师者,所以传道受业解惑也"之后,接着便分析"师者"存在的必要性:"人非生而知之者,孰能无惑?惑而不从师,其为惑也,终不解矣。"[1]这正是在"受-传"模式中,从"学者"即受者、听者角度阐释"师者"(传者)的职业内涵。

三、"成一家之言"的"知-行"合一意识

据《太史公自序》,司马迁所以能提出"成一家之言"之论,除其遭李陵之祸后发愤著书的主体意识,还因为他拥有"司马氏世典周史"以及"百年之间,天下遗文古事,靡不毕集太史公"的家族职业便利,故而"余所谓述故事,整齐其世传,非所谓作也""以拾遗补艺,成一家之言"[2]。于是,他一方面将自己定位在"立言"的著述者,借著史形式发表推陈出新的不朽之见,另一方面就是延续孔子"述而不作"的传统,视自己为社会文化史的传播者。这种以人类文明整理与传播为己任的职责要求,除了知识、能力,还包含某种情感的和道德的态度。继孔子感慨"君子疾没世而名不称焉"[3]、屈原《离骚》喟叹"老冉冉其将至兮,恐修名之不立"等之后,司马迁在《报任安书》中说"立名者,行之极也"[4]。可见,"成一家之言"并非凿空而论,而是司马迁以"究天人之际,通古今之变"为逻辑起点及核心内容,彰显出"博物洽闻,通达古今"[5]的知行合一的传播伦理信条。

孔子有云:"有德者必有言,有言者不必有德。"[6]这貌似悖论的命题,实则指出有德者之言,才是真正的传播行为。儒、道两家人格形象的内涵不同,然构建人格的思路则大体相同。这就是《庄子·天下篇》说的"圣有所生,王有所成,皆原于一"[7],即在"究天人之际"的哲思中,本着身心一体、知行合一原则,塑造着各自"内圣外王"的理想人格,并以此作为"传-受者"的德性准则。为此,儒家提出"仁、义、礼、智、信",道家主张"素、朴、慈、谦、真"……比较而言,"诚"既为两家共同主张,且系中国古代传播观念重要的范畴。"诚"萌芽于原始的宗教祭祀活动,反映人神沟通中的虔诚心理。随着人的主体性意识增强,"诚"渐次强化了天人关系中的道德或审美情怀,直至如朱熹所言的"天地之道,可一言而尽,不过曰'诚'而已"[8],成

---

[1] 韩愈.韩愈集[M].严昌,校点.长沙:岳麓书社,2000:147,157.
[2] 司马迁.史记[M].北京:中华书局,1982:3329-3330,3319.
[3] 杨伯峻.论语译注[M].北京:中华书局,1980:166.
[4] 司马迁.报任安书[M]//班固.汉书.北京:中华书局,1962:2733,2735.
[5] 班固.汉书[M].北京:中华书局,1962:1972.
[6] 杨伯峻.论语译注[M].北京:中华书局,1980:146.
[7] 陈鼓应.庄子今注今译[M].北京:中华书局,1983:855.
[8] 朱熹.中庸章句[M]//四书章句集注.北京:中华书局,1983:34.

为"道"之交流与共享过程中不可或缺的主体德性上的中介。

道德意义的"诚"由儒家发扬,《中庸》曰"诚者,天之道也;诚之者,人之道也","唯天下至诚,为能尽其性",继而尽人之性、尽物之性,如此"则可以赞天地之化育""则可以与天地参矣"①,由内而外,以诚配天,直达天人合一的境界。孟子在此基础上深化了"诚"传播的理论探讨,强化了主体自觉地反求诸己,求其放心的内省工夫及其愉悦体验,指出"万物皆备于我矣。反身而诚,乐莫大焉";构建了以心性论为基础,围绕传播与社会治理关系的"明善-诚身-悦亲-信于友-获于上-治民"的逻辑过程;确立了"诚传播"的理论自信,认为"是故诚者,天之道也;思诚者,人之道也"②。审美意义的"诚"由道家光大,老子有言"古之所谓'曲则全'者,岂虚言哉！诚全而归之"。此"诚"字素来解释不一,不过,老子屡言"诚"之延伸的"信",所谓"道之为物……精甚真,其中有信""信言不美,美言不信"等③,视"信"为"道"之属性,"诚"乃天地赋予人之真性。

至此,司马迁对传、受者素养的期待,建立在先秦以来中国文化丰富的人性论思想资源之上,也给后世留下了广阔的解释空间。正如他自言《史记》之传播期待时云:"仆诚以著此书,藏之名山,传之其人。"④有"诚"之信仰,"儒者则因明致诚,因诚致明,故天人合一"⑤,道家则认为"不精不诚,不能动人"⑥……人性与天道合一,均存乎诚。"诚"即"理",既是天道之本然,也是人道之当然;"诚"即"法",既是天人沟通之真心,也是古今通变之实意;如此,方才化为"成一家之言"的知行合一的主体德性准则。

第三节 "易以道阴阳"之"象"论:"媒介"的民族特征

媒介从物质、技术到符号的工具化过程中,必然受到地理环境、生活习俗、政治体制及文化传统的浸染而呈现出一定的民族特性。可以说,天人关系就是中国古代媒介观赖以形成的基本思路和思维模式。《易传·系辞上》云:"易有太极,是生两仪,两仪生四象,四象生八卦。"⑦天人合一的太极之理,即阴阳(天地)两仪对立统一之理,阴阳相互作用产生四时或四方之象,进而依"象"创造了八卦之媒介符号。以《易》卦的创设为基础,中国古人逐渐形成了"观物取象""观象制器""立象尽意""得意忘象"等较为系统的媒介观。

一、"为阳语阴,媒介事":媒介的关系哲学

从语义学角度考察,不少学者指出"媒介"合成词,最早见于五代后晋时期的《旧唐书·

---

① 朱熹.中庸章句[M]//四书章句集注.北京:中华书局,1983:32.
② 杨伯峻.孟子译注[M].北京:中华书局,2019:335,188.
③ 陈鼓应.老子注译及评介[M].北京:中华书局,1984:154,148,361.
④ 司马迁.报任安书[M]//班固.汉书.北京:中华书局,1962:2733.
⑤ 张载.张载集[M].章锡琛,点校.北京:中华书局,1978:65.
⑥ 陈鼓应.庄子今注今译[M].北京:中华书局,1983:823.
⑦ 黄寿祺,张善文.周易译注[M].上海:上海古籍出版社,2010:519.

张行成传》所载唐太宗的话:"观古今用人,必因媒介。"①此说不妥,据目前文献,此词西晋朝已出现。《左传·桓公三年》云:"会于嬴,成昏于齐也。"西晋杜预注:"公不由媒介,自与齐侯而成昏,非礼也。"②东晋常璩《华阳国志·广汉士女赞》亦云:"敬亦早亡,(王)和养孤守义。蜀郡何玉,因媒介求之。"③当然,中国古代"媒""介"二词,各自适用范围有别,此两则中"媒介"一词仍重在"媒"字义,指男女婚姻的介绍人。《离骚》云:"望瑶台之偃蹇兮,见有娀之佚女。吾令鸩为媒兮,鸩告余以不好。"汉代王逸注曰:"女当须媒,士必待介。"④类似的还有约成书于秦汉时期的《孔丛子·杂训》曾记载孟子幼年冒昧拜见子思的故事,其中子思之子孔白便质疑云:"士无介不见,女无媒不嫁。"⑤可见,"媒"指媒人,乃女子与男子成婚的中介;"介"指介绍人,侧重指男子人际交往的中介。同时,"媒""介"之存在,既是中国人"素主以礼节之"的人际传播伦理要求,也是中国文化"人格之独立自尊"的反映⑥。

中国古人认为天人关系即是一种阴阳关系,故多以阴阳言天人。《周易·说卦》云:"昔者圣人之作《易》也,将以顺性命之理,是以立天之道曰阴曰阳,立地之道曰柔曰刚,立人之道曰仁与义。"⑦道,理也,形而上者也;阴阳,气也,形而下者也。然"形而上者不可见,必有形而下者为之体焉,故气亦道也"⑧,进而"器亦道,道亦器也……理只在器上,理与器未尝相离"⑨,故《周易·系辞上》云"一阴一阳之谓道,继之者善也,成之者性也"⑩。《晋书·索纨》记载"孝廉令狐策梦立冰上,与冰下人语",于是索纨即从阴阳关系释其梦曰:"冰上为阳,冰下为阴,阴阳事也。士如归妻,迨冰未泮,婚姻事也。君在冰上与冰下人语,为阳语阴,媒介事也。君当为人作媒,冰泮而婚成。"⑪此处,"媒介"仍取其本义,然因嵌入了阴阳思维,故而可引申为各类对象之间相互联系和相互作用的中介性事物,从而具有了学理意味,自然就是中国哲学重点关注的对象。

从媒介发展史来看,媒介在发挥其符号工具作用的同时,亦成为影响人之精神的某种内部力量。某种媒介的初创,人未能熟练掌握,往往神化之。《淮南子·精神篇》云:"仓颉作书,而天雨粟,鬼夜哭。"高诱注:"鬼恐为书文所劾,故夜哭也。"⑫所以如此,就是因为此时人们认为"书文"是沟通天人之际的神灵符箓,将"书文"载体与它内含的信息融为一体,赋予了媒介某种宗教情怀。随着人们对某种媒介的掌握渐次熟练后,自然就人化之,乃至有视之为"器"的观念,然基于"道器合一"的理念,人们对媒介的尊重心理更为理性。其中,媒介"作为传播和塑造意识形态的这样一种社会工具",理当须"通过塑造标准化的展示方式来规范事物的内涵"⑬,发挥其对所传播的对象规范标准的意义。如针对"五方之民,言语不通"⑭的现

---

① 刘昫,等.旧唐书:第2册[M].陈焕良,文华,点校.长沙:岳麓书社,1997:1669.
② 左丘明.左传:上[M].杜预,集解.上海:上海古籍出版社,2015:50.
③ 常璩.华阳国志译注[M].汪启明,赵静,译注.成都:四川大学出版社,2007:497.
④ 王逸,注.洪兴祖,补注.楚辞章句补注[M].长春:吉林人民出版社,1999:33.
⑤ 白冶钢.孔丛子译注[M].上海:上海三联书店,2014:88.
⑥ 唐君毅.中西哲学思想之比较论文集[M]//唐君毅全集:第2卷.北京:九州出版社,2016:189.
⑦ 黄寿祺,张善文.周易译注[M].上海:上海古籍出版社,2010:571.
⑧ 王柏.题碧霞山人王公文集后[M]//鲁斋集补遗附录:1-3.北京:中华书局,1985:80.
⑨ 黎靖德,编.朱子语类:第3卷[M].杨绳其,周娴君,校点.长沙:岳麓书社,1997:1768.
⑩ 黄寿祺,张善文.周易译注:系辞上[M].上海:上海古籍出版社,2010:503.
⑪ 房玄龄,等.晋书[M].北京:中华书局,1999:1664.
⑫ 陈广忠.淮南子斠诠:上[M].合肥:黄山书社,2008:355.
⑬ 詹姆斯·罗尔.媒介、传播、文化:一个全球性的途径[M].董洪川,译.北京:商务印书馆,2015:32.
⑭ 郑玄,注.孔颖达,正义.礼记正义[M]//阮元,校刻.十三经注疏.北京:中华书局,1980:1338.

象,孔子提出了"雅言"的话题;秦朝李斯建言通过"车同轨,书同文"等规范媒介手段,实现"别黑白而定一尊"①的国家治理方略。

与媒介标准化同步的,就是经典化。"经典化"一般指著述被崇高化过程,像《三坟》《五典》《九丘》《八索》等古书的取名,本身都有超出一般之意,发挥着媒介的影响力。结合诸如先秦诸子学说在后代被经典化的历程,可以说与此同步的就是承载这些学说之媒介的经典化。前言孔子"雅言"理论,除了规范了通行语的传播价值,还提出"不学《诗》,无以言"等强调媒介功能的主张,并通过"巧言令色,鲜矣仁""巧言乱德""道听而途说,德之弃也"等规诫,守住了"慎言"的传播伦理,践行了"辞,达而已矣"②与"言之无文,行而不远"③辩证统一的"文质彬彬,然后君子"④的传播效果论,在语言媒介的经典化上迈出了关键一步。之后,如朱熹言:"吾道之所寄,不越乎言语文字之间。"⑤至此,包括文字在内,媒介俨然已成为一项专门的学问,堪为读者研读古籍、沟通圣贤心志的基础性工程。唯有标准化、经典化的媒介才是权威媒介,足见中国古人对媒介的重视程度。

二、"阴阳天道,象之成":媒介的象数思维

阴阳学说是中国古人用于认识宇宙万物的世界观和方法论。"六经之首""三玄之冠"的《易》学基本符号是阳、阴爻,由此建构了六十四卦的卦爻符号系统。象数思维是易学的基础和先导,也是中国文化的基元。因此,理学家张载有言:"一物而两体,其太极之谓欤!阴阳天道,象之成也。刚柔地道,法之效也。仁义人道,性之立也。三才两之,莫不有乾坤之道。"⑥阴阳本为一体,其对立统一的运转使天道得以确立,天象得以形成,而这又是地道、人道效法的依据。

《周易》经文由符号系统的象、数与文字系统的卦爻辞构成。其中,除"辞(言)"以外,易学一致存在"象""数"孰重孰轻之争。其实,象、数虽有定性、定量之别,然数不离象,由象而生数,"数"是"象"变化的量度,既是"立象尽意之数,非构形明理之数学也",也是"成为生命变化妙理之'象'"⑦;同样,象不离数,"极其数,遂定天下之象"⑧。以桌上茶杯为例,"左右摇摆,这就是一个象;而左右摇摆了多少度,多少秒钟摇摆一次,就有它的数"⑨,"象""数"互补互换,密不可分。在《易》"言(辞)、象、数"具有融合形态的媒介形式中,"偏于用形象来表达事物的状态"⑩的"尚象"思维更为根本,甚至可以说,中国文化构建了一个以"象的流动与转化"⑪为主要特征的媒介统摄的世界。故而,《易》之媒介形式可以简化为较为稳定的"言象互

---

① 司马迁.史记[M].北京:中华书局,1982:255.
② 杨伯峻.论语译注[M].北京:中华书局,1980:178,3,167,186,170.
③ 左丘明.左传:下[M].杜预,集解.上海:上海古籍出版社,2015:616.
④ 杨伯峻.论语译注[M].北京:中华书局,1980:61.
⑤ 朱熹.中庸章句[M]//四书章句集注.北京:中华书局,1983:15.
⑥ 张载.横渠易说:说卦[M]//张载集.章锡琛,点校.北京:中华书局,1978:235.
⑦ 林同华.宗白华全集:第1卷[M].合肥:安徽教育出版社,2008:621,597.
⑧ 黄寿祺,张善文.周易译注:系辞上[M].上海:上海古籍出版社,2010:517.
⑨ 南怀瑾.易经杂说[M].上海:复旦大学出版社,2016:7.
⑩ 王以雍.易经解析与致用[M].北京:九州出版社,2015:135.
⑪ 王树人.论"象"与"象思维"[J].中国社会科学,1998(4):39.

动"符号系统。① 这种思维方式下的传播媒介观奠定了中国文化最主要的信息传递方式的基础。

关于中国文化的象思维或意象化特征,学界言之甚丰,这里从传播学角度略作补充。概括而言,中国古代文化构建了"观物取象"的媒介生成原则、"观象制器"的媒介技术路线、"立象尽意"的媒介价值取向以及"得意忘象"的媒介功能定位等较为系统的媒介学观念。因此,我们所熟悉的由眼中之竹、胸中之竹到手中之竹的艺术创作过程,其实正是象思维模式下的媒介生成与转化过程。在这个过程中,中国古人对媒介价值有着深度的思考。

一则,由"观物取象"至"观象制器"的媒介符号化、工具化。在一定意义上说,人类的信息传播是一种思维内容的生成与转换过程,而"人思考的时候,用的是符号而不是物体"②,"观物取象"就是因为"圣人有以见天下之赜,而拟诸其形容,象其物宜,是故谓之象"③,用"象"思考天下幽深难见的至理。"观物取象"不仅是易象生成法则,也是"依类象形"的汉字创造的基本方式。汉字的六种构造条例,即"六书"说乃"造字之本"④。如此便可以通过"汉字四象"呼应"易有四象,所以示也"⑤的易象特征,进一步强化汉字构造中采用象思维的本质特征。除了语言思维媒介,还有中国古代使用的"进善之旌""诽谤之木""敢谏之鼓""玄诸象魏"以及"振木铎巡于路"等媒介运用现象,同样遵循着"观象制器"的媒介技术路线。

二则,由"言象互动"至"立象尽意"的语言媒介超越。从人类媒介史来看,"文字是完美的媒介""两次从现实中抽象出来",堪为"符号系统中的符号系统"⑥,极大地提高了人类抽象思维的能力。然而人类精神和思想信息往往具有不可言说性,这必然促使人们探寻新的言说方式。《老子》第一章即讨论了语言与意义的紧张关系,"道可道,非常道;名可名,非常名"。"道"是经验性与先验性的结合体,故"惚兮恍兮,其中有象;恍兮惚兮,其中有物",然而作为一种精神现象却又不完全是精神现象的"道",本质上"是谓无状之状,无物之象"⑦,就不能单纯地依赖"言"或"象"思维呈现,而只能选择"言象互动"符号系统。⑧ 东晋葛洪云"发口为言,著纸为书"⑨,《易·系辞上》即转述孔子之言"书不尽言,言不尽意",思考了口语与书面语的各自局限性,"然则圣人之意其不可见乎?"于是,子曰:"圣人立象以尽意,设卦以尽情伪,系辞焉以尽其言"⑩,同样选择的是"言象互动"符号系统。富有鲜明思想个性的庄子,更是深感言语表述之困境,这不仅因为《天下篇》说的"以天下为沉浊,不可与庄语",还在于《知北游》指出的"道不可言,言而非也"的道论观、《齐物论》揭示的"言隐于荣华"以及《秋水》篇"可以言论者,物之粗也;可以意致者,物之精也"的语言媒介伦理观。故而,他只能选择《天下篇》所说的"以卮言为曼衍,以重言为真,以寓言为广"⑪这些能统筹言思维和象思维的

---

① 汪裕雄.意象探源[M].合肥:安徽教育出版社,1996:154.
② 哈罗德·伊尼斯.帝国与传播[M].何道宽,译.北京:中国传媒大学出版社,2015:41.
③ 黄寿祺,张善文.周易译注:系辞上[M].上海:上海古籍出版社,2010:508.
④ 班固.汉书:艺文志[M].北京:中华书局,1962:1702.
⑤ 黄寿祺,张善文.周易译注:系辞上[M].上海:上海古籍出版社,2010:520.
⑥ 尼尔·波兹曼,卡米勒·帕格利亚.两种文化:电视对阵印刷术[M]//戴维·克劳利,保罗·海尔.传播的历史:技术、文化和社会.6版.董璐,何道宽,王树国,译.北京:北京大学出版社,2018:295.
⑦ 陈鼓应.老子注译及评介[M].北京:中华书局,1984:53,148,114.
⑧ 汪裕雄.意象探源[M].合肥:安徽教育出版社,1996:156.
⑨ 葛洪.抱朴子[M].济南:山东画报出版社,2004:290.
⑩ 黄寿祺,张善文.周易译注[M].上海:上海古籍出版社,2010:526.
⑪ 陈鼓应.庄子今注今译[M].北京:中华书局,1983:884,580,50,418,884.

方式。

三则,由"得意忘言(象)"至"象外之象"的媒介功能最大化。王弼诠释《周易》时,系统思考了"言象意"三者的关系①,这三者既是互相呈现、相互包容的层级关系,又由"言-象""言-意""象-意""言-象-意"数重关系的复合,不断创构着合乎人类思维及其心灵需求的符号系统。物体的媒介化、媒介符号化,就是为了因事寄意,发挥媒介信息传递的工具性作用。刘熙载谈及文章叙事时说,"叙事有寓理,有寓情,有寓气,有寓识。无寓,则如偶人"②,有所寓才能有所蕴。尼尔·波兹曼说,"我们创造的每一种工具都蕴涵着超越其自身的意义""它们更像是一种隐喻,用一种隐蔽但有力的暗示来定义现实世界",如"我们的语言即媒介,我们的媒介即隐喻,我们的隐喻创造了我们文化的内容"。③ 在象思维媒介的介入下,日常信息交流既有近距离的观物取象及其呈现真实意义的时空作为参照,又要求"立象尽意",追求"象外之象"的意蕴功能。这除了"隐喻"功能能唤起传、受者的想象,还因"象"媒介的不确定性,宜于传、受者获得整体性认识和对本原的形而上的玄想。对传播行为来说,作为具有"隐喻"功能的媒介,其本质仍在于"媒介即信息"的观念上,就中国文化传播而言,"道"才是"究天人之际"的存在。因此,王弼进而说:"故言者,所以明象,得象而忘言;象者,所以存意,得意而忘象。"④唯有忘"言"忘"象",方能超越直接的特定时空的限制,进入"象外之象"的想象的虚拟时空,通过塑造信息再生的语境化能力实现"媒介"的自我增值。

三、"易有四象,所以示":媒介的体悟功能

传播行为有广义、狭义之分,若只是凭借以事实为准绳的新闻传播或以概念思维为标准的语言传播来诠释人类的整体传播行为,势必就会得出中国古代诸多传播观念存在着"反传播"现象的判断。其实,中国古人关于信息传-受的认识是有层次的,他们不是没有认识到言传而只以事实之信息为主的传播价值,而是在象数思维媒介观的引导下,思考了诸如语言媒介与媒介语言的异同关系,进而更重视那种不可言传或能体认到的信息。在这个问题上,道家的探索最为有力。老子的"常道"不可言说、命名的主张,奠定了道家媒介观的基石。其中,列子也思考了"无言与不言"的话题,认为"得意者无言,进知者亦无言",指出人们要跳出"言传"媒介的思维局限,因为"用无言为言亦言"⑤,此"言"就是一种超越语言媒介的媒介语言。

相比之下,儒家极重"言传"的传播形式,孔子说"言之无文,行而不远"⑥,孟子坦言自己"好辩"乃出于"不得已"⑦,荀子甚至说"君子必辩""不好言,不乐言,则必非诚士也""君子之于言无厌"⑧。不过,儒家也有媒介分类观念。子贡即说过:"夫子之文章,可得而闻也;夫子之言性与天道,不可得而闻也。"前者可以通过"言"闻得,后者之"言"媒介便有了局限。儒家

---

① 王弼.王弼集校释:周易略例[M].楼宇烈,校释.北京:中华书局,1980:609.
② 刘熙载.艺概[M].上海:上海古籍出版社,1978:42.
③ 尼尔·波兹曼.娱乐至死[M].章艳,译.桂林:广西师范大学出版社,2004:17,12,18.
④ 王弼.王弼集校释:周易略例[M].楼宇烈,校释.北京:中华书局,1980:609.
⑤ 张湛,注.卢重玄,解.殷敬顺,陈景元,释文.陈明,校点.列子[M].上海:上海古籍出版社,2014:107.
⑥ 左丘明.左传:下[M].杜预,集解.上海:上海古籍出版社,2015:616.
⑦ 杨伯峻.孟子译注[M].北京:中华书局,2019:168.
⑧ 王先谦.荀子集解[M].沈啸寰,王星贤,点校.北京:中华书局,2018:83.

"言教"真正关注的是"知言"之后的"慎言",且相对于"言传",更重视"身传""事传"。孔子在媒介功能的认识上,就曾经历过由"听其言而信其行"到"听其言而观其行"的自我革命,其"天何言哉"①所隐含的"天不言"命题,不是说天不能言,而是说不以言语或语言传布信息。这正如孟子说的"天不言,以行与事示之"②,在"言"之外,提出了"行""事"这个儒家推崇的媒介类型。可见,司马迁《太史公自序》分析孔子作《春秋》之意时说的"孔子知言之不用,道之不行也",以及转引孔子"我欲载之空言,不如见之于行事之深切著明也"③等,深得儒家媒介语言观之要义。

中国古代媒介分类思想也是一种分层观。基于天人合一的文化观,中国古代的优质媒介主要说的就是那种"言象互动"富有启发性的言说方式。清代叶燮曾指出:"可言之理,人人能言之,又安在诗人之言之;可证之事,人人能述之,又安在诗人之述之!必有不可言之理,不可述之事,遇之于默会意象之表,而理与事无不灿然于前者也。"④这种能使传递信息达到"灿然于前"效果的媒介,在儒家即是他们所推崇的"以行与事示之",借助客观现象呈现信息;在道家即他们倡导的"不言之言",借助无心之象显现信息……而《周易·系辞上》所说的"易有太极,是生两仪,两仪生四象"以及"易有四象,所以示也;系辞焉,所以告也",将"言象互动"的示意功能揭示得更为清晰。在中国古人看,"一阴一阳之谓道",阴阳交替运行乃"道"之本。作为天人之间的感应媒介,阴阳集载体、内容、形式于一体,各自为介,又互易为媒,汇聚并承载天地万物之信息。同时,阴阳应象,进而"观变于阴阳而立卦"⑤,形成中国古代象数思维媒介的基本特征。所谓阴阳二气"相资运转",就是要求人们借助"言象互动"的媒介形式参悟阴阳运行方式、路径及数量、比例的变化,揭示了中国古代文化关于信息流动、传-受方法"不可言传"性的认识。

"示"是象形字,祭台之状。《说文》曰:"示,天垂象,见吉凶,所以示人也。"具体地说,"从二(上);三垂,日、月、星也",是以"象"为中介沟通天人之状,演绎"观乎天文,以察时变"的用意。"示"与"视"是同源字,"'视'是看,'示'是使看"⑥,前者所带宾语是受事者,后者所带宾语是施事者,故而"示"由"神事"显灵的本义引申出一般的显示之意,以及告知、告诉等揭示传播行为的意思。南朝顾野王撰《玉篇·示部》曰"示,示者,语也,以事告人曰示",信息传递方式亦由"垂象"变为"言象互动";明代梅膺祚编《正字通·示部》所说的"示,教也",显然又浸染了儒家的文教思想。至于"告",乃会意字,指用牛祭祀,口念祭文⑦,以"言"为媒介,引申出诉说、上报、宣布等意。不过,《蒙》卦"初筮告",陆德明《释文》转引汉代郑玄注云"告,示也,语也"⑧,清代焦循注"告,示也。与观同"⑨;《荀子·礼论》"舆藏而马反,告不用也"⑩,唐代杨倞注曰"告,示也,言也"⑪……均是遵循"言、象"并举的思路,解释了"告"之媒介的特征。

---

① 杨伯峻.论语译注[M].北京:中华书局,1980:46,45,188.
② 杨伯峻.孟子译注[M].北京:中华书局,2019:214.
③ 司马迁.史记[M].北京:中华书局,1982:3297.
④ 叶燮.原诗[M].北京:人民文学出版社,1979:32.
⑤ 黄寿祺,张善文.周易译注[M].上海:上海古籍出版社,2010:519-520,503,569.
⑥ 王力.同源字典[M].北京:商务印书馆,1982:424.
⑦ 《说文·告部》提出了另一种解释:"告,牛触人,角箸横木,所以告人也二从口,从牛二。"
⑧ 徐志锐.周易大传新注[M].济南:齐鲁书社,1986:41.
⑨ 焦循.易经三书:上[M].李一忻,点校.北京:九州出版社,2003:11.
⑩ 王先谦.荀子集解[M].沈啸寰,王星贤,点校.北京:中华书局,2018:386.
⑪ 荀子.荀子[M].杨倞,注.上海:上海古籍出版社,2010:232.

其中,焦循所言"告"与"观"同,而《尚书·益稷》曰"予欲观古人之象"①,强调"观"之目的正是"取象",故"观,示也"。由此,从文字学角度,进一步佐证了"言象互动"之于中国古代媒介观的重要意义。

"象"的介入,尤其是"言象互动"的媒介语言,直接影响了中国人对"道"之信息交流与共享的方式。这就是它"并不完全舍弃感性经验,也不要求认知态度与价值态度两厢绝缘,而是诉之于认识与体验相结合的'悟'"②。且不说道家倡导的"无心体道"的传播观念,即便是主张"人能弘道"的儒家,像孔子所说的"不怨天,不尤人,下学而上达"③所涉及的信息传播方式,如"性"与"天道"这类特殊信息"上达"是要体悟的,是要"默识"的,不是用语言可以直接说明的。④ 禅宗更是将传播对象的特殊性及其信息交流的特殊方法,演绎为一种较为稳定的"示-悟"模式,并视为体认与把握信息之本体(道)的根本方法。像世尊在灵山会上拈花示众,唯迦叶尊者破颜微笑,悟得"不立文字,教外别传"的正法眼藏,即是典型案例。

至此,提出"媒介即隐喻"的波兹曼还专门讨论了媒介"共鸣"的话题,认为"任何一种媒介都有共鸣,因为共鸣就是扩大的隐喻。不管一种媒介原来的语境是怎样的,它都有能力越过这个语境并延伸到新的未知的语境中"⑤。而以"道"为旨归,诉诸"言象互动"媒介,体悟天人合一境界的中国文化,亦同样重视信息共鸣的"知音"效果。鼓琴的俞伯牙与听琴的钟子期以音乐(琴)为媒介,达到了信息共享的心灵契合。正如论者所言,伯牙摔琴绝弦,"非独琴若此也,贤者亦然"⑥,追求的是媒介所隐喻的信息。中西方从不同层面解读了媒介的功能,然"得意忘言(象)"的中国文化或许更能体认到媒介存在的意义。

思考题

1. 从信息论角度理解中国古代文化"道"论的新启示。
2. 司马迁"欲究天人之际,通古今之变,成一家之言"这个纂修《史记》的宗旨,对培养传、受者的媒介素养有哪些意义?
3. 从中国文化的象思维或意象化特征解读中国古代的媒介学观念。

---

① 孔安国,传. 孔颖达,等,正义. 尚书正义[M]//阮元,校刻. 十三经注疏. 北京:中华书局,1980:141.
② 汪裕雄. 意象探源[M]. 合肥:安徽教育出版社,1996:416.
③ 杨伯峻. 论语译注[M]. 北京:中华书局,1980:156.
④ 蒙培元. 孔子天人之学的生态意义[J]. 中国哲学史,2002(2):22.
⑤ 尼尔·波兹曼. 娱乐至死[M]. 章艳,译. 桂林:广西师范大学出版社,2004:18.
⑥ 许维遹. 吕氏春秋集释:上册[M]. 梁运华,整理. 北京:中华书局,2009:312.

第八讲 天人相分：西方古代传播学的思想基础

美国学者迪莉娅有言,西方传播学从未依赖单一的知识来源,也从未统一过。① 不过,面对这个不易把握的学术领域,我们可以通过考察其哲学基本观念予以鸟瞰与统摄。与中国天人合一观持续地居于主导地位不同,西方天人"相分"与"统一"论呈现出彼此之间阶段性的消长现象。当然,西方传统的"统一"主要是一种超越的观念论,其经验世界所持则仍重在二元对立论,直至马克思主义"辩证统一"论才将"天人"关系上升到了历史唯物主义哲学的高度。

第一节 二元对立思维的理念论：信息存在的本体依据

"天人"关系即物质与意识、存在与思维等关系。在黑格尔看来,这个西方哲学的基本问题"是哲学的起点,这个起点构成哲学的全部意义"②。从古希腊以来传统形而上学、经中世纪宗教哲学到近代认识论哲学等,在探讨世界本原或万物本体时多持二元对立思维模式,形成了"两个世界""双重真理""二元标准"等理论,这也构成西方传播学关于信息本体论思考的哲学依据。

一、"我的道"："两个世界"的信息存在论

探寻世界的本体存在及其必然性规律,是西方哲学家十分感兴趣的对象。信息同物质一样重要,信息的存在、积累、优化和传播对人类生存和社会发展而言,既是内涵式的动力,也是外延式的表征。从哲学角度说,宇宙万物处在既是物质的也是信息的两个世界之中,物质和信息的二重性是其本质特征。除此,还有"信息"维度下的"两个世界"理论。正如美国物理学家惠勒认为的:"信息可能就是我们所知道的世界。"③惠勒有关信息论的研究,可谓赫拉克利特等人"追求对事物最根本性质的认识和完全理解"这个"西方历史中伟大而古老传统的现代演绎"④。赫拉克利特认为逻各斯(道)是人人每天都遇到的东西,是"支配一切"的原则,具有必然性、客观性,因此他告诫爱好智慧的人"你们不是听了我的话,而是听了我的

---

① 石义彬.批判视野下的西方传播思想[M].北京:商务印书馆,2014:1.
② 黑格尔.哲学史讲演录:第3卷[M].贺麟,王太庆,译.北京:商务印书馆,2017:320.
③ 约翰·阿奇博尔德·惠勒.宇宙逍遥[M].田松,南宫梅芳,译.北京:北京理工大学出版社,2006:33.
④ 加罗斯拉夫·帕利坎.赫拉克利特之传承:约翰·阿奇博尔德·惠勒及探索之痒[M]//约翰·巴罗,保罗·戴维斯,查里斯·哈勃.宇宙极问:量子、信息和宇宙.朱芸慧,罗璇,雷奕安,译.长沙:湖南科学技术出版社,2012:3.

道(引者按:即逻各斯)"①,希望人们能从多种多样事物中认识到最大共性,由现象而至本质,把握信息存在的智慧形态。

在柏拉图著名的"洞穴理论"中,那群生活在前面一堵墙后面一堆火的洞穴里的囚犯,看到的只是他们自己及其背后的影子,并认为这是实在的,却对造成影子的东西毫无认知。只有逃出洞穴,沐浴在阳光中的那位,才真正见到实在的事物,并具有认识到之前曾一度生活在影子的欺骗之中的可能。这个比喻中的洞穴世界指"变动的表象世界,充满了感觉、无知、错误、幻觉和黑暗",光的世界指"理念的世界,充满了智慧、知识、真理、实在和光明"②。当然,在宇宙生成论上,柏拉图认为我们生活的现实世界及其表象世界,都是那个永恒不变的和最完美的理念世界的摹本,"造物主既不创造两个世界,更不创造无限数的世界,而是永远只有一个唯一的世界,就是这个被创造出来的世界"③。既然作为摹本的可感世界是照着独一无二的理念世界这个模型创造出来的,那么它也只能有一个。柏拉图这么说,反而进一步强化了人类关于世界认知的分裂性与等级性。可以说,灵魂与肉体、理性与欲望、神性与人性及本体与现象的分裂性,就是柏拉图哲学思考的出发点④,而在这种矛盾与冲突中形成了关于人的本质的某种等级差异。像那个见过太阳的人,假如也应该返回洞穴,从而担负传播真理的责任,然而这个过程必然是困难重重的,"因为离开了阳光,他看到的影子还不如别人那么清楚,而在别人看起来,他仿佛比逃出去以前还要愚蠢"⑤,足见两个世界之间的二元对立性。

以柏拉图"两个世界"为代表的古希腊哲学家奠定了主客二分法的哲学思路,这不仅为"整个欧洲的哲学思想发展奠定了基础,也限定了基本走向"。此后,奥古斯丁"两座城池"理论代表了中世纪"神学框架中的主客二分",经过近代"转向认识论的主体性形而上学"、18世纪"以主客二分为前提的启蒙哲学",至德国古典时期康德"二律背反"、黑格尔"矛盾统一"理论达到"主客二分认识论的完成"。⑥ 在天人相分思维模式下,面对世界、宇宙或现实,西方哲学衍生出心灵与物质、人与神、主观与客观、感性与理性、现象与本质、形式与内容、此岸与彼岸、事实与价值等系列二元分裂或对立的关系,至恩格斯归结为存在与思维这个哲学的基本问题。西方哲学史上的唯物主义、唯心主义,也多是在承认物质、精神双重本质论的前提下,强调精神是物理实在的表现形式或物质是精神的表现形式。虽说马克思主义哲学试图超越二元论,实现辩证唯物主义与历史唯物主义的统一,然二元论仍是20世纪以来西方哲学难以跳出的思维框架。像后殖民主义理论所构筑的自我与他者、中心与边缘、都市与殖民地等秩序观念依旧如此,反映出西方哲学家关于世界的普遍性认知。

作为信息的"道"与物质构成了"两个世界",这就是柏拉图理论的主张,虽然这种"没有使用'信息'概念的信息理论",但"在观念形态上已经是成熟的"。至于波普耳的"三个世界"理论,因为第三个世界即"人类精神世界是生理物质系统与心理信息系统的结合,它可以一

---

① 北京大学哲学系外国哲学史教研室.西方哲学原著选读:上[M].北京:商务印书馆,2003:22.
② 布鲁克·诺埃尔·穆尔,肯尼思·布鲁德.思想的力量[M].9版.李宏昀,倪桂,译.北京:北京联合出版公司,2017:78.
③ 北京大学哲学系外国哲学史教研室.古希腊罗马哲学[M].北京:商务印书馆,1961:210.
④ 吴琼.重返理性故里:柏拉图美学思想研究[M]//《外国美学》编委会.外国美学:第12辑.北京:商务印书馆,1995:363.
⑤ 罗素.西方哲学史:上[M].何兆武,李约瑟,译.北京:商务印书馆,1963:147.
⑥ 朱立元,王振复.天人合一:中华审美文化之魂[M].上海:上海文艺出版社,1998:35-50.

分为二到物质世界和信息世界",故而"在本质上没有超出柏拉图的两个世界的框架"①。进而,作为世界之一种的"道"自身又存在感性与理性的"两个世界",这又是柏拉图洞穴理论论的主张。这"两个世界"置于西方文化背景下,最典型的就是一种"神圣与世俗"的对比样式。西方文化以此作为一种方法论,解释人类的生存与发展的本质意义,解释包括宗教、世俗生活在内的世界的一切。在此思维模式下,"我的道"就是建立在这种双重视野下"两个世界"中的信息存在论,这从人的认识角度深化了"信息"哲学内涵的解读,但也割裂了如同硬币两面的信息、形式和意义的整体性。

二、"我的理":"双重真理"的信息本质论

真理问题的探索与讨论贯穿了整个西方哲学史,自然也构成了传播学理论的本体论基础。以一生追求真理为根本信念的苏格拉底,树立了西方文明史上极具典范性的光辉形象。此处"我的理"指以真理为核心内容的道理、理解、理由及正义等多层意思,而这些均是通过符号呈现出的信息。这在苏格拉底最后法庭辩词中有较为全面的体现。他面向法庭指责原告,"他们说的话几乎没有一个字是真的""我的原告几乎没讲一句真话,或者干脆说,一句真话都没讲",而相比之下,"从我嘴里你们听到的将全部是真话""你们听到的话将是直截了当、脱口而出的,充满着正义的自信"。进而,他请求法官"请别在意我的讲话方式,而要集中精力考虑我说的话是否谎言。这是法官的首要责任,正如抗辩人的首要责任是说真话"。所谓"真话",正如苏格拉底对雅典人说的"你只注意尽力获取金钱,以及名声和荣誉,而不注意或思考真理、理智和灵魂的完善,难道你不感到可耻吗?"②"真理、理智和灵魂的完善",即是通过"我的话"表达出的"我的道"中之"理",乃信息的本质内涵。除此,柏拉图的得意门生亚里士多德所说的千古名言"吾爱吾师,吾尤(更)爱真理"③,将"真理"的话题提升到了西方真理论的制高点,也是信息论的哲学顶点。

真理是"真实的道理,即客观事物及其规律在人的意识中的正确反映"④,因此,某种哲学观念必然影响着对信息(讯息)本质的把握,而这也是讨论传播学研究对象的前提。哲学家们感慨:"探究真理问题的困难绝不在于找不到答案,而是在于答案太多太多了。"⑤有研究者曾将真理论概括为符合论、融贯论、实效论、收缩论、施为论、语义论、意义论、似真论、固定点理论和直觉主义真理论共十种⑥,其中最具影响力与典范性的是符合论。亚里士多德较早地思考了"是与非是"即真理与谬误的问题:"真假的问题依事物对象的是否联合或分离而定,若对象相合者认为相合,相离者认为相离就得其真实;反之,以相离者为合,以相合者为离,那就弄错了。"⑦此后,如黑格尔从客观唯心主义角度说"理念是自在自为的真理""因为真理

---

① 李宗荣,等.信息心理学:背景、精要及应用[M].武汉:武汉大学出版社,2017:93,137.
② 柏拉图.申辩篇[M]//柏拉图全集:第1卷.王晓朝,译.北京:人民出版社,2017:2,3,18.
③ 亚里士多德对柏拉图说:"倘若一定要在友情和真理之间进行选择的话,理智迫使我们不得不牺牲前者,选择后者。"这句话后来被译成中文时,就变成了"吾爱吾师,吾尤爱真理"。林中泽.早期西方人的思想世界[M].广州:中山大学出版社,2016:90.
④ 中国社会科学院语言研究所词典编辑室.现代汉语词典[M].6版.北京:商务印书馆,2012:1653.
⑤ 彼得·扬尼希.真理是什么:哲学入门[M].罗悌伦,译.长沙:湖南科学技术出版社,2001:13.
⑥ 弓肇祥.真理理论:对西方真理理论历史地批判地考察[M].北京:社会科学文献出版社,1999.
⑦ 亚里士多德.形而上学[M].吴寿彭,译.北京:商务印书馆,2017:209.

即是客观性与概念相符合"①,至海德格尔反思真理问题时,亦指出"传统的真理定义表明了符合的这一双重特性",即"物(事情)对知的适合"或"知对物(事情)的适合"②。

中国哲学追求真理,也有符合论的主张,但由于中西思维方式有异,认识真理上的路径也不同。中国哲学追求真理强调在天人合一下的心物一体观,西方"知与物的符合"论是以知、物分离为前提。因此,西方主流的真理论是一种基于唯心、唯物双重维度视野下形成的双重真理的本质观。从古希腊开始,以德谟克利特和柏拉图为代表,围绕客观真理是否存在的思考,在各自维度下逐渐形成了哲学(科学)与宗教(信仰)两条路线。德谟克利特认为"有两种形式的认识:真理性的认识和暗昧的认识"③,柏拉图则区分了"意见"与"知识",认为前者是关于洞穴世界的感知,包括信念、想象,后者是关于光的世界的认识,包括知识、理智,是"真理"或"理性"④。前者也许将其看到的和体验的那个熟悉的世界视为自己"唯一的世界"⑤,但在柏拉图看来,相对于理念世界,那只不过是一种幻觉、影子。

中世纪阿拉伯哲学家伊本·鲁西德延续这种双重维度探索真理的路径,首创了"双重真理"说。他在《关于宗教与哲学之间的一致性》中说:"哲学是宗教的朋友,哲学和宗教带来的都是真理。真理不反对真理,而是相辅相成的。"⑥也就是说,真理有哲学的、宗教的两种形式。前者面向少数人,通过人的思辨所得,凭借理性支撑;后者面向多数人,源于上帝的启示(天启),依靠信仰维系。两者并行不悖又相辅相成,一方面信仰宗教者无需害怕哲学家的论断,如"哲学家不同意灵魂不死,但对宗教来说,却是真理"⑦,另一方面认为哲学论断高于宗教信仰,因为"宗教经典的文字是给一般教徒使用的,他们的认识和理解水平有限,只能接受浅显的真理",而"哲学家能够掌握深刻确切的精神实质"⑧。

在西方哲学史上,人们一度调和这种基于理性与信仰的关系而带来的"双重真理"观。不过,如托马斯·阿奎那最终仍主张"国家应该屈从教会,政治有如哲学,是神学的婢女"⑨,而邓斯·司各脱针对哲学、政治、科学、艺术等沦为神学婢女的现状,在力主神学高于哲学的前提下,又试图隔断理性真理从属于启示真理的关系,抬高人的地位,指出人是自由能动的主体,不是一个徒然"容纳上帝恩赐"的"空罐子"⑩,开辟了哲学研究的新路径。诸如此类,起源于柏拉图的形而上学二元论,被奥古斯丁等人引入基督教,至笛卡儿等人通过哲学框架固化下来,成为了西方传统哲学及其文化中的"真理观"的普遍特征。黑格尔即说:"现时哲学观点的主要兴趣,均在于说明思想与客观对立的性质和效用,而且关于真理的问题,以及关于认识真理是否可能的问题,也都围绕思想与客观的对立问题而旋转。"⑪进入现代以来,围绕信仰与理性、宗教与科学等对立模式,渐趋变成了"主观-客观、精神-物质、人-世界、人文

---

① 黑格尔.小逻辑[M].贺麟,译.北京:商务印书馆,2017:399.
② 海德格尔.路标[M].孙周兴,译.北京:商务印书馆,2017:211.
③ 上海师范学院.欧洲哲学史原著选编[M].福州:福建人民出版社,1981:11.
④ 柏拉图.理想国[M].郭斌和,张竹明,译.北京:商务印书馆,1986:300.
⑤ 北京大学哲学系外国哲学史教研室.古希腊罗马哲学[M].北京:商务印书馆,1961:210.
⑥ 穆萨·穆萨威.阿拉伯哲学:从铿迭到伊本·鲁西德[M].张文建,王培文,译.北京:商务印书馆,1997:177.
⑦ 卢良梅,等.欧洲哲学史简明教程[M].上海:上海社会科学院出版社,1989:118.
⑧ 任厚奎,罗中枢.东方哲学概论[M].成都:四川大学出版社,1991:349.
⑨ 梯利.西方哲学史[M].葛力,译.北京:商务印书馆,1995:268.
⑩ 奥·符·特拉赫坦贝尔.西欧中世纪哲学史纲[M].于汤山,译.上海:上海人民出版社,1960:196.
⑪ 黑格尔.小逻辑[M].贺麟,译.北京:商务印书馆,2017:93.

学科-科学的对立。一种新形式的双重真理的世界如今已经确立了"①。从哲学史来看,"双重真理"论的出现与发展具有西方文化的必然性,对调和理性与信仰以及强化哲学真理的认识等方面发挥过积极的意义,然而是非之间须遵循排中律,违反了排中律,即模棱两可的态度,必然导致"是非两不可"的错误,其结果自然是采用双重标准来衡量真理,陷入一种非科学的思维方式的误区。

如此,也就影响了西方哲学关于信息特质的认知。约翰·弥尔顿《论出版自由》(1644)是学界公认的新闻学的第一部著作,该书的一个基本观点就是"在多元的信息中认识真理"。② 据前文"两个世界"理论,"社会是在物质与信息双重意义上存在的"③,有学者进一步将信息分为自在信息(未被主体把握和认识的信息原始形态)、自为信息(主体直观把握的形态)、再生信息(主体创造性的形态)以及社会信息(在自在、自为、再生三态信息的关系中呈现出来的一种信息现象)等四种不同形态④。从信息存在形态的分类来看,信息活动是一个多层级的活动过程,如果说"我的道"是一种形而上的存在,那么"我的理"则倾向于形而下的状态。一方面,信息域是真理之源,可以说"真理"是一种特殊的价值信息体(项)⑤,反映出信息域中合理的或有价值的存在,既"优秀的信息(的一种)",亦是"优秀的理论"⑥,另一方面信息是获得真理的中介,"人的认识在本质上是一个以信息为中介的信息活动过程"⑦。所谓"双重真理",指人的认识在多元信息中介的参照作用下,因所遵循的人的理性和感性的尺度不同,对真理性信息体的选择与判断差异。

三、"我的话":"二元标准(话语)"的信息信仰论

言与道、言说与道说等,一直是中西方哲人热衷思考而又十分纠结的命题。老子主张用"道"来"说话",孔子强调言能足志、志必借言而传以及言之方式影响传播效果等观念,倾向于言说。西方哲人亦有类似的情况,在赫拉克利特看来,他所认识到的"一切是一"的智慧,"这道虽然万古长存,可是人们在听到它之前,以及刚刚听到它的时候,却对它理解不了""人们试图像我告诉他们的那样,对某些言语和行为按本性一一加以分析,说出它们与道的关系时,却立刻显得毫无经验",因此,他希望人们不是听了我的话,而是听了我的道,且云"思想是最大的优点,智慧就在于说出真理,并且按照自然行事,听自然的话"⑧,在言说与思想或言说与道说之间倾向了道说。与此相对的,言说也始终是西方哲学的传统,正如海德格尔超越传统的语言工具论,从语言与存在关系出发指出的"语言是存在之家",此说便是立足于"作为道说的语言乃是成道的方式"⑨的主张之上。

---

① 理查德·塔纳斯.西方思想史[M].吴象婴,等译.上海:上海社会科学院出版社,2016:413.
② 陈力丹.新闻理论十讲[M].上海:复旦大学出版社,2008:165.
③ 蔡东伟.试论信息的社会实现及其真理性[J].江南大学学报:人文社会科学版,2010(1):11.
④ 邬焜.信息哲学:理论、体系、方法[M].北京:商务印书馆,2005:47-55.
⑤ 蔡东伟.试论信息的社会实现及其真理性[J].江南大学学报:人文社会科学版,2010(1):13.
⑥ 赵心树.三类信息,三类理论,三类标准,三类真理:二[J].中国海洋大学学报:社会科学版,2004(4):25.
⑦ 邬焜,曹嘉伟.信息中介论视域下人类认识尺度的相对性:兼论相对真理与绝对真理的辩证关系[J].湖南大学学报:社会科学版,2020(1):121.
⑧ 北京大学哲学系外国哲学史教研室.西方哲学原著选读:上[M].北京:商务印书馆,2003:22-23,25.
⑨ 海德格尔.在通向语言的途中[M].孙兴周,译.北京:商务印书馆,2017:269.

"存在即信息"①,可谓传播学、媒介学的本体论,然而"道不离器",从信息传播实践活动上说,或曰"信息是符号与意义的组合"②,如此,"可道之道"即媒介中的存在,才是信息的实在。于是,主张"道可道,非常道"的老子,又说"吾言甚易知,甚易行""言有宗,事有君"③。在希腊语里,word 与 reason 其实是一个词(即 logos),赫拉克利特要求"听我的道(logos)",也是在强调人们要领悟思想或意义亦须借助其话语传达出来的意思。西方信息传播注重演讲、对话、辩论、布道等传统,因此,"谁的话"以及愿不愿意相信"这个话",便成为信息交流与共享的焦点。直至美国实用主义者 C. S. 皮尔士提出了他的著名公式:"最终注定会被所有的探究者一致承认的意见,就是我们所说的真理。"④

　　在"谁的话"问题上,西方二元思维模式下的双重真理论,自然引发出"二元话语(标准)"的命题。现代瑞士神学家巴特曾基于上帝与世人毫无相通之处、上帝的神性内含着人性的辩证认识,著有《上帝的话与世人的话》一书,重新思考了西方二元话语形式。虽说有上帝、世人这样的话语主体限定,但我们知道"上帝的话"也是"世人"(教父、圣经等)说的,像乔治·贝克莱感慨的"我所说的话如果不足以使读者虔诚地感知到上帝的存在,则我可以认为我的辛苦都是无用的,白费了的"⑤。因此,从"作为道说的语言"角度说,我们要跳出说这话的主体而聚焦到所说的话本身。此时"话"即"道",且"话"本身就意味着信息沟通行为。

　　不过,在西方二元对立思维下,上帝的话(圣言)与世人的话(人的话语)迥然有别。在基督教传统中,"上帝的话"指耶稣基督的道成肉身、基督的福音及《圣经》本身,呈现出巴特教义所说的"从基督所体现的上帝的道到《圣经》为上帝的道所作的见证,最后到在信仰团契的讲道中宣扬上帝的道"三种运转形式⑥。与彼岸的上帝比较,此岸的世俗的人便存在"无限距离"。这正如巴特说的"上帝之言是他的永恒之言……是无与伦比的、绝对的、善的、庄严的、充满慰藉的、智慧的",而"一切在圣经-教会范围外讲出的话语作为话语,都必定是没有价值的""一切人的话语,哪怕是至善的人的话语,只能够直接或间接地证明它,但无法重复它、取代它,不可与之竞争"⑦。

　　"上帝的话"与"世人的话",在各自的解读中都认为是"逻各斯"或"道"。前者与上帝同样先在,上帝用"发话"的方式创造物质世界,直至"道成肉身"。此时,上帝和"上帝的话"乃第一性,物质世界反而是第二性。"对上帝的认识"和"对上帝的话的认识",就是真理。反之,哲学、科学亦以"世人的话"的方式争夺对真理的理解权与信仰权。当然,"世人的话"可以依据科学论证、理性推理或实地调研取得,而"上帝的话"主要凭借人的信仰或对教会权威的信服才能知悉。对此,德尔图良说:"上帝之子死了,虽然是不合理的,但却是可信的;埋葬后又复活了,虽然是不可能的,但却是肯定的。"⑧关于上帝的存在,提出"本体论证明"的安瑟伦(安瑟尔谟)则直言:"我绝不是理解了才能信仰,而是信仰了才能理解。"⑨对此,马克思早

---

① 单小曦. 媒介与文学[M]. 北京:商务印书馆,2015:19.
② 赵心树. 关于信息分类的思考[M]//张国良. 中国传播学评论:2 辑. 上海:复旦大学出版社,2007:59.
③ 陈鼓应. 老子注译及评价[M]. 北京:中华书局,1984:326.
④ 布鲁克·诺埃尔·穆尔,肯尼思·布鲁德. 思想的力量[M]. 9 版. 李宏昀,倪桂,译. 北京:北京联合出版公司,2017:304.
⑤ 贝克莱. 人类知识原理[M]. 关文运,译. 北京:商务印书馆,2017:104-105.
⑥ 阿利斯特·麦格拉斯. 基督教神学导论[M]. 5 版. 赵城艺,等译. 北京:北京联合出版公司,2017:135-136.
⑦ 巴特,戈尔维策. 教会教义学[M]. 何亚将,朱雁冰,译. 北京:生活·读书·新知三联书店,1998:130-132.
⑧ 德尔图良. 论基督的肉体[M]//叶秀山,等. 西方著名哲学家评传:第 2 卷. 济南:山东人民出版社,1984:266.
⑨ 北京大学哲学系外国哲学史教研室. 西方哲学原著选读:上卷[M]. 北京:商务印书馆,2003:240.

已指出这是"一个几乎名声很坏的论点",此论"不外是空洞的同语反复""不外是对于本质的人的自我意识的存在的证明,自我意识的存在的逻辑证明"①,因为安瑟伦要证明的结论已经在他提出的命题的前提中,即武断地把上帝说成是最完备的实体。

至此,正如德国哲学家克劳斯在解释"什么是信息"时指出的,纯粹从物理学方面理解"信息"还不足以构成一个定义,"信息必须具有一定的意义,必须是意义的载体",即"信息是由物理载体与语义构成的统一整体"②。"我的话"便意味着信息就是镶嵌在物理载体或符号的意义性存在,没有前者,"信息就无所依托,就没有信息得以存在的'家园'"。进而,从"具有意义"的角度说,我们的言说活动(信息活动)中的"言说作为一种使用语言的符号过程,只有这一符号过程的内容才是信息"③。这个"内容"即"意义"是多方面的,从人的认知层面说,上帝与世人的话则构成了信息的二元标准。这对于各自的信仰者来说,这些"话"就是活着的信息。

第二节 物质与精神的二重性:"世界如何成为可能"的媒介学思考

法国学者雷吉斯·德布雷在《法国的知识权力》(1979)中较早提出了"媒介学"的概念,此后在《普通媒介学教程》中反思了西方思想史上"神圣/世俗之间这种原始和古老的对立"及其带来的"思想/物质、精神/身体这两对组合的持久和对我们的控制"的思维模式,认为"媒介学的功能正是要建立技术领域和神话领域的关系",试图从人与人、人与物关系中探寻媒介学的研究范围。因此,从哲学视野考察西方传统的媒介观,必然要在天地人神四位一体中展开,无法回避德布雷所批评的西方传统的"习惯的自发二分法"④。

一、原子与虚空:自然媒介论

与东方文化尊奉宇宙整体性观念不同,西方文化则信仰宇宙原子性观念。罗素更是直接指出,科学知识的成立须遵循外延性原则和原子性原则,后者延伸至社会科学领域即是个体性原则。所谓外延性原则,"就是真正客观的知识不受主观的影响,而由外延的范围(量)来决定"。"原子"(aturnos)在希腊语中即是基本组分、不可分割的部分的意思。所谓原子性原则,指"对象作为整体,实则可以分解或分析成若干部分""每个部分可以单独地被分析、了解"⑤,反过来说就是世界由原子构成。西方很早就开启了哲学家亦多是科学家的传统,故而"原子论"既是科学家眼中的元素论,又是哲学家心中的本原论。为此,部分学者坚持了朴素唯物主义的立场,走向了物性原子论的道路。在世界原质的选择上,有赫拉克利特和德谟克利特的"火"、泰勒斯的"水"、阿那克西美尼的"气"、阿那克萨戈拉的"种子"、恩培多克勒的

---

① 马克思.马克思博士论文:黑格尔辩证法和哲学一般的批判[M].贺麟,译.上海:上海人民出版社,2012:109-111.
② 克劳斯.从哲学看控制论[M].梁志学,译.北京:中国社会科学出版社,1981:68-69.
③ 肖峰.信息技术哲学[M].广州:华南理工大学出版社,2016:86.
④ 雷吉斯·德布雷.普通媒介学教程[M].陈卫星,王杨,译.北京:清华大学出版社,2014:68,35.
⑤ 牟宗三.中西哲学之会通十四讲[M].上海:上海古籍出版社,1997:7-9.

"四根"(土、气、火、水)……这些原质包围着一切世界,作为世界的本原生成了世界的一切。

在众多原子论言说中,古罗马卢克莱修长诗《物性论》是后世可见的对古希腊-罗马时代原子论阐释最系统全面的哲学著作①。该著作从讨论德谟克利特等人原子和虚空学说谈起,阐释了原子的运动规律及其对人类灵魂、心理活动的构成作用,分析了伊壁鸠鲁的原子论哲学及宇宙观等话题。首先,"除原子和虚空外,无物自存"。全部自然均由物质与虚空两种东西构成,任何存在物都具有物质和虚空的双重本质。"原子"是物质的"最小限度的微粒",自己具有"永恒的单一性而强有力,自然把它们保留来作事物的种子,不许有任何的裂开和减损""它们是自然的最小限度"。与"原子"相伴的"虚空"必不可少,"世界并非到处都被物体挤满堵住",物体里面必定有"一种其中无物而不可触的空间",因为如果不是这样,原子就绝不能运动。因此,"和物混合在一起——这就是虚空、那个不可见的无。"②其次,"原子"论反映出"为你揭示事物的始基"抑或"质料、产生事物的物体、事物的种子或原初物体"的思维方式,"万物以它们为起点而获得存在""自然用它们来创造一切","而当一件东西终于被颠覆的时候,她又使它分解为这些始基"③,既有直觉性,也有抽象性。第三,作为认识世界的一种思维方式和哲学形态,"在西方科学文化源流中,原子论堪称思想脊梁"④。从科学史上说,"原子论"不仅孕育了伽利略、开普勒、牛顿等人的经典力学,而且也在爱因斯坦开创的量子力学中以极其显著的方式呈现。从人文主义启蒙的角度说,卢克莱修关于灵魂由原子构成,灵与肉同时消亡以及诸神只不过是人的心灵现象等系列认识,成为文艺复兴时期与教会神学抗争的有力思想武器。从哲学史来看,且不说布鲁诺及莱布尼茨的"单子"论、培根的"分子"说,直至20世纪恩斯特·卡西尔仍坚持说"每一种生物体都是一个单子式的存在物:它有它自己的世界,因为它有着它自己的经验"⑤,均烙下"原子论"的思想印迹。

"原子论"这种用简单的方式观照世界的思维方式,在西方媒介观的建设中也发挥着重要作用,回答了信息传播及存储结构的最初状态就是自然的这个媒介之源的话题。"原子"作为媒介,具备了传统媒介的诸多典型特征。一方面在于它作为构成物质的始基,回答了世界是怎样形成的哲学之问;另一方面在于它提供一种对世界的看法,影响着主体与信息的关系,具有媒介的意义。"信息"及其接受的效果,不仅决定于"物质"(内容),而且也决定于物质之形式;一种信息,有合乎其本性的适宜形式(媒介),然也可以变化"形式"来使之呈现,而不同"形式"下的信息,其含义是不同的。从媒介演变的角度说,今人身临其境的数字革命,其重要特征就是从原子转向比特。"原子论"乃是传统媒介学的典型代表,以原子为媒介的时代可称为原子时代。即便在现代,传统媒介也没有消亡,"只是退化到了基础设施中,作为背景或者变得更加形而上"⑥。"原子媒介"虽然在体积、重量上仍具有一定的物理极限,但在传统媒介中,作为自然最小颗粒的原子,体积小、重量轻而传递信息量大则是它作为媒介的本质指向。在"互联网+"的新阶段,比特已经作为信息新时代新世界的DNA迅速取代原

---

① 关于之前的原子论言论,像留基波、德谟克利特等留有一些残句,伊壁鸠鲁留有三封信札和数句格言。
② 卢克莱修.物性论[M].方书春,译.北京:商务印书馆,2009:25,36,37,21,22.
③ 卢克莱修.物性论[M].方书春,译.北京:商务印书馆,2009:6.
④ 厚宇德.玻恩与哥廷根物理学派[M].北京:中国科学技术出版社,2017:495.
⑤ 恩斯特·卡西尔.人论[M].甘阳,译.上海:上海译文出版社,2004:38-39.
⑥ PETERS J H. The Marvelous Clouds: towards a Philosophy of Element Media[M]. Chicago: The University of Chicago Press,2015:23. 转引自:陈中雨.自然媒介、技术媒介与"媒介即基础设施":以彼得斯的《奇云:基础媒介哲学》为例[J].未来传播,2019(6):67.

子,成为人类社会的基本要素①,必将引发有关信息媒介哲学的新思考,信息媒介学自然进入高质量发展的新格局。

二、工具与器官:技术媒介论

从哲学人类学角度说,媒介作为一种存在,始终活跃在心(思维)与物(物质)之间。研究媒介,不仅要思考非人的情况,更要思考人的情况。若从"人"的角度说,"物"除了作为认识对象所产生的科学态度,还有作为认识对象的途径或作为承载、传播认识结果的手段而滋生的技术思维,成为了从人属性的技术媒介。从人与媒介的关系上说,西方最著名的就是无机状态的"工具"论和有机状态的"器官"说。

虽然人类通过技术解读文明,或对技术本身进行哲学思考始终存在着,但由于西方哲学注重理论的传统、较长时间内手工艺者社会地位低下等多种原因,致使"技术即无思"的观念在西方有着悠久的历史。古希腊时期,有关认识和改造自然这两种态度多处在分离状态。柏拉图在《斐德罗篇》中,借苏格拉底之口,讲述过一个有关塞乌斯(文字等发明者)的埃及神话,将苏格拉底塑造成一个技术媒介的批判者形象。在苏格拉底看来,文字会扼杀人的精神,在"灵魂中播下遗忘""装的不是智慧,而是智慧的赝品"②。文艺复兴时期,"支配自然""改造自然"的主张日渐突出,故而从技术角度思考人与自然的哲学态度开始转变。达·芬奇认为"智慧是经验的产儿",明确指出"天文学和其他科学也通过手工操作"③。到了17世纪的培根,针对亚里士多德《工具论》所著的《新工具》,"要直接以简单的感官知觉为起点,另外开拓一条新的准确的通路,让心灵循以行进",试图为"为理解力开拓一条新路"④。随着第二次工业革命的推进以及相应的社会变革,工场手工业基本被大机器生产所代替,有关技术的思考从哲学的边缘走向被关注的对象,直至发展成现代哲学研究的技术转向。1867年,英国工程师亨利·德克斯《发明哲学》的出版,表明工程学的技术哲学的确立。不过,人们更看重德国哲学家E.卡普1877年出版的《技术哲学纲要》。该著作从技术本质为"器官投影"这个新观点阐释文化发生史,开拓了人文主义的技术哲学研究路径。如果说卡普是对技术的哲学思考,那么受其影响的马克思、恩格斯则更倾向于从哲学层面思考了技术。技术是马克思全部思想的关键和核心,甚至可以说,"如果不从马克思主义哲学的观点出发来考察技术的发展,那么,任何对技术和未来的研究都将是不完备的。"⑤

首先,马克思主义视科学技术为社会的劳动生产力,充分肯定了科技媒介即社会发展动力的历史地位。在马克思看来,"科学是一种在历史上起推动作用的、革命的力量"⑥,像预告资产阶级社会到来的三大技术发明(火药、指南针、印刷术),更是"变成科学复兴的手段,变成对精神发展创造必要前提的最强大的杠杆"⑦。针对之前存在的科学与技术的分野,马克思从哲学层面予以辩证分析,他认为科学与技术均在解决人与自然的关系,只是科学本质是

---

① 尼古拉·尼葛洛庞帝.数字化生存[M].胡泳,范海燕,译.北京:电子工业出版社,2017:3.
② 柏拉图.斐德罗篇[M]//柏拉图文集.江文,编译.北京:中国戏剧出版社,2008:259.
③ 北京大学哲学系外国哲学史教研室.西方哲学原著选读:上[M].北京:商务印书馆,2003:308-309.
④ 培根.新工具[M].许宝骙,译.北京:商务印书馆,2017:8.
⑤ 舒尔曼.科技文明与人类未来:在哲学深层的挑战[M].李小兵,等译.北京:东方出版社,1995:246.
⑥ 恩格斯.在马克思墓前的讲话[M]//中共中央编译局.马克思恩格斯选集:3卷.北京:人民出版社,1995:575.
⑦ 马克思.经济学手稿[M]//中共中央编译局.马克思恩格斯全集:47卷.北京:人民出版社,1979:427.

"理论关系"①,技术本质是"实践关系"或"能动关系"②。至于科学技术作为起决定作用的劳动生产力,由工人的平均熟练程度、科学的发展水平和它在工艺上应用的程度、生产过程的社会结合、生产资料的规模和效能以及自然条件等多种情况决定③,乃是科学与技术的合力形态。

其次,马克思主义深入揭示了科学技术的属人的实践性,提出了"器官延长"论的媒介观。马克思曾反思包括费尔巴哈在内的之前的一切唯物主义的缺点,指出他们"对对象、现实、感性,只是从客体的或者直观的形式去理解,而不是把它们当作感性的人的活动,当作实践去理解,不是从主体方面去理解",甚至认为关于人的"能动的方面却被唯心主义抽象地发展了"④。相对于立足"市民"社会的旧唯物主义,新唯物主义则立足于人类社会或社会化了的人类。恩格斯指出在从猿到人转变过程中,劳动是"整个人类生活的第一个基本条件""劳动创造了人本身"⑤。同时,劳动源自人的需要,是从制造工具开始的,技术及其媒介化亦源自人的需要。伴随着劳动内容的变化,工具亦会变化,"它们是人类的手创造出来的人类头脑的器官,是物化的知识力量"⑥。这样,自然物抑或工具就成为人类的"活动的器官",人类"把这种器官加到他身体的器官上""延长了他自然的肢体"⑦。

再次,马克思主义辩证思考了科学技术的反作用及异化现象,揭示出媒介双刃剑的性质,以及为实现人的全面而自由的发展目标论。人类创造并利用工具改造自然,也改变着自然运行的"惯常行程"。对此,恩格斯便提醒过人类每走一步都要记住,"我们连同我们的肉、血和头脑都是属于自然界和存在于自然界之中的……认识到自身和自然界的一体性",机器是人的无机的身体,人类又是自然界的有机存在,不能以征服者的姿态面对自然。因此,他警告人类:"不要过分陶醉于我们人类对自然界的胜利。对每一次这样的胜利,自然界都对我们进行报复。"⑧ 同时,技术的异化尽显其反作用的力量。"机器具有减少人类劳动和使劳动更有成效的神奇力量,然而却引起了饥饿和过度的疲劳",甚至"变成贫困的源泉"。可以说,"技术的胜利,似乎是以道德的败坏为代价换来的",制造并使用工具的人类,此时反而成为技术发展的奴隶,其"生命则化为愚钝的物质力量",而"物质力量具有理智生命"⑨。

至此,有关技术媒介,卡普视为"器官投影",马克思、恩格斯主张"器官延长"论,直至麦克卢汉提出"媒介,人的延伸"⑩的命题,诸如此类,本质上都是以人为中心的观念,既呼应着普罗戈尔拉"人是万物尺度"⑪这个西方古老而传统的命题,也不断地开启着苏格拉底所说的

---

① 马克思,恩格斯.神圣家族[M]//中共中央编译局.马克思恩格斯全集:42卷.北京:人民出版社,1979:128.
② 马克思.资本论[M]//中共中央编译局.马克思恩格斯全集:2卷.北京:人民出版社,1974:191.
③ 马克思.资本论[M]//中共中央编译局.马克思恩格斯全集:23.北京:人民出版社,1979:53.
④ 马克思.关于费尔巴哈的提纲[M]//中共中央编译局.马克思恩格斯选集:1卷.北京:人民出版社,1995:54.
⑤ 恩格斯.劳动在从猿到人转变过程中的作用[M]//中共中央编译局.马克思恩格斯全集:42卷.北京:人民出版社,1979:163.
⑥ 马克思.1857—1861年经济学手稿[M]//中共中央编译局.马克思恩格斯全集:46卷·下.北京:人民出版社,1979:219.
⑦ 马克思.资本论[M]//中共中央编译局.马克思恩格斯全集:23卷.北京:人民出版社,1972:203.
⑧ 恩格斯.自然辩证法[M]//中共中央编译局.马克思恩格斯选集:4卷.北京:人民出版社,1995:384,383.
⑨ 马克思.在《人民报》创刊纪念会上的演说[M]//中共中央编译局.马克思恩格斯全集:42.北京:人民出版社,1979:258.
⑩ 马歇尔·麦克罗汉.理解媒介:论人的延伸[M].何道宽,译.北京:商务印书馆,2000:33.
⑪ 北京大学哲学系外国哲学史教研室.西方哲学原著选读:上卷[M].北京:商务印书馆,2003:54.

"认识你自己"①新的话题。

三、日常与想象:仪式媒介观

"仪式"作为一个分析人类经验的专门词语出现在19世纪,20世纪中后期,詹姆斯·凯瑞针对传统的传播"传递观",提出了"传播的仪式观",明确指出"传播的'仪式观'虽然在美国人的思想中相对淡薄,但它是一种更为古老的观点——古老到字典把它列在'古语'(archaic)条目下"②,为传播学的分析开辟了另一路径。罗森布尔继而把"仪式传播"划分为"作为传播现象的仪式"和"作为仪式现象的传播",认为"仪式传播"涵盖"传播的仪式观",外延更为宽泛。③当然,在人类活动中,仪式传播无处不在。从远古的巫术、神话、宗教开始,"仪式"已走入人类社会生活的方方面面,与"仪式"相关的概念如礼仪、典礼、礼拜、祭祀、程式、形式、习俗、制度等也早已进入了人们思考的范围。

在人类的生命体验中,日常的经验世界与超常的想象世界始终是人类关注的话题,这便构成了传播哲学视野下的信息观。西方哲学基于"天人相分"的主导思维方式,尤为关注二者的对立与冲突,总会寻找某种具有象征性的媒介来凸显这两个世界的差异,彰显着西方文化信息观的双重性。"仪式"这一概念源于宗教活动,于是历来对"仪式"媒介的认知也在强化信息双重性中的宗教信仰方面。当然,拉德克利夫·布朗曾说过"在研究宗教时,重点应放在仪式上,而不是放在信仰上",除了仪式在宗教各要素中最稳定、最持久,还有"制约着或决定着信仰的不是别的东西,而是行为或行动的需要",这些仪式的行动或"行为本身即是感情的象征性表现形式"④。面对"宗教现象可以自然而然地分为两个基本范畴:信仰和仪式"⑤的境况,人类的情感制约着仪式,也通过仪式发挥着维系社会秩序的功能,因此从信息论角度解读西方文化的仪式传播,完全回避信仰而聚焦仪式,显然是不可能的事。

"仪式"是人类文化的积淀与传承,堪为人类学、文化学关注的经典话题。无论是宗教活动,还是社会习俗、节日庆典、外交活动,一些平凡器具、语言、空间等,在各类仪式活动中,都会转化为一种显示特殊意义的媒介,蕴涵着道德的、制度的、法律的乃至宗教的诸多禁忌或要求。像宗教中的"显圣物"可以用一块石头或一棵树来表征,这些物质存在本质上与其他石头或树没有区别,但它们又不是那种纯粹性的物质存在,而是一个个向人类展示自己特殊意义的媒介方式,"属于完全另类的某种东西"或"别的东西"⑥。这其中对那些拥有宗教或仪式体验的人来说尤其重要,换句话说,正是这些人的体验,参与了意义的生成,使得这些自然物或习俗等能把自我表现出一种超越的意义。詹姆斯·凯瑞指出,"从仪式的角度定义,传播一词与'分享''参与''联合''团体'及'拥有共同信仰'这一类词有关。这一定义反映了'共性''共有''共享'与'沟通'在古代有着同一性和共同的词根"⑦。人类诸多信仰、观念及情感问题,多由相关仪式呈现出来。因此,仪式作为媒介的基本构成要素之一,承载着人类

---

① 色诺芬.回忆苏格拉底[M].吴永泉,译.北京:商务印书馆,1984:149-150.
② 詹姆斯·凯瑞.作为文化的传播:"媒介与社会"论文集[M].丁未,译.北京:中国人民大学出版社,2019:17.
③ 刘建明."传播仪式观"与"仪式传播"概念再辨析:与樊水科商榷[J].国际新闻界,2013(4):168-173.
④ 拉德克利夫-布朗.原始社会的结构与功能[M].潘蛟,等译.北京:中央民族大学出版社,1999:172.
⑤ 爱弥尔·涂尔干.宗教生活的基本形式[M].渠东,汲喆,译.上海:上海人民出版社,1999:33.
⑥ 米尔恰·伊利亚德.神圣与世俗[M].王建光,译.北京:华夏出版社,2002:3.
⑦ 詹姆斯·凯瑞.作为文化的传播:"媒介与社会"论文集[M].丁未,译.北京:中国人民大学出版社,2019:17-18.

传播实践的本质内涵,具有媒介哲学的诸多意义。

一是对"信息"拥有者主体性的把握。传统传播学注重信息的"传递",在信息发出者与接受者之间构成一种单一的线条,故而在追问信息的真实性、导向性等问题上,自然形成了二元的责任主体论。不过,若将信息的流动或流变过程视为一种"仪式"的呈现,那么信息发出者、接受者自然都是"仪式"的参与者。如此,双方在强化各自对信息共有、共享的同时,就会自我增强信息维护、沟通过程中的责任感。彼得·贝格尔说,仪式行动一般由"不得不做的事和不得不说的事"两个方面构成,这两个方面在"共同地起着回忆体现在文化及其主要制度中的传统意义的作用"的同时,"它们一次又一次恢复了现阶段与社会传统之间的连续性,把个人及社会中各种团体的经验放入超越他们的虚构或非虚构的历史背景中"①。可见,从宗教及其他仪式活动中,我们可以发现"信息"是个生长性的东西,除了事实、客观因素外,还有参与者的理解。这些参与者在"仪式"中丰富了各自的信仰、观念,构成了信息的新内容。这对传统的以客观性意义上的信息真伪为核心的传递观给予了有力的补充。

二是对传播活动特质的把握。人类生活本就是一种共同体存在,而作为"人类的一个永远的需要"②的仪式,更是以一种公众参与的集体性形式彰显出鲜明的社会性。相对于"传递观中'传播'一词的原型是出于控制的目的而在地理空间扩展信息",那么,"在仪式观中'传播'一词的原型则是一种以团体或共同的身份把人们召集在一起的神圣典礼"③,参与者更是以一种共情方式体验着仪式活动所包含的社会与文化意味,强化并实现着群体性"想象的共同体"的文化认同。仪式媒介的运行,遵循着"信仰—仪式"模式(呼应"观念与行为""理论与实践""形而上与形而下"),具有典型的"照本宣科"的特点,遵循一种群体性的共享习惯。如此,才能给人合情合理、合规合法甚或是合律合条的认同感。因此,传播的仪式观实则是一种文化分享的传播观。

三是对媒介地位的把握。仪式作为一种媒介,具有符号性、规范性、神圣性及天然的象征性。仪式由诸多表明意义的符号组成,如颂辞等语言符号、道具等物件符号、姿势等行为符号、呼喊等声音符号等④。德国哲学家卡西尔曾认为,"符号化的思维和符号化的行为是人类生活中最富于代表性的特征,并且人类文化的全部发展都依赖于这些条件,这一点是无可争辩的"⑤。也就是说,这些被视为条件的"符号是文化的载体",而"文化的创造和传承是以符号为媒介的"⑥。在仪式活动中,人与人、人与符号、符号与符号之间貌似孤立,实则经过组织协调,彼此关联,演绎出具有特定意义的程序,各个程序共同组成一个规范的体系,完整地传递着仪式所象征的信息世界。至此,从仪式的媒介性质来说,正如维克多·特纳说的"仪式就是由一个个象征符号构成的,而象征符号则是仪式中保留着仪式行为独特属性的最小单元,是仪式语境中的独特结构的基本单元。仪式对人们社会生活所产生的影响,全部通过仪式中的象征符号体现出来"⑦。

---

① 彼得·贝格尔.神圣的帷幕:宗教社会学理论之要素[M].高师宁,译.上海:上海人民出版社,1991:49-50.
② 简·艾伦·哈里森.古代艺术与仪式[M].刘宗迪,译.北京:生活·读书·新知三联书店,2008:134.
③ 詹姆斯·凯瑞.作为文化的传播:"媒介与社会"论文集[M].丁未,译.北京:中国人民大学出版社,2019:18.
④ 仲富兰.中国民俗学通论:3卷[M].上海:复旦大学出版社,2015:145.
⑤ 恩斯特·卡西尔.人论[M].甘阳,译.上海:上海译文出版社,2004:43.
⑥ 俞建章,等.符号:语言与艺术[M].上海:上海人民出版社,1988:3.
⑦ 维克多·特纳.象征之林:恩登布人仪式散论[M].赵玉燕,欧阳敏,徐洪峰,译.北京:商务印书馆,2006:95.

四、能指与所指：符号媒介论

媒介及其传播方式的革新，其人类学本质即在于让人的交流、信息存储乃至思考更加"轻盈"。符号化与媒介化是一种互生互动的关系，无论物质媒介还是技术媒介、仪式媒介等发展至极致，均以符号化为它们的文化发展向度的突出体现。同时，符号化尤以数字化为极致，像使用字母文字（腓尼基字母）——"一种行之有效的数字媒介"①——传播的摩西"一神论"宗教在埃及的影响，远远超过了基于图画的象形文字传播的埃及法老安曼贺泰普四世的"一神论"宗教。从这个意义上说，符号化的本质在于人性化，"以致除非凭借这些人为媒介物的中介，他就不可能看见或认识任何东西"②。因此，不承认"媒介就是符号或符号的系统"这一原则，"任何媒介素养教育都将无所作为"，反之，"媒介素养教育可以满盘皆活，尽展所长"③。

当然，人类较早使用象征物符号进行信息传播与思考，语言的出现尤其是文字的发明，脑子就从记忆的重负下解放出来，"思想被赋以轻快的特质"④，极大地提高了人类抽象思维的能力。西方哲学家讨论语言媒介、符号媒介的大有人在，然将语言学升级至符号学层面，且贯穿了从哲学思辨角度理解语言符号的旨趣，那么现代语言学的奠基者——瑞士语言学家索绪尔则是较为系统的开拓者。索绪尔传承了西方哲学的二元对立传统，明确以"二元论"评述自己的语言学特色，以语言和言语、内部和外部、共时和历时、句段和联想、能指和所指等一系列二分思想构建语言学理论框架，二元性成为有关语言本质及符号观的"第一和最后的原理"⑤。

第一，通过对语言与言语的辨析，启示人们对符号媒介研究对象的思考。"语言学的又完整又具体的对象是什么"，在索绪尔之前，一般都把整个言语活动视为语言学的对象，"要么只执着于每个问题的一个方面……要么同时从几个方面去研究言语活动"，"这样，语言学的对象就像是乱七八糟的一堆离奇古怪、彼此毫无联系的东西"。要想解决这个问题，索绪尔认为只有一个办法，即"一开始就站在语言的阵地上，把它当作言语活动的其他一切表现的准则"。如此，"把语言和言语分开，我们一下子就把① 什么是社会的，什么是个人的；② 什么是主要的，什么是从属的和多少是偶然的分开来了"。索绪尔这种整体性引领下的二元建构思维，尤其"语言是一种表达观念的符号系统"⑥的判断，将语言视为符号和意义的复合体，更是关乎原则与活动、社会与个人以及整体与部分等多重关系，开辟了符号媒介研究的新路径。

第二，通过对共时与历时的辨析，启示人们对符号媒介研究道路的思考。在索绪尔看来，"有关语言学的静态方面的一切都是共时的，有关演化的一切都是历时的。同样，共时态和历时态分别指语言的状态和演化的阶段"。共时语言学与历时语言学的重要性不相等，这是"最明显的事实"，前者显然优于后者，"因为对说话的大众来说，它是真正的、唯一的现实

---

① 保罗·利文森.软边缘：信息革命的历史与未来：原著前言[M].熊澄宇，译.北京：清华大学出版社，2002：6.
② 恩斯特·卡西尔.人论[M].甘阳，译.上海译文出版社，2004：41.
③ 莱恩·马斯特曼关于媒介素养教育18项原则之二.宋小卫.西方学者论媒介素养教育[J].国际新闻界，2000(1)：56.
④ 哈罗德·伊尼斯.帝国与传播[M].何道宽，译.北京：中国传媒大学出版社，2015：47.
⑤ 索绪尔.普通语言学手稿[M].于秀英，译.南京：南京大学出版社，2011：4.
⑥ 索绪尔.普通语言学教程[M].高名凯，译；岑麒祥，叶蜚声，校注.北京：商务印书馆，1999：28-30，35，37.

性",甚至一度认为"很少语言学家怀疑时间因素的干预会给语言学造成特别的困难"[①],以至于他的语言学被视为与新语法学派完全不同的研究道路。从某种意义上说,共时语言学与历时语言学研究道路涉及了技术性与文化性这一对符号媒介的基本属性。从媒介发展史的角度说,任何媒介都历经"技术-文化"的建设过程;反过来说,某种文化观念往往都与支撑它的技术或媒介相表里。因此,面对技术革新及其媒介化,时人要有媒介文化的建构意识,而不是只重视媒介的技术性而忽视其文化品质的塑造。

第三,通过对能指和所指的辨析,启示人们对符号媒介结构特征的思考。在索绪尔看来,"语言单位是一种由两项要素联合构成的双重的东西",这两项要素不是事物和名称,而是音响形象(当然包括字形形象。下同)和概念。他的符号观正是建立在对语言的认知之上,因此,"我们把概念和音响形象的结合叫作符号"[②]。当他上升到符号层面解读语言时,又认为概念和音响形象这两个词过于形而下,于是建议"用所指和能指分别代替概念和音响形象",如此可以涵盖用符号这个词表示一种整体的观念。究其原因,是用所指和能指的好处"是既能表明它们彼此间的对立,又能表明它们和它们所从属的整体间的对立",明确指出使用"所指""能指"的动因。由此,概念和音响形象的语言要素或所指与能指的符号要素之间的关系,一方面"紧密相连而且彼此呼应",另一方面犹如一张密不可分双面体的白纸,概念是正面、音响形象是反面,两面互不从属又是不可分离的统一体。不过,这个能指与所指的两项要素,都是心理层面的。"语言符号是一种两面的心理实体",前者是心理层面"属于感觉的"物质形式,后者是心理层面"更抽象的概念"[③]。语言是音义结合的符号,声音就是能指,意义就是所指,如"bi(笔,第三声)"是能指,"写字画画的工具"就是所指。从语言学要素来说,索绪尔所说的能指、所指分别指音响形象、概念,然既然上升到符号学层面,那么,能指就是负载信息的载体或"表达意义的形式",所指是信息内容或"被表达的概念"。如上课铃声表示上课了,铃声就是"能指",上课就是"所指"。当然,这并非说所指意味着一种纯粹的抽象,而是既指涉抽象也关乎具象的概念或思想。可见,能指和所指之间的关联性,彰显了索绪尔符号传播的二元思维,启发后人关于载体与意义、表达与思想、形式和内容等二元关系所构成的符号媒介的特征、功能及意义。

至此,从哲学的视野讨论了西方文化关于媒介类型的四种认知。这不是说明这些媒介决定了我们什么,而是说明各种不同的媒介为人类思考提供了一个个至关重要的情境,影响了人类思想创享的方式;不仅每个时代、各个知识体系的"信息图景能够并确实呈现在其中"[④],而且人们可以通过选择知识生产、信息传播的最佳方式,在满足自己兴趣的同时彰显出文明的立体结构以及历史进程。

思考题

1. 从信息论角度理解西方古代文化"逻各斯"的新启示。
2. 从传播学角度,谈谈对"天人合一"和"天人相分"的理解。
3. "世界如何成为可能"的西方媒介观念的思考及批评。

---

① 索绪尔.普通语言学教程[M].高名凯,译.岑麒祥,叶蜚声,校注.北京:商务印书馆,1999:119,130,117.
② 索绪尔.普通语言学教程[M].高名凯,译.岑麒祥,叶蜚声,校注.北京:商务印书馆,1999:100,102.
③ 索绪尔.普通语言学教程[M].高名凯,译.岑麒祥,叶蜚声,校注.北京:商务印书馆,1999:101.
④ 保罗·利文森.软边缘:信息革命的历史与未来[M].熊澄宇,译.北京:清华大学出版社,2002:5.

第九讲　文明对话：当代传播学的文化意蕴

费孝通曾就文明对话策略及文化自觉的历程提出过"各美其美，美人之美，美美与共，天下大同"（1990年）①十六字箴言。杜维明认为这鲜明地体现了文明对话的原则，是真正的平等互惠，"庆幸多样"。② 方克立继而以"和而不同"替换"天下大同"③，既尊重当今世界文明多样的现实性，也能避免他人认为中国持"天下大同"观念而有称霸之心的误解。不过，若要真正实现文明对话，心态决定状态，"和而不同"作为一种对话心态更具逻辑起点的意义。2014年，习近平就对待不同文明、传统文化及现实文化提出了四个原则，第一就是要以"和而不同"的态度尊重世界文明多样性，认为"和而不同是一切事物发生发展的规律"④。2019年，习近平在"亚洲文明对话大会"上提出了四点主张，第一点"坚持互相尊重，平等相待"就是要求"摒弃傲慢和偏见，加深对自身文明和其他文明差异性的认知，推动不同文明交流对话，和谐共生"，也是"和而不同"之意。以"和而不同"作为当代传播学建设的逻辑起点，正说明文明对话及其生态观是对当今社会变化及其期望的一种解释，作为一种文化价值观首先要破解今人的心态和观念问题，然后才是"美人之美，美美与共""开放包容，互学互鉴""与时俱进，创新发展"⑤等话题。当今社会已进入经济全球化、社会信息化、政治多极化、文化多样化而命运共同体化的时代，带来了传统知识难以解释的新挑战和创新文明发展的新机会，迫切需要一种文明交流与发展的新理念、新思想及新路径。

第一节　和而不同，多元互竞的文明对话心态

各文明间的相互交流与对话，既是人类文明发展的历时性现象，也是全球化时代最突出的共时性话题。当今社会除了物理性的现实中此时此地的面对面交流、实现异地传播的文字阅读等方式，互联网技术更是以撕裂时空方式，在虚拟社区中完成了此时彼地、远距现场对话方式的革新。媒介环境的变化期待新的传播秩序，参与其中的各文明主体持有怎样的对话心态，直接关系着讲好本民族文明故事以及构建人类命运共同体的进程及成效。从人类文明交流史来看，对话心态的构建以对双方关系的认识为前提，大致存在三种类型：强调文明之间"异"的部分，直至夸大矛盾的"冲突论"；强调文明之间的"异"或"同"的部分，直至

---

① 费孝通.文化与文化自觉[M].北京：群言出版社，2010：195.
② 杜维明.文明对话的发展及其世界意义[J].南京大学学报：哲学·人文科学·社会科学版，2003(1)：39.
③ 方克立.费孝通与"和而不同"文化观[J].中国社会科学院研究生院学报，2006(6)：6.
④ 习近平.在纪念孔子诞辰2565周年国际学术研讨会暨国际儒学联合会第五届会员大会开幕会上的讲话[N].人民日报，2014-09-25(002).
⑤ 习近平.习近平谈治国理政：第三卷[M].北京：外文出版社，2020：468-470.

泯灭矛盾的"相对论";尊重文明之间矛盾而求统一的"和而不同"论。

"文明对话冲突论"与西方二元对立思维模式密切相关。回顾历史,西方文明在推进全球化的进程中,正如雅典人对米洛斯人说的"征服了你们,我们不仅扩充了幅员,也增加了我们帝国的安全",并认为这是"自然界的普遍和必要的规律"①,做的是征服、殖民、霸权、单边等行径。20世纪90年代,亨廷顿提出的"文明冲突论",正是西方这一传统观念在新形势下的典型表现。在他看来,文明间的冲突是根本性的,冷战之后的"新世界的基本矛盾不再主要源于意识形态或经济状况的差别。人类今后最大的分歧及冲突将主要来源于不同文明的歧异"②,他的文明冲突论"是要对冷战之后全球政治的演变作出解释",成为一个"看待全球政治的框架或范式"。"文明冲突论"发表之后,遭到了包括西方学者在内的广泛的批评,亨廷顿后来解释说"我所期望的是,我唤起人们对文明冲突的危险性的注意,将有助于促进整个世界上'文明的对话'"③。在文明交流中,因差异而出现碰撞,实属正常现象,亨廷顿此论虽然承认人类文明的多样性,但实质是西方文化霸权理论的延续,属于典型的后殖民主义的话语,而非当代社会期待的文明对话的理想状态。

"文明对话相对论"有自"异"观之与自"同"观之两种路径。前者如美国亚洲研究协会强调的从文化差异角度解释各国政治、法制和道德差别④,后者如中国庄子选择的"自其同者视之,万物皆一也"⑤的方式。当然,上述两种视角亦互通有无,均针对本民族文化中心主义而论。一则,每一种文明都有各自的生长历程,有着各自内在价值及其存在的历史的、现实的合理性。二则,文明间无贵贱之别,各文明只有用它自身拥有的价值观来解释才能得到圆满的理解,因此文明间只有相对的意义。各文明在这一点上是平等的,此既如庄子说的"圣人和之以是非,而休乎天钧"的"两行"⑥,也如《中庸》说的"万物并育而不相害,道并行而不相悖"的"并行"⑦。文明相对论虽说给予对话者以尊重与平等的权益,但诸如"各人有各人的价值""每个价值都有平等的机会"⑧等基本主张,本质上属于一种价值中立的理论。

"和而不同"论源于中国古代哲学"和同之辩"的话题。《国语·郑语》记载西周末史伯云:"夫和实生物,同则不继。以他平他谓之和,故能丰长而物归之;若以同裨同,尽乃弃矣。"⑨本性不同的事物或因素互为"他",组合起来达到平衡(和谐)状态,这是能创生新事物的"和";反之,就是"同"。春秋末年,齐国晏婴回答齐景公"和与同异"之问时,亦持"以他平他谓之和"之见,以羹为喻,引申到人际关系,像不平等的"君臣亦然"⑩。到了孔子,则将"和同之辩"上升到人格修养的层面,如云"君子和而不同,小人同而不和"⑪等。"和而不同"论不仅彰显出"中华文明最大的特点",即"具有内在的凝聚力和外在的和谐力"⑫的历史逻辑,而

---

① 修昔底德.伯罗奔尼撒战争史:下[M].谢德风,译.北京:商务印书馆,2017:467,469.
② 塞缪尔·亨廷顿.世界各种文明的对立与斗争[M]//新华社新闻研究所.新华社优秀新闻选:1993年.北京:新华出版社,1995:270.
③ 塞缪尔·亨廷顿.文明的冲突与世界秩序的重建[M].周琪,等译.北京:新华出版社,2010:1,2.
④ 齐延平.人权研究:第16卷[M].济南:山东人民出版社,2016:103.
⑤ 陈鼓应.庄子今注今译[M].北京:中华书局,1983:145.
⑥ 陈鼓应.庄子今注今译[M].北京:中华书局,1983:62.
⑦ 朱熹.中庸章句[M]//四书章句集注.北京:中华书局,1983:37.
⑧ 安东尼·德·雅赛.重申自由主义:选择、契约、协议[M].陈茅,等译.北京:中国社会科学出版社,1997:22.
⑨ 徐元诰.国语集解[M].王树民,沈长云,点校.北京:中华书局,2002:470.
⑩ 左丘明.左传:下[M].杜预,集解.上海:上海古籍出版社,2015:847.
⑪ 杨伯峻.论语译注[M].北京:中华书局,1980:141.
⑫ 杨瑞明,张丹,季燕京,毛峰.文明传播的哲学视野[M].北京:中国社会科学出版社,2012:2.

且高度吻合"文明的传播本质就是和谐"的理论逻辑,也呼应着"在当今世界,文明传播是解决冲突的方式"①的实践逻辑,对构建文明对话心态有着建设性的意义。

其一,倡导自尊平等的对话身份。朱熹释曰,"和者,无乖戾之心;同者,有阿比之意"②,对话不是单向度的信息传递,而是去彼此中心化的双向交流。因此,没有自尊平等意识,就没有对话的基础。马丁·布伯从"之间"是"相互性"关系的角度,指出对话哲学不是"我—它"之间这种既对立、不平等又需要借助中介的非直接的关系,而是"我—你"这种"直接无间"的融通关系,即"精神不在'我'之中,它伫立于'我'与'你'之间"③。

其二,"文明只有姹紫嫣红之别,但绝无高低优劣之分"④,文明对话须承认文明的多样性与差异性,具有接纳不同文明的包容态度。所谓"物之不齐,物之情也"⑤,封闭的文明没有新活力,交流互鉴才是文明发展的出路。而文明间的对话要求对话主体跳出自身文明的"井口",如此方能超越文明自我中心主义的立场,改变单一现代化或文明同质化的走向,具有统摄并尊重文明多样性、差异化的融通视域。

其三,主张多元互竞是文明发展的源泉和动力。文明的异质性决定对话过程的冲突是不可避免的,但这与亨廷顿基于西方中心的"文明冲突论",抑或"看着苹果(西方)来论述橘子(中国)"⑥不同,也与虽肯定文明多样性、独立性但比较意义欠缺、滑向不可知论的相对论不同。"和"建立在双向对等模式之上,对话双方基于各有千秋、各有不足的"认识",由尊重"不同"到相互"认同"直至"大同"的状态。这既非一方"改造""消灭"另一方,也非一方"同化"另一方,更不是二者同归于尽,而是"客观辩证法的两个对立面矛盾统一的局面"⑦。

至此,对话不仅是各文明生存与发展的内部需要,而且关乎各文明在全球化进程中所发挥的作用。"对话"的文明才使得自己获得本质的力量,以"和而不同"作为文明对话的心态或观念,伴随着现代社会发展进入新阶段,当代传播学的建设必须借此滋养出某种新理念,指引人类文明发展走入新格局。

第二节 各美其美,美人之美的文明对话策略

"各美其美,美人之美",既是文明对话的观念性的要求,更是文明对话的策略性行为以及稳定的可持续的实施路径,彰显着对话双方相互信任、彼此倾听、理解包容的襟怀。"美"字极易让人感觉这是缺乏问题导向的传播行为,因此,这其中"美"什么"美"以及如何"美"就十分关键。两个词中第一个"美"字是动词,指欣赏、认同及学习的态度。作为动词的"美"须情理兼胜,既要避免顺从、盲从式的逢迎、依附("从人之美"),也不能带着有色眼镜做出选择性的判断,更不是孤芳自赏式的自吹自擂,而是一种反思态度下的理性研判。第二个"美"字

---

① 杨瑞明,张丹,季燕京,等.文明传播的哲学视野[M].北京:中国社会科学出版社,2012:14.
② 朱熹.论语集注:卷7[M]//四书章句集注.北京:中华书局,1983:147.
③ 马丁·布伯.我与你[M].陈维纲,译.北京:商务印书馆,2015:14,39.
④ 习近平.习近平谈治国理政:第三卷[M].北京:外文出版社,2020:468.
⑤ 杨伯峻.孟子译注[M].北京:中华书局,2019:136.
⑥ 郑永年.郑永年论中国:中国的知识重建[M].北京:东方出版社,2018:16.
⑦ 冯友兰.三松堂全集:第10卷[M].郑州:河南人民出版社,2000:665.

是名词,指所欣赏对象的特色、优长之处,尤指各文明赖以发展的优秀传统等。作为名词的"美"须在整体性思维下,既要认同自身或对方各自认可的内容,也要客观对待自身或对方各自不认可的内容。

一、信任关系是展开文明对话的前提

《说文》云"信,诚也"①,从人从言,列在"言"部,说明这是从言语活动对人之品格提出的要求。据甲骨文,"任"的本义取象于"女子怀妊而孕生"或"阳入而合阴阳"②,《说文》"任,符也",而"符,信也"③,徐锴《说文系传》、段玉裁《说文解字注》云"任,保也"④,皆引申义。从词源上说,"信""任"抑或"信任",一则,所指涉的人与人以及人与世界的关系,以"一种充满人性的关系为先决条件"⑤,故孔子说"人而无信,不知其可也"⑥。信任是对他人传播信息产生影响力的一种心理认同,甚至能让受众做本不愿意做的事,从而塑造受众的偏好、兴趣、想法及信仰。当人与人之间建立了信任关系,所传达信息的真实度就会加强;反之,就会减弱。二则,与对话双方的言语承诺有关,一个人对某件事的发生具有信任(心),正如心理学家多依(伊)奇说的"他期待这件事的出现,并且相应地采取一种行为"⑦。承诺只能发挥某种先导功能、加强作用,因为承诺的关键在于彼此双方都要拥有一种充满责任、担当意识的言行一致的品行。孔子就从宰予昼寝的事件中觉察师生间的不信任关系,并悟出了识人方式由"听其言而信其行"到"听其言而观其行"⑧的转变。三则,信任既是社会最重要的综合力量之一,也具有孕育创生新事物的潜在结构。齐美尔说:"没有人们相互间享有的普遍的信任,社会本身将瓦解""现代生活在远比通常了解的更大程度上建立在对他人的诚实的信任之上"⑨。从人的作用发挥角度说,"信则人任焉"⑩,有了信任,施展才能的机会和才能发挥的空间就更大,文明的发展亦是如此

"各美其美"就必须要对自身文明建立一种信任关系,"当信任何一国之国民",其中国民"尤必附随一种对其本国以往历史之'温情与敬意'",如此"其国家乃再有向前发展之希望"。⑪ 这也同样适用于"美人之美"。缺少互相信任的对话条件,必然是那种各道其道、各是其是、各执一词的言说方式,如此,只会导致互不相让、涑乱分歧的局面。由此需要进一步反思孔子所说的"道不同,不相为谋"⑫的文明交流态度。当然,"道并行而不相悖"⑬,孔子此处并非完全排斥或敌视那种与自己志趣相异者,而是在强调对与自己共事者的选择权,即所谓

---

① 许慎.说文解字[M].杭州:浙江古籍出版社,2012:52.
② 任学礼.汉字之起源、创造及研究方法[M]//汉字生命符号:3集上.桂林:广西师范大学出版社,2016:1453.
③ 许慎.说文解字[M].杭州:浙江古籍出版社,2012:165,96.
④ 段玉裁.说文解字注[M].北京:中华书局,2013:379.
⑤ 马克思语,转引自:艾·弗罗姆.爱的艺术[M].李健鸣,译.北京:商务印书馆,1987:19.
⑥ 杨伯峻.论语译注[M].北京:中华书局,1980:21.
⑦ DEUTSCH M. Trust and Suspicion[J]. The Journal of Conflict Resolution,1958,2(4):265-279.转引自:郑也夫.信任:溯源与定义[J].北京社会科学,1999(4):122.
⑧ 杨伯峻.论语译注[M].北京:中华书局,1980:45.
⑨ 弗朗西斯·福山.信任:社会美德与创造经济繁荣[M].彭志华,译.海口:海南出版社,2001:214.
⑩ 杨伯峻.论语译注[M].北京:中华书局,1980:183.
⑪ 钱穆.国史大纲:全2册[M].北京:商务印书馆,2010:1.
⑫ 杨伯峻.论语译注[M].北京:中华书局,1980:170.
⑬ 朱熹.中庸章句[M]//四书章句集注.北京:中华书局,1983:37.

"可与共学,未可与适道;可与适道,未可与立;可与立,未可与权"①。从"共学""适道""与立""与权"(同学－同志－同事－同僚)等四个层次上看,孔子始终在寻找建立一种最佳的交流与对话的"共同体",建立群体共有的伦理规范的可能性。然而,他深知其中难度之大,于是,鉴于不能为了"共同体"而丢失自己的"道",故而才有"道不同,不相为谋"之论。

在当今多元化的时代,与"志同道合"者对话相对容易,也是大多数人的一种期待,但更要建立一种"道不同,亦可为谋,更需相与为谋"的信任机制。文明间确有差异,各自亦存在精华与糟粕,然主观上制造矛盾,刻意"丑人之丑",强调本民族今之文明与古代文明、本民族与"他"民族文明之间的不可调和性,就不符合"美人之美"这种良性的对话策略。当然,信任不是万能的,"信任的本质不在保证,而在质疑,是人类社会在彼此依赖的前提下,出现的一个客观不确定而主观想确定的中间地带",换句话说,"不能保证和承诺的地方才会有信任问题"。② 因此,在斗争中"美人之美",既要避免那种旁观者的"指手画脚",也要规避那种刻意的"打压",从而达成某种谅解与互信,如此才更能体现出"和而不同"的对话心态。

二、倾听是增强文明对话信任度的保障

杜维明有言,"对话不是一种说服的技巧,而是一种需要精心栽培的艺术"③,这其中对话者以信任为前提的互相倾听就是一大关键。一则,倾听不是"听命于某人"的屈服行为,而是以包容与专注的态度对待倾诉的行为。庄子从相对主义哲学观出发提出了"吾丧我"命题,要求倾听者须以解构自我中心观念为前提条件:作为"我",则能听到"人籁";处在分别境的"我",只能听到"地籁";唯有"丧我"之后的"吾",才能与"天籁"合一。④ 当然,庄子期待的更接近一种审美意义上的知音境界,而现实中的倾诉者则多是"他者"身份。正因如此,更见倾听的重要性。真正的倾听者需要弱化倾诉者"他者"的身份意识,而视为"你"——平等意义上的师者。法国哲学家列维纳斯说,"面对作为师长的他者,我无需臣服,只要专注",因为"专注即承认他者的师道尊严,悉听他的指令,更准确地说,从他那里得悉所下的指令"。⑤ 孔子深谙此理,所谓"三人行,必有我师焉"⑥,明确指出获取信息的选择权在倾听者本人,而非"他者"。

二则,倾听不是"怜悯他人"的自虐行为,而是以开放与共情的心态相互尊重、容忍解释。那些"隐私披露者"总是"希望有一个人的一双手和一对耳以及一颗富于同情的心,能够倾听他们,倾听之后能够告诉他们:我替你收藏了记忆,请你从我这里开始新的生活"⑦。在文明交流与对话中,倾听之后的"美人之美"正是这样的收藏行为。"倾听"作为一种沟通渠道,可以改变对话双方的不平等关系,对冲破文化霸权的壁垒,将"弱势群体的权益表达纳入一种理性、秩序和规范的轨道"⑧,具有积极的意义。相较于传统媒介环境,全媒体时代下的人际

---

① 杨伯峻.论语译注[M].北京:中华书局,1980:95.
② 翟学伟.信任的本质及其文化[J].社会,2014(1):9.
③ 杨学功.全球化条件下的文明对话:杜维明教授访谈录[J].哲学研究,2003(8):10.
④ 陈鼓应.庄子今注今译[M].北京:中华书局,1983:33.
⑤ 王歌.倾听:一种可能的哲思[J].哲学动态,2011(3):45.
⑥ 杨伯峻.论语译注[M].北京:中华书局,1980:72.
⑦ 安顿.绝对隐私:当代中国人情感口述实录[M].北京:新世界出版社,1998:2.
⑧ 郑家建.倾听与回应:社会传播中"弱势群体"的声音[J].东南学术,2002(3):33.

交往及文明对话更为便捷,"弱势群体"开始树立了权益表达的自信,信息的拥有及传播权利不再是强势群体的独享。当然,这并非说全媒体环境就能培养出高水平的倾听者,后者始终是对话者需要精心培育的主体修养。

三则,倾听不是"丧失自我"的盲从行为,而是以袒露真我的方式主动把握真理、认识自己。为了追求信息的真实性,庄子说的"吾丧我"最终是获得本真的我,其所谓"若一志,无听之以耳而听之以心,无听之以心而听之以气。耳止于听,心止于符。气也者,虚而待物者也"①,堪为倾听的境界层深创构理论的经典论述。在彼此分别、语言不一的情况下,双方如何葆真、讲理,已经成为文明交流与对话的一大难题。作为对话者,如何面向自己文明"各美其美",如何在传播他者文明时"美人之美",抑或向他者自美其美,向自己美人之美,均需要学会倾听、体察自己和其他文明的原声,不能把自以为是的判断与文明的事实相混淆。只有倾听,才能有懂得诉说者本意的可能;听不懂,说明需要提升对话的能力,而不是因噎废食,放弃倾听。

孔子云:"攻乎异端,斯害也已。"②对此,历来解释不一,然大体不离放弃倾听和尊重倾听的两种态度。倾听的对象偏向于自身文明的,多将"攻"理解为"治""摩"之意,谓异端为杂书、偏见,言人不用力于根本,不求通其全体,而徒治其表或义理之一端,此则为害之深。偏向于他者文明的,多将"攻"理解为"批评""攻击"之意,视异端为他者、邪说。此又有两种不同的解释,"一种是由不能容忍异见方面去解释的",避免自己被对方"妖魔化"而"妖魔化"对方,乃典型的文明对抗论调;"一种是由容忍异见方面去解释的"③,认为"攻击不同于你的异端邪说,那反而是有危害的"④,体现了儒家和而不同的精神特质。至此,何种意见更接近孔子原意是个问题,而诸种解释背后所反映的文明交流与对话的立场、路径则又是一个话题。

三、理解是增进文明对话有效性的重要途径

"理解"何以成为传播学的核心问题,更是文明交流和对话必须面对的话题。理解与倾听无法分割,二者互为条件或目的,但理解无疑是倾听的深化。伽达默尔说,"理解的能力是人的一项基本限定,有了它,人才能与他人一起生活"⑤,具有一种普遍性的意义。俗话说,人心隔肚皮,交流双方既会为不能掌握对方的真实意图而忧虑,又担心会陷入对方话语体系的陷阱之中。因此,有了"理解",就有了一种把握人或文明的存在及其交流、传播的独特领会方式。随着科技革新及新媒介的兴盛,人们真切感受到交流手段的便捷,而忽视了对话的深层要求,致使部分人陷入一种"技术性对话"的框框而自鸣得意,以及沉湎于面对屏幕"装扮成对话的独白"而难以自拔,浅表式、碎片化的信息交流成为一种时尚,忽视了倾听,更未能认识到"理解"才是实现"真正的对话"的有效方式⑥。如果各文明之间藏掖"知人知面不知心"的芥蒂,怀揣着自己希望被理解而不愿理解他人的交流动机,那么就无法超越文明之间的利益纷争,更难以适应全球化时代对人类社会发展的期待。在此背景下,理解就具有新的

---

① 陈鼓应.庄子今注今译[M].北京:中华书局,1983:117.
② 杨伯峻.论语译注[M].北京:中华书局,1980:18.
③ 韦政通.中国哲学辞典[M].王冰,校勘.长春:吉林出版集团有限责任公司,2009:326.
④ 李泽厚.论语今读[M].天津:天津社会科学院出版社,2008:48.
⑤ 伽达默尔.解释学的挑战[J].渊明,译.哲学译丛,1987(2):53.
⑥ 三种对话方式参见:马丁·布伯.人与人[M].张健,韦海英,译.北京:作家出版社,1992:30-31.

意义,这既需要交流双方"各美其美",唤起各自文化的自觉意识,也需要双方"美人之美",培育实现文明对话成熟健全的跨文化心理。

理解是一种信息的重构过程,精神科学领域的理解具有它的独特性。狄尔泰认为,精神科学的方法以体验为中心,不是理性的片段分析,"只是在内在经验之中、在各种意识事实之中,我才发现了我的思维过程所具有的坚实的基点"①。也就是说,内在经验、意识事实才是思想牢固的抛锚地,这其中有一个融入对象,进行体验、理解,获得启示的过程。不过,在传播实践中,理解中的信息重构存在两种相对的路径:一是"述而不作"式的客观理解,认为信息有一个不变的"原意","理解"就是以不曲解、不误读、不发挥等为准的,目标在"避免误解"②;二是"述而有作"式的创造性理解,认为"一切理解都是自我理解"③,理解必然因人而异。由此,那种"客观的理解"不仅不存在,反而如伽达默尔说的这是一种"有害于理解的历史思维"。不仅理解者始终存在自我的"前见",而且人们所面对的信息在"理解"之前已经处在"效果历史"④之中。

在文明交流实践中,彼此之间观点相互冲突属于正常现象,此时就需要双方的共同性理解或最佳理解,如此,才有实现真正对话的可能。一则,理解者既要有一种多音复调的立场,也要有视域融合的意识。理解必然具有主观性,但这不是说理解可以随意。从某种意义上说,对话中出现的"不可沟通性并非与生俱来,而是理解试图的结果",因此,"交往的真正含义就是对相互的成见进行检验"⑤。同时,信息是"自己与他者的统一体",对理解者而言,就必须要有包括信息与接受者、古与今、文明之间"我与你"等方面视域融合的意识。只有做到庄子所说的"吾丧我"或伽达默尔说的"丢弃自己",建立一种超越个体及其所从属的团体的共同性,才能真正实现"自我置入"的意义,拥有克服了彼此个别性的"一种卓越的宽广视界"⑥。

二则,理解的对象有我有你,知己知彼。马克思曾说,人的本质"在其现实性上,它是一切社会关系的总和""人起初是以别人来反映自己的"⑦。在文明交流与对话中,要将对自我的理解和对他人的理解同时作为目的,而不是只作为手段来对待。然相对而言,理解他人更为困难,"传而不通"及"通而不受"是一种普遍现象。究其原因,正如戴维森在解释知识的三种类型时指出的,主体性知识即关于对"我心"的知识最为直接;实在的知识即关于外在或自然的知识,由外物感发我心而知,比较间接;而理解他人,即关于"他心"的知识,既要将他人行为视为外物刺激我心而知,又要由此推测他人的内在心理,故而则具有一种双重的间接性⑧。即便如此,理解他人是人际交往、文明对话的前提,因此,建立自觉理解他人的传播道德意识,即由自我中心原则转向"他者性原则",就十分必要。

三则,理解的意义生成既要重视媒介的价值,也要邀约对话者共建生成。孔子曰"不知言,无以知人也"⑨,何以如此,不仅"人永远是以语言的方式拥有世界",而且"世界必须通过

---

① 威廉·狄尔泰.精神科学引论:第1卷[M].艾彦,译.北京:北京联合出版公司,2014:4.
② 施莱尔马赫.1819年讲演纲要[M]//洪汉鼎.理解与解释:诠释学经典文选.北京:东方出版社,2001:58-60.
③ 伽达默尔.哲学解释学[M].夏镇平,宋建平,译.上海:上海译文出版社,2004:56.
④ 伽达默尔.真理与方法:哲学诠释学的基本特征[M].洪汉鼎,译.北京:商务印书馆,2010:424.
⑤ 伽达默尔.真理与方法:补充和索引[M].洪汉鼎,译.北京:商务印书馆,2010:333-334.
⑥ 伽达默尔.真理与方法:哲学诠释学的基本特征[M].洪汉鼎,译.北京:商务印书馆,2010:431-432.
⑦ 中共中央编译局.马克思恩格斯全集:第3卷[M].北京:人民出版社,1960:5,34.
⑧ 唐纳德·戴维森.真理、意义与方法:戴维森哲学文选[M].北京:商务印书馆,2017:366.
⑨ 杨伯峻.论语译注[M].北京:中华书局,1980:211.

语言向我们呈现出来"①。因此,某文明的"语言"既是理解该文明的前提,也是文明对话的过程,理解的问题往往会转化为对某种"语言"的理解。在此过程中,绝非个体独自解读那么简单,需要"自我置入"对话者的话语体系,由外而内地邀约对话者参与对意义的生成,而不是基于"人心隔肚皮"的心理规诫"顾左右而言他",也不能本着"鸡犬之声相闻,老死不相往来"的封闭观念而回避对话的实施。对话双方要破除按照一个标准、模式尤其是要改变独自理解的方式,深刻地认识到"意义""不是说被理解后才呈现在理解者面前"或"理解发现了这些早已存在于某处的意义",而是"随着理解的展开'生成'了意义"②。

至此,人们多以"各美其美"为"美人之美"之前提,然在文化交流与对话中,两者互为前提。"中国不能光责怪西方人不了解中国,而是要自己努力提供各种途径让西方来了解中国",如果我们缺乏文化交流这个前提而"各美其美",那么极可能就是我们"自己都不了解自己,不能回答'我是谁?'的问题"③,如此,又如何要求对方了解自己呢?"各美其美"若想恰切得体,必须要有自己的话语体系、知识体系,然这绝不是闭门造车就能生产出来的,必须要在与其他文明平等对话的过程中产生,其本身就包含交流的另一方会接受一个怎么样的自己的话题。

第三节 交流互鉴,美美与共的文明对话格局

在世界多极化、经济全球化、文化多样性的背景下,文明之间的相处之道以一种时代性命题再次摆在今人面前。"文明因多样而交流,因交流而互鉴,因互鉴而发展"④,不同文明之间同舟共济,权责共担,共建"美美与共"的文明交流互鉴理论模式,必将成为一种新的处理不同文明之间交往关系的理论。对此,费孝通曾形象地描绘道:"你来我去,我来你去,我中有你,你中有我,而又各具个性的多元一体。"⑤

一、交流互鉴:文明发展的根基与动力

面对丰富多样的文明样态,构建怎样的文明关系理论,有几个原理是公认的需要彰显的文明交流互鉴观。其一,"每种文明都有其独特魅力和深厚底蕴,都是人类的精神瑰宝"⑥,多样差异的文明是人类文明发展的根基和资源。人类文明"演化性适应的重要秘诀之一就是多样性","一旦去除了文化的差异,出现了一个一致的世界文化"("虽然若干政治整合的问题得以解决"),"就可能会剥夺了人类一切智慧和理想的源泉,以及充满分歧与选择的各种

---

① 张汝伦.意义的探究:当代西方释义学[M].沈阳:辽宁人民出版社,1986:213.
② 潘德荣.诠释学导论[M].桂林:广西师范大学出版社,2015:90.
③ 郑永年.郑永年论中国:中国的知识重建[M].北京:东方出版社,2018:15.
④ 习近平.习近平谈治国理政:第三卷[M].北京:外文出版社,2020:468.
⑤ 费孝通."美美与共"和人类文明.下[J].群言,2005(2):13.
⑥ 习近平.习近平谈治国理政:第二卷[M].北京:外文出版社,2017:544.

可能性。"①其二,不同文明交流互鉴,取长补短是"推动人类社会进步的动力"②。一些人基于"优胜劣汰,适者生存"的自然进化法则的认识,担心文明交流互竞会导致部分弱势文明消失,认为多元互竞的文明关系是人类的一种灾难性选择。其实,中西方文明演进,均揭示了一个真理——"不同文明的接触,以往常常成为人类进步里程碑"③。其三,文明交流互鉴的目标不仅在于取长补短,创新文明发展,而且具有"增进各国人民友谊的桥梁""维护世界和平的纽带"④等全球治理的战略意义。在当今全球化的进程中,文明因"多样带来交流,交流孕育融合,融合产生进步"⑤。这个进步是以文明交流互鉴为前提的"互利共赢",而不是以打翻文明之间友谊的小船,破坏世界和平局面为代价的"自私自利"乃至"两败俱伤"。

当然,"各民族之间的相互关系取决于每一个民族的生产力、分工和内部交往的发展程度"⑥,由此来看全球化发展的基本规律,在近代"欧风美雨"席卷下的全球化进程,仅就中西文明关系而言,便有"西学中源""中体西用"或截然相反的"中学西源""西体中用",以及"中西学异源""中西学并举"等文化交往模式。每一种模式在特定的历史时期成为人们解决不同文明之间的相处之道,形成了各个时期人们的知识地图、价值体系。"当前,我国处于近代以来最好的发展时期,世界处于百年未有之大变局,两者同步交织、相互激荡。"⑦这个"最好"除了指当代中国"站起来""富起来""强起来"的发展现实,还包括当代中国重新唤起的文化自信以及所倡导的文明交流互鉴观念。如果说李鸿章"此三千余年一大变局"⑧的判断,浸染着近代中国的惨痛记忆,那么,从"老大中国"的自闭,历经"开眼看世界"到"与时俱进",寻找民族自强振兴的方略不断变化,标志着当代中国以民族繁荣强大的特殊姿势,开启了跨文明交流互鉴的新征程。可以说,放眼全球,当今世界兼有古今文化承传与化合内外的"文化合力",将自我革新、开放包容视为本民族富有时代气质的价值观,中华民族占据优势地位。这从人的观念上揭示了"最好的发展时期"的深层内涵。

在此背景下,倡导"文明互鉴",自然不在于"制夷",因为"互鉴"下本不存在"夷",而是你我互有中的双赢、多赢。"交流互鉴论"对应的是老死不相往来的"平行论"、优劣冲突的"强弱论"以及镶嵌着"源流"之争的"本末"论,体现出矛盾对立统一规律的辩证思维。在人类文明发展史上,文明发展的不平衡是一个普遍现象,然"不平衡"并非"不平等"。文明间交流互鉴观建立在文明之间平等的基础上,平等并非要通过处在强势"屈尊"弱势,也不是弱势"顺从"强势等方式获得,"历史和现实都表明,傲慢和偏见是文明交流互鉴的最大障碍"⑨。文明互鉴论期待在对话双方"各美其美",维护自身文明独立性,彰显民族文化自信,包容文明多样性的前提下,能"美人之美",取长补短、共同进步,会通以求超越,实现各自高质量发展的目标。

---

① 罗杰·基辛.当代文化人类学概要[M].北晨,编译.杭州:浙江人民出版社,1986:283.
② 习近平.习近平谈治国理政[M].北京:外文出版社,2014:262.
③ 罗素.中国问题[M].秦悦,译.上海:学林出版社,1996:146.
④ 习近平.习近平谈治国理政[M].北京:外文出版社,2014:262.
⑤ 习近平.习近平谈治国理政:第二卷[M].北京:外文出版社,2017:524.
⑥ 中共中央编译局.马克思恩格斯选集:第1卷[M].北京:人民出版社,1995:68.
⑦ 习近平.习近平谈治国理政:第三卷[M].北京:外文出版社,2020:428.
⑧ 李鸿章.筹议制造轮船未可裁撤折[M]//顾廷龙,戴逸.李鸿章全集:第5册.合肥:安徽教育出版社,2008:107.
⑨ 习近平.习近平谈治国理政[M].北京:外文出版社,2014:259.

二、美美与共:人类文化传播的涵化和创新

在文明交流互鉴的过程中,"美美与共"具有认识论与方法论的双重意义。"与共"与"互鉴"意思接近,但更强调彼此共同承担的责任意识以及不离不弃的关系状态。中国文化传统尤其强调人与人、人与物之间的互主体性,彰显出一种有机的、系统的、整体的观念。汉语诗文中就有一种"与共"格,除了人们熟知的庾信"落花与芝盖同飞,杨柳共春旗一色"①、王勃"落霞与孤鹜齐飞,秋水共长天一色"②等绘景佳句;之前还有刘勰"丽句与深采并流,偶意共逸韵俱发"③等诗文警句;之后如白居易《闲意》"不争荣耀任沉沦,日与时疏共道亲"④,"与""共"更是在一句内互文。从词语来说,如休戚与共、患难与共、生死与共、忧患与共等,都说明"与共"作为一种观念已深入到中国人的精神深处。费孝通创造"美美与共"一词,既显示出中国传统文化的丰厚积淀,又是鉴于全球化时代的到来,主动思考人类文明发展的结果。于是,他在分析"各美其美""美人之美"时强调各自的反思原则,而讨论"美美与共"时突出了自愿原则,认为这些都是基于全人类文明交流互鉴视域下新的文化自觉的体现。

以此为前提,可以进一步阐释"美美与共"这个动态的、综合的、多层面的"合力"的内涵。一则,"美、美"均系动词,分指"各美其美""美人之美"的第一个"美",抑或可将"美美"理解成动宾结构,指欣赏自身文明、尊重他人文明的态度。如此,"美美与共"就倾向指一种对话态度或方式,体现了"文化宽容境界"⑤。二则,"美、美"均系名词,分指自身之美、他人之美,如此,"美美与共"就是多种文明和谐共处的状态,体现了互学互鉴的和合精神。可见,"美美与共"近于"和实生物"之意,并非"以同裨同"⑥的结构或状态。且不说任何文明"各美其美"都可能存在"各是其是"的一面,都很难说能够真正还原自身的历史,"美人之美"更是具有双重的不确定性。在文明交流互鉴的实施中,若要避免陷入对牛弹琴的困境,就要挖掘出隐藏在双方文明深处的"问题域",明确双方公认的问题交集点,方能有弥合鸿沟、达成共识的对话可能。在人类文明交流史上,文明同化、抗拒和涵化等现象都发生过,"美美与共"论亦无法根除同化、抗拒现象发生,但可以拒绝它们而选择涵化。有人从强弱论角度"把涵化看成是不同社会处于支配—从属关系环境中的广泛的文化借取"⑦,不过,区别于那种分立式的抗拒和一边倒式的同化,"涵化"理论强调文化"借取"是一种文化接触中的温和的、渐进的双向过程,其结果"应该促进双方文化的共同发展,或共同发展而形成一种新的文化"⑧。如此,才能阐明"美美与共"在创生新文明上的建设性意义。

---

① 庾信.庾信选集[M].郑州:中州书画社,1983:142.
② 王勃.滕王阁序[M]//王子安集.上海:上海古籍出版社,1992:124.
③ 王利器.文心雕龙校证[M].上海:上海古籍出版社,1980:223.
④ 白居易.白居易全集[M].丁如明,聂世美,校点.上海:上海古籍出版社,1999:243.
⑤ 费孝通.反思·对话·文化自觉[J].北京大学学报:哲学社会科学版,1997(3):15.
⑥ 徐元诰.国语集解[M].北京:中华书局,2002:470.
⑦ C.恩伯,M.恩伯.文化的变异:现代文化人类学通论[M].杜杉杉,译.沈阳:辽宁人民出版社,1988:546.
⑧ 比尔斯等在《人类学导论》(1977)中的观点。参见:张猛,等.人的创世纪:文化人类学的源流[M].成都:四川人民出版社,1987:285-286.

三、信息共享：媒体的演化趋势及地位

历史地看，交流互鉴是人类文明发展的动力，这其中媒体一直扮演着重要角色。伴随着全球化、信息化、数字化时代的演进，"媒体与传播已是无处不在、无时不有、无所不及、无远弗届"①，当今世界已然进入媒介化时代。这场以互联网为代表的新媒体崛起，导致纸媒、电子媒体严重滑坡，传媒行业正历经着前所未有的转型升级期。从硬件更新、资金投入方式变革，到媒体融合平台的搭建、全媒体技术的更新建设、智能媒体的趋近，传媒新业态的重塑及其文化建设正在走向观念的最深处。跨界与融合本就是互联网固有的特征，文明的交流互鉴、美美与共更是要以信息共享为主要特征。因此，与信息共享同步的，则是共享媒体和新媒体的共享性的建设问题。

首先，新媒体的共享性。基于信息存储而实现异地异时传播的共享性，既是媒体的基本属性，也是媒体演变的动力。因受限于媒介的官方或特权性质，文明交流多表现为一种政府或部分精英之间的行为，信息的传递亦多以单向输出为主。随着网络技术的不断升级，人们日渐认识到由于数字科技的强化，新媒体不仅能将全球知识体系链接，而且通过挖掘普通大众的信息而不断更新着这个世界的知识系统，将世界浓缩为一个村落。随之而来的，对新媒体的研究也要有多学科的共享视野，因为新媒体的内容具有全面共享的性质，这种"共享媒体意味着数据、内容、用户的全面共享"，伴随共享媒介的共享经济也渗透到各个领域，广泛地进入人类的视野，"信息业也将因共享催生出更大的潜力"。②

如果"秀才不出门，便知天下事"说的是古代精英群体的博闻强识特征，那么，且不说过去所谓"天下事"多少还带有经验积累的成分，而现如今海量的信息已向普通大众敞开。如果说"师者，所以传道受业解惑也"③强调了"师者"这个传播者在"信息"提供及解释上的权威性，那么现如今"人人都是麦克风"的情形则说明低门槛的传-受一体化时代的到来。如果说"天涯共此时"是古人想象的精神体验，那么现如今的全媒体已将这个想象变成了切身感受的事实。网络虚拟世界（线上）与现实世界（线下）的关系逐渐模糊化，跨时空的融合力度渐次强化。至此，新媒体作为信息共享的即时交互平台，给予用户最大化的参与空间，除了提供文明交流与对话的媒介技术支撑，还必然地表现在对用户"和而不同"心态的营造，以及"各美其美""美美与共"内涵化发展的建设上。

其次，新型主流媒体的建设。媒体存在主流、边缘和"离散"（另类）等类型，在传统信息传播秩序中，主流媒体始终是信息传递的中心，扮演着议程设置的意见领袖地位。从信息传播流的角度说，无论是传统媒体时代还是新媒体时代，"自上而下""由点到面"的垂直传播和网络状的平行传播都是存在的。只是前者以垂直化传播占主导，后者在信息传播权力上，导致"去中心化、培养互动交流、积极制作新闻"的非主流媒体的地位有所提升④。在此背景下，新型主流媒体的建设就迫在眉睫。借用刘勰讨论语言文字艺术的建设思路，"文律运周，日新其业"，技术变革及其媒介化运用，乃大势所趋；"变则堪久，通则不乏"，建设新型主流媒体

---

① 郑保卫，叶俊.中外媒体交流与合作：现状、问题及对策[J].西南民族大学学报：人文社科版，2015(9)：158.
② 刘赫.媒体的未来：共享与智能：胡正荣访谈录[J].新闻战线，2016(12)：36.
③ 韩愈.韩愈集[M].严昌，校点.长沙：岳麓书社，2000：157.
④ 罗慧.媒介圈地的抵制与传播公地的重建：当前西方另类媒体的传播形态与价值困顿探析[J].新闻大学，2010(4)：59.

既不是回归纸媒/电子时代的传播格局,也不是网络/新媒体的一种自然成长;"趋时必果,乘机无怯",不能因为遇到障碍,失去新型主流媒体建设的良机;"望今制奇,参古定法"①,在探索并尊重新媒体传播规律的基础上,继承传统主流媒体的高质量和严标准,重塑传媒新业态。换言之,或是传统主流媒体通过搭建融合媒体平台,借助全媒体技术的更新建设,实现自己的转型升级;或是新型网络媒体内部的"交互""整合"传播,改变传统以文字为媒介的新发展——一种能支持文字、图像、声音、视频等多媒体技术,以及凭此出现的多样化传播模式。无论何种路径,新型主流媒体均是一个更为"包容、平等、民主、互动、创新",能让受众积极参与,获得共享体验的传媒平台。进而从人类学的角度说,这种新型网络媒体及其高级阶段的智能媒体,乃是满足人类感知需要的结果。正如人面对面交流,可以使用文字之外的多种体态语一样,智能媒体也需要在"媒介,即人的延伸"②意义上发展传播模式。

再次,媒介与人格塑造。"一代之人,每与媒介相表里",人类历史上每一次大的媒介革新都会以独特的方式推动着知识学习、接受及更新的方式,从而孕育、促进了新型人格的产生。其实,在文明交流与对话中,必然要面对"陌生人""边缘人"等传统社会学的话题,而不同的媒介在形塑和改变它们的内涵及外延上发挥的作用也不一样。在人际交往、经济发展、文明交流中,"陌生人""边缘人"始终存在着,因其流动性,发挥过积极的作用,然又因其身份矛盾的特殊性,往往成为文明对话深度展开的阻碍力量,是对话双方都需要消解的一种文化角色意识。互联网、自媒体等媒介的普及,可以瞬间将诸多"陌生人"组建成某个"共同体"。这对部分"陌生人"走进并融入"熟人"社会,以及部分"边缘人"认同迁出地、迁入地两个世界并渐次成为某个世界的人,具有积极的促进作用。不仅使得物理空间很远的人,成为社会空间很近的人,而且也会对他们过去的传统产生温情,适应新传统的生活方式,寻求在此传统中的社会位置。但是,新媒体也会创生出新的"陌生人"及"边缘人"。这就是不仅导致物理空间很近的人的社会关系疏远,出现了一种新型的"邻国相望,鸡犬之声相闻,民至老死,不相往来"③的线上交流情形,而且在各类信息的选择困惑中,致使选择的艰难、游弋,直至丧失固有的信仰,抵触新的文化。由此,新技术革新及其媒介化,给人类带来的信息沟通的便利,但如何构建科学有序,利于社会治理的信息共享机制,仍是当下需要认真思考的话题。

第四节　天下大同,创新发展的文明对话目标

"大同"作为中国古人描述社会理想的传统概念,参与了中国的近代性、现代性意识的建设,并不断地被赋予新的内涵。2012年在党的十八大报告中,中国正式提出构建"人类命运共同体"的主张。2017年习近平在新年贺词中指出"中国人历来主张'世界大同,天下一家'",并呼吁"国际社会携起手来,秉持人类命运共同体的理念,把我们这个星球建设得更加和平、更加繁荣"④。可见,人类命运共同体植根于华夏文明的历史底蕴,传承与创新"天下大

---

① 王利器.文心雕龙校证[M].上海:上海古籍出版社,1980:199.
② 马歇尔·麦克罗汉.理解媒介:论人的延伸[M].何道宽,译.北京:商务印书馆,2000:33.
③ 陈鼓应.老子注译及评介[M].北京:中华书局,1984:357.
④ 国家主席习近平发表二〇一七年新年贺词[N].人民日报,2017-01-01(01).

同"及马克思主义思想,也是在破解目前人类文明发展中出现的全球性难题,抗拒西方殖民主义的文明交流模式,进一步"提升中国的国际话语权"并"反省重建"国际社会发展理论,"为这个世界提供另一种文化选择"①的新思想,理当成为建设当代传播学理论与方法的价值取向。

首先,共同发展丰富了当代传播学的时代主题,通过"利益汇合点"彰显"对全球化的公正发展的意义"②。2000年通过的《联合国千年宣言》将消除贫困作为国际发展合作的共同承诺,强调在全球化时代公平公正发展的重要性。当然,"减贫"关注的主要是生存,而基于生存之上的发展,"让人人过上有尊严的生活""更加关注全球可持续发展"以及如何公正的发展,才是人类追求的更高目标。发展传播学最初主要关注正处于发展过程中的第三世界国家和地区,尤其是第三世界及其处在底层民众的现代化问题。随着时间的推移,"发展"概念已超过原有的时空范围,作为一种比较正向的、进步性的社会变迁的一种类型引起世人的关注。"在人类社会变迁与文明兴衰的漫长历程中,发展是人类未曾停止的追求幸福生活的前进步伐,发展也是人类未曾放弃的向往美好未来的希望之路"③。可见,"发展""创新"是人类文明史永恒的主题,也是人类追求的传播理念。

发展传播学意涵丰富,然"传播是人类在文明创造中的积极互动,是文明积累和增值的一个过程"④,在此过程中,传播服务于发展则是其根本宗旨,因此,发展传播学永远与人类社会的现代性演变联系在一起。比如大众传媒与现代社会发展的关系,勒纳在《传统社会的消失:中东的现代化》中就说过:"大众传媒可以帮助人们突破地理的界限,开阔眼界,通过信息传递功能,培养发展社会成员的现代人格,加快现代化的进程",甚至认为"没有发达的大众交流体系,现代社会就不可能有效地发挥功能"⑤。随着互联网的普及以及智能媒介的广泛运用,现代化过程中的媒介(或传播)的角色、意义和功能已是人们关注的焦点。现如今,互联网已不仅是传播的方法、路径,而且是事关人类经济社会发展的一项基础性工程。新媒介在经济社会变革的进程中所发挥的作用越来越明显,生活在其中的人们对信息交流的感悟也越来越充分,信息全球化进入了新的时代。

不过,传播媒介始终是个"双刃剑",它并非都是积极的,有时反而是一种阻碍的力量。同时,发展并非人类社会生存的唯一目的,"发展"也并非都是"天然合理"的,这里存在人类生存的正当性问题。由此,我们需要树立一种具有自我矫正能力的发展观。虽说人们更多地从进步的、正向的角度解读"发展",扩张是资本的本性,拓展自身空间,实现剩余价值最大化乃其本性使然。这在推进经济社会全球化、增进文化交流进程的同时,势必也带来不平衡、不平等、不公正发展的问题。如何着眼于人类共同命运,推动可持续性的发展观,又能回避上述提及的诸问题,当代中国因此提出了创新发展、协调发展、绿色发展、开放发展、共享发展"五位一体"的新发展理念。这是着眼于全人类根本利益、长远利益,既尊重中国经济社会的现实基础,又顺应人类历史发展规律,"建设持久和平、普遍安全、共同繁荣、开放包容、

---

① 郑永年.郑永年论中国:中国的文明复兴[M].北京:东方出版社,2018:1.
② 赵顿,刘同舫.人类命运共同体:全球化发展的公正逻辑[J].华南师范大学学报:社会科学版,2019(3):46.
③ 杨瑞明,张丹,季燕京,毛峰.文明传播的哲学视野[M].北京:中国社会科学出版社,2012:336.
④ 杨瑞明,张丹,季燕京,毛峰.文明传播的哲学视野[M].北京:中国社会科学出版社,2012:337.
⑤ LENER D. The Passing of Traditional Society:Modernizing the Middle East[M]. New York:Free Press,1958:55,128.

清洁美丽的世界"①的"绿色发展"的方案。

其次,共享发展指明了当代传播学的未来愿景,以新型国际关系彰显人类命运共同发展的最大公约数。从某种意义上说,发展传播学是一种"为了社会变革的传播",基于满足人们的需求以提高自身生活水平,通过对话的方式,进一步强化以发展为主题的问题导向意识,其"本质在于分享知识,并在与兴趣、需求和能力相关的行为上达成共识"。② 不过,针对经济、金融、社会、文化、意识形态、生态、种族、安全等多方面的危机,伴随着社会变革的历程,发展传播学历经了"二战"后以进化论和内生发展观为特点的"现代化和增长理论",20 世纪 60 年代中期至 80 年代挑战欧洲中心主义,关注边缘国家、发展中国家的"依赖理论",以及呼应"全球化"进程的"参与模式"等理论体系的重大变革。③

现如今"人类命运共同体"则需要加大"共享模式"理论的建设。对此,人们更多的是将"人类命运共同体"视为客体,作为人类认识与改造的对象,以及所憧憬的美好结果。于是,"共享"针对的就是那种历史上存在的独享、分享方式,此时的人们不仅可以获得物质的精神的"一切真正有价值的东西",而且"还要把这一切从统治阶级的独占品变成全社会的共同财富并加以进一步发展"④。当今中国更是积极作为,从政治、安全、经济、文化、生态等五个方面的共享发展为构建人类命运共同体提出了建设路径,最终力主"要适应和引导好经济全球化,消解经济全球化的负面影响,让它更好惠及每个国家、每个民族"⑤。

当然,针对发展机会、发展能力、发展权益乃至发展成果的全人类共享,我们更要追问"谁"才是这个光明前景的"推动者""实施者",以及共享发展"为了谁"的问题。从"人类命运共同体"来说,受益者更应该是"推动者""实施者"。如此强调构建人类命运共同体的主体,意在突出人类利益的共同性、有机性、整体性以及维护人类共同利益的责任性。"坚持共享发展,必须坚持发展为了人民、发展依靠人民、发展成果由人民共享"⑥。有了以人民的获得感、幸福感、安全感作为工作出发点和落脚点,这就需要各国发展在合力应对全球性挑战的过程中,既要树立世界眼光也要彰显人民立场。前者要求将各自国内发展与世界发展统一起来,把本国利益同各国利益结合起来,后者强调人民才是世界共享发展的推动者和受惠者。如此,共享发展必须要求各国之间不断扩大交流互鉴、互利合作,以积极姿态参与人类命运共同体事务,增强发展动力,努力为全球发展作出贡献。这里所说的"各国"并非一个空泛的概念,而是指每个民族和地区能担起发展责任的"力量"主体,不仅指政治力量,也包括资本力、社会力乃至文化力。

再次,共赢(共生)发展揭示出当代传播学的文明价值,以积极的"共生共进"态度彰显人类命运共同体的人类学意义。"人类命运共同体"显然由人类、命运、共同体三个词构成,然研究者在解读时出现了两种主要的构词方式:其一,以"共同体"为中心语,而"人类命运"是修饰语。如"人类命运共同体,顾名思义,就是每个民族、每个国家的前途命运都紧紧联系在

---

① 习近平.决胜全面建成小康社会 夺取新时代中国特色社会主义伟大胜利:在中国共产党第十九次全国代表大会上的报告[M].北京:人民出版社,2017:58-59.
② 瑟韦斯,玛丽考.发展传播学[M].张凌,译.武汉:武汉大学出版社,2014:21.
③ 洪浚浩.传播学新趋势:上[M].北京:清华大学出版社,2014:20.
④ 中共中央编译局.马克思恩格斯全集:第 18 卷[M].北京:人民出版社,1964:246.
⑤ 习近平.习近平谈治国理政:第二卷[M].北京:外文出版社,2017:478.
⑥ 中国共产党第十八届中央委员会第五次全体会议公报[M].北京:人民出版社,2015:14.

一起……"①其二,以"命运共同体"为中心语,以"人类"为修饰语。据中国官方表述,除了"人类命运共同体",还有"两岸命运共同体""中巴命运共同体""周边命运共同体""双边命运共同体""亚洲命运共同体""中国-东盟命运共同体""中非命运共同体""网络空间命运共同体"等说法,足以证明以"命运共同体"为中心语的表述占据主导地位。

由历史上政治家、学人常言及的"共同体"到"命运共同体",可谓思想史上的一大跨越。将"命运"与"共同体"结合,强化了"共命运"与"同命运"的使命担当,并由此内化为一种自觉意识的需求。命运共同体中的"命运""既不同于宿命论的命运观,也不同于存在主义者所谈的'荒谬'的人生命运,而是指构成共同体的成员之间存在一种生死相依、荣辱与共、休戚相关的必然联系"②,强调了以发展为主线的"风雨同舟、荣辱与共"③的意思。这是鉴于经济全球化、信息世界化背景下"你中有我、我中有你"的生存与发展的格局,寻求人类共同利益和共同价值的新内涵,建构一种"共生共赢共发展的伦理模式或类型"④。

其实,"多元性既是不同文明之间对话的基础,也是必须要进行对话的现实"⑤。前文列举的诸多"命运共同体"的修饰语,要么说的是国与国之间,要么指的是现实的区域或虚拟的空间,唯有"人类"一词具有超越时空限制的抽象意味,是人类社会发展多元化主体的最高层次。事实亦如此,通过梳理90多个"共同体"定义,发现"它们之中的唯一共同要素就是人"⑥。"人类命运共同体"的确传承了中国传统文化中和合天下的观念,于是,有研究者便认为"人类是一个超越国家身份的概念,体现的是天下担当的精神"⑦。此说在突出"命运共同体"建设者及共享者的整体性上有一定的道理,但过分强调超越国家身份,极易让人产生"隐含着一种中国意图恢复天下体系的努力"⑧这样不必要的联想。何况"人类"绝不是一个空泛的抽象的概念,"当今世界,人类生活在不同文化、种族、肤色、宗教和不同社会制度所组成的世界里,各国人民形成了你中有我、我中有你的命运共同体"⑨,"人类"的外延指的就是"世界各国人民"等。

可以说,"人类命运共同体"从中国外交理念,发展至对全球治理新秩序的设想,经全球化背景下文明交往理论的期许,到人关于自身发展的价值共识,最终则是对全球文明发展道路达成共识的新高度,已经成为一种政治的文化的哲学主张。它是一种文明交往伦理观,意味着各个民族和国家直至每个人都是平等的道德关怀及社会公平正义关注的对象。当然,如此说,既并不能说"命运共同体"是一种均衡原则下的平均主义,也不是说这是一种无区分的一元论。"世界怎么了,我们怎么办?""人类命运共同体"正是向世人提出的"哲学之问":一是"我们从哪里来",追问人类生命之源及其"共同体"属性的本质特征;二是"现在在哪里",正面现实,树立问题导向意识,解决如何面对各种"危机"与"挑战"的话题;三是"将到哪

---

① 习近平.习近平谈治国理政:第三卷[M].北京:外文出版社,2020:433.
② 王泽应.命运共同体的伦理精义和价值特质论[J].北京大学学报:哲学社会科学版,2016(5):6.
③ 习近平.习近平谈治国理政:第三卷[M].北京:外文出版社,2020:433.
④ 王泽应.命运共同体的伦理精义和价值特质论[J].北京大学学报(哲学社会科学版),2016(5):5.
⑤ 杨瑞明,张丹,季燕京.文明传播的哲学视野[M].北京:中国社会科学出版社,2012:22.
⑥ BELL C,NEWBY H. Community Studies:An Introduction to the Sociology of the Local Community[M]. Westport CT:Praeger,1973:15.
⑦ 卢德之.论共享文明:兼论人类文明协同发展的新形态[M].北京:东方出版社,2017:68.
⑧ CALLICK R. China's Xi Jinping Drives Needle into Policy of Shared Destiny[N]. The Australian,2015-11-7.
⑨ 习近平.习近平谈治国理政[M].北京:外文出版社,2014:261.

里去"①,实现均衡、平衡、和谐的发展,指明了新型国际关系的发展方向以及"把世界各国人民对美好生活的向往变成现实"的目标。这"哲学三问",也是当代传播学理当要深度思考的话题,无论是共同、共享及共赢发展,还是贯穿其中的高质量发展,其出发点及落脚点都是"美美与共"背景下的人的发展,揭示出人类发展的正当性及主体性。

至此,"人类命运共同体"努力把"我们生于斯、长于斯的这个星球"自然生态共同体建设成"一个和睦的大家庭"②文明共同体的共识,基于利益共同体而又超越单纯的物质利益,基于发展共同体而又超越狭隘的民族主义,基于责任共同体而又超越两级对立思维(文明隔阂、冲突、优越论),是一种蕴涵"多元共生、包容共进"③文化价值目标的理念。"社会之所以能够成为一个共同体,是因为存在着所有成员都能理解、接受的道德体系。每一个人不仅自己这样行为,而且也预期其他共同体成员也有同样的行为。"④"人类命运共同体"立足人的这个社会性群体性质,深入"命运"这个深层领域,着眼于全人类根本的、长远的利益,由周边国家延展开去,为世界各国共享认同,直至在人的共识中落地生根,必然是一个长期渐进的过程。当今世界处于"一损俱损,一荣俱荣"连带效应的生存和发展的环境中,世界各国应牢固树立"命运共同体"意识,在厘清人类进入新发展阶段的前提下,明确新发展理念,在建设共同、共享、共赢新发展格局中体悟自己的存在,感悟他人的存在,从中选择出相互交往,促进发展的方式方法。"人类命运共同体"虽为中国制造,但这是以世界眼光表明的中国立场,提出的由"不同"到"大同"的中国方案,为全球文明向前发展贡献的中国智慧和力量。因此,"只重自我宣传、不重对方接受"⑤,在实施的过程中不注重外交的可操作性,中国的发展不能被国际社会所理解,不能让国际社会相信这是对自己有利的共享理论,那么这一有关人类文明发展的新倡导就会失去它应有之义。

思考题

1. "和而不同"作为文明对话的心态或观念对当代传播学建设的新启示。
2. "各美其美,美人之美"作为文明对话的策略有哪些可持续性的实施路径?
3. "美美与共"作为文明交流互鉴模式在处理当今不同文明之间关系上有哪些理论价值?

---

① 习近平. 习近平谈治国理政:第二卷[M]. 北京:外文出版社,2017:537.
② 习近平. 习近平谈治国理政:第三卷[M]. 北京:外文出版社,2020:433.
③ 习近平. 习近平谈治国理政[M]. 北京:外文出版社,2014:295.
④ 郑永年. 郑永年论中国:中国的文明复兴[M]. 北京:东方出版社,2018:19.
⑤ 徐进,郭楚. "命运共同体"概念辨析[J]. 战略决策研究,2016(6):3.

第四编　审美文化与艺术传播

引言　中西文化艺术的审美内核

艺术是各民族文化的瑰宝,荟萃着各民族的文化智慧和审美结晶,有着各自的传统与风貌。以绘画艺术为例,"中国画是注重写神气的。西洋画是注重实形的。中国画为了要活跃地写出神气,不免有时牺牲一点实形;西洋画为了要忠实地描出实形,也不免有时抹杀一点神气"①。样式众多且各类艺术样式之间的相互影响,是中外艺术发展史上的一条规律,也是一个优秀传统。对此,中西方也有差异,"中国之画,与书法为缘,而多含文学之趣味。西人之画,与建筑、雕刻为缘,而佐以科学之观察,哲学之思想。故中国之画,以气韵胜,善画者多工书而能诗。西人之画,以技能及意蕴胜,善画者或兼建筑、图画二术"②。中国画重气韵,重神似;西方绘画重意蕴,重形似。由此可见中西文化艺术的审美蕲向的不同。

各类艺术样式的出现在人类文明史上意义极大,作为人类精神文明的有效载体,艺术样式及其演进充分地展示了各民族精神生命的流动频度、广度及深度,并以各具特色的方式深层次地揭示了人类官能与心能、审美意识及审美能力的发展程度。在中西艺术史上,都存在艺术觉醒与人的觉醒的时代性命题,展现出中西文化艺术发展的共同路径。中国的"汉末魏晋南北朝是政治史上最混乱、社会上最苦痛的时代,然而却是精神史上极自由、极解放,最富于智慧、最浓于热情的一个时代,因此也就是最富有艺术精神的一个时代"③。而文艺复兴是西方在中世纪的宗教桎梏之下,实现了对于人性的唤醒,由宗教中的禁欲转为对人的正常情欲的认可,艺术创作同步进入了新的时代。随着人类文明发展的进程,审视人类审美能力与艺术样式演变之间双向互动关系,以及发挥艺术媒介的传播功能,将是永恒不变的话题。

赏中西艺术,寻文化基因,品生活之美。各民族艺术的审美习惯、方式及理想虽然有别,但人类审视艺术作品的方法还是有一定共性的。这就是在将艺术作品视为浑然一体的存在的同时,又习惯于由表及里地透视它们的结构层次。在众多的结构层次论中,像言、象、意三层次结构观便成为中国古代艺术赏鉴的典型范式,中国读者从中品味出了"言有尽而意无穷""象外之象""味外之味"的无穷魅力。类似的,如美国现代艺术理论家奥尔德里奇的"三级形式"说,也从媒介、形象、风格建构了西方艺术作品结构的简约模式。昔人云"文",须"披

---

① 丰子恺.中国画的特色[M]//丰陈宝,等.丰子恺文集:艺术卷.杭州:浙江文艺出版社,浙江教育出版社,1990:42.
② 蔡元培.中国人的修养[M].北京:民主与建设出版社,2015:183.
③ 宗白华.美学散步[M].上海:上海人民出版社,1981:208.

文入情"而后"深识鉴奥";"凡乐,达天地之和而与人之气相接,故其疾徐奋动可以感于心,欢欣恻怆可以察于声"①;"看画如看美人,其风神骨相,在肌体之外者"②……无论是一篇佳文、一阕歌,还是一首诗、一幅画,欣赏者均可由其符号层、形象层至意味层。这当如剥笋,由表及里,方可得其层层转深的奥妙。

随着艺术的发展与人类审美意识的演变,艺术样式会不断地创新,人们对艺术作品结构层次的把握及其审美内核的领悟也会发生变化。现如今,新的艺术样式不断革新,其特殊的媒介功能亦愈加彰显。因此,加强新时代文艺评论工作,培养新时代文艺评论新力量尤其重要。面对技术革新及其媒介化,人们要有媒介文化的建构意识,而不是只重视媒介的技术性而忽视其文化品质的塑造。有了这种自觉意识,那么,就可以从强化新媒介艺术承担文化承传与创新责任的角度,在讯息交流和生产的过程中有意识地塑造新媒介艺术的文化秩序。

---

① 欧阳修.书梅圣俞稿后[M]//李之亮.欧阳修集编年笺注:第4册.成都:巴蜀书社,2007:385.
② 汤垕.古今画鉴[M]//卢辅圣.中国书画全书:第2册.上海:上海书画出版社,1993:902.

第十讲　艺术觉醒：魏晋南北朝绘画的审美传达

在中国文艺史上，魏晋南北朝时期至为关键。中国人尤其是知识分子的心灵世界中，似乎都有近似于"魏晋风流"的情结。艺术、文学的属人性，乃其本质特征。鲁迅在分析这个时期的文化艺术状况时，提出了"人的自觉与文的自觉"的命题。这个时期的中国，"八王之乱、五胡乱华、南北朝分裂，酿成社会秩序的大解体、旧礼教的总崩溃，也成就了思想和信仰的自由、艺术创造精神的勃发，使我们联想到西欧16世纪的'文艺复兴'"[①]。中国的魏晋南北朝时期和西方的文艺复兴时期，虽然相隔千年，但在艺术觉醒和人的觉醒方面表现出惊人的一致性，这说明此乃"文化艺术的发展的客观规律和共同道路"[②]。

第一节　纸张、意象、文字：魏晋南北朝绘画媒介的审美流变

魏晋南北朝确实是最富有艺术精神的一个时代，同时也是自我觉醒的一个时代。曹植、谢灵运的诗歌，王羲之、王献之的书法，顾恺之、陆探微、张僧繇的绘画，莫高窟、云冈的造像……不仅在艺术实践上成果丰硕，艺术理论也成就斐然：文学理论有曹丕《典论·论文》、刘勰《文心雕龙》、钟嵘《诗品》；绘画理论有顾恺之《论画》《画云台山记》、宗炳《画山水序》、王微《叙画》；书法理论有卫夫人《笔阵图》等。这个时期，人物品评盛行，围绕人物的德、容、才、性等方面品藻人物优劣。刘义庆《世说新语》中形象生动地描绘了这一时期许多名人的逸闻趣事，多人物品评。桓温和殷浩相爱相杀，一直暗自较劲，面对桓温"卿何如我"的挑衅，殷浩答曰："我与我周旋久，宁作我！"[③]魏晋南北朝的绘画和文学艺术达到审美自觉，人物画在诸多绘画题材中更为成熟。宫廷画家、士大夫画家、民间画匠绘画人物之风兴盛。山水画虽然不比人物画独立成熟，但从其画论的系统性也可知山水画已处于渐趋独立的发展阶段。

一、纸张介质的审美萌动

人与世界、思维与存在的关系是人类要思考的核心问题，媒介学感兴趣的不仅仅是思想认识，而是让这些思想认识成为可能的东西。像中国的"天人合一"思想便萌芽于诸如"天

---

① 宗白华. 美学散步[M]. 上海：上海人民出版社，1981：208-209.
② 朱辉军. 人的自觉与文的自觉[N]. 文艺报，2011-11-09(003).
③ 徐震堮. 世说新语校笺[M]. 北京：中华书局，1984：284.

梯""擎天柱"等沟通天地之媒介的原始思维。因此,关于魏晋南北朝时期艺术觉醒的话题,除了从政治、社会、思想等层面考察,还应当从媒介文化角度进一步思考。中国艺术历史源远流长,仅就绘画而言,便有远古时期伏羲画八卦的传说。伏羲非一时一人,乃先民群体之象征,然正因他们创造并绘制八卦符号,通过这种图腾治理方式管理部落,而被人奉之为神。当然,任何现在称之为传统媒介的存在,在其创始抑或普及时期都曾扮演过新媒介的角色。仍以绘画为例,早期绘画者均有"匠人""技人"之技能,因为他需要将作品刻在石料、龟壳、竹简等自然硬物上,或绘在棺木、墙壁、青铜器、陶器等人工制品上。受到这些媒介质地的影响,艺术趣味自然以质朴、简拙为主,难以自由呈现内在的细腻精神世界。不过,自汉代纸张发明后,加之笔、墨等技术革新,中国绘画、文学、书法等艺术才真正地踏上民族化、特色化的探索旅程。

造纸技术在魏晋南北朝时期有了进一步发展,一方面,"造纸区域也由晋以前集中在河南洛阳一带而逐渐扩散到越、蜀、韶、扬、皖、赣等地,产量、质量与日俱增";另一方面"造纸原料也多样化,纸的名目繁多",如竹帘纸、藤纸、鱼卵纸、棉纸等,且"为了延长纸的寿命,晋时已发明染纸新技术",即从黄檗中熬取汁液,浸染纸张,此纸呈天然黄色,且有灭虫防蛀的功能。① 有了新的媒介,文化传播载体自然发生了迭代性变革,中国艺术开始大展手脚,"植物纤维纸有能力承载更多的文字符号、绘画符号、音乐符号、人物符号等,使得人文主义和人性解放气息浓厚的诸多进步思想活跃于纸面,以供人们表情达意,交流学习"②。由于纸的发明、普及及技术的提高,致使魏晋南北朝时期以五言诗为代表的文学活动日渐兴盛。于是,钟嵘在《诗品》中一度发出了自己的担忧:"才能胜衣,甫就小学,必甘心而驰孤好骛焉。于是庸音杂体,人各为容。至使膏腴子弟,耻文不逮,终朝点缀,分夜呻吟。"当然,钟嵘担忧之余,还是肯定了五言诗在大众审美文化中的积极作用,并且提炼出"五言居文词之要,是众作之有滋味者也"③这个新的文学观。不得不说,这个"滋味说"与纸张的轻便、易携带及其润墨效果等特点密不可分。

同样,绘画艺术也得到了长足的发展。传统绘画主要通过色彩、线条和形体等手段来呈现视觉的世界,然到了魏晋时期,由于纸、毛笔、墨等工具媒介的革新,"中国绘画渐渐脱离了色彩,而着重在线条的表现"④。进而,与西方油画的创作中"油彩允许被从画布上擦去而重新画过"的方法不同,像中国的绘画以及作为其基础的书法,"用笔之反复描画同样是不允许的"。由此,它同时要求在手指、手腕、手臂的正确运动中下工夫;体会书法、绘画的"力"与"势"是如何通过毛笔的运动和水墨、纸张的作用体现出来,以期待将自然的力集于笔端。⑤可以说,魏晋南北时期诸如传神写照、气韵生动等绘画审美趣味,与其使用的媒介的特点也有莫大的关系。

二、意象世界的审美传递

艺术传播另有一番风貌,在外在表现上,可以通过师承、家传、结社、集会、唱和、交游等

---

① 蔡国声.文房四宝鉴赏与收藏[M].上海:上海书店出版社,1997:118.
② 万安伦,周杨,翟钦奇.试论中国造纸术和印刷术与欧洲文艺复兴之关系[J].教育传媒研究,2020(1):36.
③ 钟嵘.《诗品》译注[M].周振甫,译注.南京:江苏教育出版社,2006:10,8.
④ 陈振濂.书法学:下[M].南京:江苏凤凰美术出版社,2019:351.
⑤ 陈振濂.书法学:下[M].南京:江苏凤凰美术出版社,2019:350.

多种方式,由人际传播完成艺术经验、情感等信息的传递;可以以作品为中介,或实地观览,或商业流动,或借阅赏玩……通过阅读或赏鉴、模写或临摹等方式,由实物传播完成艺术技艺、思想等信息的传递;进而还有中国艺术尤为强调的以"法自然"为本的学习方式,由行为传播完成艺术造诣的递升……不过,即便"凡遇高山流水、茂林修竹,无非图画",也是基于"画不但法古,当法自然"①这个前提下说的;或是"画家以古为师,已自上乘,进此当以天地为师。每朝起,看云气变幻,绝近画中山"②。

无论何如,以古为师的艺术传统的传承是习艺者提升技艺的必选之径,且上述诸种传播方式无不是建立在对艺术本性体认的基础之上。媒介即认知,这个对艺术本性的体认,彰显的正是艺术这种认知性媒介的特殊价值。在清代郑燮看来,"江馆清秋,晨起看竹,烟光日影露气,皆浮动于疏枝密叶之间。胸中勃勃遂有画意。其实胸中之竹,并不是眼中之竹也。因而磨墨展纸,落笔倏作变相,手中之竹又不是胸中之竹也"③,他所捕捉到的认知性媒介就是"竹"这个具有象征性意味的符号。而早在魏晋南北朝时期,就是被整个时代精神风貌发展起来,足以彰显艺术本性意识觉醒的言、意、象之说,尤其是其中的"意象"理论。玄学家王弼诠释《周易》时,系统思考了"言象意"三者的关系。在他看来,"夫象者,出意者也;言者,明象者也",反过来说,就是"象生于意,而存象焉,则所存者,乃非其象也;言生于象,而存言焉,则所存者,乃非其言也"④。

进而在艺术领域,如画家宗炳《画山水序》指出"理绝于中古之上者,可意求于千载之下;旨微于言象之外者,可心取于书策之内"⑤;文论家刘勰论"神思",既云"独照之匠,窥意象而运斤",又明确说"神用象通,情变所孕"⑥,揭示"象"在艺术运思过程中扮演的媒介角色性质;至谢赫《古画品录》评陆探微时云"穷理尽性,事绝言象"⑦,均强调了"象"媒介的特殊功能。可以说,媒介从物质、技术到符号的工具化过程中,必然受到地理环境、生活习俗、政治体制及文化传统的浸染而呈现出一定的民族特性。其中,天人关系就是中国古代媒介观赖以形成的思想土壤,而源远流长至魏晋南北朝时期大发展的这种意象化的媒介,因拥有了联系天地、沟通阴阳、追本溯源之功能,创设了信息交流和共享的特殊方式,从而呈现出华夏文化的独特魅力。⑧

三、文字媒介的审美储存

虽说纸张的发明改变了艺术发展的进程,但惜于世事更替,包括纸张难以永固等各种缘由,数量众多的魏晋南北朝时期画作几乎消失殆尽。因此,后人若想一睹他们作品的风采,只能再次借助石刻像或摹本等形式。如擅画人物,尤擅佛像,有"曹衣出水"美誉的曹仲达作品,其画风直接影响了佛教雕塑的风格。收藏于美国克利夫兰美术馆的阿弥陀佛坐像(图

---

① 唐志契.绘事微言:画有自然[M]//俞剑华.中国古代画论类编:下册[M].北京:人民美术出版社,2004:739.
② 董其昌.画旨[M].毛建波,校注.杭州:西泠印社,2008:29.
③ 郑板桥.题画:竹[M]//中华书局上海编辑所.郑板桥集[M].北京:中华书局,1962:161.
④ 王弼.王弼集校释:周易略例[M].楼宇烈,校释.北京:中华书局,1980:609.
⑤ 张彦远.历代名画记[M].秦仲文,黄苗子,点校.北京:人民美术出版社,1963:130.
⑥ 王利器.文心雕龙校证[M].上海:上海古籍出版社,1980:187-188.
⑦ 张彦远.历代名画记[M].秦仲文,黄苗子,点校.北京:人民美术出版社,1963:127.
⑧ 杨柏岭.道、人、象:天人合一视阈下中国古代传播观念[J].安徽师范大学学报:人文社会科学版,2021(1):11-24.

图 10.1 坐佛

10.1),他的面部丰满,衣服紧窄,且衣服的纹路堆叠,贴于身体之上,衣服的质地看起来非常轻薄,随着衣纹的起伏人体肌理的起伏变化也得以呈现,表现的正是曹衣出水之美。

又如,"天下号为画圣"的宫廷画家杨子华的作品,被阎立本誉为"自像人已来,曲尽其妙,简易标美,多不可减,少不可逾"①。现藏于美国波士顿美术馆的《北齐校书图》(图 10.2)传为杨子华所画,宋摹本。此画表现的是北齐天保七年(556 年)文宣帝高洋命樊逊、高乾和等十一人校勘五经诸史的故事。原画人物分为三组,现佚失一组(一榻坐有七人),仅存两组。《北齐校书图》在人物造型上,面型长而不清瘦,已由秀骨清像转近丰颐,而不失高士气象,且人物发饰装束亦存北方民族遗绪。在画风上前承魏晋,后启隋唐。

图 10.2 《北齐校书图》

除了石刻、摹本等,能储存早年艺术作品审美信息的,恰恰是被称为人类第一媒介的文字。人物画是魏晋南北朝最为兴盛和成就最高的画种,人物画作品的数量远远超过其他画种。另外,仔细考察魏晋南北朝画赞文献,除曹植《吹云赞》、刘孝威《辟厌青牛画赞》、郭璞《尔雅图赞》《山海经图赞》、江淹《王太子乔》《阴长生》《白云》《秦女》等数篇画赞之外,其余的数百篇画赞均是人物画赞。有画才有赞,由此可见魏晋南北朝人物画的数量之巨。这些画赞涉及古圣贤、古列女、古孝子、当代名士、当代名僧、佛像等各类人物画。由这些画赞自然可以间接地了解到画作的基本信息。

若进一步体认这些画作的艺术特色,那就是历代的画论资料了。如,吴兴人曹不兴,在画坛之名,始与"点污画素"有关。"孙权使画屏风,误落笔点素",曹不兴"因就成蝇状,权疑其真,以手弹之"。误点成蝇,足见曹不兴的机智,孙权误以为真,以手拂之,足见其所画之蝇的生动逼真。当然,正如李嗣真云:"不兴以一蝇辄擅重价,列于上品,恐为未当,况拂蝇之事,一说是杨修,谢赫黜卫进曹,是涉贵耳之论。"且不论误点成蝇之事真伪,曹不兴作为魏晋人物画之开风气人物,乃是人们的共识。对此,张彦远既说"不兴名冠当时,非止于拂蝇得名"②,又说:"连五十尺绢画一像,心敏手运,须臾立成。头面手足,胸臆肩背,无遗失尺度。此其难也,曹不兴能之。"③可见曹不兴人物画的结构布局、艺术手法都非常独到。除了人物,曹不兴又擅长画佛。郭若虚《图画见闻志》卷一引蜀僧仁显《广画新集》云:"昔竺乾有康僧会

---

① 张彦远. 历代名画记[M]. 秦仲文,黄苗子,点校. 北京:人民美术出版社,1963:156.
② 张彦远. 历代名画记[M]. 秦仲文,黄苗子,点校. 北京:人民美术出版社,1963:104-105.
③ 张彦远. 历代名画记[M]. 秦仲文,黄苗子,点校. 北京:人民美术出版社,1963:113.

者,初入吴,设像行道,时曹不兴见西国佛画像仪范写之,故天下盛传曹也。"①进而,从师承关系上说,据《历代名画记·叙师资传授南北时代》"晋明帝师于王廙,卫协师于曹不兴……"②记载,曹不兴不仅是中国"佛画之祖",也是中国人物画之祖。由此可见,魏晋南北朝的诸多人物画家都是直接或间接地师承曹不兴。因此,曹不兴在魏晋南北朝人物画的师祖之名可谓名正言顺。

四、魏晋南北朝绘画的传播

魏晋南北朝时期,随着佛教东传,大批西方僧侣进入中国。这些僧人中有许多是擅长佛画的,在中国传经注经之余,也留下了许多佛教题材的绘画或雕刻。

首先,东西传播。唐代张彦远《历代名画记》记载:

僧吉底俱外国人(中品),僧摩罗菩提亦外国人(中品),僧迦佛陀(中品)禅师,天竺人。学行精悫,灵感极多。初在魏,魏帝重之。至隋,隋帝于嵩山起少林寺,至今房门上有画神,即是迦佛陀之迹(见《续高僧传》,有《拂菻国人物图》《器物样》《外国兽图》《鬼神画》并传于代)。

姚最云:"以上三僧,既华夷殊体,无以知其优劣。"(彦远按:《梁书·外国传》云:干陁利国王瞿昙备跋陁罗者,亦工画。其国在南海洲上。天监元年四月八日,瞿昙梦一僧相告云,中国今有圣主,十年内佛法大兴,汝可朝贡,不然,则汝国不安。梦中与僧同到中国,见梁天子,觉而异之,记得梁主形貌,命笔写之。遂遣使并本国画工,请写高祖真,上许之,使还本国,陁罗以高祖真类已画者,盛之宝函,日加礼敬。以外国能画,故附此记云。)③

尉迟跋质那,西国人,善画外国及佛像,当时擅名,今谓之大尉迟。(《六番图》《外国宝树图》,又有《婆罗门图》传于代。)

天竺僧昙摩拙叉,亦善画。隋文帝时,自本国来,遍礼中夏阿育王塔,至成都雒县大石寺,空中见十二神行,便一一貌之,乃刻木为十二神形于寺塔下,至今在焉。④

陈绶祥指出魏晋南北朝时期的佛教题材绘画从刚开始的由西向东传播,发展到后来的由东向西反向传播。也就是说,这时候的绘画传播已经是双向的:"佛教是在汉末由印度经西域传入我国内部的,佛教绘画也延天竺画风,以一定规模由西向东传播,而已接触过佛画的中原士人画家在渐有了自己的佛画风格后,并开始由东向西反传。前者以现存石窟画壁为主,并由工匠绘制;后者则以记载中的寺院画壁为主,而多由著名专职的画师或士人画家创制。同样地以佛教为题材的画壁,由于接受者的文化层次不同,而导致创作观念及题材的选择、形制的不同。这两种有差别的艺术样式又有共同的民族审美要求为基础,在以后的传播发展中互相交融而锻造出一种新的艺术式样与区域风格,并随之将中国壁画推至隋唐时的盛期。"⑤

魏晋时期,朝鲜半岛(处于高句丽、百济、新罗统治之下)、日本与中国积极加强往来。据载:"二年(372年)夏六月,秦王符坚遣人使及浮屠顺道,送佛像经文……五年(375年)春二

---

① 郭若虚.图画见闻志[M].沈阳:辽宁教育出版社,2001:8.
② 张彦远.历代名画记[M].秦仲文,黄苗子,点校.北京:人民美术出版社,1963:19-21.
③ 张彦远.历代名画记[M].秦仲文,黄苗子,点校.北京:人民美术出版社,1963:152-153.
④ 张彦远.历代名画记[M].秦仲文,黄苗子,点校.北京:人民美术出版社,1963:165.
⑤ 陈绶祥.中国绘画断代史·魏晋南北朝绘画[M].北京:人民美术出版社,2000:172.

月,始创肖门寺,以置顺道,又创伊弗兰寺,以置阿道。此海东佛法之始。"①随着中原佛教的传入,朝鲜的佛像绘画、佛寺建筑等艺术深受中国艺术的影响,无论是题材还是艺术形式都是对中国艺术的直接仿效。中日的朝贡关系在魏晋南北朝时期得到加强,随着汉字在日本的普及以及中国佛教的东传,中国的书法、佛教绘画雕塑、寺庙造型等艺术形式在日本得到广泛的传播和接受。

其次,南北传播。这里,以北魏司马金龙墓漆画屏风为例来说明。在山西大同发现的司马金龙墓木板漆画集结了魏晋南北朝人物画种类之大成。其中不乏当时绘画作品频繁表现的题材。孙叔敖母、卫灵夫人图在顾恺之《列女仁智图》中有所表现;班女婕妤在顾恺之《女史箴图》中有所表现。通过对比司马金龙墓屏风漆画和顾恺之的《列女仁智图》以及《女史箴图》,发现它们之间在构图、人物服饰的处理、线条的技法上存在某些相通之处,因此,可以推断司马金龙墓的漆画应该是受了顾恺之画法之影响。②

图10.3 司马金龙墓漆画屏风之《卫灵夫人》

通过比较司马金龙墓室漆画屏风(图10.3)和顾恺之所绘制的同题《婕妤辞辇》《卫灵夫人》(图10.4),可见无论从图的结构布局还是人物造型,二者都非常相似。以《卫灵夫人》为例,从司马金龙墓漆画屏风之"卫灵夫人"可以看出,屏风分为三叠,分别置于床的三面,既具有装饰作用,又能起到遮蔽作用。这种屏风造型和顾恺之的《列女仁智图》之《卫灵夫人》如出一辙。此外,漆画屏风中的一座三臂烛台至今在十六国以及北魏境内一直没有被发现过,但在传世的《列女仁智图》内却出现类似的烛台。③屏风漆画中的烛台绘制于画面的右上角,非常清晰。《列女仁智图》中的烛台绘制于左下角,由三面围屏包围。这些更进一步表明司马金龙墓的漆画深受南方绘画尤其是顾恺之绘画艺术的影响。

图10.4 顾恺之的《列女仁智图》之《卫灵夫人》

---

① 金富轼.三国史记[M].孙文范等校勘.长春:吉林文史出版社,2003:221.
② 吕文平.司马金龙墓屏风漆画赏析[J].文物世界,2007(5):38-40.张学锋.墓志所见北朝的民族融合:以司马金龙家族墓志为线索[J].许昌学院学报,2014(3):1-6.
③ 六朝艺术编辑委员会.六朝艺术[M].南京:江苏美术出版社,1996:14-15.

第二节　形神、骨肉、神思：魏晋南北朝艺术觉醒的审美信息

艺术传播作为社会系统中的一种特殊传播类型，指的是艺术信息的传递和交流。相比较而言，艺术信息的传递和交流具有鲜明的公共化与个人化相互交融的特点，"兴发感动""应目会心"式的个人体会是艺术传播有效性的重要保证。艺术传播中的艺术信息一般指的是"既具有物理载体又具有语义承载的艺术作品"，物理载体既指各门艺术所使用的材料，也与艺术作品的装潢设计等有关，而"所谓语义承载，主要是指蕴含在物质材料和外在形式中的审美意蕴"①。各民族艺术的审美习惯、方式及理想虽然有别，但人类审视艺术作品的方法还是有一定共性的。这就是在将艺术作品视为浑然一体的存在的同时，又习惯于由表及里地透视它们的结构层次。人们常说的魏晋南北朝时期的艺术觉醒意识，虽渗透在艺术作品的各个层次，但主要指由作品形象层所传达的意蕴层信息。这里，以顾恺之、陆探微、张僧繇为代表的人物画和顾恺之、宗炳、王微为代表的山水画的理论认知，揭示魏晋南北朝时期绘画艺术觉醒在观念上的诸多表现。

一、形神兼备中的"顾得其神"

张怀瓘《画断》云："象人之美，张得其肉，陆得其骨，顾得其神。神妙亡方，以顾为最。"②无论从理论抑或创作上说，顾恺之都是魏晋南北朝时期成就最高、影响最大的画家。张彦远称顾恺之"多才艺，尤工丹青。传写形势，莫不妙绝"，据《历代名画记》所列画作，可知其画涉及人物、山水、状物、诗意等多种题材，而以人物画居多。③不过，顾恺之画作真迹今已不存，现存《洛神赋图》《女史箴图》《列女仁智图》《维摩诘像》都是后世摹本。顾恺之不仅善画人物，还归纳出人物画画论，并较早地系统地提出了绘画思想史上的传神论。

一则，似不形似，传客体之神。顾恺之的传神是为了传所绘对象之神，他画裴楷在其脸颊创意性地加上三根毫毛，似不形似，并不是写实，而是为了能够凸显裴楷俊朗有识之神，"观者详之，定觉神明殊胜"。他画嵇康诗意图，认为"手挥五弦易，目送归鸿难"，因为手挥五弦主要表现挥的动作之形，而目送归鸿却要由客体的目光表现客体心境融入宇宙自然的神韵。在顾恺之看来，形似和神似是不同的，神似的表达比形似要困难。他画谢鲲将其置于岩壑中，人问所以，答曰："谢云：'一丘一壑，自谓过之。'此子宜置丘壑中"④。这既是为了凸显谢鲲醉心于丘壑之神，同时又包含讥讽其性不好自然而泥身世俗的内在情怀，故画家有意识地将其画像置于岩壑的背景之中。可见，顾恺之表达客体之神采用的手法也是多元的。

二则，传神写照，不空其实对。据载，"顾长康画人或数年不点目睛，人问其故。顾曰：四

---
① 顾永芝.艺术学概论[M].北京：中国社会出版社,2001:483.
② 张彦远.历代名画记[M].秦仲文,黄苗子,点校.北京：人民美术出版社,1963:115.
③ 张彦远.历代名画记[M].秦仲文,黄苗子,点校.北京：人民美术出版社,1963:115-116.
④ 张彦远.历代名画记[M].秦仲文,黄苗子,点校.北京：人民美术出版社,1963:113.

体妍蚩,本无关于妙处,传神写照,正在阿堵中。"①顾恺之非常重视传人物之神,但人物的神和形并不是对立的,神需要通过形来表现,揭示了传神写照相依存的关系。进一步说,"人有长短,今既定远近以瞩其对,则不可改易阔促,错置高下也",而"凡生人无有手揖眼视而前无所对者",因此,若"以形写神而空其实对,荃生之用乖,传神之趋失矣",唯有"空其实对则大失,对而不正则小失,不可不察也",可见"一像之明昧,不若悟对之通神也"。② 其名作《洛神赋图》将《洛神赋》文巧妙地穿插于图画之间,图中的洛神和曹植的眼神真正实现了"悟对之通神",图文相得益彰。③

三则,迁想妙得,神仪在心。顾恺之《论画》开篇云:"凡画,人最难,次山水,次狗马;台榭一定器耳,难成而易好,不待迁想妙得也。"④《韩非子·外储说左上》记载,绘画"犬马最难""鬼魅最易"⑤。张衡曰:"画工恶图犬马而好作鬼魅,诚以实事难形而虑伪不穷也。"⑥顾恺之进一步提出"迁想妙得"说。"'迁想'就是一个将对人物的外在形貌言行动态的把握迁入对人物的内在世界的体验。这是一个由表及里的过程,是一种透过对象之形而体悟对象之'神'的一种掌握现实的方法……'迁想妙得'不是一种'自由的想象',而恰恰是对想象做了客观性的规定,通过'迁想',妙得的是对象的内在神韵。"⑦"迁想妙得"可以说是顾恺之对传神论的深入思考。迁想是在掌握绘画的客体对象之形的基础上,实现传人物之神的途径,妙得人物之神的结果。诸如画裴楷益三毛,将谢幼舆置丘壑中都是顾恺之迁想妙得的实例。与迁想妙得相近的"神仪在心"也是顾恺之传神理论中的一个重要概念。所谓"神仪在心而手称其目者,玄赏则不待喻"⑧,所绘对象的形神在绘画者的心里,要通过绘画者的手将其表现出来,这其中的妙处不可言传。"神仪在心"即绘画者迁想后的妙得,即落笔前构思的艺术形象。

二、骨肉相称中的"陆得其骨"

顾恺之的绘画创作论以"骨"为核心,其《论画》频用"骨"字。汉代的相学很大程度上就是指相骨,一个人的骨相往往决定了其一生的荣辱贵贱、吉凶祸福。王充《论衡》中就专有一章相骨。顾恺之《论画》中多处出现"骨"字,但细究起来,这几处"骨"字的审美内涵虽不相同,却有内在逻辑联系,构成了一个人物画用笔、布局等整体审美属性。其中"骨成"是人物造型的基础,"骨法"是人物造型的方法,"骨俱"是人物造型的布局,"骨趣"是人物造型的美感,而"天骨"则是突出人物造型的天然之趣,"奇骨""隽骨"突出人物造型的超逸之处。顾恺之从具体绘画出发,论述了人物造型的特点、趣味、布局、方法等一系列绘画美学问题。

除了理论,在创作上,张彦远云:"顾生首创维摩诘像,有清赢示病之容,隐几忘言之状。"⑨顾恺之所绘维摩诘像今已不存,但从张彦远简约的概括中可见顾恺之笔下的维摩诘像

---

① 徐震堮. 世说新语校笺[M]. 北京:中华书局,1984:388.
② 顾恺之. 魏晋胜流画赞[M]//张彦远. 历代名画记. 秦仲文,黄苗子,点校. 北京:人民美术出版社,1963:118.
③ 陈葆真.《洛神赋图》与中国古代故事画[M]. 杭州:浙江大学出版社,2012:119-121.
④ 张彦远. 历代名画记[M]. 秦仲文,黄苗子,点校. 北京:人民美术出版社,1963:116.
⑤ 韩非子. 韩非子[M]. 长沙:岳麓书社,2015:103.
⑥ 范晔. 后汉书:第7册. 北京:中华书局,1965:1912.
⑦ 何楚熊. 中国画论研究[M]. 北京:中国社会科学出版社,1996:36-37.
⑧ 顾恺之. 论画[M]//张彦远. 历代名画记. 秦仲文,黄苗子,点校. 北京:人民美术出版社,1963:116.
⑨ 张彦远. 历代名画记[M]. 秦仲文,黄苗子,点校. 北京:人民美术出版社,1963:13-14.

当属秀骨清像一类。再结合后来古籍《古画品录》《建康实录》所云顾恺之在瓦官寺绘维摩诘的轰动效应"光耀一月余日"或"光明照寺"来看,顾恺之也正是在维摩诘的瘦骨清像中表达了他的神韵。维摩诘是魏晋南北朝文士推崇的理想人物。《维摩诘所说经·方便品第二》对其评价为:"虽为白衣,奉持沙门清净律行;虽处居家,不著三界;亦有妻子,常修梵行;现有眷属,常乐远离;虽服宝饰而以相好严身;虽复饮食而以禅悦为味。"①作为一名在家居士,虽身处世俗之中,但维摩诘却能远离五欲浊泥,教化众生。《维摩诘所说经·文殊师利问疾品第五》称维摩诘"深达实相,善说法要,辩才无滞,智慧无碍,一切菩萨法式悉知,诸佛秘藏无不得入,降伏众魔,游戏神通,其慧方便皆已得度"②。在与文殊菩萨辩论时,他虽然抱恙在身,却依然思维敏捷且能言善辩极富风采,其孤傲儒雅的气质风度和"清羸示病"的容仪,成为魏晋士人追求的美的典范。

陆探微师承顾恺之,是顾恺之以"骨"为核心的人物画创作论的有力践行者。《历代名画记》中载有陆探微的人物绘画作品近60幅,分别涉及帝王、贤士、女性等题材,也创作了不少诗意画。后人品第,对陆探微的绘画特点及其成就争论较多,但他的人物画秀骨清像的特点则是大家公认的。所谓秀骨清像,是指人物虽然清瘦却很有神韵,这一绘画特点源自顾恺之,到陆探微臻于成熟。可惜的是在后人诸多的褒扬中并没有具体就陆探微的某件绘画作品如何做到秀骨清像做具体描述。张彦远论顾、陆、张、吴用笔时说:"顾陆之神,不可见其盼际,所谓笔迹周密也。张、吴之妙,笔才一二,像已应焉,离披点画,时见缺落,此虽笔不周而意周也。若知画有疏密二体,方可议乎画。"③不仅提出疏密二体论,而且明确顾恺之、陆探微属密体,张僧繇、吴道子属疏体。

首先,来看"秀骨"。深受顾恺之影响的陆探微,"所作的大量的时人写真也当是以'瘦形'而骨气洞达、风度翩翩为特征的,于是才有'陆得其骨'之称。'骨'既指'瘦形'的人面部磊砢而有节目的骨节,又是为人'岩岩若孤松之独立'赖以立形的形体之'骸',前者是裸露的,后者是'制衣以幔之'的。故身体之'骨'又与飘然翻动的衣衫饰物相表里,或曰身体之'骨'又直接表露于具体衣褶的转折中。"④此时的秀骨,一方面要表现人物写实状态中的骨感,这是如顾恺之所说的骨架;另一方面更要表现风度翩翩。骨感主要通过骨架来表现,风度翩翩主要通过流行于文士的宽衣博带随风飘举等来表现。

绘画中的秀骨与文学中的风骨在审美发展史上是二元互动、相互渗透的关系。刘勰在《文心雕龙·风骨》中专门论述了文学作品中的风骨:一是指出风骨虽然并称,但风和骨却各有内涵。"是以怊怅述情,必始乎风,沉吟铺辞,莫先于骨。故辞之待骨,如体之树骸;情之含风,犹形之包气。"⑤骨似树骸,相当于树干,在文章中即为文章的骨架、思想核心;风和气相关联,结合曹丕《典论·论文》里"文以气为主"的阐述,气决定了作家的风格。所以,风和作家的风度、风格相关,风决定了文章的情感因素。"夫象物必在于形似,形似须全其骨气"⑥,此处骨气并用,可见张彦远也认为"骨"应该与"气"相联。二是指出文章的风骨和辞采相辅相成。"若风骨乏采,则鸷集翰林;采乏风骨,则雉窜文囿;唯藻耀而高翔,固文笔之鸣凤也。"三

---

① 鸠摩罗什.维摩诘所说经[M]//谈锡永.维摩诘经导读.北京:中国书店,2007:52.
② 鸠摩罗什.维摩诘所说经[M]//谈锡永.维摩诘经导读.北京:中国书店,2007:69.
③ 张彦远.历代名画记[M].秦仲文,黄苗子,点校.北京:人民美术出版社,1963:25.
④ 陈绶祥.中国绘画断代史:魏晋南北朝绘画[M].北京:人民美术出版社,2000:56.
⑤ 王利器.文心雕龙校证[M].上海:上海古籍出版社,1980:195.
⑥ 张彦远.历代名画记[M].秦仲文,黄苗子,点校.北京:人民美术出版社,1963:13-14.

是指出文章有无风骨的评判标准。风骨是指一种充满力量感、阳刚之气的文章风格。"若能确乎正式,使文明以健,则风清骨峻,篇体光华。"①文章的骨架已存,辅以刚健的文风,则风清骨峻,篇体光华(文辞的作用同样不可忽视)。

通过分析,可以发现陆探微所强调的秀骨和刘勰所强调的风骨有着某种共通性:骨是指骨架,骨离不开外在的文辞、衣饰等,骨更离不开气韵、感情。正如张彦远所言:"至于鬼神人物,有生动之可状,须神韵而后全。若气韵不周,空陈形似,笔力未遒,空善赋彩,谓非妙也"②。"骨法"在谢赫六法中的地位非常重要,仅次于气韵,骨法实现的手段需要通过用笔,刚健有力的笔法是有效的手段。因此,宗白华认为"中国古典美学理论既重视思想——表现为'骨',又重视情感——表现为'风'。一篇有风有骨的文章就是好文章。这同歌唱艺术中讲究'咬字行腔'一样。咬字是骨,即结言端直,行腔是风,即意气骏爽,动人情感。"③绘画创作也和文学创作一样,讲究风骨或骨气,将主观色彩强烈的"气"物化为一种"秀骨"或是"风骨"特征的作品,正因为注入了作者的"气",所以也就着上了独特的风格。

其次,分析"清像"。汉末重节操的清议之风到魏晋南北朝,转而为重人物才情个性的人物品鉴之风。加之在"以玄对山水"的审美过程中,人们向外发现了自然,南方自然山水的"清秀"更是影响到人物品评的用语。例如,谢安"风神秀彻",王羲之"清鉴贵要",温峤"标俊清彻",嵇康"风姿特秀",王衍"岩岩秀峙",王恭"濯濯如春月柳",裴楷"清通",荀君"清识难尚",阮咸"清真寡欲""王公目太尉:岩岩清峙,壁立千仞",刘真长"清蔚简令",谢仁祖"清易令达",嵇康"萧萧肃肃,爽朗清举",支愍度"才鉴清出",等等。

清秀不仅用于品评人物,也用于品评艺术作品。曹丕《典论·论文》提出"文以气为主,气之清浊有体"④,将文章之气分为清、浊两种,实际上就是抑浊扬清,追求一种清雅的文风。陆机《文赋》强调"或清虚以婉约,每除烦而去滥,阙大羹之遗味,同朱弦之清氾。虽一唱而三叹,固既雅而不艳"⑤,追求的是文章的清雅而不是俗艳。刘勰《文心雕龙·风骨》认为"风清骨峻,篇体光华"⑥,就是主张文章的骨高风清。钟嵘在《诗品》中也将"清"作为他评诗的重要标准,如班姬"词旨清捷",嵇康"托喻清远",刘琨"自有清拔之气",陶渊明"风华清靡"等。可见,六朝文人论文都主张为文格调高远、清新雅洁。

在现实生活中,以清瘦为美,甚至把羸弱的病态看作一种美,几乎成为一种审美风尚,"看杀卫玠"的故事可以说是一种极端的表现:"王丞相见卫洗马,曰:居然有羸形,虽复终日调畅,若不堪罗绮……卫玠从豫章至下都,人久闻其名,观者如堵墙。玠先有羸疾,体不堪劳,遂成病而死,时人谓看杀卫玠。"⑦卫玠是两晋时期著名的美男子,身材清瘦,非常羸弱,甚至"不堪罗绮"。然而却成为当时人们最为欣赏的美男子,不仅描述为"玉树临风",而且人们争相观看,终致"看杀卫玠"的夸张结局。

陆探微的人物画在这种艺术氛围的影响下,秀骨清像的审美追求也是必然的。朱光潜

---

① 王利器.文心雕龙校证[M].上海:上海古籍出版社,1980:195-196.
② 张彦远.历代名画记[M].秦仲文,黄苗子,点校.北京:人民美术出版社,1963:14.
③ 宗白华.美学散步[M].上海:上海人民出版社,1981:47-48.
④ 魏宏灿.曹丕集校注[M].合肥:安徽大学出版社,2009:313.
⑤ 陆机.陆机集[M].北京:中华书局,1982:4.
⑥ 王利器.文心雕龙校证[M].上海:上海古籍出版社,1980:196.
⑦ 徐震堮.世说新语校笺[M].北京:中华书局,1984:337-338.

说:"中国向来论文的人也赞扬'柔亦不茹,刚亦不吐'。"①讲究刚柔相济是中国人的审美风尚,骨本代表刚性美,而清秀则代表了柔性美,无论是为文还是为画都讲究刚柔相济。"上古之画,迹简意澹而雅正,顾陆之流是也;中古之画,细密精致而臻丽,展郑之流是也;近代之画,焕烂而求备;今人之画,错乱而无旨,众工之迹是也。"②正如张彦远所评价的"迹简意澹而雅正",陆探微所绘的人物清癯却风神凛然。

顾恺之、陆探微等人的真迹已经不存,但在考古发现的一些墓室壁画和石窟壁画尚可一睹这种秀骨清像之美。如南京西善桥墓室发现的南朝画像砖《竹林七贤及荣启期图》(图 10.5)。竹林七贤热衷清谈和玄学,任诞逍遥,风流倜傥,与春秋时期的高士荣启期在精神上有相通之处,从而成为魏晋风度的代表人物。这组画像砖图八位像主均取坐姿,形体清瘦、削肩细腰,宽衣博带,是秀骨清像的风格。行笔是密笔风格,行笔流畅,线条绵密,特别表现在衣纹和植株的线条上。正如《历代名画记》所云,"其后陆探微亦作一笔画,连绵不断"③"顾、陆之神,不可见其盼际,所谓笔迹周密也"④。

图 10.5 《竹林七贤及荣启期图》

以陆探微为代表的秀骨清像成为南北朝中晚期绘画的一种风尚,甚至影响了这一时期的佛像塑造。甘肃炳灵寺石窟、四川广元的皇泽寺石窟、千佛崖石窟、云冈石窟、敦煌莫高窟以及天水麦积山石窟中,大量北魏开凿的佛像都是秀骨清像的风格。其中,人物造型和面庞都是瘦而长,脖颈细长,线条刻画流畅、有力,衣纹舒缓有力,姿态清秀挺拔。如麦积山 147 窟佛像(图 10.6),宽额长脸,脖颈瘦长,宽衣博带,嘴角上扬,面露微笑。莫高窟 248 窟苦修佛像(图 10.7)身形更为消瘦,锁骨清晰可见,衣纹采用曹衣出水手法,透过衣饰,仿佛能感到其嶙峋瘦骨。微闭双目,凝神沉思,神情高妙,有顾恺之维摩诘像之"病而不弱"之感。

---

① 朱光潜. 无言之美[M]. 彭锋,编. 北京:北京大学出版社,2013:44.
② 张彦远. 历代名画记[M]. 秦仲文,黄苗子,点校. 北京:人民美术出版社,1963:13.
③ 张彦远. 历代名画记[M]. 秦仲文,黄苗子,点校. 北京:人民美术出版社,1963:23.
④ 张彦远. 历代名画记[M]. 秦仲文,黄苗子,点校. 北京:人民美术出版社,1963:25.

图10.6 麦积山147窟佛像(北魏)

图10.7 莫高窟248窟佛像(北魏)

三、骨肉相称中的"张得其肉"

然而,追求"秀骨清像"的审美趣味,至张僧繇而大变。张氏由传统的重"骨"重"神"而转为重"肉"的形体审美,且又创作了"笔不周而意周"的疏体画风,其人物画像丰腴而疏朗,对唐代以降的绘画产生了深远影响。

首先,张僧繇绘画的品第。虽然张僧繇的人物画尤其是佛画成就很高,然对其作品的评价时有歧异。据《历代名画记》卷七记载,姚最就颇有微词,继而云"然圣贤晔烛,犹乏神气。岂可求备于一人。虽云晚出,殆亚前哲。在沈粲下"。此论遭到了张彦远、张怀瓘等指责,张彦远更是"以此评最谬",进而云"彦远家有僧繇定光如来像,元和中进入内,曾见维摩诘并二菩萨,妙极者也"。由此可知张彦远亲见过张僧繇的作品,并给予很高评价。此外,李嗣真也给予张僧繇高度评价,指出"顾、陆已往,郁为冠冕,盛称后叶,独有僧繇",认为张僧繇作画"岂唯六法精备。实亦万类皆妙。千变万化,诡状殊形。经诸目,运诸掌、得之心、应之手"。张怀瓘也认为"张公思若涌泉,取资天造,笔才一二,而像已应焉。周材取之,今古独立"[①],其总结的"张得其肉,陆得其骨、顾得其神"之论,则几乎成为后世的定评。

《历代名画记》载张僧繇善画佛寺:"武帝崇饰佛寺,多命僧繇画之。时诸王在外,武帝思之,遣僧繇乘传写貌,对之如面也。江陵天皇寺,明帝置,内有柏堂,僧繇画卢舍那佛像及仲尼十哲,帝怪问释门内如何画孔圣。僧繇曰:'后当赖此耳。'及后周灭佛法,焚天下寺塔,独以此殿有宣尼像,乃不令毁拆。"[②]《历代名画记》另载其画作有:"《清溪宫水怪图》《吴主格虎图》《维摩诘像》《横泉斗龙图》《昆明二龙图》《行道天王图》《汉代射蛟图》《杂人马兵刀图》《朱异像》《羊鸦仁跃马图》《摩衲仙人图》《梁北郊图》《梁武帝像》《梁宫人射雉图》《定光佛像》《醉僧图》《田舍舞图》《咏梅图》。"[③]张僧繇的画作虽不局限于人物画,但是与顾、陆比较,他的人物画却仍然有其独创性。

---

① 张彦远.历代名画记[M].秦仲文,黄苗子,点校.北京:人民美术出版社,1963:149-150.
② 张彦远.历代名画记[M].秦仲文,黄苗子,点校.北京:人民美术出版社,1963:148.
③ 张彦远.历代名画记[M].秦仲文,黄苗子,点校.北京:人民美术出版社,1963:150.

其次,"张得其肉"风格产生原因及其特点。张僧繇所处的齐梁时期,社会审美风尚有了一些新的变化。社会上层不再倾心于清谈玄思,开始追求感性的美,追求声色形貌艳丽绮靡。正如梁武帝萧衍《净业赋》云:"怀贪心而不厌,纵内意而自骋,目随色而变易,眼逐貌而转移。观五色之玄黄,玩七宝之陆离。著华丽之窈窕,耽冶容之逶迤。在寝兴而不舍,亦日夜而忘疲……美目清扬,巧笑蛾眉。细腰纤手,弱骨丰肌。附身芳洁,触体如脂。狂心迷惑,倒想自欺。"①《南史》也如是记载:"凡百户之乡,有市之邑,歌谣舞蹈,触处成群……都邑之盛,士女昌逸,歌声舞节,袨服华妆,桃花绿水之间,秋月春风之下,无往非适。"②魏晋士人追求的超然物外的玄远之境已经彻底被齐梁新兴贵族阶层改写了,他们追求的是物质的、世俗的、感性的享乐体验。绘画的审美蕲向在此背景下发生了改变。

在这种审美氛围的影响下,张僧繇的人物画一改以陆探微为代表的秀骨清像为面短而艳的画风,也开启了唐代人物画的先河。张僧繇所谓人物面部丰润饱满,色彩艳丽。张僧繇运用天竺凹凸画法,以艳丽的色彩晕染出立体的效果。这种用阴影突出主体的画法在当时的中国是非常新鲜的,所以世人觉得非常奇异。唐代许嵩《建康实录》就详细记载了张僧繇采用凹凸法所绘的凹凸寺:"置一乘寺,西北去县六里,邵陵王纶造,在丹杨县之左,隔邸,旧开东门,门对寺。梁末贼起,遂延烧至,陈尚书令江总舍书堂于寺,今之堂是也。寺门遍画凹凸花,代称张僧繇手迹。其花乃天竺遗法,朱及青绿所成,远望眼晕如凹凸,就视即平,世咸异之,乃名凹凸寺。"③

再次,"笔不周而意周"的疏体画风。张彦远在论画时如是说:"若知画有疏密二体,方可议乎画。"张僧繇笔下的人物画具有面短而艳的特点,其画用笔也有自己的风格:"张吴之妙,笔才一二,像已应焉。离披点画,时见缺落,此虽笔不周而意周也。"④这就是简易标美的疏体画风。《历代名画记》记载:"张僧繇点、曳、斫、拂,依卫夫人《笔阵图》,一点一画,别是一巧。钩戟利剑森森然。"⑤张僧繇依据卫夫人《笔阵图》,将书法笔法用入绘画,形成"别是一巧"的艺术特色。《礼记·乐记·乐论》主张"大乐必易,大礼必简"⑥;老子《道德经》也主张"少则得,多则惑"⑦。张僧繇的疏体画法正契合了中国儒道两家的崇尚简约之美的精神。

以上论述的张僧繇绘画的艺术特点,可以从后人的摹本中清晰可见。传为张僧繇所作的组画《五星二十八宿神形图》(图10.8),当为后世摹本。用笔流畅,着色丰富,人物的特征面短而艳。左图所画人物方脸玉面,弯眉狭眼,大耳。面色温善,右手握长枪,左跨带红柄巨剑,右挎弓囊,豹皮靴。右图人物肥胖,圆脸长耳,斜眉利眼,右手执握三尺长剑,端坐于鳌鳖之上。鳌鳖小龙头,巨龟身,四爪如龙爪,一脸蛮横霸气。张僧繇的原作现已不存,但南北朝晚期的一些壁画和雕塑,依然可以体现张僧繇的画风。克孜尔石窟和莫高窟早期除供养人外,其余都用凹凸法,在轮廓及眼眶等凹处用朱色作圆圈层层叠染,然后在眼睛和鼻梁等凸起处刷白粉,使凹凸对比更为鲜明。

---

① 严可均. 全梁文:卷一[M]. 北京:商务印书馆,1999:6.
② 李延寿. 南史:卷七十[M]. 北京:中华书局,1975:1696-1697.
③ 许嵩. 建康实录:卷十七[M]. 张忱石,点校. 北京:中华书局,1986:686.
④ 张彦远. 历代名画记[M]. 秦仲文,黄苗子,点校. 北京:人民美术出版社,1963:25.
⑤ 张彦远. 历代名画记[M]. 秦仲文,黄苗子,点校. 北京:人民美术出版社,1963:23-25.
⑥ 郑玄,注;孔颖达,正义. 礼记正义[M]//阮元. 十三经注疏. 北京:中华书局,1980:1527.
⑦ 陈鼓应. 老子注译及评介[M]. 北京:中华书局,1984:154.

图 10.8 《五星二十八宿神形图》局部

至此,可以概括出魏晋南北朝人物画的内在发展轨迹:三国曹不兴作为佛画之祖,其绘画"连五十尺绢画一像,心敏手运,须臾立成。头、面、手、足、胸、臆、肩、背,无遗失尺度"①。西晋卫协,师于曹不兴,"六法颇为兼善,虽不备该形似,而妙有气韵,凌跨群雄,旷代绝笔"②。"巧密于情思",绘画自卫协始精。东晋顾恺之,师于卫协,其"传写形势,莫不妙绝"③,人物画讲究传神写照,不空其实对,对于绘画的评鉴讲究一个"骨"字。南朝刘宋陆探微,师于顾恺之,其人物画表现为"秀骨清像,似觉生动,令人懔懔,若对神明"④,从人物画实践上贯彻了顾恺之赏画的"骨"字标准。南朝梁时张僧繇人物画"面短而艳",充分体现了"张得其肉"的特点。北朝曹仲达,"曹师于袁,冰寒于水",而"袁师于陆"⑤。其人物画的特点是"曹衣出水",北朝另一位代表画家杨子华,"祖述顾、陆、僧繇",其人物画"曲尽其妙,简易标美"⑥,前承魏晋,后启隋唐。因此,魏晋南北朝人物画的发展可谓一脉相承,各有特点。需要指出的是,各阶段的人物画审美风尚都深受当时的社会审美风尚影响。

四、神思方运中的"畅神"说

最后一点,补充说明魏晋南北朝山水画艺术自觉的审美信息。从史料记载看,山水画理论虽然产生于东晋以后,但是山水画创作在此之前。张彦远《历代名画记》记载了数十件山水题材绘画作品名称,以及"吴王赵夫人曾写江湖九州山岳之势""萧贲尝于扇上画山水"等。据裴孝源《贞观公私画史》,陆探微曾绘有《五岳真形图》,陆绥曾绘有《秦始皇东游图》等。由此可知,当时纯粹的山水画已经勃兴,进一步梳理,可分为三类:

第一类,以自然山水为审美表现对象,如曹髦《黄河流势图》、顾恺之《庐山会图》《水府图》、谢稚《秋兴图》、夏侯瞻《倭山图》、戴逵《吴中溪山邑居图》、戴勃《九州名山图》、谢约《大山图》《风云水月图》、张僧繇《梁北郊图》、江僧宝《临轩图》等。举凡名山大川、风云水月、邑园小景、物候变化无不进入画家的审美视野之中,或表现恢弘辽阔之美,或表现细微局部之

---

① 张彦远. 历代名画记[M]. 秦仲文,黄苗子,点校. 北京:人民美术出版社,1963:113.
② 张彦远. 历代名画记[M]. 秦仲文,黄苗子,点校. 北京:人民美术出版社,1963:109.
③ 张彦远. 历代名画记[M]. 秦仲文,黄苗子,点校. 北京:人民美术出版社,1963:112.
④ 张彦远. 历代名画记[M]. 秦仲文,黄苗子,点校. 北京:人民美术出版社,1963:127-128.
⑤ 张彦远. 历代名画记[M]. 秦仲文,黄苗子,点校. 北京:人民美术出版社,1963:157.
⑥ 张彦远. 历代名画记[M]. 秦仲文,黄苗子,点校. 北京:人民美术出版社,1963:156.

美,引入无限遐思,流连忘返。

第二类,以民间民俗作为审美表现对象,如王廙《村社斋》屏风、顾恺之《荡舟图》、史道硕《田家十月图》、张僧繇《田舍舞图》、顾宝光《越中风俗图》、宗炳《永嘉邑屋图》、刘瑱《吴中行舟图》、董伯仁《弘农田家图》等。举凡民俗、民居、民情皆入画中,田家之乐、淳朴民风无不毕现,或如清风徐来,或如熙熙而游,惬意适性,浸透着朴质自然之美。

第三类,以皇家园林或帝王政治活动为审美表现对象,如司马绍《游清池图》、卫协《上林苑图》、谢稚《秦王游海图》《狩河阳图》、章继伯《籍田图》、张季和《游清池图》、展子虔《杂宫苑南郊》《北齐后主幸晋阳图》、郑法士《北齐畋游像》《并游春苑图》、萧绎《游春苑》《鹳鹤弄阪泽图》、董伯仁《周明帝畋游图》《杂画台阁样》、杨契丹《幸洛阳图》等。帝王或巡守临幸天下,或逍遥皇家园林,或田猎弋射之娱,皆入画家笔下,可以想象其庄严、声威、气势、奢华、富贵、精美,必然浸透着堂皇富丽之美。必须说明的是,这一类山水画,有的直接来源现实生活,而有相当部分可能来自史籍或是诗文,如杨修《西京图》、卫协《上林苑图》与《两京赋》《上林赋》或许有关;谢稚《秦王游海图》《狩河阳图》、王廙《吴楚放牧图》大约也源自史籍。

前文列举的山水画作品,均无遗存。台北故宫博物院藏有一幅张僧繇的《雪山红树图》,此图虽然确是采用张僧繇的无骨法所作,但技法、布局、比例都比较成熟,不似六朝山水画。因此,搁置不论。魏晋南北朝山水画既已无存,欲研究这一时期的山水画作品只能另辟蹊径。经细揣,顾恺之《洛神赋图》(摹本)、《女史箴图》(摹本)和敦煌莫高窟的佛教壁画《鹿王本生图》以及已发掘的墓室画(元谧石棺线刻画像)里存在山水画的成分。当然,山水是作为人物活动的背景而存在,地位和顾恺之《画云台山记》中的山水相同,共同表现出张彦远所云魏晋南北朝山水画的特点:"其画山水,则群峰之势,若钿饰犀栉。或水不容泛,或人大于山,率皆附以树石,映带其地。列植之状,则若伸臂布指。"①由此可见,此时的山水画创作依然处于粗糙附庸阶段。进而比较顾恺之《洛神赋图》《女史箴图》和《鹿王本生图》及元谧石棺线刻画像(图10.9),就会发现顾恺之两幅画和其他两幅画在山水的处理上存在着明显的不同。前者无论是线条还是色彩,都让人感觉非常柔和,充满着雅趣,而后者的山水则具有很强的装饰意味,山石、树木间接地起到场景的隔离作用。这或是文人画和民间画匠之作的不同之处。

魏晋南北朝的山水画论相对来说还是比较系统的,以顾恺之《画云台山记》、宗炳《画山水序》、王微《叙画》为代表。《山水松石格》传为梁元帝萧绎的作品,惜没有确切的文献材料支撑证明,所以搁置不论。

顾恺之《画云台山记》主要详述如何绘制张道陵于云台山试弟子之事,本质上是人物画。而全文对于人物的布局安排却占很少的篇幅,绝大篇幅都在于详细介绍如何表现云台山的三个部分。"凡三段山,画之虽长,当使画甚促,不尔不称。鸟兽中时有用之者,可定其仪而用之。下为涧,物景皆倒。作清气,带山下三分倨一以上,使耿然成二重。"②峰谷相间,色彩对比,植物和祥瑞之物的点缀,总体上对于比例的把握,画面上部的天空表现,画面下部山涧清流的倒影表现都做了细密的安排,一幅构思巧妙的山水画让人觉得如在眼前。正因为这篇画论本质上为人物画,山水是作为人物画的背景存在的,所以,学界一般认为这只是山水画论的初级作品。

---

① 张彦远. 历代名画记[M]. 秦仲文,黄苗子,点校. 北京:人民美术出版社,1963:15-16.
② 张彦远. 历代名画记[M]. 秦仲文,黄苗子,点校. 北京:人民美术出版社,1963:118.

图 10.9　元谧石棺右帮线刻画像（局部）
（现藏美国明尼阿波利斯美术馆）

宗炳《画山水序》比顾恺之《画云台山记》有明显的进步，宗炳笔下的山水画不再是人物画的背景，而是纯粹意义上的山水画。更突出的是，宗炳笔下的山水画不再是即目所视的山水的复制，而是融入了画家的情思和感应的神超理得之作。道成为贯穿整篇画论的主线，"山水，质有而趣灵"，道即存在于充满灵性的山水之中，以画家之情去感应它，再通过"以形写形，以色貌色"，将"神本无端，理入影迹"的山水之神表现出来，那么"嵩华之秀，玄牝之灵，皆可得之于一图矣"，这和顾恺之的"以形写神"人物画论有着异曲同工之妙。宗炳还指出创作山水画的目的是"畅神而已"。当然，这一切还要有最基本的绘画技能做基础，如绘画色彩和透视方法，"竖划三寸，当千仞之高；横墨数尺，体百里之迥"。①

"古人之作画也，非以案城域、辩方州、标镇阜、划浸流"，王微在《叙画》中首先将山水画界定为不同于地形图的一种"本乎形者融，灵而动者变心"的绘画门类。在王微看来，山水画是画家笔下的写意之作，"以一管之笔，拟太虚之体，以判躯之状，画寸眸之明。"既要注意画面的纵横变化，又要注意宫观舟车、犬马禽鱼的点缀，让画面变得丰富生动。"望秋云，神飞扬；临春风，思浩荡。虽有金石之乐，珪璋之琛，岂能仿佛之哉。"王微进一步发挥了宗炳的山水画之"畅神"功能，观画让人神思荡漾，这是"金石之乐，珪璋之琛"②无法实现的。正如徐复观评《叙画》："第一是把山水画完全从实用中摆脱出来，使其具有独立的艺术性……第二，他明显地指出了人的所以爱好山水，因而加以绘画，乃是因为在山水中可以'神飞扬''思浩荡'的精神解放。这是山水画得以出现的最基本的条件。第三，他和宗炳一样，所以能在山水中得到精神的解放，是因为在山水之形中能看出山水之灵。"③

思考题

1. 从媒介学角度思考魏晋南北朝时期艺术自觉的问题。
2. 结合魏晋南北朝人物画、山水画理论，进一步思考艺术自觉的表现内容。
3. 简析魏晋南北朝绘画艺术的传播。

---

① 张彦远. 历代名画记[M]. 秦仲文, 黄苗子, 点校. 北京: 人民美术出版社, 1963: 130-131.
② 张彦远. 历代名画记[M]. 秦仲文, 黄苗子, 点校. 北京: 人民美术出版社, 1963: 133.
③ 徐复观. 中国艺术精神[M]. 上海: 华东师范大学出版社, 2001: 147.

第十一讲　人的觉醒：文艺复兴时期绘画的人文呈现

文艺复兴是指 13 世纪末发源于意大利佛罗伦萨，后扩展到西欧各国，于 16 世纪在欧洲盛行的一场思想文化运动，带来一段科学与艺术革命时期，揭开了近代欧洲历史的序幕，被认为其是中古时代和近代的分界，马克思主义史学家认为是封建主义时代和资本主义时代的分界。当时的情况是在意大利商业发达的城市，新兴的资产阶级中的一些先进的知识分子借助研究古希腊、古罗马艺术文化，通过文艺创作，宣传人文精神。选择西方文艺复兴时期来谈绘画艺术（准确地说，是造型艺术，因为有少量的雕塑），乃是因为文艺复兴是在中世纪的宗教桎梏之下，实现了对于人性的唤醒，由宗教中的禁欲转为对人的正常情欲的认可。此时期诗歌、绘画、雕塑、音乐等艺术形式得到飞跃式发展，尤其是被并称为文艺复兴"三杰"的达·芬奇、米开朗基罗、拉斐尔在造型艺术方面成就卓著。他们的绘画作品也多是人物画，表现的多是现实中的人物，由身边人物到拿自己作模特，除了画别人的肖像，也会画少量的自画像。即使是以宗教故事为绘画或雕塑题材，也多以血肉丰满的现实人物的神态来表现宗教中的神祇。

第一节　媒介环境变化对意大利文艺兴盛的影响

文艺复兴是基于一定的条件准备之下发生的，"西方文化背景是指一个不断在反叛自己的历史，它的早期是古希腊文明和罗马文明，后来是中世纪，中世纪是与古希腊、古罗马完全没有关系的一个艺术年代。文艺复兴时期通过考古发现了古罗马、古希腊的一条艺术线脉，于是为了反宗教开始强调'人性'，通过复兴古希腊、古罗马表达出对于'人性'的尊重和肯定。中世纪的神从神坛上走了下来，然后就有了文艺复兴。"[①]

"媒介环境学主张泛媒介论和泛环境论。媒介环境学所谓环境分为三个层次：符号环境、感知环境和社会环境，所谓社会环境就是多重媒介的环境。"在麦克卢汉看来，"文明史就是传播史，就是媒介演进史"。[②] 在文艺复兴发生之前，意大利的媒介环境发生了巨大变化。中世纪的欧洲，使用的纸张多是羊皮纸，原材料多是羊皮，少量使用的是牛皮。这些纸张造价昂贵，这也决定了它的普及度极低。只有上流社会的贵族，尤其是掌控权力的宗教界人士有条件使用。中国的造纸术由阿拉伯人传入葡萄牙，到了 13 世纪，用中国造纸技术造出的

---

① 栗宪庭,朱朱,李恺.对话：栗宪庭 VS 朱朱：从地下走向聚光灯下的中国当代艺术[J].中华儿女（海外版）：书画名家,2014(3):41.

② 何道宽.媒介环境学辨析[J].国际新闻界,2007(1):47.

纸张已经取代了欧洲的羊皮纸。从此，廉价耐用的纸张不再是贵族的专利品，变成了社会的普及品。这些变化给意大利的社会、政治、思想、文化带来了一定的影响和变化，这也为随之而来的文艺复兴提供了宝贵的有利条件。

同时，中国的活字印刷术也深刻地影响着西方的印刷技术。对于印刷术发明的问题，西班牙人门多萨在《中华大帝国史》中承认存在分歧："一般认为印刷术的发明始于1458年的欧洲，发明者是一个叫作谷登堡的德国人"，"但中国人却肯定地认为第一部印刷机出自他们的国家，他们对发明者像圣人一样的崇敬。他们说印刷术使用多年以后，印刷术通过俄罗斯和莫斯科公国传到德国。他们还说，一些中国商人通过陆路经过红海和阿拉伯福地把很多书籍带到德国，谷登堡见到，从中受到启发，也制造了印刷机，于是历史把印刷术的发明归功于谷登堡。但中国人坚信并证实印刷术是他们发明的。"他紧接着陈述自己的看法，"中国人所说的，一点不假，千真万确。很清楚，印刷术是外来的，是从中国传给我们的。"①活字印刷术和西式拼音文字有着天然的利好关系，将字母字模按照字、词、句、篇的既定顺序有机排列，即可顺利完成印刷。

造纸术和印刷术的传入，为书籍的印刷带来了极大的便利，使得书籍得以惠及社会的各阶层。这也为科学的启蒙和教育的发展创造了有利的条件，当然也深刻影响了当时的艺术创作，无论是文学创作还是绘画创作，都深受造纸术和印刷术的影响。"欧洲文艺复兴初期四种伟大发明的传入流播，对现代世界的形成，曾起重大的作用：造纸和印刷术，替宗教改革开了先路，并使推广民众教育成为可能"。②当然，文字和纸张这些和文化直接关联着的媒介发生的巨变，必然带动着社会的一系列变化，这也为意大利文艺复兴的发生提供了巨大的可能。造纸术和印刷术的西传，使得欧洲的文字传播从手抄文字传播转变为印刷文字传播。文艺复兴早期，印刷技术的最直接实践就是印刷《圣经》。《圣经》的大批量印刷，改变了过去《圣经》一本难求的状况，也推动了当时的宗教改革。"随着印刷文字传媒的内容从宗教文件扩大到自然科学、哲学、文学和艺术领域，长期被垄断的知识得到迅速而广泛的传播，成为文字传媒向社会下层转移的契机。而思想革命和文化普及，创造了具有新思想、新知识、新技术以及新目标的一代新人，他们必然要求并创造出一个新时代，创造出一个新的政治、经济、社会和文化制度。"③在一定程度上，"中国的造纸术和印刷术促进了文艺复兴运动的兴起和发展。印刷术变成新教的工具，变成科学复兴的有效手段，变成为精神发展创造的杠杆。"④

一、对社会政治、商业的影响

从地理环境来看，虽然意大利在中世纪还不是一个统一的国家，北部为神圣罗马帝国控制，南部相继被德国、法国、西班牙等国占领，中部为教皇的统治区，长期处于四分五裂的状态。但随着12、13世纪十字军的远征，疏通了地中海地区的贸易通道，意大利扼地理之要，这里便处于东西方贸易的枢纽地带，已经出现资本主义萌芽。到14世纪初，作为东西方贸易中间人的意大利逐渐繁荣起来，城市兴起较欧洲其他国家早和快。资本主义经济的发展

---

① 胡安·冈萨雷斯·德·门多萨.中华大帝国史[M].孙家堃,译.北京:中央编译出版社,2009:90-91.
② 卡特.中国印刷术的发明和它的西传[M].吴泽炎,译.北京:商务印书馆,1957:10.
③ 孙宝国.18世纪以前欧洲文字传播与社会发展研究[D].长春:东北师范大学,2005:51-52.
④ 吉少甫.中国古代造纸术和印刷术的西传[J].出版发行研究,1990(2):62.

开始从制度、传统、道德、文化多种层面打破旧的封建桎梏。14世纪,佛罗伦萨、威尼斯、热那亚、米兰等城市的资本主义工商业已初具规模,资产阶级经过激烈艰苦的斗争逐步摆脱了封建主的控制,建立了新型的城邦国家,为文艺复兴奠定了政治基础和社会基础。城市商业阶层为了商业目的,要求发展科学,改进生产技术,要求社会文明和社会进步,为此,他们提出了反对神学、提倡科学、反对神治、提倡人治等主张,从而为文艺复兴奠定了思想基础。

二、对人的价值观影响

近千年中世纪的封建统治禁锢了人的情感、欲望。14世纪的意大利依托便利的交通先于欧洲其他国家处于城市林立的状态,各城市都是一个个人口5万、10万、20万独立或半独立的国家,统治者的权力靠暴力夺取,也靠暴力保持。工商业的巨大成就、地理大发现及环球航行的成功,使曾经被禁锢的人们认识到了人类的智慧、才能和无穷的潜力。神学观念被瓦解,积极的世俗生活和现实的人类本身成为关注的中心,"人是伟大的奇迹""人们能够完成他们想做的一切事情"。人文主义之父彼得拉克更是自豪地宣称:"我不想变成上帝,或者居住在永恒中,或者把天地抱在怀中。属于人的那种光荣,对我就足够了。"[①]这一时期的城市统治者,在暴力夺得政权以后,耽于享乐,希望摆脱宗教禁欲主义的束缚。贵族阶层希望通过艺术表现自己的财富和品位,因此,他们多与艺术家往来,并赞助专属的艺术家。对于受雇于自己的艺术家,艺术表现的主题当然得听信于雇主。这时,宗教主题不再是艺术的唯一主题,现实的世俗生活也成为艺术描绘的主题,于是写实的肖像画盛行。

三、对社会文化的影响

古希腊文化是奴隶主民主政治全盛时期的产物,罗马文化则是希腊文明的直接后继者。由于民主政治、共和制度提供了较多的学术自由,古希腊罗马文化蕴含了较多的科学性、民主性、理性主义。14~15世纪,随着君士坦丁堡被土耳其攻陷,许多拜占庭学者流亡意大利,他们带来了希腊的文献著作,在意大利讲授希腊文,使得希腊文化得以在意大利流传并深受文人学者们的关注,在某种程度上,使得希腊文化再次复活。正如恩格斯所说:"拜占庭灭亡时抢救出来的手抄本,罗马废墟中发掘出来的古典古代雕像,在惊讶的西方面前展示了一个新世界——希腊的古代;在它的光辉的形象面前,中世纪的幽灵消逝了;意大利出现了前所未有的艺术繁荣,这种艺术繁荣好像是古典古代的反照,以后就再也不曾达到过。"[②]

意大利文艺复兴时期的艺术家们提出要重新恢复古希腊罗马时代的传统,仍然把对人性的歌颂和对人体的赞美当作艺术描述的主线。在内容上,表现为对人生和自然的肯定、对中世纪禁欲主义的反对;在形式与技巧上,则立足于对自然的研究,发展起透视学、明暗造型法等技法原理的系统探索,总结自希腊以来的传统经验,在致力于对人和自然的描绘中,反对被神权支配的基督教神秘主义世界观。[③]

[①] 彼得拉克.秘密[M]//宋希仁.西方伦理思想史.北京:中国人民大学出版社,2010:149.
[②] 中共中央编译局.马克思恩格斯选集:第1卷[M].北京:人民出版社,1972:51.
[③] 陈暾.意大利文艺复兴巨人辈出的土壤和条件[J].西南民族大学学报:人文社科版,2006(11):196-198. 潘攀.传承与蜕变:从意大利文艺复兴时期绘画看艺术传统的重构[J].美术大观,2009(10):50-51.

第二节 "文艺复兴三杰"造型艺术中的人文呈现

文艺复兴时期宣传人文精神的文艺创作可谓灿烂辉煌。这里主要介绍三位在造型艺术领域成就卓著的代表性人物：达·芬奇、米开朗基罗、拉斐尔。这三位艺术家也被称为"文艺复兴三杰"。这一时期造型艺术的题材已经从纯粹的宗教题材发展为宗教题材和现实题材。基督教中的神祇基督、圣母仍然是非常重要的表现对象，但也有了为现实中的人物绘制肖像，包括为他人画像和为自己画像。

一、用人的精气神表现宗教神祇：宗教造型艺术

在刚刚用力摆脱了中世纪宗教的桎梏之后，文艺复兴时期的大量绘画依然是以宗教内容为题材，但这些宗教画中的神祇具有了血肉丰满的人的精气神。

首先来看达·芬奇的宗教画。列奥纳多·达·芬奇出生于佛罗伦萨附近的芬奇镇，14岁时随其父来到佛罗伦萨，进入名师维罗齐奥的艺馆学习雕刻和绘画，后来青出于蓝而胜于蓝，在许多方面都超过了老师。达·芬奇具有多方面的才能，他不仅是大画家，而且是雕刻家、建筑家、数学家、力学家、工程师，并擅长音乐。他是一位写实主义的大师，经常从现实生活中吸取素材。为了提高造型艺术，他精研过人体解剖学，作过无数的写生和素描。因此，他擅长通过艺术形象表达人物内心深处的活动，所画的人像总是那样惟妙惟肖、栩栩如生。

以达·芬奇两幅《岩间圣母》为例，一幅现藏于巴黎卢浮宫，一幅现藏于英国国家画廊。两幅构图模式和人物造型非常相似，两幅图中的圣母都居于图画的中央，一只手慈爱地揽着小约翰的肩膀，另一只手护着儿子耶稣。坐在小耶稣身边的大天使微笑地看着两个孩子。约翰在祈祷，耶稣在为约翰祝福。不同的是：第二幅图去掉了第一幅图中大天使右手指着小约翰的动作，给约翰增加了一支十字杖，便于区分两个婴儿。两幅画中的大天使衣服的颜色也不同。画面都表现了一种动人的人性美，圣母和人间的母亲一样温柔地守护着孩子，体现着同普通人一样的人伦情感。其中，藏于英国国家画廊的这幅画，在画面的右侧，在耶稣的头顶增加了发出嫩芽的植株，还有类似荆棘的植物。"绘画和经文相映衬，表达出从干涸的岩石缝中生长出来的新芽的强大生命力。嫩芽旁边的荆棘树象征着基督的痛苦，成年后的耶稣在罗马比拉多的法庭上接受审判，荆棘与耶稣上十字架时的苦难连接起来。"[①]

又如，《最后的晚餐》取材于《圣经·新约》中关于耶稣被叛徒犹大出卖的故事，是画在米兰城的圣玛利亚教堂斋室里的一幅壁画。耶稣和他的十二门徒到耶路撒冷过逾越节。知道自己即将被捕的耶稣，在最后一次晚餐时，和他的门徒们说："你们中有一个人要出卖我了。"犹大问："是我吗？"耶稣说："你说的。"坐在餐桌前的十二门徒惊讶不已。达·芬奇的这幅画就表现这一骚动的场面，可贵的是画面表现了每一个人的不同神态和动作。

耶稣作为故事的主要人物，被置于画面的正中，也是十二门徒的正中间。他两手摊在桌

[①] 金基富.浅谈达·芬奇《岩间圣母》：针对英国国家画廊和法国卢浮宫博物馆收藏版的比较分析[J].艺苑，2018(3)：73.

面上,显得异常平静。透过他身后的窗子,外面是湛蓝的天空,天空犹如一只光轮环绕在耶稣的头上。出卖耶稣的犹大听到耶稣的话,显得异常惊恐。身体倚靠在身后的彼得身上,给人一种想要逃离耶稣身边的感觉,但贪婪的他右手还紧紧地攥着出卖耶稣而获得的那袋银币。其他各位门徒或者目光关切地望向耶稣,希望获得答案;或者三三两两私下讨论,谁是出卖耶稣的叛徒。"通过这幅画,达·芬奇用他那无与伦比的艺术构思,歌颂了正义,鞭挞了邪恶。除了符合宗教经典的内容之外,画作充分表现了复杂的人性,将每一个人的内心世界刻画得细致入微。据说,画中犹大的原型是圣玛利亚感恩教堂修道院院长,因为他总是催促达·芬奇'尽快完成这项工作',并向公爵抱怨这个艺术家如何拖延时间。"[1]

其次来看米开朗基罗的宗教造型艺术。米开朗基罗出身于佛罗伦萨附近卡普里斯镇一个没落的小贵族家庭。早年曾师从名画家吉兰达伊奥,但因志趣不合,不久即离去。后来,他得到美第奇家族的赏识,有一个时期寄居在美第奇府邸的古物收藏所里,研究古代的雕刻,得益甚多。和达·芬奇一样,米开朗基罗也是位艺术上的多面手,几乎无一不能,无一不精。他是雕刻家、画家、建筑家、工程师、诗人,并精于解剖学和生理学。他在政治上也有进步倾向,曾热情拥护萨伏那洛拉所宣传的社会改革。

《基督一家》是为了庆祝米开朗基罗的赞助人的第一个儿子诞生而绘制的。虽然是传统题材,主要是描绘圣母、圣约瑟和圣婴耶稣。因为它庆祝孩子诞生的现实意义,所以虽表现的是宗教题材,但是仍能让人感受到家庭成员间浓浓的亲情。在一片碧绿的草地上坐着耶稣一家,约瑟、玛利亚专注于圣婴,玛利亚扭转身体,要从约瑟的手中接过他们的孩子耶稣。画家专注于表现的是基督一家享受着的人伦之乐,这种意趣通过三个人物戏剧性的组合,得到了和谐的、世俗化的体现。圣家族就在一块草地上休憩,画面的背景有一群裸体的年轻人,他们的身材具有雕塑般的立体感,好像还有一个野外浴池。构图紧凑,主调和谐,给人以亲切之感。"那些裸体的年轻人代表的大概是要在约旦河中施洗的罪人,形态都具有雕塑感。圣约翰也将要给基督施洗。"[2]画面的右侧是施洗约翰,他抬头望向天空,仿佛仰望等待那施洗的神圣时刻的到来。

《大卫》是米开朗基罗早期作品的典范之作。在米开朗基罗之前,用于制作大卫的这块石头,被人从一个采石场费了九牛二虎之力运到佛罗伦萨大教堂的院子里。这个采石场就是位于托斯卡纳区北部的阿尔卑斯山下的一个小镇的卡卡拉采石场。1464年,阿格斯蒂诺接受委任,来制作一个大卫的雕像。由于不明原因,阿格斯蒂诺只对这块大理石进行一些粗加工,就停工了。十年之后,安东尼奥·利诺被任命继续这项工作。可是,随后不久,安东尼奥·利诺的工作也终止了。这块巨石就这样碍事地躺在大教堂的院子里,1500年大教堂工作室的存货清单上将这块石头描述为"一个叫作大卫的大理石雕像,仰卧着很挡路"。

为了让这块贵重的大理石能够焕发生机,1501年米开朗基罗接受了委任,继续完成这个"命题"雕塑。米开朗基罗没有沿用以前大卫像的模式,而是将歌利亚头颅踩在脚下的一幕,变成表现大卫准备迎接战斗、蓄势待发的状态。雕刻《大卫》像,米开朗基罗面对的首要任务是处理这块巨大的石头,巨石之大在当时实属罕见,即使雕刻成功还足有4米高。另外,这块石头已经被前人雕刻过,留下了痕迹,这是米开朗基罗面对的第二个困难。少年大卫击杀力大无穷的歌利亚,挽救了以色列。从此,少年大卫成了全国闻名的英雄,得到以色

---

[1] 丁宁. 西方美术史十五讲[M]. 北京:北京大学出版社,2016:135.
[2] 丁宁. 西方美术史十五讲[M]. 北京:北京大学出版社,2016:148.

列开国之君扫罗的赏识,并将女儿嫁给了他。米开朗基罗的《大卫》像就是表现大卫随时准备和歌利亚决战的样子,他的体魄强劲健美,肌肉紧张而饱满,面容俊美,左手握着肩上的投石器,右手自然下垂,似握着随时准备投出的石头。他的头微侧,眉头微锁,眼神坚毅,双目紧紧地凝视着敌人。米开朗基罗将大卫塑造成一位内在和外在都堪称完美的男子。"这件石像是西方美术史中非常引人注目和充满着势不可挡的力量的男性裸体雕像。不仅如此,《大卫》是文艺复兴人文主义思想的具体体现,让人们充分认识到了人在改造世界中的巨大力量。米开朗基罗在雕刻过程中注入了巨大的热情,塑造出来的不仅仅是一尊雕像,而是思想解放运动在艺术上得到表达的象征。作为一个时代雕塑艺术作品的最高境界,《大卫》将永远在艺术史中放射着不尽的人文光辉。"①

  罗马梵蒂冈西斯廷教堂的天顶画《创世纪》和祭坛后的壁画《最后的审判》是米开朗基罗一生最有代表性的两大巨制。从1508年的冬天到1512年的10月,米开朗基罗一个人在西斯廷教堂绘制《创世纪》,一向不太合群的米开朗基罗在偌大的教堂里,甚至连一个助手也没有。他设计、绘制了三百多张草图,在高高的架子上对着教堂的顶部绘画,因为时常要以仰着头的姿势作画,他的骨骼和视力都变得糟糕,即使不在绘画,他的头也是仰着的,这让年仅37岁的米开朗基罗看起来像位老人。他在诗中这样自嘲:

  我的胡须朝向天

  我的脑袋弯向肩……

  画笔上滴下的颜色

  给我脸上画满了图案……

  我的脸看不清道路,只能摸索向前……

  前身的皮肉拉长

  背后的皮肉缩短,

  像是弓绷上了弦

  天顶的中间部分是由《创世纪》中的9个场景组成,分别为《上帝区分光明与黑暗》《创造日月》《赐福大地》《创造亚当》《创造夏娃》《逐出伊甸园》《诺亚祝祭》《洪水》《诺亚醉酒》。每幅场景都围绕着巨大的、各种形态坐着的裸体青年,壁画的两侧是生动的女巫、预言者和奴隶,一共画了343个人物形象。

  《创造亚当》是《创世纪》中最动人的一幅。米开朗基罗选取了上帝赋予亚当灵魂的瞬间来表现这个故事。亚当倦怠地斜卧在一个山坡上,他的体格非常强壮,肌肉棱角分明,因为还没有被赋予灵魂,所以显得精神不振。他的右臂依在山坡上,右腿伸展,左腿自然地弯曲着。他的头无力地微俯,悲哀中透露着一丝渴望,左臂依在左膝上,左手努力伸向上帝。上帝飞腾而来,左臂围着几个小天使。他的目光关切地注视着亚当,他的手指即将触碰到亚当的手指,赋予亚当灵魂。当上帝和亚当的手指相触的刹那,亚当雄健的身躯就会迸发无穷的力量。"尽管上帝有着被力量充盈的强壮肌肉,并展现着一种强大力量和威严,但经过艺术家想象的转化,上帝的手姿却有着一种人格化的优雅。"②这幅作品表达了画家对人的赞美,也充分表现了他的人文主义理想。

  再次来看拉斐尔的宗教画。拉斐尔出生于意大利东部乌尔比诺城,父亲也是一位有成

---

① 贺万里.美术鉴赏新编[M].长沙:湖南美术出版社,2008:101.
② 戈斯波特·舒斯勒.米开朗基罗的《创造亚当》[J].马宁,译.中国美术,2016(4):152.

就的画家。他幼承家学,后来又师从名画家佩鲁吉诺,尽得其艺。1504年,拉斐尔来到佛罗伦萨,在这里得以观摩到达·芬奇、米开朗基罗诸位大师的作品,艺事更进。从1508年起,他受教皇之聘,为梵蒂冈宫绘制壁画并主持圣彼得大教堂的建筑工程,最后卒于罗马,年仅37岁。拉斐尔在其短促的一生中留下了丰富的艺术遗产。他融合当时意大利诸名家的特长,形成自己的风格,把绘画艺术提高到新的高峰,因此被誉为"画圣"。

拉斐尔所画的圣母像精美绝伦。他作有圣母像多幅,其中最著名的是那幅《西斯廷圣母像》。他所画的圣母、圣婴,完全是从现实生活中提炼出来的人物形象。也可以说,他是用圣母这个题材来表现人间的"母爱"。此外,拉斐尔的名画尚有《雅典学院》《辩论会》等。在这些作品中,他所画的古代学者表露出质疑问难、探讨真理的神态,这实际上是反映了当时人文主义者的精神面貌。

《西斯廷圣母》是拉斐尔受教皇尤里乌斯二世之约,为西斯廷教堂定制的教坛窗景画,现存于德累斯顿的古典大师博物馆内,表现的是圣母将献出自己的孩子用于拯救人世的宗教内涵。画面采用金字塔结构,窗幔缓缓拉开,年轻的圣母光着脚踩着朵朵白云,怀抱着圣子从天幕中间款款向祈祷的人们走来。风吹动着圣母的头巾和衣裙,也吹动着圣子卷曲的金发,圣母和圣子都注视着前方的人间。圣母的表情非常复杂,有即将献出孩子的不舍,也有已做出决定的坚持。她的左手托着圣子的小屁股,动作的体势指向献出,她的右手紧紧地搂在圣子的腋下,动作的体势指向不舍。她的两腿给人的感觉似向人间走来,又似站立原地。这是母亲的本能,但为了拯救人类,不得不牺牲自己的孩子,这是人性的光辉。倚在圣母怀中的圣子,全身赤裸,表情非常坦然。天幕在光的映衬下,浮现出许多小天使的面容,仿佛都在注视着这神圣的一幕。画面的左下方是尤里乌斯二世,他身披金色的圣袍,左手抚在胸口,右手指向人间,抬头望向圣母子,虔诚地恭迎圣母子驾临人间。画面的右下方是圣女渥瓦拉,她屈膝扭头望向人间,也在代表人们恭迎圣母子的到来。画面的下方,还趴着两个可爱的小天使,他们的眼睛望向圣母子,其中的一个小天使貌似在思考着什么。虽然整个画幅采用金字塔式构图,但人物的关系在画幅中构成一个闭合的圆形。圣母子—尤里乌斯二世—两个小天使—圣女渥瓦拉—圣母子,由这个闭合圆形的人物关系,可见此画特别突出为拯救人间,完成救赎使命的圣母子形象。

拉斐尔的圣母像堪称完美,这主要是因为他的绘制对象几乎都能在现实中寻找到真实的模特。正如画家自己所言:"为了创造一个完美的女性形象,我不得不观察许多美丽的妇女,然后选出那最美的一个作为我的模特……但由于选择模特是困难的。因此在创作时,我还不得不求助于我头脑中已形成的和我正在尽力搜求的理想美的形象,它是否就是那样完美,我不知道,但我正努力达到完美的程度。"①这幅《西斯廷圣母》中主要形象的模特也都生活在拉斐尔的身边。据说,圣母的原型是拉斐尔一生挚爱的唐纳·韦拉塔,她是一位面包师的女儿,"韦拉塔所获得的最大荣誉莫过于被拉斐尔选作《西斯廷圣母》的模特儿,这一佳作使画家与他的情侣得以与世长存"②。教皇的形象就是尤里乌斯二世本人。圣女的原型是教皇二世的侄女劳库莱茶·泰拉·劳拜拉。以现实中的人物作模特来绘制宗教题材,在当时确是艺术创新,也在一定程度上体现了文艺复兴时期的人文主义精神。

《西斯廷圣母》最初被作为西斯廷教堂的教坛窗景画绘制的,因此整幅画面就是一幅窗

---

① 高乔.拉斐尔[M]//邵大箴.外国美术名家传:上册.太原:山西人民出版社,1986:39-40.
② 陆家齐,苏音.拉斐尔的情侣与《西斯廷圣母》[J].世界文化,2007(2):18-19.

景,画面上方挽起的窗帘,暗示了窗子的存在。"窗子通过窗框而成为一个独立的显示区域,但它并不是将物封闭于其中,而恰恰是让他们开放出来,得以被照亮。窗子贯通它的两边,让到达者能够到达,让期待者可以期待。在西斯廷教堂之中,每当信众面对圣坛、望向这幅高2.56米、宽1.96米的圣坛画,几乎如真人大小的圣母玛利亚就怀抱耶稣圣婴从一个不知名的隐蔽之处到达窗口,出现在信众的面前,将耶稣赐给世人,信众祈祷的目光凝视着圣母和圣子,这种凝视是对耶稣的接纳。如同耶稣将自己变为无酵饼和葡萄酒赐给信众在弥撒中饮食一般,在这幅画中,在圣母圣子与信众的对视中,道成肉身的圣事以另一种方式得以发生,因此,'在画中、作为这幅画,上帝的道成肉身的显现发生,在圣坛之上作为圣餐变体的那种转变才作为弥撒献祭仪式的最本己之物发生。'"①从这个意义上说,在西斯廷教堂作为教坛窗景画的《西斯廷圣母》是在特定的语境之下被赋予特定的意义,但转移到其他地方,比如现在的德累斯顿的古典大师博物馆,它就变成了架上画,从而失去了这样的场合,也就失去了原本的宗教意义,而只变成了艺术品。参观者投去的不再是祈祷的目光而是审视的目光。

二、世俗情感的直接流露:他人模特的人物画

请著名的画家为自己或是自己的家人画像,对着现实中的人物模特,揣摩涂抹,呈现在画布上。这在中世纪的宗教桎梏下,是难以想象的事情。而这一现象在文艺复兴时期的上层社会却是非常时髦的做派。

《蒙娜丽莎》则是达·芬奇为现实社会中的人物所绘的肖像画。据说是贵族吉奥孔达请达·芬奇为其妻作的画像。达·芬奇为了让模特儿感觉舒心、自然,绘画时用亚麻布盖住窗户,营造晕柔的光线环境,甚至还有专门的音乐伴奏,在这样舒适享受的氛围里,模特的微笑自然流露。为了完成这幅杰作,达·芬奇足足花了四年时间。画完以后,视若珍宝,以未完工为由一直拒绝交付,并一直带在身边,直到生命的终点。《达·芬奇》传记作者乔尔乔·瓦萨里评价:"这幅肖像是艺术能在多大程度上模仿自然的典范,最灵巧的手能描绘出的一切细节,在这里都充分表现出来了。"②

画中的蒙娜丽莎端庄文静,嘴角的一丝微笑,表现出智慧和青春的活力。人像非常逼真,这是因为达·芬奇采用一种晕涂法,整幅画作没有死板的线条轮廓,只用色彩和阴影一层层地叠上去,所以看起来特别自然,观赏者会觉得好像有个真人在画中看着自己。更妙的是无论观者从画的哪个角度看画,都会感到蒙娜丽莎的眼睛正微笑着注视着自己。

《披纱巾的少女》的原型就是拉斐尔的情人唐纳·韦拉塔,她是拉斐尔挚爱一生的女子,在拉斐尔的画笔下她巧笑倩兮,美目盼兮,可以说是拉斐尔绘制的最理想的女性形象。银灰色调的衣裙和披着的面纱映衬着她白皙光洁的皮肤。华贵的衣裙皱褶刻画得细致入微,最美的当然是女子的脸庞,她那双像天鹅绒般闪光的眼睛含着笑,静静地看着你。她的右手也被表现得特别细腻,纤长的手指,轻轻地抚在胸口,仿佛有一些心事想对你倾诉。

---

① 苏宏斌,宋聪聪.面容作为艺术之本质:对海德格尔《关于〈西斯廷圣母〉》的阐释》[J].学术研究,2020(2):161-168.

② 乔尔乔·瓦萨里.意大利艺苑名人传:巨人的时代:上[M].刘耀春,毕玉,朱莉,译.武汉:湖北美术出版社,长江文艺出版社,2003:9.

三、对自我的清晰认识：自画像

自画像正是艺术家从自己的社会地位、内心情感、艺术追求等方面阐释自身观念的方式。达·芬奇的《自画像》是一幅素描作品，画幅约 33.3 厘米×21.3 厘米。据说画家作画的工具是一种红色粉笔，这幅画作于达·芬奇 60 岁左右，60 岁的达·芬奇应该不至于如此衰老，其刻意加深的皱纹是为了表现自己的睿智与倔强。这幅素描作品用笔非常流畅，有个性。通过这幅自画像，我们可以特别强烈地感受到晚年的画家充满智慧的目光。通过他每一根充满个性的发丝和胡须，坚挺的鼻梁和紧闭的双唇我们亦能感知到一位才智超群的老人的精神状态和他坚强不屈的性格与意志力。这幅素描作品现被保存在意大利的都灵图书馆内。

米开朗基罗其貌不扬，他对自己的相貌也不够自信，他的自画像出现的场合也非常低调，大多是隐藏式的。他几乎没有一幅真正的自画像。在西斯廷教堂壁画《最后的审判》中，人们惊讶地发现了米开朗基罗的自画像。在图中，圣巴塞洛缪提着他殉道时被剥掉的皮肤，在这个褶皱的皮肤里依稀可辨一个人的面孔，这就是米开朗基罗的自画像。这张面孔眉头紧皱，看起来有些冷酷，这和米开朗基罗倔强不合群的个性非常吻合。"借着令人寒颤的自画像，艺术家忏悔了自己的罪与渺小。那剧烈扭曲的脸与整体画面的人物造型再一次体现了米开朗基罗的创作寓紧张于平静之中的超凡技能，这种处理不独是一种艺术方法，而有其深刻的象征意义。从力量的相对与牵拉之中，米开朗基罗以令人难以忘怀的艺术手法表达了肉体与灵魂的争斗，这是人类痛苦的象征。"[1]

在米开朗基罗的雕塑中，也发现了这种隐藏式的米开朗基罗面孔。《翡冷翠圣殇》雕塑是米开朗基罗 78 岁时的作品，现存于米开朗基罗的家乡——翡冷翠圣母百花大教堂。雕塑采用金字塔式的构图方式。耶稣位于整个雕塑的中心，他身体瘫软。耶稣的右侧是抹大拉的玛利亚，用力托起耶稣的右腿。耶稣的左侧是圣母，她左手从耶稣的腋窝处，试图支撑起即将倒下的耶稣，圣母的面部表情雕刻并不精细，几乎看不到她的神情，但她用自己的额头顶着耶稣下垂的头部，仿佛想再一次感受圣子的温暖。耶稣的身后是尼哥底母，看起来他的身材高大，但面容苍老，他的左手扶着圣母的肩膀，右手托起耶稣的右臂。米开朗基罗按照自己的长相雕刻出尼哥底母的五官，他让自己的形象出现在这尊圣殇雕塑中，也是年迈的自己对于生命的重新审视。"圣母和世间所有普通的母亲一样，丧子之痛表露无遗。饱经沧桑的米开朗基罗，内心充斥着对生的疲惫、对死的恐惧和对重生的渴望，种种情感交织，化成凝固的呼吸，成就了《翡冷翠圣殇》。"[2]

这座表现圣殇主题的雕塑和米开朗基罗 23 岁时完成的《梵蒂冈圣殇》雕塑存在着一些不同，尤其是在精细程度上，《梵蒂冈圣殇》的每一个细节都精雕细刻，坚硬的大理石在米开朗基罗的刻刀下变得温润如玉，圣母的面部表情刻画得也非常细腻，头部微低，双目微闭，她的悲苦在静默中得以表现。圣母青春美丽，如少女一般。在圣母胸前的衣带上米开朗基罗刻下了自己的名字，这也成为他唯一签名的作品。而《翡冷翠圣殇》却将粗糙和精细相结合，前面的耶稣和抹大拉的玛利亚经过了精细地打磨，而耶稣身后的圣母和尼哥底母则比较粗

---

[1] 戚灵岭. 意大利文艺复兴自画像与绘画人文意识[J]. 美苑，2008(3):62-64.
[2] 任东升，刘兰馨. 艺术之美与神性之美：米开朗基罗四座"圣殇"雕塑鉴赏[J]. 世界文化，2019(7):22-24.

糙。即使不是所有细节精雕细刻,精心打磨,《翡冷翠圣殇》表现出的对生命的审视,对圣殇的扼腕之痛依然非常真切。在《翡冷翠圣殇》中,作者虽然没有签名,但他已经将自己的形象融入了这尊雕塑之中。

拉斐尔相貌俊美,人缘极好,在当时堪称万人迷。他效力的教皇尤里乌斯二世和他关系很好,随后的利奥十世也非常喜欢拉斐尔,特地赐给他一顶红衣主教的帽子。1506年,时年23岁拉斐尔创作了自画像。自画像里的拉斐尔年轻俊美的脸庞近乎完美,温婉而卷曲的头发,坚挺的鼻梁,弯弯的眉毛,微抿的双唇,微微上扬的嘴角。略显忧郁而深邃的目光望着你,似乎能走进观画者的内心,令人怦然心动。

《雅典学院》是拉斐尔创作的巨型壁画。拉斐尔通过这幅壁画再现了古希腊时期柏拉图兴办的雅典学院的盛况。以直通蓝天的拱门为背景,通过高超的透视法,将二维的画面呈现出三维空间的纵深感。他着力于画中的雕饰和细节,使得整个学院大厅给人唯美的庄重感。从画面中间往观者眼前走来的是柏拉图和他的弟子亚里士多德,二人边走边争论着什么,甚至还伴随着激烈的手势。这幅壁画里的人物众多,将古希腊以来的50多位重要的哲学家和思想家全部安排在一幅场景中,他们所处的时期虽然不同,但他们有一个共同点:对智慧和真理的追求和信仰。① 值得一提的是,画的右下角站立的白衣男子身旁戴黑帽的男子即为拉斐尔本人,他将自己画入这幅画里,既表示自己也参与了这场争论,又象征着艺术家也登入了智者的殿堂。"拉斐尔的艺术坚决地以真正的现实来做根据;拉斐尔的艺术体现了清晰的、人文主义的、关于美好完善世界的概念,体现了在文艺复兴时期形成的关于美丽与和谐的、崇高而乐观的理念。拉斐尔的艺术作品得到了他的同时代人普遍的赞许;拉斐尔的艺术作品是足以与米开朗基罗的艺术作品争一日之长的。"②

思考题

1. 简析文艺复兴"三杰"为人文主义的呈现做出了怎样的贡献。
2. 以一幅画为例,分析其中呈现的人文主义内涵。
3. 在艺术觉醒上,东方的魏晋南北朝和西方的文艺复兴时期有什么关联性?

---

① 关月.《雅典学院》:大佬的聚会[J].艺术品鉴,2020(16):132-139.
② 严摩罕.拉斐尔:续完[J].美术,1956(8):58.

第十二讲　多元一体：跨文化视域下当代艺术的发展

文化交流是各民族文明演进中不可忽视的动力源泉,正如马克思、恩格斯指出的,"各民族之间的相互关系取决于每一个民族的生产力、分工和内部交往的发展程度"[①]。伴随着改革开放的深入,中国艺术家接触了大量的西方艺术理论书籍和作品,受到西方艺术的影响,也进行了一些探索,留下了一些风格迥异的作品。当代中国艺术呈现元素、风格、主题多元的多元一体、和而不同的特色。

第一节　现实主义创作风格的画坛撷英

艺术上,现实主义关心现实和实际,强调对自然或当代生活做出准确的描绘和体现,摒弃空想性的想象,主张细密观察事物的外表,据实摹写。面对这些共性要求,各位艺术家有着个性化的探索。这里,从西方艺术对中国当代艺术家影响的角度,列举一二,以窥一斑。

一、现实直观的凝重美感:从米勒到陈丹青

在技法上,学界多认同米勒对于陈丹青具有一定的影响作用。"陈丹青在油画技法上的尝试主要是受法国19世纪现实主义画家米勒的影响,在色彩和笔触的运用上尽量朴实,那种浑厚的灰褐色几乎是画面上唯一的色彩,加上涂抹效果的笔触,使画面有一种凝重感。"[②]
1857年,法国画家米勒创作了足以代表其风格的油画《拾穗者》。它没有选择表现任何戏剧性的场面,只是真实地描绘了秋季麦子收割后,三位农妇在收割过的地里拣拾零星落下的麦穗的情景。三位弯腰捡拾麦穗的农妇出现在画面的前景中,她们穿着寻常的粗布衣衫和粗笨的鞋子,头上简单地包扎着头巾,腰间系着围裙。右侧正回转身子寻找着麦穗的农妇,将围裙翻过来在身后系了一个随意的疙瘩,之所以这样做,大概是为了将捡拾到的细小的麦粒随时放入围裙形成的布兜里。另两位正在弯腰捡拾麦穗,动作近乎统一,左侧的那位抓着麦穗的左手轻搭于后腰,中间的那位抓着麦穗的左手则居于左膝前。画面的背景是高高的麦垛和忙碌的人们,农场主骑在深色的骏马上指挥着这场麦收。只是这身后的一切嘈杂似乎与三位捡拾麦穗的农妇无关,她们只是深深地躬下身子,在地里寻找着零散的被落下的粮食。从她们粗重的着装,深俯的身躯,甚至可以感到一种宗教般的情感。弯着腰,低着

[①] 中共中央编译局.马克思恩格斯选集:第1卷[M].北京:人民出版社,1995:68.
[②] 易英.回望家园:乡土现实主义回顾[J].艺术·生活,2005(2):24-27.

头,似乎可以感受到生存的重压,在生存面前,人类虔诚地弯下腰,低下头。在田园牧歌般暖暖的黄色基调下,将人、大地、生存紧密地联系起来。朱理·卡斯塔奈里曾这样描述这幅画:"这幅油画,使人产生可怕的忧虑,它不像库尔贝的某些画那样,成为激昂的政治演说或者社会论文,它是一件艺术品,非常之美而单纯,独立于议论之外。主题非常动人精确;但画得那样坦率,使它高出于一般党派争论之上,从而无需撒谎,也无需使用夸张手法,就表现出了那真实而伟大的自然篇章,犹如荷马和维吉尔的诗篇。"①

  陈丹青七幅画幅不大的《西藏组画》有六幅完成于西藏。1979年中央美术学院油画系研究生陈丹青到西藏,在那儿半年的时间创作了其中的六幅画,回北京后又画了一幅《牧羊人》,然后将这七幅画命名为《西藏组画》,在中央美术学院陈列馆展出。"从画面上看,《西藏组画》确实是对现实的直观,但在这现实之中却有着震撼人心的力量,因为它向我们展示了从来不可能在艺术上表现的真实。"②粗犷沉默的康巴汉子、生涩羞怯的藏族姑娘,用最朴实最常见的生活中的藏民形象取代了宣传画中翻身农奴把歌唱的藏民形象。怀抱乳儿拽着丈夫长袖的妻子、磕着长头虔诚祈祷的人们,这些都给人一种直击人心的力量。特别是《牧羊人》,牧羊男子虽然仅见后背,但从裸露在外的壮硕的右肩,可以想见他身体的强健有力。牧羊男子俯下身亲吻他心爱的女子,被吻的女子既不年轻也不如花似玉,相反表情动作都比较僵硬,看似并不和谐,但这个女子是这七幅画中唯一露出笑脸的人。"这些'笨重'灵魂的美好爱情实在比公园里的恋人更打动我。"③这写生般的直接而果断地呈现,对当时的艺术观念是很大的冲击。

  有人认为艺术应该向人们展示生活中美好的一面,怎么能这样来表现生活的沉重、阴暗甚至迷信? 也有人质疑陈丹青的绘画模仿痕迹太浓。面对质疑,陈丹青回应:"我的敏锐只在直观和具体的事物中体现出来,在生活中我喜欢普通的细节,我内心充满往日在底层的种种印象,离开这些印象,我就缺乏想象。我偏爱这么几位画家:伦勃朗、柯罗、米勒、普拉斯托夫……我尽力模仿他们,并不觉得难为情。我面对西藏浑朴天然的人情风貌,很自然地选择了这些画家的油画语言。那种亲切与质朴,那种细腻的刻画,那种令人追恋的古风,我不能设想还有比这更合适的语言来传达我的感受。我知道这种追求在目前会显得背时,也知道难免会被人指为专事模仿,捡洋人的旧货。我顾不了那么多,艺术本来就无所谓新旧,何况史前期的艺术也为现代画家所借鉴利用。"易英高度评价陈丹青的这七张组画:"他只是画了他所见到的真实。一件作品在特定的历史语境中产生效力,并不依艺术家本人的意志为转移,人们正是从这组作品中看到了贫困与愚昧,而又有一种坚韧不拔的精神蕴藏在其中。"④

二、超级写实的敦厚美趣:从查克·克罗斯到罗中立

  20世纪60年代兴起于美国的超级写实主义,一个重要的特征是利用摄影成果作客观逼真的描绘。超级写实主义是对20世纪初抽象表现主义的反叛,它倡导艺术应该回到真实的生活中,表现为人在真实生活中的真实状态。因此它所刻画的对象多为都市生活,在改变

---

① 朱伯雄.外国美术名作欣赏[M].上海:上海人民出版社,1984:168.
② 易英.回望家园:乡土现实主义回顾[J].艺术·生活,2005(2):24-27.
③ 陈丹青.我的七张画[J].美术研究,1981(1):49-53.
④ 易英.回望家园:乡土现实主义回顾[J].艺术·生活,2005(2):24-27.

了正常尺寸之后,形成一种异常的效果。那是一种冷漠的形象,反映在城市生活中人与人之间没有人情味的冷淡关系。在耶鲁大学艺术系,走出不少著名的超写实主义绘画名家,克罗斯就是其中优秀的代表。

《约翰》是克罗斯用照相写实主义来表现的一幅巨画,它的尺寸为254 cm×228.6 cm,它的逼真程度较照片有过之而无不及。"这幅题名《约翰》的大型油画,深深地扰乱人心,第一眼望去很坦率直白;但若近观,他的焦点和比例却使我们感到了困惑,耳部和肩部的模糊不清使脸部慢慢地向我们靠近。克罗斯以精湛的技艺转录并放大了一幅摄影图片,并且在这个过程中复制了照相机图像的缺陷,平凡陈腐和不可思议,都出现在我们面前。平凡的现象成为挑战性艺术的来源,同时用无重量感及非材料感的喷涂技术,即运用幻觉绘画技法塑造了可能触摸的三维物体空间,表现出一种极端真实的视觉效果。但他巨大的画幅和超大的形象与图片表现出的照相机焦距限制,给人视觉的压迫和冲击,反而产生了一种不真实、不亲切的感觉,出现了一种新的语言。这种超乎人的视觉习惯之外的超大形象,表明了克罗斯对真实中的不真实、不亲切的言说。"①

罗中立本人也承认,美国的照相写实主义对他是有一定影响的。根据他的总体艺术特色,归结到乡土写实主义似乎更为合理。罗中立根据自我生活经验与个人思想,综合西方艺术中适合自己的元素,呈现出独特的乡土写实风格。1981年罗中立凭借油画《父亲》获全国青年美展一等奖、人民日报金奖,该画被当作中国当代美术史上的里程碑,在国内外产生过广泛影响。

油画《父亲》的尺寸为216 cm×152 cm,罗中立采用和克罗斯一样的写实主义手法,把人物的头像放大,父亲的脸占据整个画面的大部分,画面的下端是父亲用苍老皲裂的手捧着一个粗制大碗。罗中立在给《美术》杂志的信件中谈到了自己的创作感想:"技巧我没有想到,我只是想尽量地细,愈细愈好。我以前看过一位美国照相写实主义画家的一些肖像画,这个印象实际就决定了我这幅画的形式,因为我感到这种形式最利于强有力地传达我的全部感情和思想。东西方的艺术从来就是互相吸收、借鉴的。形式、技巧仅是传达我的情感、思想等的语言。如果说这种语言能把自己想说的话说出来,那我就借鉴……站在《父亲》的巨大头像面前,就会产生强烈的视觉上的效果,这是我尽量地把画幅加大的原因,如果这幅画缩小一半,效果就完全不一样了,所以,大,也是我的语言之一。只有这样,在这巨大的头像面前,才使我感受到牛羊般的慈善目光的逼视,听到他沉重的喘息,青筋的暴跳,血液的奔流,嗅出他特有的烟叶味和汗腥味,感到他的皮肤的抖动,看到从细小的毛孔里渗出的汗珠,以及干裂焦灼的嘴唇,仅剩下的一颗牙齿,可以想见那张嘴一辈子究竟吃了些啥东西,是多少黄连,还是多少白米……父亲——这就是生育、养我的父亲,每个站在这样一位如此淳厚、善良、辛苦的父亲面前,谁又能无动于衷呢? 会有什么样的感想,又是哪些人不了解、不热爱这样的父亲呢?"②罗中立的这段话非常翔实地告诉了我们,美国照相写实主义对他创作的影响,以及他采用这种技法创作《父亲》的缘由。

---

① 隋丞.克罗斯与照相写实主义[J].美术大观,1998(2):53.
② 罗中立.《我的父亲》的作者的来信[J].美术,1981(2):4-5.

三、怀乡写实的和谐美韵:从安德鲁·怀斯到何多苓

安德鲁·怀斯被誉为美国怀乡写实主义绘画大师,他以写实的手法描绘他熟悉的乡土景物,将视觉经验加以想象组织,具有浓厚的乡土色彩,形成独特的怀乡写实风格。怀斯的绘画,往往透过乡村小屋、山野鸟兽和朴实的小人物,表现存在于人物内心的孤寂感。在极端写实的优美自然景象和洋溢诗情的作品中,蕴含着一股淡淡的哀愁与怀乡的感伤。他以敏锐的感触,精致的写实技巧,捕捉视觉的一瞬,与心理的想象联结,以沉默的态度表达对人生的礼赞。

安德鲁·怀斯画作《克里斯蒂娜的世界》的主人公,患小儿麻痹症的克里斯蒂娜是怀斯的邻居,她的行动不便,却倔强地拒绝使用轮椅。秋天,在广袤的缅因州的草地上,克里斯蒂娜用自己的腰和臀费劲地爬行,即使满身沾满泥泞,她依然抬头望着高坡处的小小的住所,克里斯蒂娜倔强的孤寂和执着的坚强令人感动。何多苓最初看到《克里斯蒂娜的世界》时就被深深地触动了,"我一看傻掉了,原来可以这么画啊!我觉得我骨子里向往的就是这么一种孤独神秘天人合一的境界,所以我一看到便有一见如故的感觉,觉得我的毕业作品要用这种画法来画。"①何多苓的毕业作品也是其成名作《春风已经苏醒》画面中的人物、构图、色彩、情调与怀斯的《克里斯蒂娜》都非常接近。画面描绘一个安静地坐在草地上的乡村女孩,身旁陪伴着的是一头老牛和一只小狗。春风轻拂过女孩的头发,女孩凝神静思,眼睛充满着难以言说的向往、迷茫抑或是喜悦或忧伤。

第二节 后现代主义思潮冲击下的艺术景观

受到西方后现代主义观念的冲击,中国当代艺术实践中,有些艺术作品不再拘泥于架上绘画,而是采用装置、观念、行为、摄影等手段表现自己的艺术理念,如波普艺术、达达艺术、观念摄影、行为艺术等。这些艺术形式及内容,通过移用物质或其他现成品的特性,改变传统艺术观念及表达习惯,彰显艺术的非审美性,以及强化艺术阐释的意义不确定性等方式,诠释着艺术作品的当代性。

一、达达主义与"反艺术"的艺术性

达达主义者认为"达达"并不是一种艺术,而是一种"反艺术"。对于现行的艺术标准,达达主义选择了与之对抗的策略。达达主义创作追求的是"无意义"的境界,表现出与传统决裂的态度。对于达达主义作品的解读完全取决于欣赏者的个人判断。达达主义的代表人物是马塞尔·杜尚。1917年,杜尚将一个现成品的男用小便池,命名为《泉》,签上自己的假名"R. Mutt"送到"美国独立艺术家展览",要求将这个现成品作为艺术品展出。这一事件成为艺术史上里程碑式的事件。

---

① 杨子,何多苓.顽固的手艺主义者[J].南方人物周刊,2006(2).

杜尚现成品艺术对艾未未的影响很大,艾未未很多作品里面有杜尚的痕迹,尤其是材料的选择、图式。例如,自行车改造系列。杜尚将自行车轮装在一个四脚圆凳上(图 12.1),这就成为一件艺术作品。据说,这件作品被杜尚的姐姐当作垃圾扔了。约 40 年后,杜尚又做了《自行车轮》的复制品(图 12.2),并放在自己的办公室里。杜尚说看着运动着的自行车轮就像看着壁炉里的火焰一样。他特别喜欢在自己的办公室,有意无意地转动这个自行车轮。艾未未《永久自行车》由 42 辆永久牌自行车拆卸改造,制作出高耸且互相连接的环形装置作品(图 12.3)。杜尚《自行车轮》对于艾未未《永久自行车》影响的痕迹,从作品比较中就直观可见。

图 12.1 杜尚《自行车轮》装置(1913)

图 12.2 杜尚在办公室摆弄自行车轮

图 12.3 艾未未《永久自行车》装置

在模仿西方的当代艺术家中,黄永砯是比较特殊的一位。黄永砯最初为大家所认识是因为 1986 年的"厦门达达"。"厦门达达"的模仿痕迹很重,他们所开展的一系列活动本身的目的是"取消艺术"。这与西方达达主义对艺术的主张完全一致。与模仿痕迹较重的艾未未不同的是,在黄永砯的作品中透露出哲学、文化的思考,而不只在于艺术技巧和手法本身。

作品《〈中国绘画史〉和〈现代绘画简史〉在洗衣机里搅拌了两分钟》(图 12.4),完成于当时黄永砯家的洗衣机(原件被毁),在 1993 年又重新制作了一次。将《中国绘画史》和《现代绘画简史》放在洗衣机里搅拌了两分钟后,将碎玻璃放在一个打开的箱子上,将洗衣机搅碎了的一堆碎纸浆放在碎玻璃上,而这不可阅读的纸屑既是洗衣机思考的结果又是"含金量"最高的一堆垃圾,看起来充满了矛盾、悖论和荒诞。这件作品让洗衣机充当了思考者,它思考的是一个复杂的"在传统和现代、东方和西方之间如何选择"的问题,因此,"使他走出了泛泛的反文化的达达试验,非常有创造性地把禅宗的思维方式引入了作品,对中国自清代以来就一直争论不休的中西文化问题作了一个当头棒喝式的回答"①。

---

① 栗宪庭. 我关注的中国当代艺术的若干焦点及我的艺术观 [M]//王工. 守望记忆:中国当代若干美术问题思考. 石家庄:河北教育出版社,2012:271.

图 12.4 黄永砯《〈中国绘画史〉和〈现代绘画简史〉在洗衣机里搅拌了两分钟》装置(1987)

二、观念摄影与艺术的有意味思考

"观念摄影是源于西方后现代社会并波及全球的一种艺术形式,它通过摄影所传递的某种观念,用摄影的媒介,展现对人类生存状态的剖析,并且提出一些有意味的话题,引发更多的、更深层次的思考。因此,观念摄影往往不是给出一个答案,而是有多种可能性的指向,让观众自己去悟会。"[1]加拿大杰夫·沃尔是西方观念摄影的代表艺术家,他的创作常常依据美术史上的一幅经典作品,按照原画上的人物、构图、情节,安排相关的演员进入布置好的场景。将大胆挪用和重新解读有机地结合起来,形成别具一格的象征性艺术,在错置的背景下重现名画的情节,产生极强的表现力,引发对艺术和生活的重新思考。

沃尔的摄影作品《疾风》的灵感来自日本浮世绘大师葛饰北斋《富岳 36 景》中的一幅作品。沃尔用拍电影的手法挪用了原画的构图和情节,连原作中的两棵树在新设置的场景中也奇迹般地重现了。但对人物身份、地点环境重新进行了设计,穿着西装的公务员代替了农夫,提华纳小镇的郊区代替了旧时的农村景象。在周围萧瑟的背景中,公文包里的文件被疾风吹散,飞得漫天遍野。让人体会到疾风中的慌张、不适、无奈、沮丧。对于经典绘画作品的挪用,会引人思考绘画和摄影的边界在哪里?

王庆松的作品《老栗夜宴图》制作过程和沃尔的《疾风》如出一辙,通过模拟名画《韩熙载夜宴图》来观察当代人的生活状态。衣冠常制新格,"才气逸发,多艺能,善谈笑,为当时风流之冠"[2]的韩熙载,因身处疑难,故彻夜宴饮以排遣忧愤。画卷里,韩熙载虽放浪形骸,但始终双眉紧锁,难掩忧心忡忡。王庆松的《老栗夜宴图》将居中坐的韩熙载换成了当代艺术教父栗宪庭,王庆松自己作为观察者也进入了图片之中(图中左侧手扶木质屏风男子)。王庆松创作此图的意图应是借用韩熙载的身份处境,反思中国当代知识分子的身份与境遇。"我一直在思考中国历史上知识分子的社会地位和命运。在这个缺乏理想的时代,人们对过去的英雄和理想都失去了兴趣,我希望通过我的作品可以唤醒人们的理想,揭露我们的社会和人民已经被金钱、欲望和权利搞昏了头的现象。仿造《韩熙载夜宴图》,我把现在中国当代的社会现实和过去以及知识分子的颓丧的心情描绘了出来。《韩熙载夜宴图》是中国传统人物画的精品,它反映了当时风云变幻的社会生活,也是郁郁不得志的知识分子韩熙载生活的'真

---

[1] 王鑫.中国当代艺术中的西方元素及本土独创性[D].南京:南京艺术学院,2010:32.
[2] 陆游.南唐书:卷十二[M].北京:中华书局,1985:268.

实记录':他无力抵御当时的糜烂社会,只能逃避、放纵自己。几个世纪过后,中国的朝代更迭频繁,但知识分子的地位及命运却一直没有改变。《老栗夜宴图》既是对当代现实生活的写照,也是对当代人特别是知识分子处境的反映。"①

三、波普艺术与艺术复制的精神性

安迪·沃霍尔是美国波普艺术运动领袖人物,是20世纪艺术界非常有影响的人物。20世纪60年代,他开始以日常物品为表现题材来反映美国的现实生活,他的作品因为有较强的流行元素,被更多的人所熟悉。沃霍尔用复制的手法模糊了高雅艺术和普通商品之间的界限。金宝汤罐头、可口可乐、公众人物都成为他绘画作品中的元素。如《玛丽莲·梦露》,仿佛像梦露这样的一些名人本身也是被大量生产出来的。艺术品不再是传统艺术所强调的独此一件,而是可供大批量生产的产品。

王广义的代表作"大批判"系列,采用"文革"时期工农兵大批判宣传画的样式,将工农兵的形象和美国商业文化的标志可口可乐、万宝路香烟等组合。作品《大批判——万宝路》在广州油画双年展上获得一等奖,展览评审委员会如此评价这幅作品:"在《大批判》中,人们熟悉的历史形象与当下流行符号的不可协调、却一目了然的拼接,使纠缠不清的形而上问题悬置起来,艺术家用流行艺术的语言启开了这样一个当代问题:所谓历史,就是与当代生活发生关联的语言提示。"②在接受《南方日报》采访时,面对记者提出的"评论界始终有一种质疑,认为中国当代艺术是对西方的'克隆',比如您的《大批判》抄袭了美国当代艺术'教父'安迪·沃霍尔的政治波普",王广义如是回答:"我觉得这样的想法实际上很白痴,毫无疑问,当代艺术是人类共通的艺术语言,不同文明和文化发展中都会经历的产物。所谓的抄袭并不存在,中国的波普思想和美国的波普思想可能是两座伟大的城堡。比较而言,中国的城堡所包含的精神性更为复杂而丰富,所以中国的波普艺术更受关注。美国人的波普艺术只是表现大众生活、流行元素、经济生活,而中国的波普艺术家们却把政治因素纳入流行范畴,这是中国当代艺术最伟大的地方。"③

王广义在接受采访时,承认自己的《大批判》系列受到沃霍尔的影响,但是强调"安迪·沃霍尔对我的影响并不是刻意或者必然的"。对于王广义波普艺术的创造性,周宪如此评价:"他聪明过人之处在于,清楚地知道自己需要用沃霍尔的方法,但却必须基于地地道道的中国图像,独辟蹊径地走出一条中国波普艺术的道路来。如此,乌托邦式的革命图像便与最流行的西方商业符号汇合在一起,创造出一种迥异于沃霍尔美式波普的中国当代波普艺术。"④

除上述艺术表现形式受西方艺术的影响之外,还有多种同样受到西方艺术影响而形成的艺术形式。如玩世现实主义、艳俗艺术、摄影绘画、表现主义绘画等。限于篇幅,不一一赘述。"当代艺术"作为一个特定的概念,它的内涵并不是倾向于时间,而是一种理念。"它必

---

① 王庆松.老栗夜宴图[DB/OL].[2020-03-26]. http://www.wangqingsong.com/index.php?option=com_content&view=article&id=58&Itemid=12.
② 易英.从英雄颂歌到平凡世界:中国现代美术思潮[M].北京:中国人民大学出版社,2004:184.
③ 李培发.当代艺术"标王"王广义国内首次个展深圳开幕:我希望自己作品不太像艺术[N].南方日报,2008-09-02(B08).
④ 周宪.王广义的中国波普艺术图像学:以《大批判:可口可乐》系列为分析对象[J].学术月刊,2018(1):145.

须是作为一个当代人对他所处的时代和生存现实有所思考,对当代人的精神困惑和文化困境有所回应",或是在作品中体现出一种精神探索的批判立场,或是在作品中体现出一种对不同媒介、不同材料、不同形式的实验精神,尤其是"通过这种反思和批判突破原有的表达方式,以一种新的思维、新的图式、新的语言、新的媒介来彰显作为一个当代人的创造力和新的艺术维度"[①]。在这个意义上,除了装置艺术、行为艺术和多媒体艺术构成了当代艺术的主要门类,达达主义、波普艺术、观念摄影、玩世现实主义、艳俗艺术、摄影绘画、表现主义绘画等都可以归入当代艺术的范畴。

第三节 中华传统文化的艺术守望先锋

将中国的传统文化融入当代艺术的创作,徐冰和傅中望可以称得上当代造型艺术的两位杰出先锋。在诸多的当代艺术作品中,徐冰的《天书》和傅中望的《榫卯》是当之无愧的代表性作品。

一、汉字媒介的冥想:徐冰作品中的禅意

毕业于中央美术学院版画系的徐冰,历时三年,选取汉字的偏旁部首,将之组合、雕刻成形似汉字却又不是汉字的《天书》(图12.5)。徐冰在谈到自己如何创作天书时表示:"创作《天书》是一个非常严肃的投入过程。这种态度对于这件作品来说非常必要,同时这对我的心灵也非常重要。从一开始,我就明白彻底的严肃是非常重要的,因为当你自称要走向极端,非常诚心,好像它是真的一样,真正的荒谬感于是就会显现,艺术的能量就会加强。简单来说,《天书》是个玩笑,一个幽默的姿态。但就是这个想开一个玩笑的想法却让我花了四年时间的辛劳去建构去完成——这个行为本身就构成了作品的实质。我花费了数年的辛劳和极度深入细节的关注去创作一件'什么都不是'的作品。所以这件作品同时也是一个矛盾:一方面它去解构和嘲笑文化,另一方面它把文化也放到一个非常重要的位置上去。"[②]

图12.5 《天书》综合媒材装置在加拿大国家美术馆(渥太华,1998年)展览现场

《天书》的创作给人一种荒谬感,《天书》观后给人一种矛盾感:看起来每一个都是我们最

---

① 贾方舟.写实主义在当代的可能[N].中国艺术报,2013-05-29(003).
② 陈亚力.形式其外,意味其中:徐冰访谈[J].艺术·生活,2006(5):52-55.

熟悉的汉字,可是每一个字都是陌生的,无法享受阅读的快感。这种虚无的矛盾感,让人联想到佛教禅宗。徐冰谈到创作的状态时表示:"每当我专注于这些'无意义'的符号,我就感觉像是在和自然对话。在那样的情境下,没有知识或是争论的侵扰,我的思想就逐渐变得纯洁、明晰。所以我不是在创作一件艺术品,而是进入一个冥想的领域。"冥想本就是禅定的一个有效方法。

徐冰的另外两件作品,也都和禅宗有着千丝万缕的关系。一是《在美国养蚕》(图12.6)。徐冰自20世纪90年代初期便开始实施他的在美国养蚕计划,"他在现成的书籍上、电脑上、平板上养蚕,使其自然而然地被包裹。'蚕'与'禅'同音,表征着东方的属性,是在用东方思维的方式来处理现当代艺术,其中又充满了不确定的因素。"二是《何处惹尘埃》(图12.7)。在"9·11"事件10周年之际,徐冰作为"9·11"事件的亲历者、记录者、纪念者,以纪念"9·11"事件为出发点,将在"9·11"事件处收集到的灰尘撒在事先布置好的展厅,地上是徐冰用"9·11"事件处收集到的尘土写下的两行六祖慧能禅语诗(本来无一物,何处惹尘埃?)的英译:As there is nothing from the first, Where does the dust itself collect? "他用极富东方禅宗思想的妙语来探讨世界事件,是精神能量与物质能量的内涵与外延,在传统语言之外进行探索,检视人类文化交流的内在逻辑。"①

图12.6 《在美国养蚕》系列(1994年)

图12.7 《何处惹尘埃》(2004—2018年)

二、榫卯媒介的逻辑:傅中望作品的"关系"意味

20世纪80年代初,大学毕业的傅中望受西方艺术家布朗库西、阿尔普特、摩尔、贾科梅蒂等人的影响,对现成品艺术感兴趣,创作也深受他们的影响。"我早期做的《生命使者》在某种意义上是受布朗库西的影响,试图创造一种很单纯的由内部张力达到极限的形态。"作品的个人原创性成为他后来思考的问题。为了解决这个问题,他寻找"一种既有中国文化背景、又有当代文化精神,同时符合个人经验的表达方式"②。榫卯结构就是他所找寻到的表达方式。现在,榫卯结构已经成为傅中望的代名词。

榫卯表现的是一种关系。"生活中充满着榫和卯的关系,这种关系无处不在。比如人戴帽子、穿衣服,又如当你在巨大公共建筑环境中、人群中出入、挤车的时候,当城市建筑不断地向地下挖掘的时候,等等。"榫卯的这种凹凸关系、阴阳关系,也可以是生活中甚至国际事务中各种复杂关系的一种隐喻。如两性之间、国家与国家之间,时而剑拔弩张,时而和谐相

---

① 韩雅俐.徐冰:艺为何物,艺为本心[J].北方美术,2018(8):6-18.
② 银小宾,徐盛.当代美术家专访:傅中望访谈录[J].湖北美术学院学报,2010(2):33-36.

生。"在今天国际化的语境中,人类的生存与发展,越来越处在非常复杂和矛盾的关系中,无论是个体生命与社会之间,还是东西方文化之间,再或者中国与世界的关系,都越来越复杂。我希望通过榫卯的关系更大范围地去表达当下的关系,这样我的作品就会和这个时代有一种链接。这就是我一直在试图寻找的某种当代性,或者现实性。"①

在傅中望的创作过程中,榫卯是他的艺术语言要素,已然成为他的个性符号。同时,他也在寻求发展,打破中国建筑家具中榫卯的木质质地。在材质上,他还创造性地选择了金属和石材,有时甚至混用木质、金属和石材。在表达榫卯这一关系时,他将语境扩展至生活中的方方面面,如戴帽子(图 12.8)、穿衣服等。

图 12.8　傅中望《中国帽子》装置(2006)

榫卯作为中国最独特的一种木质器物构造方式,是建筑和家具构造中最基本的一种元素。"在文化内涵上,榫卯结构体现了古人'天人合一'的朴素思想,蕴含着丰富而独特的力学、数学、美学和哲学智慧,体现着顺应自然规律、万物和谐相处的发展原则。"榫卯结构充分体现了中国古代人的智慧,顺应木质的天然属性,将实用和审美完美统一。"在对榫卯文化的深层次领悟中,傅中望将其运用到雕塑之中,在凸凹、疏密、松紧、长短等矛盾关系中,努力将自己的意识主体与木质的物质客体融为一体。在获得独特的愉悦与快感的同时,营造了一种新的平衡与和谐,突显了'阴阳互补''虚实相生''中和为美'的哲学式空间营造法则,从而赋予了榫卯结构新的表现特征、文化内涵与艺术美感。"②

第四节　文化交融中当代艺术的发展之思

在审美文化与艺术传播这个话题中,本书着眼于绘画艺术,选取了中国魏晋南北朝与西方文艺复兴,原因在于这两个时期是中西艺术史上各自的觉醒时代,其中荟萃着艺术繁荣发

---

① 严虹,傅中望.榫卯不是榫卯,而是一种关系[J].东方艺术,2018(4):46-59.
② 徐永涛.木质的彼岸世界与哲学式思考:傅中望及其榫卯结构艺术探索[J].雕塑,2015(3):37-39.

展的诸多信息。一言以概之,就是这两个时期的艺术家们都处在古今内外文化的交流、交锋与交融的环境中,他们的艺术创造力充分体现了中国文化"和实生物"的道理。中国当代艺术家在艺术创作过程中,思考的重点或者说矛盾的纠结点也在于融洽两重关系:一是传统与当代的关系,二是本土与国际的关系。在很好地处理这两重关系的过程中,寻找属于自己的个性化的艺术元素,这似乎是当代每一位有影响力的艺术家的共同选择。

    不过,艺术界关于当代艺术的争论一直存在,批评之声不断。激烈者认为所谓的"当代艺术",背离了社会主义的价值观及"二为"方向,"它们毒化中国社会空气,对人民的思想和灵魂造成伤害,不但在中国社会上传播十分有害,在国际上扩散则构成了对伟大的中国和中国人民的侮辱……"①以至于认为它们"不雅不正,流俗恶俗,不登大雅之堂,违背了中国的文化艺术精神"②。相对委婉的批评者也指出,"为了在国际艺术市场中获得更加有利的位置,许多艺术家开始选择具有'中国特色'的文化符号来表达自我的感受。对于个人而言,光头、傻笑、肉搏、'文革'时期的红色符号,或许只是表达个人精神处境的媒介和手段。不过,这些文化符号承载了历史的记忆,尤其是革命时期的政治记忆,具有沉重的意识形态痕迹"③,如果肆意使用,必然会毁坏传统符号的隐喻意义。还有比较突出的是,波普艺术和玩世现实主义被认为是迎合西方对东方的偏见,是出于功利心理的一种表达;达达主义也因为没有美学价值,而不被认可。

    当然更多的学者在回应"当代艺术困惑"以及"艺术向何处去"的话题,建设性地思考当代艺术的发展走向。当代艺术的争论究其实质上说,"是一个在全球化的语境中我们是接受多元,还是不接受多元的问题。说起来,接受多元似乎不难,很多人是很愿意接受的,但这其中有真多元和假多元之别,需要小心!真多元——借用丹托先生的提醒——并不意味着是:好吧,从今往后每一种东西都可以是正确的,而是,'正确'这个立场停止使用了。"④艺术是多元的、流动的,不是故步自封的。中国的当代艺术不仅需要和西方对话,也要和中华传统文化对话。没有对话,就没有思想的孕育,更不会产生影响。

    吵嚷争执之后,找到解决矛盾冲突的办法才是目标。我们首先想到的是必须寻找当代艺术发展的逻辑起点,有学者指出"只有同时将'中国''当代''艺术'三个词并存在一起考察才能推导出我们的立足点"⑤。此论十分在理,然而又将如何正确理解这个"立足点"?从中国当代艺术建设的一个现实的文化策略上说,必须在文明交流互鉴的总要求下,至少要处理好三层关系:

    一是在中外关系上,要有处理好"中国方式""全球眼光"的艺术发展视野。当代艺术发展侧重于"中国方式"这个立场,的确说出了当今中国艺术建设的必要性、紧迫性,然而不能凭此形成某种单一维度,因为还需要一种全球视野、世界艺术发展眼光。可以说,"寻求能有效地进入国际(西方)艺术系统,这是中国当代艺术在当时所处的文化环境中的生存策略",有时候,"为使艺术能够被'他者'所感知而采取合乎西方当代艺术观念的艺术表现形式"⑥。

---

① 钱海源. 解析"当代艺术"的迷雾[J]. 美术观察,2014(4):26-29.
② 河清. "当代艺术"是一种美国式杂耍[J]. 中国美术研究,2017(22):160-165.
③ 周计武. 什么是我们的当代艺术[J]. 文艺研究,2013(3):25-33.
④ 王瑞云. 回应"当代艺术困惑"[J]. 美术观察,2018(5):142-146.
⑤ 皮力. 重返社会:对中国当代艺术的反思[J]. 美术研究,2000(3):29-32.
⑥ 肖丰,任建军. 中国方式:中国当代艺术一个现实的文化策略[J]. 华中师范大学学报:人文社会科学版,2006(4):79-84.

二是在古今关系上,要处理好"新"与"旧"的艺术承传关系。写进党的十九大报告之中的"推动中华优秀传统文化创造性转化、创新性发展",正可谓中国当代艺术发展需要遵循的原则与要求,要在"不忘本来,吸收外来,面向未来"①中,开辟艺术发展的新境界。"中国的传统文化是西方社会普遍尊崇的,因而,传达中国原生性的文化是其最好的选择。然而,传统的文化形态往往表现为一套'有时间隔阂的叙事语',这就意味着必须对其进行现代性的转换,进行某种'符号化'处理或'考古学'意义的发掘",进而以"中国方式"为媒介,传达中国当代文化价值观。②

三是在内外关系上,要处理好艺术发展的"道"与"术"的关系。魏晋南北朝时期卫协师于曹不兴,顾恺之师于卫协,陆探微师于顾恺之,当代这种绘画技巧和艺术风格的传承也是艺术传播的一种重要方式。米勒对于陈丹青、查克·克罗斯对于罗中立、怀斯对于何多苓的影响也是一种传承。中国部分当代艺术对于西方当代艺术的效仿更是简单粗暴的接受。艺术创作与批评,强调技艺思维时,务必认识到"人学"属性才是艺术活动本质性的内涵存在。语词搭配与使用,都是思想观念的反映,像"中国的当代""当代的中国""中国的艺术""当代的艺术"等不同搭配关系,"使得我们必然要将样式的平民化、趣味的民主化、语言的多元化和交流的社会化","作为当代中国艺术创造和研究的基本价值取向,以使中国当代艺术重返中国社会"③。

艺术传播已经成为当代艺术史研究和传播学不可或缺的一个角度。随着新媒体网络时代的迅速发展,艺术传播体现了信息媒体革命时代艺术活动与艺术研究的发展态势。④ 面对技术革新及其媒介化,当代艺术的发展,亟待艺术批评介入,促使其进入有序发展的阶段。艺术家、作品、媒介、受众是大家所熟知的艺术传播涉及的几个要素。艺术的传-受过程并不是单向的,是传播和反馈并存的双向过程,只是这种双向过程很多时候不是共时性的。加强当代艺术批评工作,守门人和中介者至为重要。对于要发表在专业杂志上的绘画作品或是雕塑作品,守门人便是杂志的编辑。中介者,是连接创作者和接受者的桥梁和纽带,分为"他"型中介者和"它"型中介者。"他"型中介者,指的是作品的评论者、鉴赏者,通过他们公开发表的评论、鉴赏文章,帮助接受者进一步欣赏作品。"它"型中介者,指的是供展示作品的展览馆等,为作品的传-受提供一个可能的空间等。进而,培养新时代文艺评论新力量尤其要重视新媒介文化建设。人们要有媒介文化的建构意识,而不是只重视媒介的技术性而忽视其文化品质的塑造。有了这种自觉意识,那么,就可以从强化新媒介艺术承担文化承传与创新责任的角度,在讯息交流和生产的过程中有意识地塑造新媒介艺术的文化秩序。

思考题

1. 如何评价中国当代艺术对西方艺术的效仿?
2. 简析当代中国画坛名家代表造型艺术的独特之处。
3. 进一步思考文化交融中当代艺术的发展之思。

---

① 习近平.习近平谈治国理政:第三卷[M].北京:外文出版社,2020:18.
② 肖丰,任建军.中国方式:中国当代艺术一个现实的文化策略[J].华中师范大学学报:人文社会科学版,2006(4):79-84.
③ 皮力.重返社会:对中国当代艺术的反思[J].美术研究,2000(3):29-32.
④ 童兵.中国新闻传播学研究最新报告:2018[M].上海:复旦大学出版社,2018:273.

第五编　地方文化与民俗传播

引言　中西地方文化的民俗内涵

文化(culture)是一个宽泛而意义丰富的概念,很难对文化进行定义。但对文化有一个共通的理解——人类物质与精神财富的总和。"总和"是多元文化表现形式,《世界文化多样性宣言》阐述:"文化在不同时代和不同地方具有各种不同的表现形式。"[①]文化并非同一性、统一性,而是多样性、地方性,而"多样性"最终落脚在"地方性"上,因为文化自生成之时便有社会与自然的独特烙印,形成多元的地方文化。故而对文化的考察或研究,必须观照其扎根的环境,以"地方"(place)的视角进行拓展与深探。

"地方文化"是特定区域人群共同创造和共享的物质与精神传统。特定人群与特定地方易形成有机的互动关系,并养成特有的"地方感"(place sense),体现在地方生活传统、文化记忆、历史传说、民风民俗诸多层面。地方文化是维系文化生态的重要力量,是地方社会良性运行的精神保障,更是参与经济发展的重要生产要素。当今,文化已然成为国家(地区)或民族发展的衡量因素,成为政治、社会、经济等发展和建设的重要力量。文化作为意识形态、社会文明层面不易量化,不能直接产生经济效益,然"文化"以生产要素的形式纳入经济运行,按照经济发展逻辑,在资本运作下,将地方文化作为生产要素参与当地的产业运营之中,成为产业增值的重要手段和内容。对地方文化的产业利用和价值挖掘,既为地方经济、社会发展注入新活力,提供更多具有"地方性"的文化消费品,以此主观上满足现代人对"异文化"的猎奇,也为地方文化保留传统底色,客观上促成文化"复振"。

文化差异是文化交流的前提,但在跨文化交流中,由于文化差异存在,而导致文化价值或意义在文化认知、接受、行为模式以及消费中产生偏差或梗阻,进而影响文化之间的交流与融合,这就要求在文化交流中进行通约化处理,以减少文化误差。地方文化是人类文化的一部分,从整体角度看其位置与意义,地方文化是整体的一个节点,不仅属于特定地方,也是整个文化意义中的一环。地方文化从发生根源上来看,与域外文化具有某种通约性,例如传说、神话、舞蹈、音乐等文化艺术,在某种层面具有认知同一性和意义共通性。

民俗并不是普遍意义上的文化形态,它是一种地方性、区域性的文化,但在某种程度上可以上升到普遍意义的文化体系之中,同时又保持着地方特色。民俗是一种属于"亚文化"的、具有地区性的文化形态,它与"普遍意义"的文化形态的关系,如口语化的方言和标准的

[①] 联合国教科文组织.世界文化多样性宣言[M]//范俊军.联合国教科文组织关于保护语言与文化多样性文件汇编.北京:民族出版社,2006:99.

普通话之间的关系。民俗文化(folk-customs)源于社会民众的生产生活样态。从文化构成来看,它是人类的基础文化、基层文化、活态文化。民俗文化以普通民俗的整体性形式存在,是"雅"文化、"精英"文化生产的基础和创造的前提,是整个文化创造的滋养土壤。"雅"文化、"精英"文化同时又借助民俗文化得以实现。例如,儒家文化所形成的一套精神传统、道家文化在民间的广泛传播,及至佛教、伊斯兰教等的中国化、民间化,主要是通过"民俗化"实现的。

民俗发端于一定的时空环境,由大众在实践中创造,但同时又影响和约束人的行为规范和思维观念。民俗文化是人与环境的共同产物,认识理解民俗文化必须同多元文化空间相联系。民俗作为一种文化样态,总是与特定地域、特定历史时期社会生产生活方式相互作用而形成的。如生活在严寒地区的人喜尚毛皮,爱穿长袍;居住在热带地区的人们则喜尚薄纱,爱穿短裙;居住在山林地区的人们,喜食鸟兽之肉,多是崇拜山神、树神、禽兽之神等;居住在江河湖海地区的人们则喜食鱼虾,多是信奉河神、龙王、妈祖等,这些都说明了多元民俗文化的时空性。

同样,民俗文化对主体的影响也是与生俱来的。《荀子》云"习俗移志,安久移质",后人的解释即强调"习以为俗,则移其志;安之既久,则移本质"①。可见"习俗"或"习惯风俗"对人的成长和发展的影响。故汉代贾谊在上书陈说政事时即专此而论:"择其所乐,必先有习,乃得为之。孔子曰:少成若天性,习贯〈惯〉如自然。"②所以,《说文解字》将"俗"直接地解释为"习也"③,即所谓"习而行之谓之俗"④,说明长期的习惯必然会形成一定的性格,这也就是俗语所说的"习惯成自然",强调人们总是处于一定的文化环境,尤其是民族文化与民俗文化环境中,形成个体在总体上构成的族群特征。每一个人,从诞生的那刻起,其所面临的风俗便塑造其经验与行为。⑤

作为体现民俗文化主体的有意识有目的的实践活动,民众的思维方式亦受到民俗文化的影响。作为人们看待事物的角度、方式和方法,思维方式对人们的言语行动具有决定性作用。不同民族、区域的人看待事物的角度、方式不同,本质上便是文化思维方式的不同。从民俗文化的角度说,那些在社会发展过程中长久、稳定、普遍地起作用的思维习惯、思维方法、认识路径、审美取向、处事态度与处事风格等即是民俗的传统思维方式的反映。⑥

---

① 王先谦.荀子集解:上册[M].沈啸寰,王星贤,点校.北京:中华书局,1988:144.
② 班固.汉书:贾谊传[M].颜师古,注.北京:中华书局,1962:2248.
③ 段玉裁.说文解字注[M].北京:中华书局,2013:380.
④ 阮籍.乐论[M]//阮籍集.李志钧,等校点.上海:上海古籍出版社,1978:40.
⑤ 鲁丝·本尼迪克特.文化模式[M].王炜,等译.杭州:浙江人民出版社,1987:2.
⑥ 萧洪恩.民俗文化鉴赏[M].北京:团结出版社,2018:106.

第十三讲　家风承传：地方宗族文化的沿革路径

中国家风，是源远流长的传统文化现象之一。民俗文化的主体是以"民"的身份进行的民俗活动，家族、宗族也是民俗文化的主体，由家族和宗族成员创造出来的实践活动、精神文化（如家训、家学、家风等）也是民俗文化的有机组成部分，同时宗族文化具有鲜明的地域性，亦是地方文化的重要组成部分。本讲主要阐述以家风为代表的地方宗族文化传播。

第一节　宗族、家族与家风文化

宗族，是一个社会单位，是一个模糊的族群概念。《说文解字》："宗，尊祖庙也。"段玉裁注引《大雅》"君之，宗之"、《笺》"宗，尊也"以及《礼记》"别子为祖，继别为宗，继祢者为小宗"之后，认为"凡言大宗、小宗者皆谓同所出之兄弟所尊也。尊莫尊于祖庙，故谓之宗庙。宗从宀从示，示谓神也，宀谓屋也"①。"宗"在《说文解字》中的意思乃是"宗庙、祖庙"之意。而"族"字，"从㫃从矢"②。这里"族"是以血缘关系为基础形成的群体。"宗族"在《尔雅·释亲·婚姻》中曰："父之党为宗族"。③ 即以父系为血源纽带划定的家族。《白虎通德论》卷八《宗族》曰："宗者，何谓也？宗者，尊也。为先祖主者，宗人之所尊也……族者，何也。族者，凑也，聚也。谓恩爱相流凑也。上凑高祖，下至玄孙，一家有吉，百家聚之，合而为亲，生相亲爱，死相哀痛，有会聚之道，故谓之族。"④即同一始祖的血缘群体，由原始社会末期的父系家族发展而来，随着宗法制度的不断发展，"宗族"逐渐演变为父系家族之意。也从早期的贵族为主的宗法组织，日益成为庶民为主体的和睦同族社会群体。

相对于宗族，家族的概念则相对具体。家族是指由姓氏、血缘等亲缘关系连接而成的集合。族内有家，因此家族又是家庭的联合体。家族在经历了原始社会母系氏族，发展到父权制氏族公社时期，在漫长的封建制度下，逐渐演变成同姓家族的观念。

人类的繁衍发展，以家庭为本位，以家族之间的伦理关系为纽带，才有可能构建社会的基本组织形态与结构体系。中国人特别注重家庭，中国的宗法制度与宗法文化，就是以家庭为组织形式、以家族文化为其内核构建而成的。⑤ 家庭是人类社会最典型的初级生存群体，家庭的集聚组成家族，推动甚至影响社会的发展。

---

① 段玉裁.说文解字注[M].北京：中华书局，2013：345.
② 段玉裁.说文解字注[M].北京：中华书局，2013：315.
③ 胡奇光，方环海.尔雅译注[M].上海：上海古籍出版社，2004：202.
④ 陈立.白虎通疏证[M].吴则虞，点校.北京：中华书局，1994：397-398.
⑤ 蔡镇楚.家庭与家族文化：读王毅《宋代文学家庭》[J].中国文学研究，2009(2)：123-124.

宗族由于其血缘延续世系,在发展过程中产生祖训、族规、族谱等宗族文化。宗族文化是同宗同族家庭发展演进、约定俗成的一种民俗文化,其表现形式有祠堂、族谱、祖训族规等。宗族文化的形成既是家族凝聚的结果,也是推动家族家庭延续的动力。

宗族祠堂是宗族内部固定的活动空间。"祠本指宗庙之祭,秦汉以后神祇群祀的通称,最初的祠堂一词指祠于堂。后来祠由祭之名变为祭之所,祠堂也就成了祭祀祖先的场所。"①宗族祠堂除了祭祀祖先之用以外,还是处理宗族事务、执行族规的地方。宗族祠堂是宗族制度的物质载体和精神象征。通过祠堂,人们可以祭祖先知报本,可以修谱牒明世系,置族田济族人,定族规束族众,充分发挥宗族制的作用。

徽州祠祭

徽州祠祭被列入第四批国家级非物质文化遗产代表性项目名录。祠祭是各宗族祭祀祖先的一项重要礼仪活动。如徽州祠祭分族祭和房祭,族祭由族长主持,族长由族中年长辈高、儿孙繁衍、德高望重的人担当,房祭由各房头房长担任主祭。一般徽州宗族祠堂祭祖,有春祭、中元、秋祭、冬祭、先祖诞辰、先祖忌日等,最普遍和最隆重的祠祭是春秋二祭和冬祭。徽州祠祭按照朱熹《家礼》的规定,要求参祭人员必须整衣肃冠,严格遵循祠规。整个祠祭活动过程有严格的程式,其中由礼生读祭文,其祭文写作也有固定的格式。徽州祠祭自明代以来,曾广泛流传于古徽州的祁门县、歙县、黟县、绩溪等地。祁门县西部的马山、桃源、文堂、黄龙等传统古村落,至今还保留着相对完整的祠祭文化。其中马山村祭祖分春秋二祭和冬祭,其程序严密,仪式隆重。桃源村陈氏宗族祭祀分小祭(家族祭)、中祭(支祠祭)、大祭(总祠祭)三种。徽州宗祠祭祀是与岁时节令相关的庆祝、祭祀习俗,是古徽州劳动人民创造的文化遗产,具有强大的宗族凝聚力作用,也起到了丰富宗族群众文化生活的作用。②

族谱,是氏族的史书文献,其记载着宗族的血缘延续、祖训等,是族人溯源述祖的依据,具有维系族人内部交往的作用。它以世系类表为经,各世人、事、物为纬,名称还有族系录、族姓记、世家、世本、世谱、玉牒、血脉谱、房谱、全谱、合谱、统谱、通谱、总谱等;其中记录皇帝世系的称帝系、玉牒,记载诸侯家世的称世本,仅记支族世系的称支谱,记大族世系的为统谱,记同姓不同宗称总谱、合谱。③族谱的内容主要包括谱序、祖训、氏族世系、出众族人传记、祠堂祖茔地图、祠规祠记等。《晋陵白氏宗谱·隆庆四年再修宗谱说》有言:"族之有谱,上本祖宗肇生之自,次辨族属流派之殊,下示子孙考据之实。以联一本,以系敦睦,所系匪轻。"④这段话表明了修续族谱的原因,既能够明祖肇生,又能够易辨后世子孙之系。起到重视宗族一体、族内平等,促进族人和睦、社会稳定,以及加强民族团结等功能。

族规,规范族众立身行事的法规制度,包括族训、族礼、族纪、族法等。维持宗族内部秩序,主要是通过制定和执行族规、族训、族约等来调整规范族人的行为和解决矛盾纠纷。宗族内部族人如有纠纷,都尽量在族内求得解决。许多宗族族规中都有睦族党、严斗殴、息争讼的训诫,防止出现侵犯族人利益的行为;一旦触犯训诫或发生纠纷、治安等案件,宗族必给予严惩。⑤族规家法是宗族家族成员共同制定的、用以约束和教化族人的宗族法规,是家谱

---

① 王鹤鸣,王澄.中国祠堂通论[M].上海:上海古籍出版社,2013:3.
② 鲁婷.祁门县徽州祠祭被列入国家级非遗项目[DB/OL].(2014-12-08)[2020-05-26]. http://hs.wenming.cn/hf-wy/201412/t20141208_1489723.html.
③ 庞国凭.谈宗族文化[J].中国地方志,2005(5):33-36.
④ 陈其南.家族与社会[M].台北:联经出版公司,1990:135.
⑤ 吴祖鲲,王慧姝.文化视域下宗族社会功能的反思[J].中国人民大学学报,2014(3):132-139.

中的重要组成部分。其名称各异,种类很多,诸如家规、家约、家戒、家法、家礼、家典、家仪、家条、族规、族约、祠规、祠约、规范、规条、规矩、条规、戒谕等。族训族规制度能够增强宗族的凝聚力,促进宗族内部成员的和睦相处,同时也对社会秩序的和谐稳定产生了一定的积极作用。

休宁西门汪氏家训

吾知四子所不为吾累者,虽不能取功名富贵以荣其亲,而皆能勤于生理,随分有成亦粗足,以慰吾心。而吾心之所望者,更命兄弟怡怡,起相爱敬心,不萌忌恨心。见彼之子,视犹己子,虽然分家,而视犹一家。兄弟中有稍逆意事,则更相称是,有所行未是事,则力相规正。有患难则相救卹,有疾病则相扶持。共立门户,不为外侮。而又能教戒其子,事父母至孝,侍长幼有礼。毋为赌博,毋为游戏。亲近好人,不习下流。孜孜为学,期取科第,以荣其亲。性弗明者,使之治生理以裨其家。而后无负于平生所望之意云!

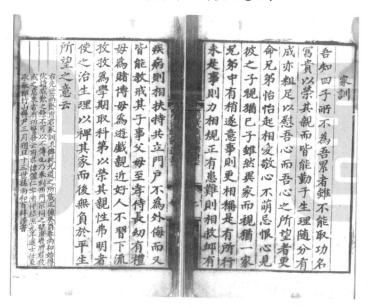

图 13.1 《休宁西门汪氏族谱》

([明]汪璨,汪尚和等纂修,[家]明嘉靖六年(1527年),刻本)

宗族或家族由多个家庭组成,家庭是族人亲属共同生活的眷属。而家风是一个家庭或家族在长期发展过程中形成的一种风尚、作风,良好的家风是一种值得学习的家族作风,也是一种优秀的传统文化。家风对家族的传承、民族的发展都起到重要影响。

中国传统的家风自先秦时代已形成著名的"畴人之学",即家庭世代相传的学问。在数千年不同时代背景下家风不断发展,有帝王皇室之家风,有诸子名门之家风,也有庶族百姓之家风,亦有志士英烈之家风……中国人对家的概念非常崇尚,对家庭的环境以及家庭成员的成长都特别重视:古有孔子"过庭之训"、颜氏家族《颜氏家训》、明太祖朱元璋《祖训录》、袁了凡家训《了凡四训》,近现代有曾国藩中西结合的"家教新风"、梁启超感恩爱国的"梁氏家风"、朱德勤俭节约的"朱氏家训"等,家庭风气和家庭教育对后代的成长具有重大影响。家庭的建设需要优良家风、家教的培养和传承,只有发扬光大中华民族传统家庭美德、家庭和睦,才能促进社会和谐进步、国家繁荣富强。

家风是家庭的品质与风尚,其必然先有家庭,然后才会产生家风文化。《吕氏春秋·恃君览》有云:"昔太古尝无君矣,其民聚生群处,知母不知父,无亲戚兄弟夫妻男女之别,无上下长幼之道,无进退揖让之礼,无衣服履带宫室蓄积之便,无器械舟车城郭险阻之备。"①意思是远古时期没有君主,那时的人民过着群居的生活,只知道母亲而不知道父亲,没有父母兄弟夫妻男女的区别,没有上下长幼的准则,没有进退揖让的礼节,没有衣服鞋子衣带房屋积蓄这些方便人的东西,不具备器械车船城郭险隘这些东西。这反过来说明在秦汉时代已产生"兄弟夫妻男女之别""上下长幼之道""进退揖让之礼"的礼度准则,也表明中国古人更多地从伦理视角出发构建家庭制度风尚等。此外,"别""道""礼"三字也表现出古人重视礼仪规范在家庭生活中的作用,这一点对后世家风文化有非常重要的影响。家风文化从古至今一路走来,从来没有消失在茫茫历史烟云之中,反而经过沧桑岁月的过滤和净化,保留下来的家风文化普遍具有积极进步、和谐美满的特点。好家风是至善友爱品质的传承,是美好道德观念的扩散,是勤劳俭约习惯的倡导,是家国一体情怀的弘扬……家风好,就能家道兴盛、和顺美满;家风差,难免祸及子孙、贻害社会。②

第二节　家风文化的核心精神与价值

　　家风是指父祖辈对子孙、家族对成员的精神教导,夫妻间的嘱托、兄弟姐妹间的诫勉。其思想内涵丰富,既有家庭伦理规训,也有社会道德规范,涉及启蒙明理、修身齐家、励志勉学、择业交友、为人处世、忠孝仁爱等方面。家风是世代相传的"无言教诲",一种精神或行为方式在家庭或宗族内延续数年以上,便可视为家庭或家族的家风。家风深深植根于一个家庭当中,因而具有很强的稳定性。家风是一种文化,从微观层面来看,是家庭精神或行为文化;若从宏观层面看,是一种民族精神文化。家风的文化属性规定了其隐形性和抽象性。从发源来看,家风是家庭内部的一种伦理规约,具有一定的私密性和相对封闭的传递性。从行为主体来看,家风由施教和受教两个主体组成,即家风由家庭成员共同来维系,而非某一个主体。

一、当代家风文化建设的精神旨归

　　家风文化历史悠长,在其形成及演变过程中,受到影响的因素很多,但又有着稳定不变的基因。家风,是一个家庭的精神内核,也是一个社会的价值缩影。这里本着优秀文化传承与创新的角度,立足当下,就核心精神提出几点思考:

　　第一,和睦平等。《广雅》云"和,谐也"③,《说文解字》云"睦,目顺也""一曰敬和也"④。有子曰"礼之用,和为贵。先王之道,斯为美。小大由之,有所不行。知和而和,不以礼节之,

---

① 许维遹. 吕氏春秋集释:卷20[M]. 北京:中华书局,2009:544.
② 人民网. 习近平画出的最美同心圆[EB/OL]. (2017-2-11)[2020-4-25]. http://politics.people.com.cn/n1/2017/0211/c1001-29074165.html.
③ 王念孙. 广雅疏证[M]. 北京:中华书局,1983:103.
④ 段玉裁. 说文解字注[M]. 北京:中华书局,2013:134.

亦不可行也"①,讲礼的应用以和谐为贵。古代君主的治国方法,可宝贵的地方就在这里。但不论大事小事只按和谐的办法去做,有的时候就行不通。(这是因为)为和谐而和谐,不以礼来节制和谐,也是不可行的。家庭之中,在平等的基础上,和与礼应相伴而行。《礼记·礼运》有云"以笃父子,以睦兄弟,以齐上下,夫妻有所"②,即是说"父子亲厚,兄弟和睦,夫妇相爱,这是个健康的家庭"。和睦与平等是家庭建设的基础,在婚姻法明确规定的"夫妻在家庭中地位平等"前提下,家庭成员无论性别、年龄和辈分,人格、权利与责任平等,应该相互尊重。

第二,亲情孝悌。孝悌,对父母还报以爱,兄弟姐妹之间友爱相处。自古以来,孝悌是维持家庭伦理关系的重要理念。"不得乎亲,不可以为人;不顺乎亲,不可以为子"③"克谐以孝"④"善父母为孝"⑤"夫孝者,百行之冠,众善之始也。"⑥"父不慈则子不孝,兄不友则弟不恭,夫不义则妇不顺矣。"⑦孝悌所推崇子弟敬重父兄,晚辈尊崇长辈,讲求长幼有序,作为有益于社会发展的道德风尚,备受每个时期的中国家庭所重视。孝悌亲情有利于促进家庭建设,其不仅局限于家庭单位,也能够走进社区等社会公共生活空间,直接或间接地促进文明建设。

第三,崇知重学。"学而时习之,不亦说乎?"⑧作为《论语》的名句。从古至今,人们非常强调读书治学。无论是受"学而优则仕"的影响,还是受"学贵能行"的影响,崇知重学是每个家庭所应提倡的。颜之推曰:"自古明王圣帝,尤须勤学,况凡庶乎!"⑨他强调子孙需要学习更多的知识,发挥自身的主体性,培养操守意志,以成就正大事业。在日常生活中还需要用到其他技能,如务农、经商、工艺等,只有不断地丰富自己的知识阅历才能更好地发展自己。除却掌握一门知识或技能外,还要拥有求知若渴的思想,不能容易自我满足,崇知重学,永无止境。《论语》多次谈论学习,《孟子》也有突出重学思想,如《劝学》篇,《礼记》中的《学记》篇,在这样的文化思想影响下,家庭重视读书学习成为了家风的重要组成部分。崇知重学的良好家风是促进家庭世代延续的重要价值观。

第四,品格培铸。懂得感恩、学会宽恕、有追求、本分守己、艰苦朴素、有责任心、坚守初心、勤俭节约、爱国敬业等是每个家庭成员所应具备的品格。高尚品格是道德境界和品格力量的和谐统一,是职业操守和人生智慧的精神展示,是文明素养和崇高内质的完美体现,是真善美的正能量⑩。每个人都应自觉养就高尚品格的重要性。高尚品格的形成过程就是修身,与道德培育是分不开的。《礼记·大学》云"欲齐其家者,先修其身"⑪,要想把家庭整治建设好,必须先修养好自己的品性。只有锻炼出高尚的品德修养,才能治理好家庭,家庭风气才能清澈正直,源远流长。

---

① 杨伯峻.论语译注[M].北京:中华书局,1980:8.
② 郑玄,注;孔颖达,正义.礼记正义[M]//阮元.十三经注疏.北京:中华书局,1980:1416.
③ 杨伯峻.孟子译注[M].北京:中华书局,2019:200.
④ 慕平.尚书[M].北京:中华书局,2009:12.
⑤ 胡奇光,方环海.尔雅译注[M].上海:上海古籍出版社,2004:187.
⑥ 范晔.后汉书:卷39.北京:中华书局,1965:1303.
⑦ 颜之推,等.颜氏家训集解:增补本[M].王利器,集解.北京:中华书局,1996:41.
⑧ 杨伯峻.论语译注[M].北京:中华书局,1980:1.
⑨ 颜之推,等.颜氏家训集解:增补本[M].北京:中华书局,1996:143.
⑩ 石国亮.中国梦大学生教育读本[M].北京:中国言实出版社,2014:114.
⑪ 郑玄,注;孔颖达,正义.礼记正义[M]//阮元.十三经注疏.北京:中华书局,1980:1673.

第五,家国情怀。家国情怀,与其说是心灵感触,毋宁说是生命自觉和家教传承。无论是《礼记》里修身齐家治国平天下的人文理想,还是《岳阳楼记》中"先天下之忧而忧,后天下之乐而乐"的大任担当,抑或是陆游"家祭无忘告乃翁"的忠诚执着,家国情怀从来都不只是摄人心魄的文学书写,更近乎内心之中的精神归属。家是国的基础,国是家的延伸,在中国人的精神谱系里,国家与家庭、社会与个人,都是密不可分的整体。"国家好,民族好,大家才会好","小家"同"大国"同声相应、同气相求、同命相依。个人前途与国家命运的同频共振,家庭情感与爱国情感融为一体,从孝亲敬老、兴家乐业的义务走向济世救民、匡扶天下的担当。家国情怀宛若川流不息的江河,流淌着民族的精神道统,滋润着每个人的精神家园。家庭是精神成长的沃土,家国情怀的逻辑起点在于家风的涵养、家教的养成。以正心诚意、修身齐家为基础,以治国平天下为旨归,把远大理想与个人抱负、家国情怀与人生追求熔融合一,是古人的宏愿,亦是今人传承家风和家教的本分。在传承优良家风中筑牢责任意识和担当精神,在正家风、齐家规中砥砺道德追求和理想抱负,在履行家庭义务中知晓责重山岳、公而忘私的大义,正是家风传承中所蕴藏的时代课题。

二、家风传承的时代要求及当代价值

《大学》就政治伦理提出了"致知""格物""诚意""正心""修身""齐家""治国""平天下"八目,前四目关乎"修身"方法,后三目则是"修身"的目的,涉及家庭、国家、社会(天下)等维度。社会主义核心价值观亦从国家层面价值目标、社会层面的价值取向、个人层面的价值准则等角度提出"富强、民主、文明、和谐;自由、平等、公正、法治;爱国、敬业、诚信、友善"的24字的基本内容。家风建设要求家庭每个成员都要紧跟时代的发展,要有"育新人"的自觉意识与行动。如此,一个优良的家风就具有了家庭、社会、国家等多重的价值。

首先,家庭价值。对优秀传统家训家风进行传承,让优秀传统家训家风在增进家庭成员关系的同时,代代相传,涵养家庭成员品行,在潜移默化中传承优良风尚。优秀传统家训家风展现了教育力量,和其他教育方式相比,它更为亲近、现实、贴切。优秀传统家训家风能延伸社会风气,在"以文化人"中安定人心,提高凝聚力与认同感。[1] 我国传统家风以道德修养为核心,强调个体德性人格的培养与塑造。家庭,是人类社会中必不可少的生活单位。中国人对"家"的观念可谓尤为深刻,家不仅是生活的场所,也是影响人们身心成长的环境。家风作为一种家族世代相传的风气和风格,它包括家族所奉行的道德规范、所崇尚的风骨气节、所遵循的行为准则、所追求的价值标准、所沿袭的生活方式以及家庭中所特有的文化氛围、生活习惯、言行规矩和禁忌等,共同构成的一种相对稳定并世代承袭的文化风尚。[2] 家风是家庭成员可持续健康成长和发展的重要影响因素。只有将家族的积极行事作风、价值标准等风尚持续发展,人们才会有更优越的成长进步。

其次,社会价值。习近平总书记在会见第一届全国文明家庭代表时强调:"无论时代如何变化,无论经济社会如何发展,对一个社会来说,家庭的生活依托都不可替代,家庭的社会功能都不可替代,家庭的文明作用都不可替代。"[3]家庭是社会空间的组成单位,一个个幸福

---

[1] 蔡桂珍.优秀传统家训家风的时代价值[J].人民论坛,2019(14):64-65.
[2] 徐国亮.中国百年家风变迁的内在逻辑[J].山东社会科学,2019(5):76-82.
[3] 习近平.在会见第一届全国文明家庭代表时的讲话[N].人民日报,2016-12-16(002).

的小家才能建构起和谐美满的社会。幸福家庭的建设离不开良好家风引导和作用。优良家风对现代家庭的建设具有催化作用,是家庭个体的"传家宝",是社会文明建设的"甘霖玉露"。优秀的家教、家训、家风是中华优秀的传统文化,是中华民族儿女起步成长的精神家园。优良传统家风是一面镜子,既照耀着家庭健康成长,也实时照射着社会的公序良俗。习近平总书记强调:"家庭是社会的基本细胞,是人生的第一所学校。不论时代发生多大变化,不论生活格局发生多大变化,我们都要重视家庭建设,注重家庭、注重家教、注重家风,紧密结合培育和弘扬社会主义核心价值观,发扬光大中华民族传统家庭美德,使千千万万个家庭成为国家发展、民族进步、社会和谐的重要基点。"①新时期优良家风的倡导、传承和培养,要从家庭的小事做起,从家庭教育开始。家风类电视节目的出现和热播是引导家庭培育良好家风的助推器,更是纠正、培植社会良好风气的有益载体。家庭和睦、家教有方、家风优良才能养育好家庭成员,为社会输送高素质人才,社会基础才会渐加稳固,社会风气才会越来越好,民族和国家也会更加进步壮大。

再次,国家价值。家国情怀是一种对家和国的热爱,是一种忧国忧民的责任感,是一种矢志不渝、坚定信仰的精神力量。在中华传统文化的视域下,"家"与"国"从来都是一体的。"家国天下"的道德格局和家国情怀从未停止流传。孟子曰:"人有恒言,皆曰:'天下国家。'天下之本在国,国之本在家,家之本在身。"②国家的兴盛,离不开千千万万的家,更离不开作为个体和主体的人民,国家就是人民共同的家。家国情怀是凝聚民心的文化源泉,是培育优良家风的文化基础,是激励个人、超越自我的文化信念。所以家国情怀,对于个人而言,是个体利益与国家利益的高度统一;对于家庭而言,是优秀家风的源头活水;对于国家而言,是实现繁荣昌盛的精神支柱。即是说,家风的国家价值理念的培育与践行离不开家庭环境的影响,离不开家风、家教对个人品质的培养。要把个人价值、家庭价值的实现与国家民族的命运紧密相连,把小我融入大我,把个人梦、家庭梦有机融入国家梦、民族梦的时代潮流之中,把家国情怀转化为奋斗激情,大力弘扬爱国主义、集体主义、社会主义精神,提倡爱家爱国相统一,让每个人、每个家庭都为中华民族大家庭做出贡献,以家国同心创造美好未来。

第三节 家风文化的当代传播路径

从文化史的角度讲,中国传统家风文化具有两大特点:一是重视家庭及家庭教育为普遍的价值取向,传统家风文化涵盖和浸润于整个社会,既存在于贵族阶级,也存在于庶民阶层,虽有精粗之分,却无贵贱之别;二是传统家风文化核心一般集注于"亲情与仁爱""礼仪与敬恕""宗族与传承""躬行与身教""齐家与治国"等方面,其一直以来俱是与当下社会主流价值观一脉相通。③ 家风在传承方面,向来都是以家为单位,在内部自上而下的教诲、传承。但家风在发展之中不断充实自我,身处不同时代便会融入不同的时代特色。优良的家风无论处于何时期,都能在家庭和社会中发挥积极作用。

---

① 习近平. 在2015年春节团拜会上的讲话[N]. 人民日报,2015-02-18(002).
② 杨伯峻. 孟子译注[M]. 北京:中华书局,2019:181.
③ 郑师渠. 历史视野下的中国家风文化[M]. 广州:广东人民出版社,2016:150-183.

传统家风的传播特点：一是以家庭、家族为单位自上而下的传播为主，具有内部凝聚机制；二是以家族为范围的内部文化传承。但在媒介多元化、数字化的现代社会，优良家风文化不再只是以家庭为单位自上而下的内部传承和传播，优良的家风文化是中华优秀的传统文化现象，是一个家庭健康成长的文化沃土，其更应该通过多种新媒介传播，被社会各家庭学习和借鉴。

家风是一种家族（家庭）内部的规训，这种规训具有强制性，也被视为家族的法律。家风对于家庭成员而言，既是一种道德规范，又具有法律规范的性质，用以约束本家庭内部的成员。无论是司马光的《温公家范》、陆游的《放翁家训》，还是朱熹的《训子帖》、张英的《聪训斋语》等都属于规范家庭成员的家训家规，都是以家庭为单位的成员之间所进行的私域化传递、传承与传播。但家风是家族性与社会性的统一，既有家庭伦理规训，也有家庭对成员所要求遵守的社会道德规范。如何将家风的弘扬和传播从私域空间扩展到公共空间，从家庭到社会，使之外化具有普适性，是当今社会的重要任务。图书等纸媒固然是一种传播途径，但限于载体形式和阅读主体，显然不够便捷和普及。运用现代媒介将之进行公共化传播，将家庭训导凝练并上升到一般性的规范，再由一般性规范回归到每个私域家庭，结合每个家庭的具体情况，形成更好的规训，即家训总是以一定的社会规范作为自己的基本出发点，而各种家训总是通过各种不同的方式体现着一定的社会价值；另一方面，家风家训的公共传播或多或少会透过家庭而波及社会，从而成为社会文化的有机组成部分。①

一、从祠堂到家风馆

祠堂文化的传播属于一种私域的小范围的内部传播，在时间纵深层面影响深远。祠堂是宗族文化的主要载体。祠堂文化具有特质内涵，祠堂文化长期以来以中华传统文化中的"忠、孝、仁、义、礼、智、信"作为其核心价值，以弘扬祖德，树立榜样，注重伦理和道德教化为主要活动内容，以激励奋发图强、光宗耀祖，为国家为社会作贡献为理想目标。它又具有很强的群众性、实践性和普适性，成为了祠堂文化共同的特有内涵。②

近年来陆续建立并开放的家风馆是宗族文化展示和继承的又一载体。家风馆将起到弘扬优秀家风、讲好身边故事、发挥教化作用、打造精神家园的作用。如陕西省家风馆，其综合展馆集家风家训展示、家风宣讲（家风讲堂）、家教指导等为一体，是陕西首家省级家风培育体验示范基地。陕西省家风馆展出内容主要分为红色家风、家规家训和文明新风三大部分。红色家风主要介绍毛泽东等老一辈无产阶级革命家和焦裕禄等优秀共产党人在长期的革命和建设实践中形成的家庭风尚或生活作风；家规家训主要介绍朱子家训等"传统家规"和韩城党家村、潼关杨震、眉县张载、岚皋杜氏、汉阴沈氏、白河黄氏等家规；文明新风主要介绍习近平总书记关于家庭建设和家风的重要论述，以及近年来陕西省在家庭文明建设中取得的成果。③

从宗族祠堂到社区家风馆，是家风文化从私训的传播到公共规范的演变。家风馆的建

---

① 徐秀丽. 中国古代家训通论[J]. 学术月刊，1995(7)：27-32.
② 与时俱进发扬宗族祠堂文化，使祠堂成为传承文化、崇德向善的"文化礼堂"和"文明殿堂"[R/OL]. (2019-03-07)[2020-06-03]. https://www.sohu.com/a/299805142_120060158.
③ 陕西省家风馆开馆-新华网[R/OL]. (2018-07-20)[2020-06-03]. http://www.xinhuanet.com/local/2018-07/20/c_1123156361.html.

设也是希望能够通过一些文化特色结合推广教学体验需求,直观地将优秀传统家风文化的博大精深展现在参观者的眼前,或者能让大家参与其中去体验传统文化的魅力。

二、家风动画传播

动画是一种综合艺术,它具有多元的符号表征系统,轻松的艺术表达形式。动画集合了音乐、美术、绘画、雕塑、文学、摄影、数字媒体等多种艺术表现形式。动画亦是一种幻想夸张的艺术,更容易直观表现和抒发人们的感情,可以把抽象的、宏观的、隐性的转为具体的、显性的内容,拓展了受众想象力和创造力。动画的特点是启蒙教育,寓教于乐。动画的教育价值,是通过娱乐的方式向儿童传播知识,强调引导性教育、启发性教育;动画的文化价值,主要体现在受众能在娱乐中获得文化知识,能够体验到动画传递给的人文精神价值。动画能够在不知不觉间对人进行启迪、教育,传承民族传统文化。

动画的本质是传播快乐、传播文化、传播价值观,而家风的本质是一种文化、是一种民族精神,二者具有共通性;家风是一个严肃的话题,而动画是一种轻松的艺术,在此方面,动画可以消解家风传承的刻板与严肃,以相对轻松的形式传递、传承与传播,使之更容易被受众接受。这是家风与动画二者结合的可能性与必要性。此外,二者都是一种教育,启蒙教育与家庭教育,都需尊重受众的接受程度,是一个循序渐进的教育过程。动画根据儿童发育成长特点,划分为不同类型的动画片,其艺术表达、创作手法、动画语言等方面均有区分,同样家风传承亦需根据家庭成员的特点,特别是针对儿童的心智发育过程施以不同的教育。

根据上述家风和动画的阐述,家风类动画必将承载家风传承与传播的责任,并肩负中国动画文化走出去的重担。家风动画融文化传承与动画传播为一体的,恰是一种"波粒二象性"——它的"粒"是家风,它的"波"是动画。家风动画,既是一种传播媒介,又是一种文化载体。动画具有媒介属性,抽象的家风内容可以通过它进行有效传播;同时动画具有文化属性,运用中国传统文化(家风)对动画的创作和表现手法进行包装,提高其文化内涵。

(一)家风动画传播机理

关于家风动画的传播机理,主要采借传播学中的"培养理论",阐释家风利用动画媒介传承与传播的可行性和有效性。20世纪60年代末,电视媒介发挥着重要的社会影响力。美国传播学者乔治·格伯纳开展电视媒介对受众态度影响的研究,提出了"培养理论"。该理论着重提出"主流效果"和"回响效果"观点,借以此二观点来审视动画传播对家风传承的影响。

"主流效果"认为,大众传媒一般对整个文化有扩散性影响,使得整个文化通过大众传媒而趋于同质化或主流化。根据此观点大众传媒通过"象征性的现实"能在耳濡目染中培养受众的世界观,家风是一种社会现实,通过动画媒介的长期效果,将其包含的特定价值观和民族精神以"影音娱乐"等形式来表现并实现。需要注意的是,家风在动画内容中必须是客观的、真实的(动画表现形式可以是夸张的、变形的),以确保培养民众优秀的家风。"回响效果"是指当传播媒介的经验、场景与受众的个人经验、文化背景趋于一致时,会大大提升培养的程度,进而与受众产生共鸣场,培养效果会如同空谷回音一样显著扩大。家风是贴近现实、贴近生活的,动画媒介所传播的家风内容应贴近生活实际,贴近民众风俗,贴近社会主流文化,这样才能使媒介效果达到最大。同时,根据培养理论的观点,家风动画也能够提升国产动画在国人中的地位,通过文化认同和精神回归,促使中国动画更好的发展。在下文家风动画传播的本质论述中,家风动画传播均体现着培养理论中的"主流效果"和"回响效果"观点。

(二)家风动画传播本质

动画传播的是一种娱乐、轻松、文化、知识;家风动画在其基础上,添加更为浓郁的传统文化气息,提升动画本身的文化内涵,但并未改变动画特有的气质——愉悦、欢快、轻松。家风是传统文化的有机组成部分,是一种民族精神,家风动画更侧重动画的文化内涵,并将家风的隐性一面显性化,私域部分公共化,以提高家风的接受度和传播度。

第一,家风动画传播是一种文化传播。动画是一种文化艺术形态,家风动画的传播亦是一种文化传播,其表现在三个方面:一则,家风动画传播是区域文化传播,每个区域文明都孕育着独具特色的家风家训,例如徽州文化是三大地域文化之一,是典型的区域文化。徽州家风更是特色鲜明,无论是商贾巨儒,抑或平民士绅均有大量优秀家风传承,如徽州程氏、戴氏、胡氏、汪氏等诸家族的家风,当然也包括朱子家训,这些都是徽州文化中的优秀组成部分,家风动画的传播首先体现的就是典型区域文化的传播。二则,家风动画传播是传统文化传播,根据主流效果的观点,不同家庭/家族家风或区域性家风文化是相互区别的,但经过大众媒介(动画)传播使之趋同,即将不同家风中的共性提炼出来,形成相对统一的价值体系。区域文化是中国传统文化的重要组成部分,家风思想亦是中国传统文化中不可或缺的优秀基因,它涉及社会生活中安身立命、忠孝仁爱、修身齐家等各个方面。若这些民族精神和品质融入动画艺术中并有效传播,中国传统文化亦会凭借动画片的广泛传播而深深植入世界人民心中,促进中华文化走出去,并促使世界对其的认同。三则,家风动画传播是中国动画文化传播,传统文化是中国动画生存、发展的沃土,更是艺术境界的旨归。运用传统文化发展本土动画文化,认同中国学派的动画文化,特别是将中国传统文化元素运用到动画创作中(例如水墨、剪纸、皮影等),使之区别于计算机图形(computer graphics,CG)制作的动画,并致力于形成和传播中国学派的动画文化。

第二,家风动画传播是一种由抽象到具体的传播。家风不同于家教,家风是一种抽象的概念,家教属于家风,是一种具体的措施。家风动画是将抽象的、宏观的家风具体化。动画是一种艺术符号,也属于文化传播的媒介,家风动画将家风中的具体案例、故事、名人轶事等进行二次编剧,使之适合动画艺术的创作要求,对抽象概念进行意义抽取,对内容进行阐述,对形象进行表现。从"回响效果"观点来看,家风动画应通过动画题材、场景、形象、旋律、人文背景和文化内涵进行家风文化传播,使其潜移默化缩小家风动画与民众的心理距离,产生人文体验和文化精神的多重共鸣,让家风有效传承与传播,形成良好的社会风气。在题材内容上,选取家风中的诚信、读书传家等内容;在人物造型上,借鉴区域传统文化的元素;在背景设计中,汲取区域特色的情境等元素;在音乐基调中加入当地民歌等音乐、音响效果,使家风动画融多种传统艺术于一身,使之散发浓郁的区域文化特色和审美情趣。

第三,家风动画传播是一种从民族精神到声像符号的传播。说到底家风是一种民族精神和民族信念,是一种抽象概念,若仅仅利用说教手段传承和传播此种文化,略显枯燥且效果甚微,甚至可能遭到受教者的反感。从"主流效果"观点来看,将民族精神和主流价值观以动画手段——"影音娱乐"等形式来表现,可以提高受众的接受度,其传播效果更佳。动画是通过图文声像等表达,其表征系统在本质上是一种符号,符号化、可视化是动画最为直观表达的方式,通过动画媒介将家风建构为一种象征性现实(拟态环境),使之更有利于家风的传播与传承。动画的符号系统,一是能将家风所表现的内容进行形象地表达,二是运用符号集合体,对超越家风本体的意义进行多向度表达(上升到民族精神的高度);三是通过简化、夸张、变形、重组等一系列造型设计手法在视觉识别、强化表达、凝练特质等方面传播家风效果更佳。家风动画在符号系统上形式多样、语言俏皮、形象夸张、艺术效果多样,既避免了单一枯燥、虚拟性、典型性等视觉表征特点明显,且能生动地体现了民族情感和美学价值。另外从文化教育心理学来看,家风动画传播更接近儿童学习心理,更易于理解接受。

第四,家风动画传播是一种隐性传递到显性传播。家风是一个百姓话题,涉及各个家庭,每个人都可以谈几句,但家风又是一个难以用几句话、用一两个故事讲得清、说得透的话题,它是一个隐性的难以言表的事物。根据培养理论,在媒介社会,受众对现实的接受,由大众传媒所构建的符号现实和社会存在的现实共同作用于人的主观意识并形成主观现实,家风也是经此途径(动画)传播与传递,或者更多的是要取决于大众传媒构建的家风动画。家风或家训除了文字记载,基本都是由家族或家长言传身教,躬身示范,属于一种缄默知识,需要受教者自己体会与感悟,其对于儿童来说可能无法有效理解;而运用动画这一媒介载体来传播家风,其最大的优势就是将隐性的家风教育赋予直观的印象,利用图文声像等显性手段更容易被受教者接受,这种由隐性到显性的转换,需要对家风进行意义抽取,重新阐述,并将之运用到动画符号表征系统中进行展现。儿童通过观看动画中的人物与情节等图像符号,更加直接感受到平时家长对自己的教导,这样才能真正做到符号表征与现实教导、屏幕印象与生活感受、显性表达与隐性教育有机统一与融合,使得晦涩难懂的家风说教通过动画符号更容易被诠释和理解,以达到"回响"效果。

第五,家风动画传播是一种由低龄化到全龄化传播。根据年龄阶段划分,观看动画片群体可以为:幼儿观众 1~6 岁、儿童观众 7~12 岁、少年观众 13~17 岁、青年观众 18~40 岁、中年观众 41~60 岁、老年观众 60 岁以上。① 目前国内动画片大部分针对幼儿和儿童观众,从故事题材到人物设计、场景设定仅仅满足低幼观众的喜好,忽视其他年龄段的受众,造成我国观众普遍存在动画片等同于儿童片的观念。如果说一般题材的动画片是低龄人的专属尚可接受,但家风动画则应面向全龄化。首先家风并非仅针对低龄人群,它涉及整个家庭的每个成员、甚至社会中的每个个体。家风传播主体从家庭成员扩大到社会成员,动画不需要以识字为获得媒介的技术前提,所有受众均可覆盖,其声像画面并举的传播模式给受众以强烈的视觉体验。全体成员均可接受家风动画,共同观看,共同学习,共同传承与发扬,以利于传统文化复兴和价值体系的确立。从传统意义上理解,家风应为长辈对晚辈的言传身教,晚辈对长辈的遵从与效仿,具有相对的稳定性和单向性,但随着社会结构转型,家风不仅是长辈对晚辈的教导,亦有晚辈对长辈的回应与影响;正如安徽师范大学庄华峰教授所言:家风是面镜子,父母在里面,孩子在外面。② 从这个角度来看,家风动画应适合所有年龄阶段的群体。

综上,家风传承与动画传播,二者相辅相成,家风为动画创作与发展提供文化内容,动画为家风传承与传递提供媒介载体。但若创作出高水平的家风动画也并非易事,对家风文化的内涵挖掘、意义抽取、符号编码是动画创作的关键。动画艺术本身的精益求精、创作具有本土特色动画文化,也是家风动画的重要环节。

---

① 王卓敏.中国动画电影的全龄化研究[J].当代电影,2014(6):197-200.
② 庄华峰.家风是面镜子,父母在里面,孩子在外面[N].新安晚报,2014-10-22(13).

三、家风电视节目传播

电视媒体的发展较为迅猛,也是现代信息社会中较具影响力的媒体。电视媒体以电视为宣传载体,对大量的信息进行广泛传播。在传达公共政策、引导社会舆论、传播优秀文化等方面有着非常重要的作用。其在传播方面的优势和特征:其一,视听兼备的多元信息符号。相比其他媒介,电视可通过影像、声音、文字等符号传播更多的信息,能够更加真实、全面且生动地反映现实社会生活。其二,家庭式的接收方式。以家庭或小群体为单位是自电视诞生以来的重要属性。人们在共同接收电视节目的过程中,分享着其中的信息,也交流着他们对电视节目的解码内容和意见态度。在这一层面上,小单位的接收方式有利于人际传播。

近年来,以家风文化为内核,围绕"家风""家文化""家教""家训"等与家风文化相关内容展开的节目创作,旨在促进家庭教育建设、家风传承建设、家风文明建设,以提升个人、家庭与社会文明,提振文化自信为目的与价值的家风文化类电视节目较为活跃且火热。纵览我国已播出的文化类电视节目,以家风文化为主题的文化节目从 2002 年开始出现,即吉林卫视打造的精品电视栏目《回家》。《回家》是一档文化纪实栏目,吉林卫视每周二至周四 17:50 播出。栏目播出仅两年,便赢得了国内电视业人士的广泛推崇,博得了国内收视人群的高度信赖。其以独特的视角,纪实的手法,就像讲故事一样讲述了数百多位文化名人和各阶层人物"回家"的故事,围绕"家"这一概念和主题向观众呈现人们对家的执念,以及对家文化的解读。该节目是家风文化类电视节目领军先锋,这一时期也是家风文化类电视节目的萌芽期。但自 2002 年《回家》开播至 2014 年,期间此类电视节目的数量没有呈现明显的上升趋势。究其原因,主要是因为家文化、家风等传统文化还没有被广大电视媒体所注目,媒体对家风传播、传承的作用也没有被发掘和重视。2014 年 4 月,中央电视台综合频道播出记录式明星真人秀节目《客从何处来》,其通过阐释个体与家庭、宗族、民族之间的关系,复原人们对故土牵挂、追思念旧、家国情怀的精神线索,用寻根的方式探索家文化的源泉。此后,家风文化类电视节目不断出现,使之从萌芽之后的停滞期,逐渐成为稳步发展的成长上升期。自 2014 年至今,在电视台播出的家风文化类电视节目已有十余档,这个时期可谓是家风文化类电视节目的爆发期。家风文化类电视节目的发展经历了萌芽期(2002 年及以前)、探索期(2003—2013 年),以及发展上升期(2014 年至今)。家风文化类电视节目因其具有较强的现实意义和传播价值,在重视中华民族伟大复兴、传承弘扬中华优秀传统文化、充分坚定文化自信的新时代,此类节目会发挥其文化功能、社会意义以及教化功能,协助建立和谐社会,引领社会主义文明风尚。

(一)内容与形式的编码创新传播

第一,内容是电视节目的核心要素所在,由题材和主题等多个层面构成。电视节目制作完成后在媒体上播出,这时属于初级文本,即屏幕的信号模式以及在任意时间内的电波模式。这里的文本不仅是电视信号,还是为观众提供生产意义的载体。家风文化类电视节目以家风文化为核心内容,应具备促进家庭教育建设、家风传承建设、家风文明建设的意义,以提升个人、家庭与社会文明,提振文化自信为目的与价值。所以节目需要把中华民族优秀家风文化,优良家庭作风、生活习俗、道德观、价值观等注入节目内容之中。家庭风貌的优劣不仅对家庭成员人格、品行、道德等的塑造上具有重要影响，其更能关乎家国的兴衰。因此，历史积淀的优秀家风文化成为电视节目的核心内容，将其创新性广泛传播，能够产生良好的社会意义。以家风、家庭为主题的电视节目，在内容方面以"家风"为中心，选取了各具代表性的知名人物的家庭故事，积极探寻不同家庭的风骨与积淀，给观众呈现多样的优良家风。家风文化类电视节目邀请人们耳熟能详的名人志士家庭成员参与到和观众的时空对话。节目中每一个家庭讲述感人至深的家风故事，将优良的家风、家教、家训分享给观众。深入挖掘、阐释和传播优秀家风文化是构建新时代优秀家庭、和谐社会的关键，节目以平凡而卓越的小家故事探求和承续中华民族优秀家风文化，挖掘故事内涵，力求以小见大，通过电视、网络等媒介的传播，发挥优良家风的渗透影响作用，为共建社会主义家庭文明新风尚做贡献。

第二，家风文化类电视节目中，访谈类的节目通过主持人访谈国内外各界优秀家庭成员代表，在交谈间把优良的生活细节、家庭教育、为人处世、事业追求、家国情怀等家庭文化深层次挖掘，用温情的故事向观众传递永恒价值，以学习、继承优良的家风文化。真人秀类的节目，则通过富有极强观赏性和娱乐功能的表现方式，在现场活动进行中通过具有启迪和教育意义的思想、言语和举动，达到寓教于乐、传递家风的效果。纪实类的节目不同于传统的专题纪录片，它并不单一的以发现和纪录的视角和手段去旁观，而更多地在于发掘正在发生事情的文化内涵。

节目内容与形式俱是电视人在相应的制度网络内运用知识结构和技术基础生产出来的。在生产过程中自始至终是以意义和思想为框架的，这些意义和思想包含在节目生产过程中，包括实用知识、技术技巧、职业观念、制度知识、定义和假设、关于受众的假设等。文化类电视节目的生产都具有一定的目的性，这就需要意义的注入，即在电视节目生产的"编码"过程中，注入有特殊意义的符码，如家庭故事的讲述、"老物件"的展示、亲人寄语、家风画等都是引导观众解读节目意义的特殊符码。所以作为观众初始解读电视节目的初级电视文本，家风文化类电视节目在内容与形式方面创制特殊意义的符码与结构，将隐晦难以捉摸的家风文化得以运用新意的方式传播。

（二）新媒体融合的传播方式

电视节目的传播渠道主要以电视台为主，兼顾自主创制的节目官方网站和合作播出的各大视频网站。除此之外，众多的家风文化类电视节目也在积极探索新媒介融合的传播之道，如网络自媒体、新闻网站以及手机客户端等都是节目的传播渠道。

首先，网络自媒体是现代化网络普及的产物，是平民化、私人化的网络平台，主要包括博客、微博、微信、贴吧、论坛、内容开放平台等网络社区。其次，众多媒体的宣传报道文本也刺激着观众对节目文本的多重解读。新华社、人民网、央广网、中国青年网、搜狐新闻、腾讯新闻、新浪微博私人和官方账号以及微信公众号等多个媒体平台，都能够对节目做出相关新闻报道或者内容分享。再次，当下网络高速发展的融媒体时代，手机小屏逐渐占据了主动权和制高点。在手机数据网络飞速发展的今天，传统电视大屏由于各种原因而"落伍"，追赶而上的是引领"小屏时代"的手机。各种各样的手机 APP（应用程序，Application 的缩写）不断被推出，新闻、视频、游戏等娱乐都可以在手机上进行。由于便携等原因，手机已经成为现在人们休闲时间的主要"娱乐工具"。此时，电视节目应积极开拓小屏领域。各种各样宣传报道和相关短视频在网络上流动，促成多类型的文本内容有利于观众对电视节目的解读。一方面通过多渠道的传播让观众有兴趣去了解节目中的家风内容，满足其心理以及知识上的渴望;另一方面,观众能够通过新闻报道、收听音频、观看短视频等引发情感共鸣,从而刺激观众更全面地解读电视文本。

> **思考题**
>
> 1. 当代家风文化传播有哪些困境?
> 2. 简述家风文化当代价值启示以及与社会主义核心价值观的关系。
> 3. 宗族文化(家风)的传承与传播路径有哪些?

第十四讲　民俗传播:民间仪式文化的社会价值

在我国,不仅"风俗"一词古已有之,"民俗"一词也早在古文献中使用了。在《礼记·缁衣》中有"故君民者,章好以示民俗"①之句,也是民间习俗的概念。《史记·孙叔敖传》记"楚民俗,好庳车"②,《汉书·董仲舒传》载"变民风,化民俗"③,《管子·正世》中也说"料事务,察民俗"④,《韩非子·解老》中也提到了"民俗"字样。可见,在我国古代"民俗"这个概念早已确立。

第一节　民俗文化的内涵与功能

民俗起源于人类社会群体生活的需要,在特定的民族、时代和地域不断形成、扩散和演变。民俗是在人类社会长期发展中形成的,是与居民生活密切相关的衣食住行、礼仪、信仰、风尚、娱乐等民间风俗习惯的总和,既包括自古以来口耳相传的口语资料,也包括非语言材料,如与身体动作语言有关的民间活动以及民间艺术形式,是经社会约定俗成并流行、传承的民间文化模式,是一种文化的积淀。民俗一旦形成,就成为规范人们的行为、语言和心理的一种基本力量,同时也是民众习得、传承和积累文化成果的一种重要方式。民俗不仅仅是一种民间自我传承的文化事象,也是一个民族自由表达情感、展现独特精神风貌和世界观的一种行为方式。

一、民俗的内涵

民俗由"民间"(folk)和"风俗"(customs)组成。美国民俗学家阿兰·邓迪斯认为,所谓"民",是指任何一个人都是一些不同的"民"的单位的一个成员,其本质是一个被大大扩展了的民族的或国家的身份单位。一个国家、一个城市或地区、一个乡村、一个家庭的成员,都是群体的成员,都存在着民族的、城市的、地区的、家庭的民俗。这是一种宽泛的"民"的概念。"民"也可以理解为"民间",就是指民众中间,与官方相对,其主要组成部分是创造物质和精神财富的普通民众。只要是"官方"以外的有着某种共同社会关系的群体,都可看作"民间"。

---

① 郑玄,注;孔颖达,正义.礼记正义[M]//阮元.十三经注疏.北京:中华书局,1980:1648.
② 司马迁.史记[M].北京:中华书局,1982:3100.
③ 班固,撰.汉书:卷19[M].颜师古,注.北京:中华书局,1962:2503.
④ 房玄龄.管子[M].刘绩,补注.刘晓艺,校点.上海:上海古籍出版社,2015:321.

而对于民俗之"俗",民俗学者多用二元对立观念去阐释——要么把"俗"等同于传统,要么把"俗"看作民间文化。它是人民群众在社会生活中世代传承、相沿成习的生活模式,是一个社会群体在语言、行为和心理上的集体习惯。这些定义主要把出发点放在民俗属性上面,在形式上阐述民俗的含义和内在性质。还有一种关于"俗"的解释是列举民俗体裁或形式的细目,如歌谣、故事、迷信、方言、神话、游戏、谜语等。

从某种意义上来说,民俗是特定时间和空间内,一个群体出于生存需要,遵循社会法则和自然规律而设计的生活方式和文化准则,是世代传承的包罗万象的精神(意识)和行为(仪式)的复合体。就本质而论,它反映的是广大人民群众的人生哲学,充满着人文关怀,渗透着人民群众的愿望和期盼,是他们的宇宙观与理想世界的"书写"。因此,民俗的叙事方式是以人生观照为其核心而形成的结构形态和逻辑关系。

民俗文化是由历史沿传来的,又在现实社会生活中生生不息,具有一定特色的风俗、习惯、心态、制度等,是一个外延相当广泛,反映民间文化最一般的概念。狭义的"民俗"概念,归纳起来主要有四种:其一,文化遗留物说。这是英国文化进化学派的观点,他们认为民俗是一个已发展到较高文化阶段的民族中所残存的原始观念与习俗的遗留物。其二,精神文化说。英国民俗学会 1914 年出版的《民俗学手册》中,有一段话形象地表明了这种观点,它常常被人引述:"引起民俗学家注意的,不是耕犁的形状,而是耕田者推犁入土时所举行的仪式;不是渔网和渔叉的构造,而是渔夫入海时所遵守的禁忌;不是桥梁或房屋的建筑术,而是施工时的祭祀以及建筑物使用者的社会生活。"①其三,民间文学说。这种观点认为民俗即民间文学,主要流行于美国和苏联。例如,美国学者厄特利(F. L. Utley),将民俗定义为"口头传承的文学艺术",将习惯、宗教、语言、工艺等排斥在外。在苏联,民俗(folklore)仅指劳动人民的口头创作。在中国,过去研究比较多的民俗现象也主要表现为民间文学。其四,传统文化说。这是西方普遍流行的观点,即把民俗仅限于传统之中,将生活中不断涌现出来的新民俗排斥在外。1961 年,厄特利曾对西方流行的 21 种民俗定义进行关键词分析,结果发现其中"传统"一词出现率最高,达 13 次,可见这种观点带有普遍性。

随着研究的日益深入,上述狭义民俗观今天已被打破,人们普遍倾向于对民俗概念的广义理解。民俗是人民大众创造、享用和传承的生活文化。它既包括乡村民俗,也包括城镇和都市民俗;既包括古代民俗传统,也包括新产生的民俗现象;既包括以口语传承的民间文学,也包括以物质形式、行为和心理等方式传承的物质、精神及社会组织等民俗。民俗虽然是一种历史文化传统,但也是人民现实生活中的一个重要部分。当然,"民俗"的范围并不是宽泛无边的。每个民族都有上、中、下三层文化,民俗是中下层民间文化的一部分。一切民俗都属于民间文化,但并非一切民间文化都是民俗。民俗是民间文化中带有集体性、传承性、模式性的现象,它主要以口耳相传、行为示范和心理影响的方式扩散和传承。民俗是一种民间传承文化,它的主体部分形成于过去,属于民族的传统文化。但它的根脉一直延伸到当今社会生活的各个领域,伴随着一个国家或民族民众的生活继续向前发展和变化。

民俗事象纷繁复杂,从社会基础的经济活动,到相应的社会关系,再到上层建筑的各种制度和意识形态,大都附有一定的民俗行为及有关的心理活动。总体说来,大略可以分为以下四部分:一是物质民俗,指人民在创造和消费物质财富过程中所不断重复的、带有模式性的活动,以及由这种活动所产生的带有类型性的产品形式。它主要包括生产民俗、商贸民

---

① 查·索·博尔尼.民俗学手册[M].程德祺,等译.上海:上海文艺出版社,1995:1.

俗、饮食民俗、服饰民俗、居住民俗、交通民俗等。二是社会民俗，亦称社会组织及制度民俗，指人们在特定条件下所结成的社会关系的惯制，它所关涉的是从个人到家庭、家族、乡里、民族、国家乃至国际社会在结合、交往过程中使用并传承的集体行为方式。它主要包括社会组织民俗（如血缘组织、地缘组织、业缘组织等）、社会制度民俗（如习惯、人生仪礼等）、岁时节日民俗以及民间娱乐习俗等。三是精神民俗，是指在物质文化与制度文化基础上形成的有关意识形态方面的民俗。它是人类在认识和改造自然与社会过程中形成的心理经验，这种经验一旦成为集体的心理习惯，并表现为特定的行为方式并世代传承，就成为精神民俗。精神民俗主要包括民间信仰、民间哲学伦理观念以及民间艺术等。四是语言民俗，指通过口语约定俗成、集体传承的信息交流系统。它包括两大部分：民俗语言与民间文学。语言是一种文化载体，各个民族、各个地区都有特定的语言，即民族语言和方言，它们是广义的民俗语言。狭义的民俗语言，是指在一个民族或地区中流行的那些具有特定含义，并且反复出现的套语，如民间俗语、谚语、谜语、歇后语、街头流行语、行话俚语、酒令等。民间文学是指由人民集体创作和流传的口头文学，主要有神话、民间传说、民间故事、民间歌谣、民间说唱等形式。

社会生活是一个整体，为社会生活服务的民俗文化也有其整体性与系统性。在物质民俗、社会民俗、精神民俗、语言民俗四大部类民俗之间，存在着相互关联、相互制约与促进的有机联系，它们相互影响，并随着时代的发展而不断变化。

二、民俗的特征

民俗事象在不同的时间或空间及其活动过程中显示出一些十分明显的外部特征。在时间上，民俗的特征是以时代特色为标志的，所以通常称为历史性特征，在空间上，民俗的特征是以区域特色为标志的，所以通常叫作地方性特征。民俗在其活动过程中所显示出的运动规律，又具有明显的世代传承及不断变化的特点，所以通常又把这些称作传承性和变异性特征。至于各种民俗事象的传播特点及复合多重特点也都是以上这些特点派生出来的。

其一，历史性。历史性是民俗发展在时间上或特定时代里显示出的外部特征。这个特征也可以称为时代标志的特征。因为这种特征是在民俗发展的特定历史中构成的，即历史性。历史的变革有着重要的意义。以日常礼仪为例，有叩头跪拜、打千请安、作揖拱手等礼节，都是旧时代的产物，随着新时代的变革，逐渐被鞠躬、握手等新礼节所取代。再如，传统的婚俗六礼：问名、订盟、纳采、纳币、请期、迎娶，父母之命，媒妁之言，几乎束缚了我国古代婚姻制度长达数千年，具有典型的历史性。新历史时期，文明婚礼与自由恋爱、婚姻自主的新式婚俗，越来越多地取代了旧式婚俗，标志了新时期的婚恋特点。在古代传统社会，民俗的历史面貌呈现出一种相对稳定的保守状态，但由于历史更迭、民族交往、生产发展等政治、经济、社会因素的影响，各个阶段也会显示出不同的历史特点。

其二，地方性。地方性是民俗文化在空间上所显示出的典型地理特征或乡土特征。俗语说的"十里不同风，百里不同俗"，民俗的地方性具有十分普遍的意义。宏观而言，各地区形成的民俗事象，分别构成各种类型的同心圆，彼此交叉联系，形成了若干有区分的民俗地域。像我国东北地区，几千年经济文化的影响，形成了一个大的同心圆，使它与我国华北、西北、西南、华东等地区有很大民俗差异。在这个大地域中，又大致分布着许多小地域或更小地域的民俗同心圆，互有差异，直至最小的自然村落的差异为止。这种民俗特征标志着民俗事象依附于地方乡土的黏着性。中国的民俗文化有明显的区域性特征,最简单的划分是南北文化的差异,这就是在中国辽阔的国土上形成了以秦岭与淮河为界划分出的南方和北方,并产生了相应的民俗文化,物产上的南稻作北麦黍,语言上的南繁杂北整齐,哲学上的南道家北儒家,……南方涌现出大批民间歌手,所谓"饭养身歌养心",人们在娱乐生活中唱山歌、唱情歌是常有的事;而在北方,唱歌的状况远不如南方为盛,相反,却涌现出数不清的民间故事能手。北方大部分地区冬季长达半年之久,由于气候寒冷,许多活动多在庭院和居室之中举行,如踢毽、演唱二人转、两小戏、皮影戏、木偶戏、民间小戏以及说书、讲故事等,其中说书、讲故事是北方民间最为普遍的文化娱乐活动。从这个层面说,区域性、地方性、乡土性本来就是民俗文化的重要表征之一。

其三,传承性。传承性是民俗发展过程中显示出的具有运动规律性的特征。对民俗事象的存在和发展来说具有普遍性。民俗,是世代相传的一种文化现象,因此,在发展过程中有相对稳定性。好的习俗以其合理性得到广泛的承认,代代相传,不断地继承下来;恶习陋俗也往往以其因袭保守的习惯势力传之后世,这种传袭与继承的活动特点正是民俗的传承性标志。比如岁时节日习俗,农历正月十五的元宵灯会和吃元宵;四月清明节的祭祖扫墓与踏青郊游;五月初五端阳节的菖蒲艾叶、赛龙舟及吃棕子、饮雄黄酒;八月十五的中秋节赏月和吃月饼;除夕辞岁的年祭和吃团圆饭,都是传袭了千年的岁时习俗。民俗的传承性在人类文化发展过程中,呈现出不平衡状态。在文化发展条件充分的民族、地区,这种传承性往往处于活跃状态,也就是在发展创新中传承;在文化发展条件不充分,甚至文化发展相对缓慢的民族、地区,这种传承性往往也处于相对保守状态。

其四,变异性。民俗发展过程中变异性与传承性密切相关,同时又与历史性、地方性特征有千丝万缕的联系,民俗事象在不同历史、不同地区的流传出现种种变化。民俗的传承性,不是原封不动地照搬,恰恰是随着历史的变迁,不同地区的传播,从内容到形式或多或少有些变化,有时甚至剧烈地变化。因此,民俗的传承性与变异性是矛盾统一的,只有传承基础上的变异和变异过程中的传承,绝没有只传承不变异或只变异无传承的民俗事象。比如,从古代婚礼用五谷杂粮撒向新娘做驱邪祝吉仪式,到当代用五彩纸屑撒向新娘以致庆贺。这种变异性特征在民俗发展中,多少世纪以来大多是在自发状态下自然而然形成的。随着时代条件不同,地方生活不同,民族传统不同,在流传中变异各种民俗,是很自然的事,但是也应当看到,人为的有意识的改革,只要为人们广泛承认和接受,也可以形成民俗的变异。我国历史上运用政治手段采集民风、改革习俗的事例是很多的。古代六朝时太原地区寒食节冷食习俗长达百日以上,造成疾病伤亡,危害严重,皇帝下令革除,改禁火三日。也应当看到,人为的变异是有条件的,是从民俗中有意引导出来的,是符合社会前进方向和民心所向的,绝不可以把变异性理解为任何人都可以以个人意志强行改变习俗。变异性是移风易俗最可运用的特征,积极推动旧俗向新俗转化的工作,推陈出新,删繁就简,使民俗中许多事象逐渐从落后变为进步,从愚昧变为文明。既要继承优良传统,又要革除旧习陋俗。

三、民俗的功能

民俗作为一种社会文化现象,不仅是世代传承的程式化的生活方式与行为,蕴含着丰富的民族传统文化内涵和价值,同时又是民族民俗传承的重要手段。① 诚如有研究者指出的,"任何民俗事象和民间文学作品都不是无谓地传习的,它在所依存的民俗社会中总是起着这种或那种实际的作用,满足着社会整体的共同需要,也满足着个人的心理需求,这种将人们生活融为一个整体的有效作用,就是功能"②。

首先,教化功能。民俗的教化功能,指民俗在人类个体的社会化过程中所起的教育和塑造作用。社会生活先于个人而存在。个人不能选择他所希望的社会形式,人是在十分确定的前提与条件下创造历史的。人是文化的产物,民俗在个人社会化过程中占有决定性的地位。人一出生,就进入了民俗的规范:诞生礼为人生拉开第一道帷幕;从周围人群中习得自己的语言;在游戏中他模仿着成人生活;从称谓与交际礼节中逐渐了解人际关系。

其次,规范功能。民俗的规范功能,指民俗对社会群体中每个成员的行为方式所具有的约束作用。人类社会生活需要的满足,往往有多种方式可供选择。例如吃饭,可用刀叉,也可用筷子或手抓。民俗的作用,在于根据特定条件,将某种方式予以肯定和强化,使之成为一种群体的标准模式,从而使社会生活有规则地进行。

社会规范有多种形式,它们大略可以分为四个层面:第一层是法律,第二层是纪律,第三层是道德,第四层是民俗。其中,民俗是产生最早、约束面最广的一种深层行为规范。民俗是起源最早的一种社会规范。恩格斯曾指出:"在社会发展某个很早的阶段,产生了这样的一种需要:把每天重复着的生产、分配和交换产品的行分用一个共同规则概括起来,设法使个人服从生产和交换的一般条件。这个规则首先表现为习惯,后来便成了法律。"③恩格斯这里说的"习惯",就是原始的经济民俗。法律源于民风习俗。民俗是一种约束面最广的行为规范。在社会生活中,成文法所规定的行为准则只不过是必须强制执行的一小部分,而民俗却像一只看不见的手,无形中支配着人们的所有行为。从吃穿住行到婚丧嫁娶,从社会交际到精神信仰,人们都在不自觉地遵从着民俗的指令。在日常生活中,人们很难意识到民俗的规范力量,因此也就不会对其加以反抗。民俗是一种"软控",但却是一种最有力的深层控制。

再次,维系功能。民俗的维系功能,指民俗统一群体的行为与思想,使社会生活保持稳定,使群体内所有成员保持向心力与凝聚力。民俗能维系社会稳定。任何一个社会都在不断变化,每一种文化都必须根据外部环境与内部情况的变化不断地加以调整。在社会生活的世代交替中,民俗作为一种传承文化不断被后代复制,由此保持着社会的连续性。即使是在大规模的急剧社会变革中,与整个民俗体系相比,发生的变化总是局部的、渐变的,这就有效地防止了文化的断裂,维系社会生活的相对稳定。民俗不仅统一着社会成员的行为方式,更重要的是维系着群体或民族的文化心理。每个民族或社会群体,都生活在特定的自然条件与社会环境中,有自己独特的历史道路,因而形成了特定的集体心理。民俗是人们认同自己所属组织的标识,例如世界各地的华侨,虽然身处异地,但他们通过讲汉语、吃中餐、过中国传统节日等方式,与自己的民族保持认同。

第四,调节功能。调节功能是指通过民俗活动中的娱乐、宣泄、补偿等方式,使人类社会生活和心理本能得到调剂的功能。

---

① 马莉萍.中国少数民族剪纸文化研究[M].北京:民族出版社,2012:123.
② 陶思炎.应用民俗学[M].南京:江苏教育出版社,2001:45.
③ 恩格斯.论住宅问题[M]//中共中央编译局.马克思恩格斯选集:第二卷.北京:人民出版社,1972:538.

民俗的娱乐功能显而易见。人类创造了文化，目的是为享用它。人不可能日复一日、永无休止地劳作，必须在适当的时间进行适当的娱乐活动，恢复体力，调剂精神，享受劳动成果，进行求偶、社交等活动。世界上没有哪个民族没有节日、游戏、文艺、体育等民俗，它们是人类生活的调节剂。

民俗也有宣泄的功能。人类社会生活中，个体的生物本能在群体中必然受到一定程度的压抑。无论是肉体行为压抑，还是心理压抑，对人来说都是一种破坏性的力量，如果不在某种程度上得到宣泄，一旦积郁起来集中爆发，其后果不堪设想。有的民俗就是应这种需要而产生的，如古希腊罗马的酒神节，人们在节日里饮酒狂欢，日常生活中的种种禁忌这时全被打破。这种放荡性的狂欢节日，许多民族历史上都有过。中国古代的上巳节，也属于类似性质。《周礼》载："仲春之月，令会男女，于是时也，奔者不禁。"现代一些少数民族的狂欢节日，如傣族的泼水节、蒙古族的那达慕等，也有某些宣泄的功能。另外一些民间游戏，如斗鸡、斗牛、斗蟋蟀、下棋等，都能起到宣泄心理能量的作用。葬礼中的哭丧也是一种心理情感的宣泄。

民俗还有补偿功能。人们在现实生活中难以得到满足的种种需求，往往在民俗中得到某种补偿。恩格斯在谈到德国的民间故事书时曾说：民间故事"使一个农民作完艰苦的日间劳动，在晚上拖着疲乏的身子回来的时候，得到快乐、振奋和慰藉，使他忘却自己的劳累，把他的贫瘠的田地变为馥郁的花园"，"使一个手工业者的作坊和一个疲惫不堪的学徒的寒伧的楼顶小屋变成一个诗的世界和黄金的宫殿，而把他的矫健的情人形容成美丽的公主"。[①] 这就是一种精神的补偿。在情歌中，人们歌唱着美好而大胆的爱情；各种各样的民间工艺、民间文艺，不仅使人们赏心悦目，而且使生活充满了吉祥和希望。所有这些，都是民俗给人们单调而贫乏的日常生活的补偿。

第二节　民俗仪式的特点与功能

一、民俗仪式的特点

"仪式"作为专门术语出现在19世纪，社会人类学关注日常生活中的世俗仪式，最早始于英国维多利亚时期的"仪式主义"（Ritualism）学派，以安德鲁·朗（Andrew Lang）和威廉·史密斯（William Smith）为代表。其后法国社会学派代表人物埃米尔·迪尔凯姆（Emile Durkheim）（又译涂尔干），在其1912年发表的《宗教生活的基本形式》（《The Elementary Forms of the Religious Life》)中强调了仪式在个人社会化过程中所担负的不可取代的作用。他认为仪式无时不有、无所不在，是建立一个群体所必需的最基本的社会组织方式。

一般来说，所有的人类行为都可以理解成仪式行为，美国社会学家贝格森（Albert Bergesen）将仪式行为划分为微型、中型、大型三个层次。在贝格森看来，所谓微观仪式（micro-rites）指的是一个人类群体的语言符码，也就是经过统一规范后的仪式化用语，比如

---

① 恩格斯. 德国民间故事书[M]//中共中央编译局. 马克思恩格斯全集：第41卷. 北京：人民出版社, 1982：14, 16.

见面时说"你好",得到他人帮助后说"谢谢"等。中型层次的仪式(meso-rites),是在日常生活的人际交往中体现出来的礼节性的行为规范,相当于集团内部的个人在日常生活中必须遵守的行为规范,比如一日三餐的进食时间、绅士所遵循的"女士先行"的规则等。大型仪式(macro-rites)则是需要与日常生活区别开来的集体的庆典、纪念仪式,其特点是非常正式,完全从日常生活中独立出来(通过在特定的时间和地点举行等方式),并由一个社会共同体的集体参与。

仪式在起源上主要是宗教仪式,民俗仪式虽然没有宗教仪式严格规范,但民俗仪式无疑也属于仪式的范畴,并且从本质上来说民俗仪式是脱胎于宗教仪式的。涂尔干认为宗教的最大特征在于:使神圣事物和凡俗事物产生了区分,①而宗教仪式便是这种区分的分水岭。故而,仪式的价值就在于它的神圣性,不过,民俗仪式并不直接标示某种神圣性,它更主要地表现为对某些共同的价值、情感的认同,在一定程度上也是一种不可触犯、不可违背的集体无意识。民俗仪式是与特定的生活文化结合在一起的,特定的形式总是寓含于特定的地方文化之中。民俗仪式是传统文化传承的载体和媒介,通过一系列极具地方特色的仪式,特殊的行为、动作、歌谣、音乐和符号,传递和表达着一套隐秘的价值规范、伦理观念和民间俗信。

通常所说的仪式是与正式的、神圣的、敬畏的等关键词联系在一起,与日常行为相比,民俗仪式具有以下特点:

其一,时空性与参与性。民俗仪式在时间和空间上有自己的范围,特别是传统的仪式行为往往是在特定的时间和特定的空间场所进行的。仪式本身与仪式进行的时空是一个不可分割的整体,仪式成员定期通过仪式而聚集起来,以满足崇拜神圣的需求。在传统的仪式观中,成员的亲身参与是必不可少的要素,只有在仪式现场,个体才有可能体验到典礼的神圣性和权威性,产生群体意识,从而融入社群之中。

其二,程式化与重复性。"程式化"指的是民俗仪式的进行必须严格按照既有的规则、秩序和标准,它有着"由文化传统所规定的一整套行为方式"。一般不会轻易变动,即使变动,也很有限。此外,仪式的程式化也是形式化的另一种表述,它也强调仪式的活动过程中要遵照结构性的行为序列——开始、过程和尾声。仪式的程式化同时也意味着对传统的承袭,但这必然取决于仪式日后被不计其数地重复性操演。因此,康纳顿认为,所有的仪式都是重复性的,"重复性不仅仅暗示对过去的延续,而且明确地宣称这样的延续"②。仪式的重复持久性行为不仅可以达到仪式的效力,而且还有利于人类现有知识、信息的存储以及代代相传。

其三,象征性与表演性。象征性和表演性是民俗仪式的两大重要特征。任何一种仪式都具有象征性。维克多·特纳认为,仪式是一个"符号的聚合体",仪式行为是一个象征性的活动过程,可以透过仪式的符号表象去理解、领会那些"隐藏"在仪式象征体系"背后"的要义,包括信仰、观念、文化、价值观等。③ 如果说,仪式的象征体系是关于某个社群或民族的精神内核的外化形式,那么,它的具象及意义只有借助于表演才能呈现出来,仪式具有"文化表演"特质。

---

① 涂尔干. 宗教生活的基本形式[M]. 渠东,等译. 上海:上海人民出版社,1999:43.
② 保罗·康纳顿. 社会如何记忆[M]. 纳日碧力格,译. 上海:上海人民出版社,2000:51.
③ 阿克瑟尔·米歇尔斯. 仪式的无意义性及其意义[M]//王霄冰. 仪式与信仰:当代文化人类学新视野. 阿曼古丽,等译. 北京:民族出版社,2008:36-37.

二、民俗仪式的功能

民俗仪式包含着多种功能,而这些功能的实现又通常与不同的仪式类型有关。最早较为完整、明确地提出仪式功能的是涂尔干,他在对"原始人"的研究中发现,仪式提供了深化社会中一种带有戏剧化特征的形式,人们可以通过仪式活动得到内容和形式以及神话的历史关联,找到远古时代的某种"凭照"。在后来的著作中,涂尔干又归纳出有关仪式功能的具体表现:惩戒功能、凝聚功能、赋予人们以生命力和欢娱功能。

其后的一些重要学者,如特纳、格尔兹(Geertz)等人都沿着涂尔干的线索将仪式的社会内部研究"结构—功能的范式"继续推进。强调仪式不只是社会与文化的反映,更有形塑社会与文化的作用;仪式不只是附带现象(epiphenomenon),而是具有创造社会与文化的力量。19世纪的英国学者简·艾伦·哈里森认为,原始仪式的行事层面,在祛除了巫术的魔力和宗教的庄严之后,就演变为戏剧,古希腊悲剧就是从旨在促进农作物繁殖的春天庆典仪式,即酒神节祭典演变而来的。①

不过,对于不同的主体,民俗仪式的作用和功能亦不同。在个体层面,民俗仪式具有欢娱功能、宣泄功能、化解功能、赋予功能等。在社会层面,民俗仪式的功能表现为四个方面:

一是规范与约束。拉德克利夫·布朗曾说:"人类有序的社会生活依赖于社会成员头脑中某些情感的存在,这些情感制约着社会成员相互发生关系时产生的行为。仪式可以被看作某些情感的有规则的象征性体现。因此,当仪式对调节、维持和传递那些社会构成所依赖的社会情感起作用时,仪式的特有社会功能也就显示出来了。"②在《礼记·乐记》中也有"先王慎所以感之者。故礼以道其志,乐以和其声,政以一其行,刑以防其奸。礼乐刑政,其极一也,所以同民心而出治道也"③。以上这两段文字都非常明确地揭示出仪式在整合族群心意状态、实现族群内部人际交流方面所起的重要作用。

二是认同与归属。在相对简单的社会里,群体仪式的对内整合功能是以个体积极、自觉地对组织的规范与价值认同为基础的。仪式的举行以一种共同的终极价值体系把个体联系成为"道德共同体"。"社会"某种意义上就是集体精神力量的仪式化表现。而马林诺夫斯基通过对远离新西兰大陆的特罗布里安德岛人的研究也指出:他们之所以定期地在技术性活动中求助于巫术活动,并非意味着他们缺乏耕作的实际知识,而是他们可以靠巫术仪式重新获取信心,再次得到群体的凝聚。仪式是使模糊的潜在的价值观外化,并使社会结构得以维系与巩固、社会情感得以申扬的有效控制性活动。在这种周期性活动中,仪式重新唤回个体的中心意识,间接抑止了个体直接利益产生的离心倾向,造成了稳定有序的群体性存在。

三是引导与升华。民俗仪式往往能够引导人们自觉地将心理潜能升华为一种对美好境界的追求。在仪式中,当人们身处庄严肃穆的场景感受着一丝不苟、别具深意的仪式进行时,心中往往不由自主地升起一种崇高感。就具体的"仪式"而言,它内在地就是一种与人类的生存密切相关的集体活动,是原始人聚集在一起、共同抵抗自然界各种不可预知之困厄的行为表现。它帮助人们超越个体孤立、与外在事物决然对立的消极看法,从完美自我的统一

---

① 简·艾伦·哈里森. 古代艺术与仪式[M]. 刘宗迪, 译. 北京:生活·读书·新知三联书店, 2008:2.
② 拉德克利夫-布朗. 原始社会的结构与功能[M]. 潘蛟, 等译. 北京:中央民族大学出版社, 1999:175.
③ 郑玄, 注;孔颖达, 正义. 礼记正义[M]//阮元. 十三经注疏. 北京:中华书局, 1980:1527.

立场上出发，仪式的确带来了积极有为的心态，坚定了个体的信仰，从而使得某个群体的地位更趋于巩固、群体成员之间的依赖性更强。

四是协调与动员。这是民俗仪式所有功能中最重要的功能，也是一切仪式最终所要达到的目的。不管是宗教信仰还是民间组织运动，仪式对它们而言都只是手段，动员尽可能多的群众参与，去完成最后的目标，这才是最重要的；而作为手段的仪式在这方面所起的作用是不容忽视的。仪式在20世纪初准宗教性质的义和团运动中占有非常重要的地位，花样繁多的仪式也起到了显著的社会动员作用。在这场席卷华北大地的运动中，其内部的条文很少，凝聚力主要靠的是不断演练的仪式，这些仪式以十分简明的方式、最快的速度，将民众煽动起来，并迅速波及京津地区。团民通过仪式实现了某种身份的转换，从一个普通个体变成了具有某种不同凡响神力的半神半人，其日常的思想与行为也就感觉与外人不同，从而内部的认同与群体的动员也就得以实现。

第三节　民间风俗与仪式传播

在此处，将要涉及两个关键词，一是民俗传播，二是仪式传播。此二者在概念、内涵以及外延既有相同之处，又有不同语境下的差异性。

一、民俗传播、传播仪式观、仪式传播

民俗传播是民俗学与传播学的交叉。民俗传播，不仅将民俗作为一种文化媒介或载体，使得世代文化传统事象在纵向的传承与继承；而且将民俗视为传播内容，并成为当下文化传播的主体内容的有机组成部分，在当代社会的时间和空间中进行横向和纵向的传播与传扬。

众所周知，传播的本质是文化、信息、知识等的传递与共享，文化、信息、知识等是构成传播的基本内容。人类社会进行的传播活动，须借助各种形态的载体——文化、信息、知识的符号载体——才得以完成。传播内容及其载体是构成传播的最基本要素。民俗传播是人类特有的各种文化要素的传递、扩散、传承、迁移与共享的过程，是各种文化资源和文化信息在时间和空间中的流变、共享、互动和重构，是人类生存符号化和社会化的过程，是传播者的编码和解读者的解码互动阐释的过程，是主体间进行文化交往的创造性的精神活动。根据著名学者仲富兰的观点，民俗传播的基本要素和主要内容非常丰富[①]，它是中国各民族共同创造和享用的物质财富和精神财富在民俗方面的体现。研究民俗传播，首先要了解它的构成的基本要素和主要内容。关于民俗传播的基本要素和主要内容详见仲富兰先生著作《民俗传播学》[②]，此处不再赘述。

1975年，传播学者詹姆斯·凯瑞有感于美国主流传播研究对文化的忽视，在《传播的文化研究取向》一文中提出"传播的仪式观"，以打开传播研究的文化取向，从而探究传播更为

---

① 诸如民俗传播的心理层、语言层和行为层；民俗传播内容包括物质民俗传播、社会民俗传播、精神民俗传播和语言民俗传播等。
② 仲富兰.民俗传播学[M].上海：文化出版社出版，2007：9.

本质的意义所在,从功能主义、经验主义的研究窠臼走到文化批判的研究层面,并取得了丰硕的成果。美国主流传播研究以大众传播为主导的趋势,割裂了传播与文化、社会的关系,忽略了传播的复杂性,忽略了传播的多样性,过于注重量化指标、实证研究。"传播"是传播学研究的逻辑起点,凯瑞通过对"传播"词源的考察,以及汲取了前人的研究理论、研究思想和成果(如克利福德·格尔茨的文化人类学知识理论、哈罗德·英尼斯的传播偏向的概念、约翰·杜威的传播思想等)将传播的定义分为两大类:"传播的传递观"(transimission view of communication)和"传播的仪式观"(ritual view of communication)。传播的传递观即杜威著作中提到的"传递"[①]——"发布信息的行为";传播的仪式观即杜威著作中提到的"传播"——"拥有共同事物的方法"。

从仪式观的角度定义,传播是人类共享意义的文化仪式。针对"传播"(communication)的英文一词在词源上与"分享""联系"有着更密切的联系,凯瑞提出了自己关于传播的定义——信息在时间上对社会的维系。他认为传播"是一种现实得以生产、维系、修正和转变的符号过程它的起源及最高境界并不是指智力信息的传递,而是建构并维系一个有秩序、有意义、能够用来支配和容纳人类行为的文化世界"[②]。

凯瑞以"仪式"作为传播的隐喻,将传播视为文化,视为维系社会存在的纽带,意味着传播与人类社会同样古老传播的本质不是表面上的信息传递,而是社会关系和社会生活得以维系的一切仪式性活动。他认为只有传播的仪式观才能发挥传播对社会整合的积极功能,才能反映传播的功能和本质,以及突破传播学研究的局限。初期传播学主要是为了政治宣传、社会动员等现实目的,故而"传播"自然带有明显的工具理性的色彩,强调信息在空间的流动并有某种控制目的——如"魔弹"理论,再加之传播所凭借的媒介技术的发展,"传播的传递观"将媒介与其承载的信息分离开来,视传播为"时间对空间的消灭",从而使传播无论在统治者手里还是在研究者看来都成了一种达成特定目标的工具。

凯瑞在强调传播"仪式观"的同时,并没有否定传播的"传递观"。毕竟信息依凭媒介而流动是现实的存在,在一定意义上可以说传播的"仪式观"依"传递观"而建构,就像符号的能指和所指。因此,除了隐喻意义上的传播研究之外,"仪式本身就是传播"也应该得到重视。仪式是一种文化建构起来的象征交流的系统。它由一系列模式化和系列化的言语和行为组成,往往是借助多重媒介表现出来,其内容和排列特征在不同程度上表现出礼仪性、凝聚性、重复性的特征。仪式实际上是为了某种目的或者仅仅为了形式上的需要而进行的一种实践行为。

凯瑞在阐发其传播观时仍是着重于大众传播而言的,而将传播隐喻为仪式其更大的意义可能在于仪式与人类生活的同构性。因此,仪式性的传播同样具有多层次、多领域的遍在性。但就凯瑞本人而言,也认为不要把这两种传播观陷入非此即彼的境地,他们并不需要彼此否定,仪式观中也存在信息传递、态度改变的过程,传递观中也无法否认某种共享的意义的存在,其"传播的仪式观"在研究取向上仍然继承了功能主义的思想,强调人们通过传播活动共享意义与信仰。

关于仪式传播、传播的仪式观、民俗传播、民俗仪式传播,学界见仁见智,从不同学科(如人类学、社会学、民俗学、传播学等)、不同背景(如美国传播学背景、中国民间文化传播背景

---

① 约翰·杜威.民主主义与教育[M].王承绪,译.北京:人民教育出版社,2001:4.
② 詹姆斯·凯瑞.作为文化的传播:"媒介与社会"论文集[M].丁未,译.北京:中国人民大学出版社,2019:18.

等)提出了各自的观点和看法,既有词源上的考察,亦有词义上的论证。本书关于仪式传播的概念是相对宽泛的,从某种意义上来说,本书的"仪式传播"涵盖了"传播的仪式观"与"传播的传递观",又包含了民俗传播。下文列举"仪式传播"相关概念及观点,然后提出本书"仪式传播"的概念。

美国传播学者艾瑞克·罗森布尔(Eric Rothenbuhler)在其著作《Ritual Communication》中开篇明确表示,仪式传播包括"作为传播现象的仪式"(ritual as a communication)和"作为仪式现象的传播"(communication as a ritual phenomenon)。前者指具有传播特性的仪式活动,包括社会生活中的正式仪式如宗教仪式、婚礼等和日常生活中的非正式仪式,如见面握手、分别说"再见"等;后者指大众传播活动的仪式化,譬如"媒介事件"。

森福特(Gunter Senft)和巴索(Ellen Basso)收录出版了多著者论文集《Ritual Communication》(《仪式传播》)。书名与罗森布尔著作相同,但对仪式传播的界定有别。两人给"仪式传播"下的抽象定义为"在以语言为核心的人类交往的地方实践活动范围内的文化知识创造活动"。仪式传播是"人为的、表演的符号,语言占主导但不是唯一,这些符号是形式化的、重复性的,因此在特定社会交往语境下是可以预测的。"广义上讲,"仪式是一种战略行动,有助于促进社会团结,防止相互攻击,驱除可能影响共同体和谐的危险因素"。① 从收录的论文看,仪式更多指涉传统的边缘地区居民日常生活礼仪、习俗和准则,尤其是语言交流方式,既有正式仪式,也有日常生活中非正式礼仪,还有集体抗议活动等。

詹姆斯·凯瑞认为"传播的仪式观"以"仪式"作为传播的隐喻,将传播视为文化,视为维系社会存在的纽带,意味着传播与人类社会同样古老,传播的本质不是表面上的信息传递,而是社会关系和社会生活得以维系的一切仪式性活动。"传播的仪式观"与"仪式传播"一样,是一个宽泛的概念。

伊莱休·卡茨(Elihu Katz)在1980年的一篇论文中首次提出"媒介事件",后来在1992年扩充为《媒介事件》(《Media Event:The Live Broadcasting of History》)一书。"从概念上讲,该书试图引入仪式人类学的理论来阐释大众传播过程",其"研究的素材局限于各种仪式事件",该书都在论述媒介事件的仪式性传播②。作者认为"媒介事件"是"一种特殊的电视事件,但它区别于一般的电视节目、电视新闻","媒介事件还表现出'垄断性''霸权性'"。从电视机构制作节目,到节目传输和播出,尤其再到观众收视,全程充满了仪式的庄严和神圣。记者"拿出了尊敬甚至敬畏的态度"报道这类事件,"播出是在崇敬和礼仪的氛围中完成的"。

中国学者(黄星民、徐国源、彭兆荣、樊水科等)将"仪式传播"框定于礼仪、礼俗、礼乐、乡村文化等这些仪式活动的传播,认为它们富含多种象征符号,具有文化传承和教育意义,因而具有传播特性。类似于森福特和巴索对仪式传播的界定,与罗森布尔在仪式传播所涵盖的"作为传播现象的仪式"方面内涵重叠,由不同象征符号构成的各种仪式活动具有传播功能。学者刘建明在分析罗森布尔的"仪式传播"概念时,认为罗氏的概念涵盖了凯瑞的"传播的仪式观",且"仪式传播"内涵与外延都比较宽泛。③

---

① SENFT G,BASSO E B. Ritual Communication[M]. New York:Berg,2009:1,82.
② 丹尼尔·戴扬,等. 历史的现场直播媒介事件[M]. 麻争旗,译. 北京:北京广播学院出版社,2000:1.
③ 刘建明认为"仪式传播"涵盖其他概念的原因是"仪式"采用 ritual 一词,ritual 是一个宽泛的概念。与之相近的词还有 ceremony 和 rite,前者多指隆重的庆典,具有宗教和社会意义;后者多指民间的日常生活礼仪,包括正式仪式如婚礼和生日仪式,也包括非正式的礼仪礼节。ritual 泛指仪式行为和意义,涵盖 ceremony 和 rite。

二、民俗与仪式传播

"仪式传播"应包含三个层面,一是仪式(民俗、礼乐)文化的传播;二是通过仪式传播的文化;三是传播的仪式化。此三个层面在不同情境、不同语境、不同文化背景其侧重点是不一样的。仪式(民俗、礼乐)文化的传播,主要是指通过各传播技术、手段和渠道对仪式(民俗、礼乐)文化进行传播——将仪式(民俗、礼乐)文化视为传播内容,例如通过视频直播一场民俗表演。通过仪式传播文化,意指通过仪式活动、仪式行为、仪式过程向大众传播某种精神信仰和文化传统,仪式是一种传播渠道、传播方式,即仪式是一种文化媒介,通过仪式展演过程的传播性和互动性,传递着文化隐喻、象征意义和地域内群体的文化心态、价值规范等信息。例如,每年清明黄帝陵祭礼,黄帝陵祭典活动突出了民族认同、国家统一、文明传承、自强创新的主题,昭示了中华民族同根共祖、复兴发展的理念。传播的仪式化,是指将传播行为、传播过程视作一种仪式,在某种媒介规定性下进行传播,此层意义类似于"媒介事件",例如电视等媒介对奥运会的直播、对国家公祭的报道等。

仪式传播的概念在不同情境和语境下会有不同的侧重点。此处举两个案例来辅助阐释仪式传播。案例一是典型的地方民俗文化——轩辕车会;二是祭祀仪式——纪念中国人民抗日战争暨世界反法西斯战争胜利75周年向抗战烈士敬献花篮仪式。案例二虽然不是本讲所讲授的重点——民间风俗,但是属于仪式传播范畴。两个案例分别对应着民间信仰仪式和官方纪念仪式,二者具有一定的内在联系。

(一) 徽州"轩辕车会"

轩辕车会是黄山脚下先民为纪念中华人文始祖——车的发明者"轩辕黄帝"而流传千年的一项大型民俗活动,又称"车公会"或"车会",是黄山脚下特有的地方民俗文化活动。自唐天宝年间太平设县以来,仙源、甘棠一带民间就一直有以"车会"的形式来纪念轩辕黄帝的民俗。每年农历7月18日至24日,共7日会期。从"制车""洗车""落地车""试车试路""正车""祭车"到"收车"进庙,一届车会方告结束。滚车表演以涂满鲜红色彩的大车轮为道具,以力与美为主要表现形式,配有江南民间舞蹈、器乐、傩面具及纹身涂彩装饰,场面气势宏大,参加表演人数少则几十人,多则数百上千人。火轮车白天在道路、街道、广场活动,凡能通车的祠堂、庙宇、商店和住户的门前都要滚到,以示降福祛邪。家家爆竹迎接,或给车披红,或杀公鸡淋血祭车。"车手"(滚车人)很多,均无报酬,都是参加车会的男性青壮年。滚法有"平滚车""夹篱笆阵""飘反车""发绕车""拍绕车""螺旋车"。绕车、螺旋车在广场表演时,车手和观众齐声呐喊助兴,锣鼓、鞭炮声震天动地。

"轩辕车会"道具工艺浑厚精美,表演技法精妙大气,活动场面气势宏大,民俗学价值和艺术价值丰厚。经千年岁月变迁,车会逐渐演变为集观赏性、趣味性、参与性为一体且具有健身娱乐功能的大型喜庆集会,并走上艺术舞台。2006年"轩辕车会"入选"安徽省非物质文化遗产代表作名录"。

"轩辕车会"表演过程中并不仅是信息的传递和接收,更多的是传达一种文化共享,通过文化共享从而来推动和达到"同一场域"的建构(表14.1)。"轩辕车会"民俗仪式为所有个体的身份认同提供了"共通的意义场域"。

涂尔干认为仪式是对信仰的强化和表达。"轩辕车会"承载了当地人的记忆。因为"轩辕车会"这种方式让宗族(家族)成为精神传承的"共同体"。对于当地的民众而言,"轩辕车会"表演传承的是人们共同的记忆和情感,也体现着人们共同的文化和信仰。

表 14.1 "轩辕车会"仪式传播内容呈现(部分)

仪式传播元素		"轩辕车会"内容呈现
仪式空间	宏观空间	轩辕车会活动的主要区域分布在黄山区(原太平县)。以黄山北麓山脉为起点向南沿麻川河水系呈扇形辐射状分布。仙源镇、甘棠镇、新明乡、三口镇、谭家桥为轩辕车会活动的中心区域,仙源镇仙源村、麻村和甘棠镇大屋村和凤凰村一带为核心区域。轩辕车会活动辐射边缘涉及龙门、耿城、焦村等乡镇,影响至周边青阳、石台等县
	微观空间	道路、街道、广场,凡能通车的祠堂、庙宇、商店和住户等
仪式时间		每年七月十八日至二十四日,共7日会期
仪式程序		从"制车""洗车""落地车""试车试路""正车""祭车"到"收车"进庙等
仪式器物		大车轮、傩面具、锣鼓、鞭炮、涂彩装饰等
仪式声音		锣鼓等器乐声音
仪式行为		造车、披红、祭车、绕车、滚车
仪式功能		维系参与主体间的身份与文化认同,所有的参与者通过群体的互动,共同信仰的确认,从而来实现"我们"的建立,维系社会稳定,强化现有秩序的作用

"轩辕车会"是一种"文化媒介",是一种传统的乡村文化和文化传承的媒介。通过这种媒介,可以实现"我们"主体身份的建构。仪式传播的作用就是把传播中具有特殊意义的符号通过仪式传递给参与者,参与者将接收到的符号进行解码并且理解和接受,从而来实现了价值的传递、文化的共享。"轩辕车会"表演作为一种大型的民间群体性的传播仪式,整个传播过程是维系个体之间、个体与群体之间、本土与游客的关系,是正式制度安排以外的非正式沟通的有效形式。在整个"轩辕车会"表演的活动中,参演者之间有着共同的话题、参演者和观演者之间有着共同的话题、参演者之间有着共同的话题,所有的参与者之间有着互通的意义空间,在整个互通空间的大环境里,所有的参与者对于符号进行了相似含义的解码,从而来推进熟人社会中主体间的关系。

(二)纪念中国人民抗日战争暨世界反法西斯战争胜利75周年向抗战烈士敬献花篮仪式

铭记历史缅怀先烈,珍爱和平开创未来。2020年9月3日上午,纪念中国人民抗日战争暨世界反法西斯战争胜利75周年向抗战烈士敬献花篮仪式在中国人民抗日战争纪念馆举行。党和国家领导人同各界代表一起出席仪式。

电视直播"纪念中国人民抗日战争暨世界反法西斯战争胜利75周年向抗战烈士敬献花篮仪式"是"一种特殊的电视事件",区别于一般电视新闻,此次敬献花篮仪式由央视全程直播表现出"垄断性"。从电视机构制作节目,到节目传输和播出,尤其再到观众收视,全程充满了仪式的庄严和神圣。记者、播音、编导等"拿出了尊敬甚至敬畏的态度"报道该事件,"播出是在崇敬和礼仪的氛围中完成的"。观众常常被赋予一种积极的角色"聚集在电视机前进行集体的而不是个体的庆典"。"仪式事件的流动本身是威严的、令人敬畏的。"媒介事件的大众传播过程被仪式化。

无论是"纪念仪式""拜祖仪式"还是"敬献花篮仪式",都属于一种"祭祀仪式"。祭祀仪式古已有之,现在国家把祭祀仪式纳入国家事件让民众通过祭祀仪式参与国家活动,对于国家认同的建构具有重要的现实意义。现在一些民间的祭祀活动已经升格为国家公祭仪式,将祭祀活动转化为象征符号,服务于国家认同的目的,并使之权威化、合法化。在全球化背景下,这种转化实现了传播与记忆互动的积极效果,体现了国家意志与民族传统的融合。国家的这种"在场",不仅是国家符号或国家作为符号出现在仪式中,或出现在仪式的场所和"媒介"里,而且国家还通过民间仪式征用或作为一种形塑力量在场。以爱国主义为核心的民族精神是社会主义核心价值观的主要内容之一,祭祀仪式活动与之具有内在一致性。中华民族历史悠久、源远流长,其重要因素在于对先祖、先贤、先烈的祭奠、追思和集体记忆中寻找自己的文化身份。

涂尔干认为"仪式的功能在于提供共同体验的瞬间,激发、增强或重塑个体成员的集体意识和认同,促成其在信仰、情感和意愿上的高度一致,从而将个体整合到社会全体之中,维持并强化既有的社会秩序"[1]。纪念中国人民抗日战争暨世界反法西斯战争胜利75周年向抗战烈士敬献花篮仪式规模大、规格高、参与人数多,通过电视仪式的传播,可以唤起或强化民众对于历史的记忆,起到凝心聚力的效果。电视仪式传播是通过信息共享建构并维系一个和谐、有序的世界,反映的是一种情景模式或场模式。在传播的过程中,参与其中的个体或组织不是为了发布或接收到多少信息,而在于沟通和交流。电视仪式在参与社会生活,传播主流文化、维系群体情感、凝聚象征力量、建构文化共同体中发挥着重要的作用。面对国家重大事件,通过电视仪式的传播,可以使某些核心价值或集体记忆醒目起来,将观众维系在一个共同的价值观念上面,发挥着凝聚社会共识的作用。

思考题

1. 如何理解民俗仪式是"符号的聚合体"?
2. 詹姆斯·凯瑞将"仪式"作为传播的隐喻,将传播视为文化,如何理解?
3. 民俗仪式的特点是什么?
4. 辨析仪式传播的概念。

---

[1] 涂尔干.宗教生活的基本形式[M].渠东,等译.上海:上海人民出版社,1999:8.

第十五讲　文化记忆：人类文明遗产的当代意义

文化记忆与遗产具有同一性，文化记忆需要依赖遗产作为自己的"证明物"，同样遗产需要文化记忆赋予意义与内涵，二者共同作用于当代人的身份认同、文化认同。当下媒介环境中，遗产的承传场景发生了改变——文化"脱域"、地方感渐失，如何在该环境中保留地方文化的传统底色，维护地方生活传统和文化记忆，需要探索新的传承与传播模式以调适新的媒介环境。

第一节　文化记忆与遗产概述

每一个社会群体都有相应的文化记忆，记忆是一定的群体在社会中获得的，它依赖一定的媒介载体——遗产。文化遗产与文化记忆具有同一性，无论是物质的、非物质的（行为的/制度的），如文物或者文本以及各种集体仪式活动，用来保护、延续、重温社会记忆。遗产是文化记忆的聚集地，也是文化记忆的媒介载体，但不能单纯依赖遗产这一媒介来延长文化记忆。因为社会环境无可避免地要发生改变，而植根于社会环境中的文化记忆将被遗失或遗忘，文化记忆变得需要阐释、需要相应的"证明物"。有组织的文化记忆工作便代替了在社会交往中进行的记忆。在新时代，历史文明、文化记忆不能继续不言自明——文化记忆与当下存在时间差而产生的张力之中，这就需要用"遗产""文物"来佐证、强化文化记忆。2020年9月28日，中共中央政治局举行了一场以考古为主题的集体学习，习近平总书记在主持这次集体学习时说，认识历史离不开考古学。他用四句话总结我国考古工作取得的重大成就：延伸了历史轴线，增强了历史信度，丰富了历史内涵，活化了历史场景。文化记忆寻找着被埋没、已经失踪的遗产，重构对当下有重要意义的证据。历史成了可以提供关于自己来历和身份认同信息的工具。

文化记忆对某些仪式实践和媒介具有依赖性。文化记忆不会自动地进行下去，它需要一而再地重新商定、确定、阐释、承传与习得。不同的个体和文化通过语言、图像和重复的仪式等方式进行交流，从而互动地建立集体记忆，个人和文化两者都需要借助外部的存储媒介、传播媒介和文化实践来组织和管理的文化记忆。没有媒介就无法建立跨代际、跨时代的文化记忆，随着媒介不断变化和发展水平，记忆的形态也不可避免地随之发生变化，从结绳记事、涂蜡石板和羊皮纸到摄影、电视电影、移动多媒体。技术媒介包括最广义的记录系统，从19世纪起，记录系统不但能储存语言，还有图像，从20世纪起又增添了声音。媒介作为物质支撑对文化记忆起到基本的扶持作用，并与人的记忆互动。今天，每个人的记忆都被一堆技术记忆媒介包围着，与整个社会的文化记忆进行着意义的交流和确认。文化记忆只有通过传承才能保持其鲜活性,而遗产就是传承的形式之一;文化记忆并非借助基因继承,只有通过一定的介质并传播时,其文化意义才具有现时性。文化意义的循环和再生产必须要借助外力——媒介载体。管理和传递文化记忆的,不再单纯是家族或家庭或初级的社会建构物,而是社会组织机构、大众媒介结构等。人在物理、生理的文化记忆空间、存储能力方面是有限的,但同时对文化记忆的甄选具有决定性,承传的内容也就愈发珍贵。

从记忆维度上去考量遗产(特别是非物质文化遗产)保护、传承与传播,时间、空间与人是永恒的主题。时间层面,对遗产所涉及时间节点进行研究,一项遗产离不开一个完整的时间记忆模型。空间层面,包括地点与物体。地点可以超越集体遗忘的时段证明和保存一个记忆。不但地点把回忆重新激活,回忆也使地点重获新生。因为生平的和文化的记忆无法外置到地点上去;地点只能和其他记忆媒介联合在一起激发和支撑回忆的过程。物体记忆,是遗产必不可少的构成要素,它裹挟着人的情感、认同、经验以及意义,它得到更好的保护与传承亦是不断强化记住遗产的筹码。人的记忆,不论是个体还是集体,保护与传承它所带来的是一种换位思维,一种更为丰满地认识文化的基础。所有遗产,无论是物质形态的、非物质形态的,还是文化空间形态的,其原始雏形都是由某些杰出的社会成员个人创造出来,然后经社会群体在漫长历史时段里的传播和传承,从而形成某个相对稳定的遗产形态。人——作为活的文化,强调个人实践和集体实践,重视人的主体作用与责任。

第二节 文化遗产承传新场景:以非遗为阐述对象

媒介是人们用以分享信息和表征意义的中介,在媒介环境学派代表人物波兹曼看来,媒介对整个社会文化具有决定作用,他指出,"一种重要的新媒介会改变话语结构","媒介即认识论"[1],在波兹曼看来,文化是以媒介为基础的"会话",文化遗产则也是以媒介为基础进行传播。

数字媒介[2]的出现更是催生了媒介化社会的诞生,通过数字媒介政府、个体、社会组织等各种力量交汇形成复杂的权力关系。[3] 一是传-受变迁,从传播流向来看,数字化媒介普及之前,口语传播、文字传播、印刷传播乃至电子传播,传播大多为点对点或点对面的单向传播模式,受众处于被动接受状态;数字媒介的普及,受众从相对被动的接收者和消费者转变为更加主动的选择者、使用者和产消者(参与生产活动的消费者,prosumer),能够积极利用媒介进行传播实践和内容生产。二是传播过程观的转变,传播过程不只是从生产者到消费者的单向、线性的过程,传播的"传递观、扩散观"进一步演化为传播的"互动观"。一方面,数字媒介技术可以创造一系列新的社会互动、新的概念系统、新的语言方式,打破传播的时空界限,开启更为互动的传播模式;另一方面,传播过程和传播内容都是在特定的社会历史情境中发生的,人们有权选择如何创造、理解和应用数字媒介,这些选择能够造成各种社会后果。文

---

[1] 尼尔·波兹曼.娱乐至死[M].章艳,译.桂林:广西师范大学出版社,2004:25-36.
[2] 数字媒介(digital media)是指以数字"0""1"为介质的传播载体,包括记录、处理、传播、获取过程的信息载体,这些载体包括数字化的文字、图形、图像、声音、视频影像和动画等感觉媒体。
[3] 韦路,丁方舟.论新媒体时代的传播研究转型[J].浙江大学学报(人文社会科学版),2013(4):93-101.

化遗产的价值是脱离不了其原本的社会体系,所以在整个数字媒介传播的过程中,不应只专注对文化遗产器物层面的信息呈现,更应该试图利用数字媒介的手段和方法给予阐释文化符号和意涵。

"技术变革不是数量上增减损益的变革,而是整体的生态变革。"①数字技术的影响是非常广泛的,除对文化产业发展本身产生的巨变性影响外,对文化记忆、文化传播、文化消费的影响也是不容忽视的。社会环境无可避免地要发生改变,伴随而来便是植根于这些社会环境中的文化记忆将被遗忘,那些来自往昔的文本于是失去了不言自明性,变得需要阐释。在新时代,文本不能继续不言自明,陷入了因文本与当下存在时间差、空间差而产生的张力之中。对于非物质文化遗产(简称"非遗")来说,除了传统的传承和保护方法外,新的保护理念也随技术变革而产生。数字技术已让不少濒临消亡的事物重获新生,数字技术的介入不仅改变文化遗产的存在方式,更是改变了公众对文化遗产的认知、观念和传承、传播方式。

一、移场与错位

(一) 移场:物理场—数字场

场的概念源于物理学。物质有"场与实物"两种存在方式,场是其中之一。随着科学的发展,物质不再被看作静止的、不连续的统一体,而被看作连续的场态,场便成为物质的唯一存在方式。可见,现实世界的本质特征就是"场"的特征。从社会领域看,也存在着各式各样的社会场②。但此"场"并非物质场,它是将信息作为核心内容的信息场,该场有多种表现形式,其最基本的就是文化信息场(或称之为文化场),它是由自然场演化并派生的。那些基本场与派生场之间,派生场与派生场之间再进行复杂的交合作用,又形成了更多元的次生场。如果社会场是从自然场的复杂作用派生出来的,那么文化信息场则是从社会场的复杂作用中演化出来的。③

法国学者皮埃尔·布迪厄(Pierre Bourdieu)提出的场域理论认为:它是由社会公众按照一定的逻辑关系共同构建起来的,是社会成员参与各类社会活动的主要场所,并将之定义为各种位置之间的客观关系的网络结构。④ 现实社会中存在各种各样的场域,而且由于社会分化并被区隔为多样化的场域,由此布迪厄将社会分化的过程看作场域的区隔化过程。这种区隔本质上是某个场域摆脱其他场域约束的过程,并在此过程中表现出自身固有的特征。为了阐释场域的区隔化,布迪厄区别某个给定的社会空间中的两种"生产场域"——"限定性生产场域"与"大规模的生产场域"。"限定性生产场域"是与场域本身的特殊化共同拓展的,而"大规模的生产场域"是社会场域的扩大,外在影响因素不断涌入,社会各种力量不断的渗透,该场域边界逐渐变得模糊不清,特殊化程度不高。⑤

此处的"场"主要是指非物质遗产所赖以存在和发展的场所或空间,包括物理场所、社会空间以及文化空间。从物理学上来看,非物质文化遗产的"场"是一个实体的物理空间,非物

---

① 尼尔·波兹曼.技术垄断:文化向技术投降[M].何道宽,译.北京:北京大学出版社,2007:9.
② 潘德冰.社会场论导论[M].武汉:华中师范大学出版社,1992:1.
③ 程郁儒.民族文化传媒化[M].北京:中国社会科学出版社,2011:22.
④ 皮埃尔·布尔迪厄.关于电视[M].许钧,译.沈阳:辽宁教育出版社,2000:46.
⑤ 程郁儒.民族文化传媒化[M].北京:中国社会科学出版社,2011:22.

质文化遗产在现实存在中必须依赖实体,非物质文化遗产是在一定的地理区域及特定的生产方式中孕育发生,物理场是非物质文化遗产的原生场域(基本场域)——也可称之为"限定性场域"。随着非物质文化遗产生存的社会环境与社会结构的变迁,原生场域逐渐被压缩,非物质文化遗产面临生存危机,在社会因素(包括媒介)影响和制度安排的主导下,在基本场域中逐渐派生出"次生场域",次生场域承接了非物质文化遗产的生存与发展。政府在保护和利用非物质文化遗产的前提下,在官方话语体系下,开办了多种非遗传习班、传习所、传习基地,以及将非遗的培训学习纳入地方教育体系之中,从而实现了非物质文化遗产的"移场",借用布迪厄的场域观点,可以将之称为"扩大化的场域"——由个体传承场域、社区传承场域转移到社会化的场域。这种移场,终究还是在"限定性场域"——非遗的生存、保护与传承还限定在一定的文化场域之中。

随着数字技术的介入,非物质文化遗产面临着更大规模的移场。媒介环境学派代表性人物波兹曼认为,媒介对整个社会文化的塑造具有决定性和关键性的作用。他指出,"一种新媒介可能会改变整个社会的话语结构"①,在他看来,文化是以媒介为基础的"会话",文化遗产则也是以媒介为基础进行传播。数字传播的过程中,不仅专注对文化遗产器物层面的信息呈现,更是利用数字技术的手段和方法给予阐释文化符号和意涵。数字技术加快了非物质文化遗产的传播速度。以往的传播是以原子为基础物理空间,它们的流通速度受到时空的物理因素限制。而当遗产被数字化为比特之后,可以放到数字媒介之中进行传播,其影响范围也就从过去的局部地域变成了全球网民②,并几乎没有时间差地抵达目的地。这样的过程就完成了另外一种"移场"——由原生物理场、次生社会场转移至数字文化场。如上文所述,无论是原生场、次生场还是数字场,均由自然场所派生出来的,而且各个场域之间存在着各种复杂的关系。

(二) 错位:时空—主体错乱

数字技术促成的"场域"转移,必然带来非物质文化遗产的各种错位。首先,空间错位,数字技术将非物质文化遗产的在地情境化,转移到数字媒介中,在地性文化知识脱离了日常情境,使之成为"抛弃现实世界"的虚拟化。从物质真实到数字建构,文化事项转化为符号语言,成为新空间的文化景观和虚拟物。将非物质文化遗产事项从互动的地方文化语境中"移出",数字符号对遗产事项的空间性和地方性进行了"消解"并在数字空间范围内进行重组,并形成了新的文化意义空间。其次,时间错位,非物质文化遗产是在地化、及时性的表演、制作事项。经过数字化的编码与处理,使之具备了时间性的偏向、在线性和异步性传播与展示成为了可能,作为异文化的"他者"可以在任意时间内进行观赏与学习。在错位的时空内,非物质文化遗产会随着数字传播的范围空间进行"再地方化""再表述",遗产的地方性和文化性在新的语境中被重新解释或认识。数字媒介为文化遗产提供了不同方式的传播与穿越,这些在数字空间的文化想象消融了非物质文化遗产的历史性、文化性与主体性,打破了遗产事项自身的固定性和限定性。同时,随着时空的错位,也带来了文化心理认知的错位。不同时空的人在接触数字化遗产,必然会产生对遗产的想象,以及扩散到对遗产主体的认知,这

---

① 秦枫,徐军君.突围与重塑:数字媒介环境与传统文化传播[J].内蒙古农业大学学报:社会科学版,2015(2):115-119.

② 秦枫.基于数字科技的文化创意产品创新发展研究[J].文化产业研究,2015(2):234-246.

种"超真实性"的数字遗产成为了"他者"认知、了解、想象遗产主体的符号,可能会产生真实的遗产及主体与数字遗产的认知错位。正如布迪厄提出的场域理论所说,场域里活动的行动者是有知觉、有意识、有精神属性的人,每个场域都有属于自己的"性情倾向系统"即文化。每种文化只能在场域中存在,并且每种文化和产生它的场域是对应的关系。此场域的文化和彼场域的文化之间存在着"不吻合"现象。把此场域形成的文化简单地"移植"到彼场域中去可能会造成不合拍的现象。在对非物质文化遗产数字传播与展示过程中,不同文化主体在接触异文化中存在心理排斥性与误解性。

二、转译与赋权

(一) 转译:以今译古

数字技术的介入,给非物质文化遗产提供了另一种表达工具和传播介质。对非物质文化遗产的表达和传播,要按照数字媒介的话语体系去编码——即转译。非物质文化遗产的转译就是文化信息生产过程,无论是非遗活动、非遗器物、非遗传承人,都可以经过数字技术进行文化信息提取、抽象与编码,将之进行信息化加工和传播,且只有将非遗进行数字信息的转译才能使之符合数字媒介载体或信道的传播。非遗项目的数字化转译,包括文化语言体系的转译、文化形式的转译、文化内容的转译、文化系统框架的转译。

首先,文化语言体系的转译,以新的数字语言和表征符号去表达非物质文化遗产。上文提及数字媒介的文化表达与传播是在脱域化的时空中去理解和阐释非物质文化遗产,但这个过程是相对困难的,当丰富的现实世界被归纳到一种语言表征系统,其丰富而感性的知识被线性化了。语言的转译涉及多次不同的语言体系,将非物质文化遗产的民间叙事语言(生活语言——传承人表达)转译为学术语言(学术表达),最后转译为数字语言(技术表达)。

其次,文化形式的转译,每一种文化都有自己特定的语言形式和文化形式。例如舞蹈、民歌等,数字媒介要根据不同的文化事项进行解构,对所有的构件要用新的媒介形式进行重组,以达到媒介形式符合文化真实。

再次,文化内容的转译。文化内容是非物质文化遗产的核心,不同的文化内容需要进行不同的转译路径——非遗的活态、具象经过数字技术(录音、录像、三维建模扫描、动作捕捉等关键环节),转换为文本内容、声音内容、音频视频内容等。其中对文化事项的隐性化知识转译是最困难的,隐性知识不容易被高效地编码,不能用清晰的语言阐释清楚,但并不代表隐性知识无法有效编码,运用适当的技术便可以使之得以表征,从而有助于文化内容的转译。

第四,文化系统框架的转译,以一种数字化知识框架转换非物质文化遗产系统。人们是以自己的方式接近文化场所并解读其意义的,他们利用不同的信号与符号来建构属于自己的意义。因此,公众理解文化遗产的能力各不相同,信息能否如文化遗产本身所期望的方式或程度被理解和接受,并不存在任何保证。转译不仅是非物质文化遗产事项的转译,更重要的是文化范式的转移——营造数字遗产环境,培育数字化的遗产传承和消费,将文化遗产纳入到现代体系,在新的数字环境中去传承、理解和利用遗产。

(二) 赋权:自我增能

"赋权"的概念最早源于20世纪中期的美国。基于对歧视主题的研究,美国学者首次提出了赋权的理念并将之界定为一种专业的社会活动,其目的是帮助被社会歧视的弱势群体对抗不公正待遇,以降低自身的无能和无权感,进而增加该群体的权利和能力。从一般意义理解,赋权是在信息技术进步的作用下,弱势群体积极获得信息资源,拥有更多的话语权力,以提升自己的各种社会能力,进而参与到社会活动之中。这种赋权,也就是通常所说的技术赋权,在数字媒介环境下,也被称之为数字赋权,是指信息技术进步赋予个体、群体生存与发展的一种权利。麦克卢汉的观点认为,通信技术延伸了人的感官(如触觉、视觉、听觉等),各种交通工具延伸了人的双脚。数字技术的出现,不仅大大延伸了人的"手、眼",更是延伸了"脑"。

相对于其他技术手段,数字化最大的优势在于可以海量储存、高速传播,用虚拟符号展示丰富的实物,并且改变了人的认知、生活、生产模式。在一定程度上,数字赋权的效能要高于技术赋权,或者说它更像是一种文化赋权和传播赋权。当人们在使用数字媒介技术时,感受着参与传播过程所带来的效能感的提升,并在该过程中形成新的文化认同。因而,数字技术有机会融入赋权理论所提倡的"参与式传播"过程。该种传播模式的目标是共享社会资源的分配和改善社会权力的分布。① 数字媒介技术的普及在某种程度上弥合了技术鸿沟,文化个体或群体都可以这个空间中创意地创作和表达。一些游离于主流视线之外的文化越来越多地被社会所关注,例如非物质文化遗产。对于非物质文化遗产,数字赋权主要表现在以下几个方面:

一是提高非物质文化遗产的传播力。原生在社会环境中的非物质文化遗产传播范围较小,受众群体少,文化传播受制于传统媒介的选择性。数字媒介的技术赋权,使传承人或在地民众拥有发声与传播的技术,这是实现文化话语权最基本的保障——使得非物质文化遗产在数字空间内相对自由地表达和传递。同时,传承人或在地民众可以运用数字媒介主动呈现自己,展现自己的文化观点,以扩大自身文化的生存空间,让外界正确了解在地的特色文化。

二是数字媒介赋予传承人以发展力。目前非物质文化遗产的经济价值并未凸显,其文化价值也仅局限在特定的区域,不少非遗项目传承动力不足,关键是未能给传承人群带来经济上的满足,仅靠制度上的补贴不足以促进非遗的有效传承。数字媒介为非遗传承人群带来发展的推动力,增强传承人群在互联网中的活跃程度,传播特色文化,提升自我效能感。当下互联网兴起的网络众筹,也为部分非遗找到了经济利益的增长点。2016年淘宝众筹联手文化部非物质遗产司展开阿里年货节非遗合作,汇聚了百余家中华老字号,还推出了多场保护非物质文化遗产的众筹活动。通过"众筹"模式,不少非遗项目被网民所了解。有的项目上线半天就超过筹款目标的150%。② 2019年4月抖音短视频平台发起了"非遗合伙人"计划,该计划将通过加强流量扶持,提高变现能力,打造非遗开放平台及开展城市合作等方

---

① RAPPAPORT J. Empowerment Meets Narrative: Listening to Stories and Creating Settings[J]. Americans Journal of Community Psychology,1995(5):795-807.
② "非遗"老手艺淘宝众筹上线焕发新生机[EB/OL].(2016-01-27)[2020-06-10]. http://news.cntv.cn/2016/01/27/ARTITbipUaxixLzJnLL3mDqe160127.shtml.

式,以期全方位助力非遗传播。

三是赋予非遗所在区域的影响力。互联网、移动终端媒体的兴起,对非物质文化遗产的数字传播不仅是对文化事项的宣传,更是一种对非遗项目所在地的推介,甚至将非遗项目打造成一个区域的文化名片,形成文化品牌,提升了区域的美名度、知名度,在文化经济方面增强了地方发展动力。

三、改变与忽视

(一) 改变:整体性变革

数字技术的介入改变了并影响了非遗的"整体性生态",包括对非遗的认知方式、表现方式、表达方式、传承方式,甚至遗产事项本身的呈现方式。数字媒介带来的解构性、自由性、创造性,已然成为非物质文化遗产生存与发展不可忽视的特征。

首先,数字媒介改变了非物质文化遗产的叙事表达模式,在传统环境下,非物质文化遗产的叙事具有典型的时间结构,某项非物质文化遗产事项的叙述从开始到结束的过程贯穿着线性时间的结构。而在数字环境中,非物质文化遗产的表达具备了非线性和超链接性,可以根据受众的兴趣点和目的性对非遗事项进行有选择性的读取,不必按照时间顺序走下去。

其次,数字媒介技术和终端设备改变了受众对非物质文化遗产的认知模式。不仅改变了社会,而且把线性化、区隔化、一元化的社会形态送进了历史,并营造了多元共存、纷杂并存、时空同步、远距互动的新型社会,同时调动了人的所有感官去立体化感知周围世界,催生出一种直觉把握的、系统的认知方式。受众的认知方式从线性思维为主的习惯模式逐渐向个性化、多元化以及解构性的模式改变。正如麦克卢汉所说:"每一种文化都有它自身的感知与认知模式。"[1]

再次,数字媒介技术改变了非物质文化遗产的生存、生产及传承场域,正如上文所述,数字技术导致非遗的移场,从物理场到比特场,从原生场到次生场的改变。同时,数字媒介将非遗事项移场到网络空间,导致文化象征意义的异化,原本属于在地民众的日常文化,在网络上可能会演变为一种文化奇观。

(二) 忽视:选择性记忆

数字媒介作为一种工具或载体,无论从其本身特性(数字技术因素)还是利用数字媒介的人(人为因素),对所要表达和传播的内容,可能都会产生"盲视"——忽略相关的信息。非物质文化遗产在数字媒介环境中亦不可避免地造成不同程度的"忽视"。

第一,对非物质文化遗产地方感的忽视。作为地方性的非物质文化遗产是由特定人群与特定地方之间的有机互动而形成的,并养成特有的"地方感"(place sense),体现了地方生活传统、地方文化记忆、地方历史传说诸多层面,也是维系文化生态的重要力量。在数字媒介中的非物质文化遗产处于一种"脱域化"的状态,使之离开原生地,造成"地方感"的迷失。数字媒介会屏蔽非遗的自然环境与社会环境,筛选与过滤掉大量的信息,从而淡化了非遗的"本土意象"和"文化特色",但是只有文化"地方感",才能形成"我"与"他者"的差异。

---

[1] 马歇尔·麦克卢汉.理解媒介:论人的延伸[M].何道宽,译.北京:商务印书馆,2000:23.

第二,忽视了非物质文化遗产的主体性。在数字媒介中,由于受众教育背景和主观态度原因,更多关注的是文化遗产事项的内容及表现形式,而忽视了对遗产传承人或文化现象背后的意义的关注。非物质文化遗产的诸多知识是系统的、缄默的,若仅仅采用声音、视频、3D模型、动作捕捉等数字化表现形式则难以完整反映出错综复杂的文化逻辑关系,例如通过影像或动画的形式可以了解某种非物质文化遗产的形式及内容,但却依然无法获取文化知识的来源、传承演化的历史过程以及它的时间性和地域性特征等内容。

第三,忽视非物质文化遗产的周边信息。数字媒介具有选择性,选择所谓非物质文化遗产的"关键信息",而忽视了遗产的相关信息,一项非物质文化遗产是由一系列的周边信息积累组成——包括物理信息、文化信息、生态信息、相关信息(可参见下文文化遗产传播内容的核心与相关信息)。数字媒介对所选择的信息进行放大,而忽视其他信息内容,当然在数字媒介中要构建完全客观实在也是不可能的。另外一种忽视,就是数字媒介上所产生的信息呈现熵增态势,在数字媒介上的各种非物质文化信息很容易被淹没,如何能在海量信息中凸显非遗,使得受众有效、便捷地接收到相关的非物质文化遗产信息成为难题。

四、再现与传承

(一) 再现:数字载体呈现

凡是文化,都面临着呈现的问题,即如何表现或再现,如何让人感知。传统文化在过去主要的呈现方式是通过口头、印刷纸张、舞台表演、影像音像等传播给公众,但到了数字化时代,由于新媒介及各种网络应用的开发和发展,呈现方式也不断得到创新,数字化媒介环境里的文化遗产新呈现方式有两个特征:

一是数字媒体多方式呈现,这是就载体而言的。数字媒介时代,非物质文化遗产除了口头、印刷纸张、舞台、电影、音乐等传统媒介的呈现方式并存以外,还可以通过移动手机、网络、户外广告屏、数字杂志、数字广播、数字电视等来进行传播,这其中尤其重要的数字媒体是互联网。通过这些数字媒介,传统文化以文字、图片、音频、视频及其组合(如虚拟现实VR、增强现实AR、混合现实MR)的形式出现,可将非物质文化遗产进行重新组织和编排,公众不必再按部就班地接收信息,而是可以根据自己的需要随心所欲地在文化信息之间跳转。由于这种信息组织方式更加符合人类大脑的逻辑特点,它将更有助于非物质文化遗产信息效果的呈现。数字媒介具备了使非物质文化遗产再现完整的感官体验的能力。现在普通的多媒体技术就已经能良好地将视觉和听觉结合在一起,虚拟现实技术中所用的三维传感设备也已经能跟踪动作的变化,甚至连嗅觉和味觉的数字化也已经有了成功的案例,数字化再现与展示促进了文化的沟通。

二是创意呈现,这是就内容和形式而言的。这是一个创意传播的时代,只有符合用户心理,抓住用户眼球的东西才能得到广为传播。数字媒介改变了遗产的文化意义和对遗产表现的诠释路径,增加了全新的展示内容,成了现代社会再生产的"新产品"。数字再现技术的进步通常能够带来前所未有的模仿能力,以及"远距离存在"成为现实,在某种程度上取代了现实世界,呈现的内容根据输入不同而不断变化。虚拟现实运用数字形式建构文化并生产数字创意产品,在线上与线下之间出现了越来越多的共鸣和转换。

（二）传承：扩大数字受众

数字媒介的新传播特性为传统文化的传承和学习足以带来一场学习与传播革命。过去的师徒面授、现场观摩等学习和传播方式略显落伍，而现通过数字媒介技术，非物质文化遗产知识可以随时随地在数字媒介上传下载，并通过互联网、移动终端扩散，所有感兴趣的人只要有一台接入设备，便可以任意浏览、学习感兴趣的内容。当然，这也要求在数字媒介环境中，原先掌握传统文化知识和技艺的那一批人要积极主动地参与传统文化的解释和新传播中，为数字媒介学习搭建平台。以网络公开课为例，当前各大门户网站如新浪、网易、腾讯、搜狐等，都相继推出了网络公开课供大众学习，在它们所提供的公开课中，就有不少来自世界和国内的精品文化课程，涵盖了文化传播、艺术、古典建筑等学科领域。基于数字媒介的传播特性，有学者甚至提出，在数字化媒介时代还应当"构建常态化学习与传播传统文化机制"，"利用具备互动性、便捷性、可拓展性、可移植性的数字媒体为平台，引导社会公众常态化学习和传播优秀传统文化，是具有可操作性与可行性的"[①]。以上阐述数字媒介拓展了非物质文化遗产的传承渠道和途径。

另外一个层面，数字媒介还扩大了非物质文化遗产的传承人群，根据学者阮艳萍的研究，在数字时代，数字媒介建构的平等化、自由化、多元化的信息平台，为文化遗产多元化传承提供了一个便捷、低廉、低门槛的技术前提。文化遗产的传承出现了一类新型主体——数字传承人，它是指掌握并运用数字信息技术对非物质文化遗产进行数字化加工、整理、再现、阐释、存储、共享与传播的主体。全国政协委员冯骥才先生曾在两会期间发言："民间文化的传承人每分钟都在逝去，民间文化每一分钟都在消亡"[②]。除了传承人生命的逝去，不少民间传承人传承意愿也相对弱化，失去传承的动力。萨林斯曾说过，"文化在我们探索如何去理解、诠释它时随之消失，接着又将会以我们未曾想象过的方式再现出来"[③]。在当下数字化情境中，传承人可以利用自身在数字信息技术方面的优势，促使非物质文化遗产在电视、电脑、手机等数字载体上的传播、传承。在此过程中，非遗从专属性、唯一性、地域性的传统文化变成了可共享的、可再生的、脱域的现代文化，数字传承人可与在地民间传承人进行沟通交流、实现良性互动传承。

五、传播与认同

（一）传播：媒介即传播

传播是一个意义丰富的概念，其中，文化与传播的交织是丰富性的重要来源。正如吴予敏教授分析"文化"与"传播"具有内在的统一性。[④] 传播学家施拉姆曾引用人类学家萨皮尔的话说："每一种文化形式和社会行为都或清晰或模糊地涉及传播"，把传播与文化放在了同一个框架中，他还明确提出"传播是社会得以形成的有效工具"[⑤]。拉斯韦尔在其论文《传播

---

① 井雪莹,陈月华.数字媒体时代常态化学习与优秀传统文化的传播[J].艺术教育,2012(9):116-117.
② 周和平.非物质文化遗产保护[M]//周和平文集:下卷.广州:中山大学出版社,2016:1221.
③ 马歇尔·萨林斯.甜蜜的悲哀[M].王铭铭,等译.北京:生活·读书·新知三联书店,2002:141.
④ 吴予敏.无形的网络:从传播学角度看中国的传统文化[M].北京:国际文化出版公司,1988:206.
⑤ 威尔伯·施拉姆,威廉·波特.传播学概论[M].陈亮,等译.北京:新华出版社,1984:4,2.

在社会中的结构和功能》中对传播的功能所做出的归纳,一直被公认为传播学界的经典论述,其中之一就是"传递遗产"。在全球化、数字化时代,为实现传统文化与现代社会的良性互动,"时空并置、纵横交合"的传播观不知不觉地影响到了遗产的传承观:遗产除了在遗产所属地的跨时间代际传承之外,亦可实现遗产横向跨空间跨地域传播①,这种文化的传承指向是文化遗产跨越时间和空间在任何时空范围内的多元化传播。

从传统视角看,非物质文化遗产一般是在地性(不脱离原生性的自然、社会环境)、即时性(遗产的表演展示与传播同步)传播,它作为一种活态的文化样本而存在。虽然电视、电影、广播等媒介,可以进行异地化传输,但不具有数字媒介的互动性、在线性,传播范围、速度和广度受到客观条件的限制。数字媒介环境中,非物质文化遗产的传播,必然具有数字化的传播特征。数字媒介的传播方式,最大的优势在于跨越时空,既可以异地在线传播,也可以异步传播。作为非物质文化遗产事项,通过全景扫描或 3D 摄像,将民间文化记忆或传统手工艺制作全过程通过数字化编码,构建非遗数据库,并进行分类加工、整理,通过媒介融合,生成多元化文化产品形式,以实现动态传播。② 同时,遗产传播是一个增值过程,在数字媒介作用下,遗产的传播价值和效用更大,文化如同知识,越是分享,其价值和效用越大。

(二) 认同:认识"我"

认同(identity)通常被译为身份或同一性,以表达"我"或"我们"是谁——个体或群体的归属。认同从本质上来看,是对文化意义的认同,这种文化意义又可以被看作"集体记忆"。认同是社会建构的产物,一个人要在与他人的交往中构建个体的认同,就必须和这些人共同生活在集体想象的"文化意义体系"中。如何将这种文化意义或者"集体记忆"循环或再生产,使之得以被传递和认同。在传统环境中,身体被视为文化记忆的载体和媒介,作为身体语言和头脑记忆,把文化形态形成某种习惯使回忆变得稳固,并且通过强烈情感的力量使记忆得到加强。非物质文化遗产正是通过口传身授的方式进行传递与传承,作为一种文化记忆,是当代人得以产生认同的"文化意义体系"。没有记忆可以裹上樟脑,以免受蠹虫的侵害。就目前的文化生态而言,非物质文化遗产的循环、传递以及再生产必须要借助外力——介质载体,随着这些媒介不断变化,记忆的形态也不可避免的随之发生变化——口传、书籍、电子、数字,每种媒介都会打开一个通向文化记忆的特有通道。当下管理和传递非物质文化遗产的,不再仅是族长、家长或遗产传承人,而是借助时代载体——数字媒介等。

通过数字媒介,对非物质文化遗产产生的认同,表现为以下几种类型:第一,代际认同。非物质文化遗产在不同的数字载体从不同角度多维阐述某项非物质文化遗产,在这种不断重复展现,自然起到文化记忆的涵化作用,在该文化熏陶下的本土的年轻一代,于不自觉中习得、确认和传承了地方文化,进而形成文化自信和认同。第二,异地"我者"认同。本土民众在身体上进行了迁徙,在离开本土文化的异域环境中生活与发展,在数字媒介上接收和认同"根文化",在数字空间中形成一种文化归属感,进而产生文化意义上的"再地方化"。第三,扩大他者认同。"社会文化的差异与相似,最有力的解释是传播。"③数字媒介可以促成深

---

① 阮艳萍. 文化遗产传承中的数字受众[J]. 武汉理工大学学报:社会科学版,2012(4):584-591.
② 常凌翀. 互联网时代西藏非物质文化遗产的数字化传播路径[J]. 中央民族大学学报:哲学社会科学版,2014(3):167-171.
③ 马文·哈里斯. 文化人类学[M]. 李培芙,等译. 北京:东方出版社,1988:12.

刻的文化身份认同,因为它以有效的、有用的和娱乐性的方式,使他人乐于接受。数字媒介扩大了非物质文化遗产的传播广度和深度,促使各个地方民众得以交流与沟通,消除文化误解,降低文化理解折扣,达到"美人之美"的和谐状态,以扩大本土文化的他者认同。

从沃尔特·本雅明"机械复制艺术"导致经典艺术"光晕"消逝的黯然神伤,到法兰克福学派代表人物阿尔多诺和霍克海默对资本主义"文化工业"欺骗本质的揭示,再到海德格尔对现代科技的技术沉思,无不表达了相当程度的反省和批判①。数字媒介技术促进了不同文化形态之间对话、交流与合作,但也在某种程度上导致了文化生态的失衡和文化多样性的萎缩。数字媒介作为一种文化的技术逻辑与力量,无情的塑造着大众的文化习性。事实上,当今的数字技术对文化而言是一把双刃剑,它的复杂功能对社会文化有着深远的影响。新的数字技术生产了新的文化景观,它不仅为文化的呈现、表达与传播提供了新的载体,而且为文化的接受与消费提供了新的观念与方式。在此背景下,文化越来越媒介化,社会公众对文化的消费,越来越依赖于数字技术。面对这种文化也就是面对数字技术,身处文化之中就是身处数字技术之中,数字化意味着更广的传播范围,更快的传播速度,更硬的文化内容,更同质化的文化表现,更直观性的呈现方式。

数字媒介不仅革新了人们生存、生产、生活习惯,更是改变了人们的思维方式、心智模式与认知体系。但对于所有人来说,数字媒介的影响并非是统一的,在不同群体之间存在着"数字鸿沟",非物质文化遗产所在地民众包括非物质文化遗产传承人对于信息网络、数字化技术知之甚少,数字化技术成为在地民众参与的最大障碍。由文化部主办、中国科学技术大学承办的非物质文化遗产传承人群研修班其主题是"数字化与可视化在中国手工造纸行业的应用",第一期研修班(2016年5月)有学员对智能手机都比较陌生,微信、微博等数字媒体较少接触,这样的数字鸿沟成为非物质文化遗产数字化的技术观念上的障碍。

不过,数字媒介技术的逻辑一步步地消解着文化固有的逻辑,并有取而代之之势,进而导致一个矛盾——工具理性对表现理性的僭越。表现理性在总体上体现为文化的主体原则——人的原则。数字媒介技术活动是关于客体世界的活动,工具理性仅是一种手段。技术是实现对客观世界征服的手段或工具,它本身并不具有本体的地位。在技术的工具理性中,客体原则取代了表现理性的主体原则。不断加剧的媒介革命,使得我们要对一些现象进行反省——并非是数字媒介技术来适应人,相反,是人这一主体要不断地适应数字媒介技术的变革。② 当数字媒介技术在创造出多元化的文化消费新花样的同时,也在把自身的逻辑和规则强加给文化。主体便不可避免地沦为客体的奴役,服从数字媒介技术的自律逻辑将成为主体文化活动的必然逻辑③。

第三节 文化遗产传播新模式:以物质遗产为阐述对象

文化遗产传播是文化遗产的价值增值过程。不能将文化遗产作为一个"存量"看待,例

---

① 向勇. 文化产业要实现文化与科技的融合[N]. 人民政协报,2012-11-05(C01).
② 周宪. 文化表征与文化研究[M]. 北京:北京大学出版社,2007:229-230.
③ 周宪. 文化表征与文化研究[M]. 北京:北京大学出版社,2007:250-251.

如将文化遗产看成"文物、遗物、不动物、过时物"等，而应将之看成动态的"流量"，即传播和发挥文化遗产的价值与能量。文化遗产传播是一个增值过程，在数字媒介的作用下，文化遗产的传播价值与效用更大。如同知识一样，分享范围越广，分享主体越多，其价值和效用越大。此处对文化遗产传播价值增值进行公式化的描述，即 $V=(P+CH)^C$。文化遗产传播表现为文化遗产知识与信息在传-受主体之间的传递与分享，包括横向扩散与传播和纵向传递与传承，从而使得遗产价值增值。在此公式中，"P"（people）指拥有某种文化遗产信息或知识的主体，既有官方的，也有民间的；既有专业的，也有非专业的——包括专家、传承人、政府、公益组织以及其他利益相关者等；"CH"（culture heritage）是指文化遗产所涵括的所有信息点——传播内容；"+"表示 digital media[①]，是主体所利用的数字媒介，即以数字"0""1"为传播介质的载体，二进制数系统中，每个 0 或 1 就是一个比特（bit）。"比特没有颜色、尺寸和重量，能以光速传播。出于实用目的，我们把比特想成'1'或'0'。……越来越多的信息，如声音和影像，都被数字化了，被简化为同样的 1 和 0。""C"（communication）即文化遗产的知识内容在主体间的有效传播。"V"（value）是指文化遗产经过主体间的传递、传播与共享，以及接收者利用自身的生活阅历、教育背景、知识结构等因素所进行的解码与再编码，所产生的艺术审美、社会文化以及经济价值等。

文化遗产的传播是以数字媒介为载体的传播与共享，其传播主体越多、传播范围越广，则其效用与价值就越大，这个价值增值过程符合梅特卡夫原则[②]［指网络价值以用户数量的平方的速度增长。如果一个网络中有 n 个人，那么网络对于每个人的价值与网络中其他人的数量成正比，这样网络对于所有人的总价值与 $n\times(n-1)=n^2-n$ 成正比]。数字媒介的传播优势——可得性、便利性、易操作性等，使得社会力量便于参与到文化遗产的保护与发展中来，并在保护与发展过程中提高公众对文化遗产的认知与认同，给予公众文化熏陶和文化体验，提升公众的文化遗产素养，培养公众文化遗产保护的自觉性，促使整个社会更好地传承与传播文化遗产，更为合理地利用好文化遗产。

一、数字媒介下文化遗产传播主体

文化遗产传播主体在某种程度上决定了文化遗产传播的内容选择和价值偏向。借用利益相关者理论[③]，文化遗产传播的利益相关者包括文化遗产拥有者（传承人）、政府、当地民众、参访者、学者、文化企业等。在传统媒介环境下，只有掌握话语权（或者说拥有权力资源）的主体才能进行文化遗产传播。作为文化遗产的合法名义主体——"民族—国家（政府）"，在传播文化遗产时，选择能够表达和满足"民族—国家"政治高度、意识形态或文化形象的信息进行传播，而忽视文化遗产诸多真实属性，政府运用权力资源（包括媒体资源）对文化遗产进行自上而下的单向性宣教。

文化遗产研究学者多是从学术视角对文化遗产研究成果以出版、研讨等形式进行传播，传播范围往往局限于学术圈子。这是一种小众化、理论化的传播，也满足了自身的学术研究

---

① 尼古拉·尼葛洛庞帝.数字化生存[M].胡泳,范海燕,译.海口:海南出版社,1997:24.
② 周荣庭.运营数字媒体[M].北京:科学出版社,2012:65.
③ 利益相关者本是指与企业生产经营行为和后果具有利害关系的群体或个人。本处主要是指与文化遗产传播行为及结果相关的个体与组织。

之需。对于文化遗产来说,学者是文化遗产的"他者"——从外部来看待文化遗产,学者基于史料的考证对文化遗产的阐释,是站在"他者"的位置去看待和审视文化遗产,具有一定的专业性和学术权威性,但从某种程度上来说,可能会忽视文化遗产的地方性知识。不过文化学者研究的议题具有一定的"靶向性",有利于将文化遗产传播的学术问题扩散到文化认同和意识形态领域,推动传播议题的设置与转换。

参观者或游客通过实地参访对文化遗产进行消费和内化传播,获得身体力行的知识认同、经验认可,以达到文化遗产知识的消化和在这种特殊的获得方式中受到教化,或将文化遗产信息传递给周围人群。每一位参访者都会根据自己的知识背景和经验知识对文化遗产进行阐释,通过数字媒介记载上传自己的参访心得,于不自觉中传播了文化遗产,此种传播是一种非自觉传播,但正是基于数字媒介,才使得非自觉传播成为现实。

文化遗产拥有者(传承人)是文化遗产真实的主人,能够以"当事人"的角度真实阐释文化遗产。他们最有权力去传播,但限于传统媒介,这使得他们在传播方面的贡献相对较小,传播路径与范围窄化。在数字媒介环境中,通过数字媒介赋权,文化遗产拥有者(传承人)可以借助数字技术记录与传承、传递与传播相对客观真实的遗产信息,至少他们会按照自己的文化经验或文化传统将文化遗产传承下去。但在现实社会中,他们对文化遗产的阐释权和传播权常被学术机构或权力机构所"代言",且"代言"机构对遗产的阐释语言经过意识形态选择、过滤或理论术语包装,往往会损害文化遗产信息的真实性和完整性。

无论是物质文化遗产或非物质文化遗产,抑或线性文化遗产①都是一种文化记忆。文化记忆是一个多主体、多向面、长期持续不断的建构和积累过程。它是由文化遗产所在地的民众共同参与建构的。在地民众通过纵向家族内部的传递和横向的社会性传播,将文化遗产信息内容世代保存和传承。在地民众通过碎片化、个体化、日常化的知识经验,建构起完整的文化记忆网络,虽然这些记忆和表达可能不具有专业性和权威性,但作为民众对文化遗产的理解和认同,却具有合理性与正当性,起到建立民众个体与"地方"文化之间关系的重要作用。在地民众根据自身的文化实践和对文化遗产的理解,以民间叙事的角度,利用闲暇和知识盈余,在某种程度上弥补学者的"专业化"阐释之不足。数字媒介环境下保证文化遗产信息和知识完整性和真实性的,是一群拥有自身文化实践与经验的群体,对文化遗产内容进行审查、过滤和补充。而他们之间的"知识储备"与"知识结构"有交叉也有互补,而且真实互补的部分成为文化遗产传播内容的协同前提。数字媒介平台之上,每个个体贡献一点遗产知识,聚沙成塔,终将会对某一文化遗产事项做出相对准确而又全面的解读。

作为文化企业,其根本目的是追逐剩余价值,即使在传播文化遗产中起到十分重要的作用,也无法改变它的功利性和资本性。文化遗产对企业来说是一种产业资源,文化企业遵循资本的逻辑,对文化遗产进行产品生产、体验服务和商业宣传。它一方面为企业赚取利润,另一方面也提升了文化遗产的知名度,这对文化遗产传播起到一定的效果。当前,文化企业更是注重文化品牌建设,将文化遗产作为天然的文化品牌,运用数字技术对文化遗产加以创新、创意,提高企业的文化附加值。

传统媒介条件下,文化遗产传播主体之所以具有强大话语支配权,在于传统媒介的性质关系到知识的垄断,而知识的垄断又关系到社会权力和权威。而在数字媒介环境下,每个主

---

① 线性文化遗产(lineal or serial cultural heritages)主要指在拥有特殊文化资源集合的线形或带状区域内的物质和非物质的文化遗产族群,运河、道路以及铁路线等都是重要表现形式。

体都将均等地拥有话语权。除了职业化、专业化的文化遗产管理者、研究者,数字技术使得当地民众、游客、社会组织机构等都成为文化遗产的传播主体,社会公众也逐渐加入文化遗产传播的队伍。随着数字媒介的发展,每个社会主体都可能是文化遗产传播的主体,不论是社会精英诸如学者、公务人员,还是草根阶层包括游客、在地民众等,每个主体都可在闲暇时间将自身的遗产知识在数字媒介上发布、传播。根据数字媒介的传播特征,每个主体既是文化遗产的传播者,又是遗产信息的接收者,"传-受"身份叠加,改变固有的传播受众身份,从而达到更为有效的传播效果。

由图15.1可知,传统媒介中文化遗产传播主体在不同的传播驱动因素下采用不同的传播手段,对文化遗产信息和知识进行独立性传播。在权威驱动因素下,政府和专业学者依照各自目的对文化遗产进行意识形态、文化认同和学术研究等方面的传播。在商业资本驱动下,企业依照商业模式将文化遗产打造成文化品牌,间接促成文化遗产的传播。而民间的文化遗产传承人、拥有者、参访者、当地民众则通过实践体验发出草根叙事,且话语权较以上主体来说相对小得多。但在数字媒介传播背景下,各个文化遗产主体相对拥有均等的发声权力,主体间对文化遗产信息进行互补性传播、相互监督、协同过滤,针对不同受众进行分众精准传播。

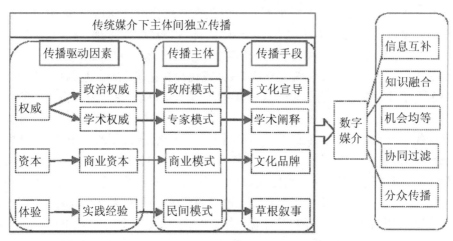

图15.1 传统媒介与数字媒介下主体传播对比

二、数字媒介下文化遗产传播内容

随着新媒介及各种网络技术的发展与应用,文化遗产呈现的内容也不断创新,数字媒介改变了遗产的文化意义和对遗产表现的诠释路径,增加了全新的展示内容,成了现代社会再生产的"新产品"。文化遗产传播的内容及内容的特征是传播的前提。否则,它便沦为无意义的传播。无论哪一类文化遗产都可以是信息综合体,这包容了巨大的表述符号和意义,即文化遗产包含众多"意义""象征性""符号""文化内涵""隐喻"等,这些都是文化遗产传播的内容。

(一)文化遗产传播内容的核心与相关信息

文化强调完整性、生态性。文化是一个多侧面多维度的复杂有机体,如果从某一个层面或角度去解读与传播,即使在该层面或角度解读得很到位,但在总体上也未必能够全面而深刻地阐释文化的全部内容和本质。同样,"完整性"对文化遗产的认知与传播来说,亦是重要的原则。就文化遗产保护实践而言,"完整性"是重要的考量点,该原则是在自然遗产保护实践中提出的标准。文化遗产的"完整性"主要体现在:一是既包括文化遗产本身,也涵盖与之相关的生存环境,物质遗产应保持自身组成部分和结构的完整,以及与所处环境的和谐与完整。二是包括遗产所具有的历史、科学、情感、价值等方面的内涵和遗产形成的要素,如非物质文化遗产既包括传承人、物质载体、技艺等,也包括文化生态环境。

基于文化遗产保护实践中"完整性"的认知,构建文化遗产传播的信息内容——文化遗产传播信息同心圆模型(图15.2)。物理信息,即文化遗产最基础的信息,例如文化遗产的组成部分、产生年代、存续时间、制作原料、制作工序、工艺、规格、传承人、拥有者等;文化信息则是指文化遗产蕴含的文化价值、符号、能指与所指、历史信息、历史背景等;生态信息是指文化遗产的生存与发展的原生性自然信息与社会信息、次生性信息;相关性信息即与该遗产相关联的信息——遗产再创作、遗产经济性、文化遗产保护与利用相关的政策法规以及遗产利益相关者等信息。这四层信息[①]围绕文化遗产层层拓展、扩散,由核心到边缘,共同组成文化遗产完整的传播内容。

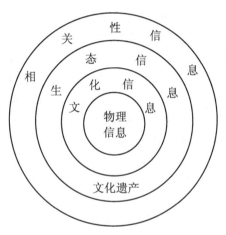

图15.2 文化遗产传播信息同心圆模型

在物理空间无论是遗产还是拥有遗产信息内容的主体都是"原子化""个体化"存在的,其信息也是一种碎片化、片段化的内容。数字媒介可以将分散的、孤立的文化遗产信息内容整合到数字网络空间,保持一种数字化的"完整性"。通过数字媒介可以将文化遗产传播的内容充分地、直观地展示,这是传统传播手段无法比拟的。传统媒介下文化遗产基本是通过相对单一的媒介表现形态,其传播与接收、编码与解码具有很大的局限性。数字媒介强调内容融合,它在传统媒体的基础上运用数字技术对遗产内容重新加工再创作,使之符合数字媒体的传播形式,将遗产内容融合成图文音像一体的动态内容,运用数字媒介的超文本和超链接的传播模式,使公众对所接收信息的理解更加便捷、深入、形象,能够立体化、全方位的理解和体验文化遗产。

(二)文化遗产传播内容的实体与符号

人类所处的世界实际上是一个符号世界,而恩斯特·卡西尔更是直接地将人定义为"符

---

① 此种分类仅是一己之见,是否合理科学,还有待专家学者论证。

号的动物"①。系统论的创始人冯·贝塔兰菲认为:"包围人的是符号的世界……人的行为除了饥饿与性的生物需要等基本方面之外,都由符号的实体支配。"②这里将"实体"与"符号"两个概念都引出来了,在人类社会发展过程中不断在客观世界探索、认知、改造、适应并成为其中一员,同时人类将客观世界列为自身主观认知的一部分,并对客观世界进行符号化改造。如对客观事物的命名——这并不是该事物的本质,而是强调该事物某一特定方面,它是人的符号化、象征化的创造。何况文化遗产本身就是人类智力活动参与后的建构结果,文化遗产本身就是一种符号——文化符号、政治符号、资本符号,遗产的创造和传承是以符号为媒介的。人是符号活动的主体,各种文化遗产是符号活动的具体化和现实化,同样文化遗产的传播也是借助于符号进行的,而且这种符号化的遗产更适应了数字媒介体系的编码与解码。有意思的是,从文化遗产产生至今,许多文化遗产所传达的意义发生了流变,即遗产的物质形态(能指)与所指并非一一对应,遗产所表达的意义亦非一成不变。换言之,文化遗产在原生形态中的符号的所指、能指、意指与后续的历史演变形态发生了意义分离。以长城为例,它本是为抵抗少数民族入侵中原而构筑的一道屏障——是典型的军事工程,具有明显的军事意义,但随着时间流转,它被象征为中华民族的勤劳、勇敢、智慧等,也成了最为热门的文化旅游景点。由于阅读者或参观者教育背景和态度的改变,使得它们失去了一些信息(选择性的传播、传承遗产信息),同时也增添了新的信息。任何文化遗产符号所承载的意义不是凝固不变的,它是活态的,是与时俱进的,是能够满足当下人类精神需要的。遗产实体的符号意义流变,既有人的主体因素——立足"当下"审视遗产,也有数字传播技术的客观因素——推动遗产符号加速传播与混搭。这种实体与符号的对应关系体现了"当下性"——人与自然、人与社会、人与自我的文化关系、实践关系、心理关系变迁等。数字媒介时代的文化实践推动着遗产符号的创新与应用,数字时代变化之快、影响之深,文化遗产承载的内容与意义时刻都被创造成新的符号,进而适应精神文化传播的需要。

(三) 文化遗产传播内容的稳定与创新

文化遗产内容的稳定性特指遗产自身的延续,时空不断转换,文化遗产之所以成为遗产,是因为其自身有着"核心的稳定性",这个核心稳定性就是文化遗产事象自身发生发展历史语境中形成的文化内核。无论是传统语境还是数字媒介语境中,在传播过程中"核心稳定性"是必须恪守的准则,否则遗产也就不能称之为"遗产"。而在数字媒介传播过程中,文化遗产必然面临"当下"的现实语境,数字媒介就是"当下的现实语境"——娱乐化、商业化、快捷化、创意化、浅表化、碎片化,文化遗产传播越来越被裹挟到数字媒介领域,用新的媒介技术展示和呈现遗产内容。文化遗产在此环境中也必然存在"变异与创新"的"风险"。其实无论是数字空间还是物理空间,文化遗产在发生、发展与传播过程中,每个环节的内容在不同程度、不同角度、不同维度地补充、加工、充实、完善甚至重塑。文化遗产在传播过程中其结构、内容、意义不断复杂、丰满、流变与创新。在数字媒介环境下,文化遗产内容更容易发生流变。

其一,因为数字媒介用户数量庞大,每个个体知识体系、心智模式、所处社会环境之不同,其对文化遗产的看法、解码、阐释都不尽相同,每个主体对遗产的编码逻辑亦是不同,会

---

① 恩斯特·卡西尔. 人论[M]. 甘阳,译. 上海:上海译文出版社,2004:37.
② 路德维希·冯·贝塔兰菲. 一般系统论:基础·发展·应用[M]. 秋同,袁嘉新,译. 北京:社会科学文献出版社,1987:165.

形成一个意义丰富的新的遗产话语,不同的受众主体又会对这个编码意义丛(遗产话语体系)再次进行不同意义的解码。文化遗产在经历了多次传播创作后,不同传播主体衍生出的利益因素却使遗产在传播中出现了文化内容上的流变以及形式上的创新。

其二,数字媒介中的文化遗产总是"旧东西"与新东西的组合。传统与创新相互磨合、冲突与制约,共同塑造了数字媒介中的文化遗产内容。数字媒介中的文化遗产一方面是站在当下的节点对过去的守望,另一方面是对"过去"的延续,遗产不是静止的、固态的物件,而是在不断变换的时空中被融合、被创造、被修正传承……文化遗产传播是文化内容被编码及解码的过程。通过数字媒介的横向传播来形成文化心理的共鸣——既有对"过去"怀旧的认同,亦有对"当下"创作的"回响"。

其三,数字遗产的内容创新。遗产本身是以原子态而存在,在传播和利用方面远不如数字形态具有优势,数字技术可将之转换为比特状态,正如尼葛洛庞帝所说:比特会毫不费力地相互混合,可以同时或分别地被重复使用。文化遗产的数字化转化给予社会公众对文化遗产资源内涵和价值理解的可能性,并进行文化内容创新而不损害文化遗产的物理态。

另外,任何信息的传播总是基于一定的对象。不同的"言说"对象,其传播内容也会有不同的"编码"规则和传播侧重点。当下的数字媒介传播环境和传播平台根据用户群体不同,而编辑和分发不同的传播内容。根据文化遗产的传播内容以及公众对文化遗产知识量和专业化的需求,遗产信息和知识分众分类传播成为文化遗产传播的重要议题。正如世界著名未来学家阿尔文·托夫勒(Alvin Toffler)所预测,当下大众传播的一个发展趋势是:"面向社会公众的信息传播渠道数量倍增,而新闻传播媒介的服务对象逐步从广泛的整体大众,分化为各具特殊兴趣和利益的群体。"[①]虽然他针对的是新闻传播,但对于文化遗产传播的分析同样适用。随着数字媒介技术的进步,它为知识分类提供便捷——分众传播,各取所需。分众分类源于"社会性书签"(book mark)服务,通过公众在网络媒体上制定分类标准和提交资源标签来实现。根据文化遗产的不同分类——按照遗产类别、遗产属性、遗产属地等因素对文化遗产传播内容进行分众传播,使之更具有针对性和精准性。

二、数字媒介对文化遗产传播的影响

数字媒介对文化遗产及文化遗产衍生品的影响,采借麦克卢汉的"媒介四律"[②]分析。它虽被称为媒介定律,但也适用文化遗产传播的影响。保罗·莱文森在《数字麦克卢汉》中阐明"麦氏思想帮助我们理解我们这个新的数字时代","麦克卢汉是对的,至少他提供的框架是对的"。因为麦氏写道:"我们的媒介定律旨在提供方便的手段,使我们能够确认技术、媒介和人工制造物的属性及其影响。"[③]故"媒介四律"完全可以用来探讨数字媒介对文化遗产和文化遗产衍生品的影响,它为这种抽象层次上的分析提供了一个良好的框架。随着信息技术、多媒体技术、网络技术、AR增强现实/VR虚拟现实技术等数字媒介技术在文化领域

---

① 徐耀魁.西方新闻理论评析[M].北京:新华出版社,1998:79.

② 由麦克卢汉提出,又称为媒介定律或媒介四效应——放大(amplification)、过时(obsolescence)、再现(retrieval)、逆转(reversal),这四定律就是在分析任何重要的媒介时提出的四个方面的问题:它使什么得到提升或强化?它使什么东西靠边或过时?它使过去的什么行动或服务再现或再用?它在被推向潜能的极限之后,会逆转成什么?详见:保罗·莱文森.数字麦克卢汉:信息化新千纪指南[M].何道宽,译.北京:北京师范大学出版社,2014:331.

③ 保罗·莱文森.数字麦克卢汉:信息化新千纪指南[M].何道宽,译.北京:北京师范大学出版社,2014:1-2.

的运用,这些媒介技术丰富了文化遗产(产品)的表现力与创作力,增强了文化遗产的感染力与传播力。

(一) 数字媒介提升了文化遗产的传播能力

文化遗产只有传播、共享才能具有更大的价值,数字媒介从三个方面提升了文化遗产的传播能力:第一,数字媒介提高了文化遗产的传播速度。以原子为基础的传播模式,其流通速度受到运送原子的局限。无论是文化遗产本身或以文化遗产为核心的传统媒介产品的传播速度,均受制于时空的物理因素。以数字媒介手段传播文化遗产,其信息与知识可以用接近光速来传送,几乎没有传播时差而抵达目的地。第二,数字媒介扩大了文化遗产的传播范围。当今互联网已经覆盖全球绝大多数地方,数字媒介以网络为内驱力,以高速传播力在全球范围内传送没有重量的比特。文化遗产在数字化为比特以后,可以上载到互联网媒介平台上便捷地进行传播,其影响范围从过去的特定区域空间拓展到了全球空间。第三,数字媒介丰富了文化遗产的表现力。数字媒介赋予文化遗产的多媒体性和交互性,是电子技术难以达到的传播效果,基于数字媒介的文化遗产传播可以运用多元化的叙事模式和表现形态,这大大增强了文化遗产内容的表现力与感染力。

(二) 数字媒介使文化遗产(产品)原有表现和生产形式过时

文化遗产的传统生产和表现形式以实物、在场、即时传播传递给受众,数字媒介逐渐利用数字化手段进行文化遗产(产品)的创作生产,这在某些方面取代了文化遗产(产品)原有的生产形式。基于数字媒介的新生产方式能够提高文化遗产(产品)的创作生产和传播效率,数字媒介往往能以更少的资源来达成同样的生产效果,如某些非物质文化遗产(木雕)将雕花工艺进行数字化的创作生产过程。相应地,文化遗产(产品)原有的表现方式也正在显得过时,数字媒介可对文化遗产(产品)进行重新组织与建构,公众可以不必线性、单向地接收信息,而是根据自身的需求在文化信息之间自主选择相应的信息内容。这种文化信息组织方式更加符合人脑非线性的接收特点,它将有助于增强文化遗产(产品)信息传播效果。

(三) 数字媒介再现文化遗产的完整感官体验

数字媒介具备了再现完整的感官体验的能力。当下数字技术已经能将听觉、视觉、触觉、嗅觉融合在一起,例如,VR/AR技术能够再现文化遗产的全部场景,能够让公众置身于文化遗产氛围之中,以其虚实结合、实时交互与三维沉浸的特点,为体验者带来强烈的在场感和参与感。通过建构场景化、可视化的文化遗产环境和互动性关键活态事件,并运用媒介技术将数字化的遗产内容叠加在现实的文化遗迹情境中,使公众能够在数字媒介系统中体验"再现"的历史情景。

(四) 数字媒介将使文化遗产逆转为交互系统

媒介技术最终将文化遗产变成一个虚拟与现实交互的数字系统。文化遗产传播的目的是传递精神文化信息,扩大文化认同,提升文化自信,从目前看来数字交互系统是传播信息的有效途径——让人使用自然技能与信息环境进行交互。数字故宫、数字敦煌都是运用虚拟现实与增强现实技术打造的新型文化消费品。现阶段的数字交互技术还处在发展期,仍需大量的穿戴传感设备才能促成这种精神文化的交流,但随着数字科技的飞速发展,公众已经接触到了直接用脑电波与计算机交互的领域。

哈罗德·英尼斯认为，人类传播的主要目的之一是对时空的征服，他所提出的时空偏向理论认为"传播媒介"自身存在着时空偏向性。"遗产"这个名词本身就说明了传播的时间偏向，无论物质文化遗产还是非物质文化遗产，都经历了时间的考验和筛选，留存至今并发挥着当下作用，这是从遗产自身的传播介质属性来说的。而相对于空间偏向而言，虽然文化遗产在某种程度上经由人类的社会实践和交往，拓展了文化的生态空间，但其空间范围有限，否则也不会有多姿多彩的地方性文化形态。随着传播技术的发展与升级，特别是数字媒介技术的普及应用，以及人类社会对异域文化的好奇与探索，极大地拓展了文化遗产传播的空间性。正如上文所言，数字媒介在传播速度、广度和丰富度方面提升了文化遗产的传播能力，遗产的功能文化区和形式文化区得到了延展。文化遗产从线下的物理空间嵌入了线上的数字空间，促进了不同文化、文明的交融与碰撞。文明因多样而交流，因交流而互鉴，因互鉴而发展。数字媒介促进了全球文化交流和文明互鉴，影响着现实空间和虚拟空间的文化互动。

在数字媒介技术推动下，文化遗产传播内容不断丰富、传播主体不断增能、传播效果也在不断凸显，但对文化遗产的数字传播要保持一种开放而谨慎的态度。无论是传统媒介还是数字媒介，"人"既是传播主体，也是传播受体，"人"集文化遗产的编码、阐释、符号创造、传播、解码于一身。参与文化遗产数字传播的主体动机是什么？如何传播（生产、消费）文化遗产？这些因素都会影响到文化遗产自身的文化意义。文化遗产在数字媒介的传播过程中，其"意义空间"发生衍变，从初始意义——文化传承、文化认同衍变为当下意义——文化消费、文化奇观。在此过程中如何降低消费主义、资本主义逻辑对文化遗产的影响，减少文化遗产"基因突变"的风险，是进行文化遗产数字化传承和传播所要考量的要点。

另外，从数字媒介技术角度来看，文化遗产的数字传播消解了文化的"实体性""在地性""即时性"，同时建构了文化遗产传播的"符号性""在线性""异步性"。传播技术和传播模式弱化了人对遗产的面对面互动和欣赏，而呈现出"媒介化""拟态化"。李普曼的拟态理论认为：媒介所建构的"拟态环境"并非是对客观现实"镜子式"的、真实的反映，而是与现实之间产生一定的偏差和位移。根据该理论，文化遗产通过数字媒介进行传播，势必在内容、意义以及理解方面产生一定程度的偏差。这些偏差可能会产生一定的文化折扣，甚至演变为一种文化"偏见"。文化遗产在数字媒介中传播须尊重文化规律，遵循遗产意义的完整性，并保证文化意涵不能被歪曲与误解，否则将失去其文化价值。

思考题

1. 简述文化遗产与文化记忆之间的关系。
2. 文化遗产传播如何强化文化记忆的传承？
3. 如何看待数字媒介在地方文化传播中的作用？
4. 从哪些角度理解文化遗产传播内容？

结语　作为传播的文化：媒介文化研究的路径之思

文化指人类社会的生存方式，是人类在社会历史发展过程中所创造的物质财富和精神财富的总和。传播是人类的基本需要，不仅传递信息、维系社会，也是生成人类文化、构成人类文明的最基本的社会过程。如果没有文化传播，人们至今可能还处在蒙昧时代。在人类学意义上，"文化"一词逐渐引向对人类生活总体方式的研究，文化与传播的关系复杂深刻、互为表里，不存在没有文化的传播，也不存在没有传播的文化。文化通过个人参与信息系统的运行，给传播注入新的生机和创造性。文化传播既是人们社会交往的中介，也是社会结构的重要链条。因此，可以说，文化传播是一个社会过程，是一种具有无限创造力的人类文化再生产。

正如本书前言所指出的：一方面，引自西方的传播学所用范畴、范例、方法等一直面临本土化的问题；另一方面，植根于中国传统知识体系发掘当代传播学话语，也是迫切需要解决的现实问题，"作为文化的传播"的传播学学科定位，理应是可行的建设路径。结语部分要讨论的"作为传播的文化"，侧重于文化传播思想史的梳理，重点探讨媒介文化的研究路径，在"理解传播即是理解我们所在的社会和时代"[①]的意义上重塑我们的文化传播观；在媒介作为文化的动态载体与传播作为文化的动态过程的意义上，"作为传播的文化"是一种对人类社会存在本质的终极追问。文化研究不是为知识而知识，而是为了更好地理解文化、理解生活，构想未来的更为美好的新文化和新生活。

一、理论溯源：从文化人类学到文化研究学派

"文化研究"是一种特定的跨学科研究的文化思潮、知识形态和学术探索，理解"作为传播的文化"必然建立在"文化""传播""媒介"等基本学科概念之上。如果追溯"文化研究"的思想来源和知识传统，其实很难明确圈定出绝对的开端，因为它并没有单一的学科来源和理论来源，而是具有多元复杂的知识谱系。由于"文化"的内涵丰富，不同学派给出的定义众多，但是从"作为传播的文化"意义而言，至少有两个值得重点关注的对象，即英国近代以来的"文化人类学"传统，以及当代文化研究的直接起源英国伯明翰学派（the Birmingham School）。

（一）爱德华·泰勒的整体文化观

英国近代文化人类学家爱德华·泰勒（Edward Tylor）是文化人类学的创始者、古典进化论的代表人物，他一生写了200多种著作，其中最负盛名的有《原始文化》（1871年）、《人类学：人及其文化》（1881年）等。在《原始文化》一书开篇，泰勒即明确指出，文化人类学是一门研究文化或文明的"文化的科学"，并提出了西方人类学关于"文化"的最早定义。"文化，

[①] 陈卫星. 总序[M]//迈克尔·舒德森. 新闻社会学. 徐桂权，译. 北京：华夏出版社，2010：1.

或文明,就其广泛的民族学意义来说,是包括全部的知识、信仰、艺术、道德、法律、习俗以及作为一个社会成员的人所掌握和接受的任何其他的才能和习惯的复合体。"①泰勒所谓的"文化"或文明含义极为丰富,其"复杂的整体"的概念,指任何社会的全部生活方式,包括精神生活方式和物质生活方式。前者包含有信仰、价值和规范(习俗、道德、法律)结构;后者则包括人们衣、食、住、行、娱乐、工作等日常生活方式。

泰勒的这一文化定义被认为是关于"文化"的最早的现代定义,也是西方文化史上第一个具有整体意义的文化定义。虽然这个定义还只是描述性的,却奠定了后来人类学家和社会学家关于"文化"的最基本的理解,后者都没有超出泰勒把"文化"看成一个复杂整体的基本观念。这种整体的文化观,这种作为日常生活方式、心理意识、行为方式、语言符号和生活习俗的复合性整体的广义文化观,对后来的文化人类学产生了极大影响。其后的人类学研究都是在泰勒这个"文化"定义基础上的丰富、发展和修正。由泰勒开创的文化人类学是民族学的扩大,其研究对象为人类各民族的文化或文明,广泛涵括人类早期民族的语言文字、文学艺术、原始信仰、宗教仪式、风俗习惯、伦理道德、法律制度等,而这种意义正是建立在社会传播的基础之上。

西方传统的文化理论大都把"文化"视为高雅、知性、想象、艺术、学术、信仰、精神、道德、心灵和完美的创造物,"习俗"则被排除在"文化"之外。习俗被视为粗俗的、不入流的东西,是文化所要克服和超越的东西。而在泰勒的复合或整体的文化概念当中,"习俗"(包括作为社会一个成员的人所习得的一切能力和习惯)是其中最基本的要素。泰勒在西方文化史上首次将历来被高雅文化所鄙视的"习俗"列入文化范畴,而且使之作为最基础的文化层次,从而走出了西方传统文化理论的窠臼。泰勒以日常习俗为根本(而非以传统高雅文化为核心)的文化观对当时的英国乃至整个欧美学界产生了极大的冲击,它显然与英国近代"文化与文明"对立的文化精英思想传统迥然不同,对后来的伯明翰学派的文化研究也产生了深远影响。

总之,泰勒的文化人类学是法国启蒙思想、德国近代文化理论、法国实证主义与英国的达尔文进化论基础上理论综合创新的产物。但是,泰勒的文化人类学的研究方法旨在追寻和说明文化事实的客观性,不做文化价值的判别,仅属于文化认知的范畴。后来以伯明翰学派为代表的英国当代文化研究在挪用泰勒文化人类学时,吸收了其作为生活方式和习俗的文化观念,进而提升为文化意义的阐释,并将这种文化理论与新左派的人道马克思主义相结合,从而使之具有了价值倾向性和实践干预性。

(二)雷蒙德·威廉斯的"文化与社会"

伯明翰大学当代文化研究中心(Birmingham Centre for Contemporary Cultural Studies,简称CCCS,1964—2002)的创建是文化研究学术建制化的体现。伯明翰学派文化研究的早期标志性文本是赫伯特·理查德·霍加特(Herbert Richard Hoggart)的《识字的用途》(1958)、雷蒙德·威廉斯(Raymond Williams)的《文化与社会》(1958)、《漫长的革命》(1961)和爱德华·帕尔默·汤普森(Edward Palmer Thompson)的《英国工人阶级的形成》(1963)等,它们都曾被作为中心的基本教材。因此,早期伯明翰学派及其三大奠基人物(霍加特、汤普森和威廉斯)及其奠基之作,成为英国文化研究事业的真正开端,推动文化研究的迅猛发

---

① 爱德华·泰勒.原始文化[M].连树声,译.桂林:广西师范大学出版社,2005:1.

展,成为当代国际学术界"最有活力、最富创新性的学术思潮之一"①。

按照伯明翰文化研究学派奠基人雷蒙德·威廉斯的考证,"文化"(culture)是欧洲语言当中最为复杂的两三个词之一。他用历史语义学的方法考察了"文化"一词极为复杂的词义演变史和学术演进史,认为一些主要的学科领域和思想体系都把它作为重要概念。② 从拉丁文词源(最接近的拉丁文 cultura,可追溯的最早词源为拉丁文 colere)的"耕种""照料",到18世纪之后的"心灵陶冶""教化与教养"或"精神培养""人类自我发展的历史""审美或完美"③等,"文化"的意涵不断扩展,形成了极为丰富的意义,包容了非常复杂的信息,因此,威廉斯将它列为"文化研究"五大关键词之首,是"关键"中的关键,地位最为重要。威廉斯的学术贡献之一就是对文化进行了重新定义,突破了英国精英主义的文化传统。他将物质生活方式纳入文化的范畴,使文化成为一个更加具有包容性的概念。他强调文化作为一种存在的整体性,无论是物质的、知识的还是精神的,都统一于整体的生活方式。

在《关键词:文化与社会的词汇》一书中,威廉斯还对"传播"这一关键词做了详细考辨。在英文中,传播和交往都是 communication,与共同体(community)有着共同的词根。铁路信号员家庭出身的威廉斯对信息传播具有天然的敏感,一生钟情于传播研究。传播研究是贯穿于其许多著作的重要内容和主题。威廉斯所理解的传播,兼综了信息技术传播、社会生活和人际交往、学习和教育系统等方面的意涵,并将其与共同体或共同文化联系起来。威廉斯认为,文化的扩展、文化的革命离不开传播的变革(如建立民主的传播形式)。传播是扩大和分享社会经验和意义的活动,也是创造文化共同体的活动。《文化与社会:1780—1950》和《漫长的革命》均有专门的章节讨论传播问题。

威廉斯意识到当代文化与大众传播的紧密结合,认为大众文化可以与高级文化一起塑造人类共同经验。他指出:"关于传播的任何真实理论都是关于共同体的理论(theory of community)。大众传播的技术,只要我们判定它们缺乏共同体的条件,或者以不完整的共同体为条件,那么这些技术就与真正的传播理论互不相关。"④威廉斯希望民众在日常生活中积极参与到电视传播的过程中,以创造出新型的民主的"共享文化",实现其"长期的革命"的理想。不同于利维斯对大众传播的不屑一顾,也不同于霍加特对大众传媒的担忧,威廉斯对大众传媒抱有积极的研究和评价态度。阿诺德、艾略特、利维斯等文化保守主义者从精英立场出发,纷纷把大众文化和大众传媒视为少数人文化和传统文化的对立面而予以挞伐,而威廉斯则看到了它们所包含的民主潜能,希冀通过现代传媒来实现其"民主的共同文化"的构想。

二、文化研究的媒介转向与媒介研究的文化转向

随着媒介技术的日新月异,麦克卢汉"地球村"的预言已然成为现实生活图景。"文化研究具有鲜明的社会干预精神,关注当代永远是它的学术所向,如果说这一当代语境曾经是摇滚乐这类青年亚文化,那么今天它理所当然就变成了互联网和新媒体的语境。"⑤尼尔·波兹

---

① 罗钢,刘象愚.文化研究读本[M].北京:中国社会科学出版社,2000:1.
② 雷蒙德·威廉斯.关键词:文化与社会的词汇[M].刘建基,译.北京:生活·读书·新知三联书店,2005:101.
③ 雷蒙德·威廉斯.关键词:文化与社会的词汇[M].刘建基,译.北京:生活·读书·新知三联书店,2005:101-107.
④ 雷蒙德·威廉斯.文化与社会:1780—1950[M].高晓玲,译.长春:吉林出版集团有限责任公司,2011:327.
⑤ 陆扬.文化研究概论[M].上海:复旦大学出版社,2013:7.

曼曾说:"我们的语言即媒介,我们的媒介即隐喻,我们的隐喻创造了我们文化的内容。"[1]传媒与人们日常生活的"互嵌"日渐深入,媒介文化的"显学"地位更加突出,成为令人关注的时代性命题。

"晚近一些有影响的研究,主张把媒介与文化这两个关键词连用,或曰'媒介文化',或曰'媒介化的文化。'这是一种全新的文化,它构造了我们的日常生活和意识形态,塑造了我们关于自己和他者的观念;它制约着我们的价值观、情感和对世界的理解;它不断地利用高新技术,诉求于市场原则和普遍的非个人化的受众……总而言之,媒介文化把传播和文化凝聚成一个动力学过程,将每一个人裹挟其中。于是,媒介文化变成我们当代日常生活的仪式和景观。"[2]媒介文化研究的关键问题之一便是跨学科性。媒介文化研究具有文化的和媒介的双向视角,既往的研究相对集中在两个学科领域,一是新闻传播学领域,二是文艺学领域,两个领域的研究侧重不同,新闻传播学领域主要是从传播学、社会学的角度,关注媒介文化的发展及其表征、媒介与社会的关系、媒介技术变迁对社会文化的形塑等,文艺学侧重于媒介文化文本的审美特征、艺术价值,以及媒介环境变化影响下的当代文学发展等。

格雷厄姆·莫多克基于传播政治经济学的视角,在重申阶级分析在文化研究中的重要作用之前有过这样的描述:"并非很久之前,曾经有这样一个时期,文化研究和传播研究是共同领域,并没有建立起各种边界和地盘。来自不同学科背景的学者汇聚在这个开放的领地,收集论据,培育着学科交叉所产生的各种新的概念种类。"[3]虽然起步时间不同,但中西学界的发展状态是类似的,媒介文化研究领域的确是一片"开放的领地"。有文章指出:"在正面当下问题意识和借鉴西来学术的基础上,要把'媒介研究'提升为'文化研究',走向'媒介文化研究'。"[4]"媒介文化这一概念及其相关研究应该是文化研究进一步发展的产物……因此,把媒介文化研究看作文化研究的一部分,应该不成问题。"[5]"媒介文化研究的动力直接来自20世纪80年代兴起的文化研究,而文化研究本身正是融会了社会学、文化学、文学批评、政治学等多学科的特征而成。"[6]

基于这样的认识,媒介文化的研究路径及理论方法带有明显的跨学科特征。类似这样的表述较为常见:"传媒文化研究融汇了新闻传播学、社会学、文化学、文学批评、政治学等多学科的特征,因此我们在研究中注重研究方法的多学科交融,借鉴文化研究的方法,多视角分析传媒活动中的各种文化现象。"[7]

对于具体的研究范式,有学者进行了探讨:"传媒与文化研究,本质上是阐述研究主体对研究客体的理性认识与价值评判,主要采用人文学科研究范式。从法兰克福学派的文化工业批判,到伯明翰学派的文化研究,从政治经济学的文化帝国主义批判,到后现代主义的后现代文化理论,都属于批判研究范式;而媒介环境学的传媒与文化研究,则是诠释研究范式。""传媒与文化研究可以是批判取向,可以是诠释取向,也可以是批判与诠释相融合的取

---

[1] 尼尔·波兹曼. 娱乐至死[M]. 章艳,译. 桂林:广西师范大学出版社,2004:18.
[2] 周宪."文化和传播译丛"总序[M]//尼克·史蒂文森. 认识媒介文化:社会理论与大众传播. 王文斌,译. 北京:商务印书馆,2013:3.
[3] 詹姆斯·库兰,米切尔·古尔维奇. 大众媒介与社会[M]. 杨击,译. 北京:华夏出版社,2006:2.
[4] 陈雪虎. 走向媒介文化研究[J]. 北京师范大学学报:社会科学版,2004(2):59.
[5] 赵勇. 大众媒介与文化变迁:中国当代媒介文化的散点透视[M]. 北京:北京大学出版社,2010:10.
[6] 于德山. 当代媒介文化[M]. 北京:新华出版社,2005:15.
[7] 蒋晓丽,石磊. 传媒与文化:文化视角下的传媒研究[M]. 北京:华夏出版社,2006:3.

向,甚至还可以吸取实证研究的长处,把人文学科研究范式与社会科学研究范式在某种程度上有机地结合起来。"①这种见解是很有启发意义的,尤其对新闻传播学领域更具针对性。从早期偏倚经验学派,到一度推崇批判学派,再到如今研究范式上呈现的二者融合趋势,媒介文化研究既要进行"是什么"的事实判断,也要进行"怎么样"的价值判断,表层量化与深度思辨相结合,凸现问题与提供策略相结合,批判与建设并进、人文关怀与忧患意识兼备,才是跨学科研究的价值体现。

一个有意思的问题是,媒介文化研究本土化的建构到底走向文化研究的媒介转向,还是走向媒介研究的文化转向呢?这个问题在文艺学和新闻传播学学者那里的回答侧重点略有区别。

有传播学学者指出:"作为一种强调文化与日常生活导向的传播研究正在兴起,这种正在兴起的传播研究与公民社会迅速崛起关联甚密……日常生活通过社会化媒体的技术赋权而变得越来越显性化,因此日常生活的文化似乎成为了一种有支配力的文化。通过微博等技术平台,公众的表达将日常生活无限放大,并因此为日常生活获得了话语权,对原有社会秩序和结构产生了深远的影响,这也许是新媒体对人类社会最为深远的影响了。文化不再隐藏于社会的背后,而是在社会的前台与社会控制取向的传播方式分庭抗礼。"②当代传播研究面临以往涉足不深的日常生活,面临更为复杂的文化面向,充满机遇和挑战。这种分析既描绘了媒介文化研究的新背景,也指出了媒介文化研究话题的日常化问题。让我们回顾一下雷蒙德·威廉斯对"文化"三种界定:一是理想的文化定义;二是文化的文献式定义;三是文化的"社会"定义。他将文化由原来人们认定的狭窄的"高级精神产品"延伸为人类学意义的"整体的生活方式",把文化视为"与我们的日常生活几乎成为同义的。"③这就将大众的生活方式纳入"文化"的范畴之内。"当下人们的现实生活已经很难脱离媒介的参与,媒介文化建构的日常生活空间正逐渐成为人们建构现实空间的参照系甚至模版。"④事实如此,媒介已深入日常生活的方方面面,威廉斯扩展文化的含义,也就为媒介文化研究确立了理论的合理性。⑤

立足于媒介文化研究的跨学科视野,也许我们就会发现,文化研究的媒介转向或者媒介研究的文化转向其实是个伪命题,当媒介活动成为日常伴随式的文化实践,重要的是把文化、日常生活、传播等概念勾连起来,作为媒介文化研究的新方向。

当我们用学院派的方式面对媒介文化的学科交融问题时,需要超越一种认识,媒介不能仅仅被视为载体,媒介文化并不存在于什么孤立的自治区里,随着新技术的更替,它越来越紧密地与日常生活发生联系,越来越需要在本体意义上去认识它。媒介文化是一种情境,一个过程,不是起点,更没有终点。媒介文化研究不断吸收各种学术传统,并借助和改造其他知识领域的术语与概念,综合各种学科和理论为我所用,所以,它并非完成时的单一理论主张,而是在历史变化着的知识工程和思想资源中不断重建自己的学术话语。尤其是日益变化的新媒介环境中,在这样"开放的领地"里,任何以封闭的心态对待这项研究、试图对媒介

---

① 董天策. 传媒与文化研究的学术路径与基本原则:"传媒与文化研究丛书"总序[J]. 当代传播,2011(5).
② 胡翼青. 论文化向度与社会向度的传播研究[J]. 新闻与传播研究,2012(3):10.
③ 罗钢,刘象愚. 文化研究读本[M]. 北京:中国社会科学出版社,2000:7.
④ 隋岩,张丽萍. 传媒消费主义带来的价值嬗变与文化反思[J]. 现代传播,2015(6):19.
⑤ 秦志希. 媒介文化研究的视域//武汉大学新闻传播研究所. "媒介文化研究"笔谈[J]. 武汉大学学报:人文科学版,2005(4):495.

文化的研究边界进行精确勾勒的行为都显得愚蠢。

三、"媒介+文化"与"媒介文化+"

与媒介文化研究的跨学科性几乎同样重要而又难以把握的另一个问题,是媒介文化概念的不确定性。本书称之为原发问题,在其产生的西方语境中就已经存在,在中国本土化的过程中同样不可避免。

从学界对"媒介文化"这一核心概念的不同阐释中发现,美国学者道格拉斯·凯尔纳1995年在其著作《媒体文化:介于现代与后现代之间的文化研究、认同性与政治》中的有关论述引用率极高,几乎成为"言必称希腊"式的经典。齐爱军指出,正是凯尔纳对"媒介文化"一词做有意识的学术概念的构建的。① 凯尔纳在该书的中文版序言中说:"媒体文化是诸种系统的组合……是一种图像文化,常常调度人的视觉和听觉……是一种产业文化……媒体文化也是高科技的文化,是一种将文化与科技以新的形式和结构融为一体的科技文化,它塑造诸种新型社会……""它避免了像'大众文化'和'流行文化'这样的意识形态的术语,同时让人们关注媒体文化得以制作、流布和消费的那种生产、发行以及接受的循环系统。"② 董天策的博士论文较早对传媒文化的概念进行了追根溯源的梳理分析,并把凯尔纳的两处重要论述大段摘录。他认为:从理论上讲,可以将传媒文化区别为广义与狭义两种概念。广义的传媒文化,就是以大众传媒为载体的文化,或者说通过大众传媒进行传播的文化,简言之,就是"媒介化的文化";狭义的传媒文化,则是大众传媒及其传播活动影响人们的生活方式乃至直接构成人们的生活方式这样一种文化,简言之,就是"媒介式的文化"。③

从中国媒介文化研究现状来看,综观国内研究者给出的各种定义,对媒介文化的界定大致有以下几种视角:

一是系统论的视角。该视角基于凯尔纳的理论,将媒介文化看成是一种过程、一个系统。如童兵的定义:"媒介文化,指在文化大系统(社会文化总体)中,以媒介为影响人的主要方式而构成的社会亚文化系统。"④基于这种视角的定义数量比较多,"所谓媒介文化,就是媒介产品所表征的意义及其受众的解读,它包含着从文化产品的生产、文本的呈现到文本的接收、运用这样一个过程。"⑤周宪的定义也源于凯尔纳:"关于传媒文化概念本身,也有不同的界定。但比较一致的看法是传媒文化是当代传媒发展形成的特定文化形态。它一方面与传播技术的发展关系密切,另一方面又与文化产业、视觉文化、全球化和本土化等诸多发展趋向相关。说到底,传媒文化就是传媒与文化的高度融合,是文化的日益传媒化。依照美国学者凯尔纳的说法,传媒文化是以电视为核心、以视觉符号为主导的大批量生产和大众消费的形式,它深刻地影响了我们的生活、价值观和认同感。"⑥於红梅在一篇学术综述中将"媒介文

---

① 齐爱军."媒介文化"的理论使命论析[J].国际新闻界.2012(5):44.
② 道格拉斯·凯尔纳.媒体文化:介于现代与后现代之间的文化研究、认同性与政治[M].丁宁,译.北京:商务印书馆,2004:9-10,60.
③ 董天策.消费时代的中国传媒文化研究[D].成都:四川大学,2006:46-47.
④ 童兵.理论新闻传播学导论[M].北京:中国人民大学出版社,2009:109.
⑤ 秦志希.媒介文化研究的视域//武汉大学新闻传播研究所."媒介文化研究"笔谈[J].武汉大学学报:人文科学版,2005(4):495.
⑥ 周宪,刘康.中国当代传媒文化研究[M].北京:北京大学出版社,2011:4.

化"定义为：人们运用传媒技术，在特定社会环境下所从事的文化产品的生产、流通和消费，以及经此而展开的意义建构的活动和过程。这些定义着眼生产与消费，重视技术的作用，强调动态化的考量。①

二是本体论的视角。鲍海波从本体论角度的三个不同层面说明什么是媒介文化，她的答案是：媒介文化是主体的人所创造的"第二自然"，是由电子媒体拷贝而成的镜像甚至是类像世界，已成为具有自主生命能力的本体世界。②"媒介文化既是人对自然本能的超越，同时也是人类在社会实践中借助于媒体及其表征系统来实现人的本质力量的对象化，具有内在的机理和文化图式以促进个体的意识形态。"③她还进一步分析了媒介文化的"三重复合形态"，即新产品的、商品和文本的复合结构。鲍海波是国内学者中少有的对媒介文化进行本体论建构的学者，其界定突破单一的视角，是多维视角下的理论成果。

三是认识论的视角。这种视角强调的是对媒介文化的形态、功能、价值等的认识。如赵勇认为：媒介文化是大众文化发展到一个新阶段之后所出现的文化形式，既是一种全面抹平的文化，也是一种杂交文化，同时还是一种不断生成的文化。④ 齐爱军认为要从四个方面理解，媒介文化是依托现代传播媒介技术而形成的一个社会辐射力最强的文化装置，是一个连续不断的文化循环生产流程，是充满竞争性的文化空间，是不再区分高雅文化与大众文化、通俗文化差异的文化，具有无可改变的多元性。⑤

媒介文化的内涵界定，应该属于媒介文化研究的原点问题，关于这个问题梳理的难度，可以管窥该领域研究的广与杂。有些著述或者语焉不详，或者避而不谈，似乎这个概念是不言自明的；有的论述则仅"划出一个大致的阐释范围"，比如"更愿意将媒体文化看成现代媒体先进的传播功能与社会流行趣味结合的产物"，"媒体文化最主要的品格是主动与社会的流行趣味结缘，媒体文化基本上就是流行文化的同义语"。这样一来，对传媒文化的研究不能不说就被转换成了对流行文化的研究，甚至与作者自己所强调的"媒体文化的提出自有其特定的意义"⑥构成内在的矛盾。

也许是"媒介文化"的内涵与外延太宽泛了，的确难以厘清，就像凯尔纳说的："媒介文化极为复杂，而且至今为止依然抵制任何较为综合的理论概括。"⑦国内学界也有类似的表达，如："媒介文化研究是以整个媒体社会为文本的，有着无限广阔的空间。如果把媒介文化作为一个文本来解读的话，那么这是一个没有明确边际的文本……庞大的综合性社会文本。"⑧秦志希也认为："媒介文化研究如同文化研究一般，具备开放性和极大的包容性，带有'学无边界'的'后学科'特征。"⑨

"媒介文化是……"这样的判断句给出的定义或者界定，如果是通常的本质主义（essen-

---

① 於红梅.批判地审视媒介文化研究：基于2009—2010年媒介文化研究的评述[J].新闻大学，2011(2)：137.
② 鲍海波.文化转向与媒介文化研究的任务[J].新闻与传播研究，2006(3)：48-49.
③ 鲍海波.媒介文化的阐释与批判[M].北京：中国社会科学出版社，2009：83.
④ 赵勇.媒介文化源流探析[J].河南社会科学，2009(1)：151.
⑤ 齐爱军."媒介文化"的理论使命论析[J].国际新闻界，2012(5)：45.
⑥ 董天策.消费时代的中国传媒文化研究[D].成都：四川大学，2006：44-45.
⑦ 道格拉斯·凯尔纳.媒体文化：介于现代与后现代之间的文化研究、认同性与政治[M].丁宁，译.北京：商务印书馆，2004：13.
⑧ 蒋原伦.媒介文化十二讲[M].北京：北京大学出版社，2010：10.
⑨ 秦志希.媒介文化研究的视域//武汉大学新闻传播研究所."媒介文化研究"笔谈[J].武汉大学学报(人文科学版)，2005(4)：494.

tialism)的定义,有可能会陷入某种困境,因为媒介文化研究人言人殊的局面很难被一个"自封"的定义打破。在没有权威定义的状态下,研究者采用话语(discourse)研究的定义策略更加可靠,凯尔纳也是用了这样的策略。正如伯明翰学派的斯图亚特·霍尔拒绝给文化研究下一个普遍的描述性定义一样,霍尔对此的解释是:"文化研究具有多种话语,其中存在许多不同的理论。它是一个复合的整体,每一部分具有不同的历史……我坚持这种看法!"①也许,这样的解释同样适用于媒介文化研究。

讨论媒介文化的核心概念,当然不是为了寻找一个绝对正确甚至可能并不存在的定义。正如前文所述,核心概念的不确定性、研究视角的跨学科性可以说既是媒介文化研究的原发问题,也是自带特征;既是两个问题,又是同一个本质问题,重要的不是给媒介文化确定一个被普遍认可的定义,而是在研究中永远不能忽视它开放、动态而多元的本质特征。媒介文化研究显然不是"媒介"加上"文化"的简单拼贴与组合,既有的研究多呈现出"媒介+文化"的思维定势,但是在"互联网+"思路的启发之下,我们可否大胆设想开辟一条"媒介文化+"的理路?借用周宪关于批判的文化社会学的研究路径的表达,媒介文化研究应该是一种开放的系统:既非狭隘的经验社会学的实证研究,也不是纯粹抽象的形而上思辨,是在两者之外的第三条路径。② 这条路径呼唤开放的视野和对话的姿态,强调学理性研究和问题意识的兼及并重。具体而言就是强调多学科交叉互渗:社会学的方法和视野是基本框架;历史学的观念不可或缺;要具有一种世界眼光和人类学的视野;对各种社会关系和文化命运抱有批判和关注。

四、十字路口的展望

展望中国媒介文化研究的未来,首先要基于现状、吸收成果、正视问题。整体而言,媒介文化研究取得了较为丰硕的研究成果,但也存在对西方理论资源过分倚重的现象。"媒介文化研究中值得我们深刻反思的问题主要包括:一是媒介文化的研究状况与媒介文化的快速发展不相协调。二是媒介文化研究的本土化与学术后殖民化之间的矛盾。三是媒介文化研究的理论创造力贫乏与其历史解释力之间的不协调。"③这种分析很有见地,的确,中国媒介文化的研究版图整体上景观多样,层次不一。多数著述广泛征用西方理论资源,以经验考察与理论分析相结合的方法,着重对媒介现象、事件、征候、个案的探究,微观层面的研究大于系统整体的理论建构。且微观层面的研究与日常生活实践缺乏勾连,探讨又未能在文化产品的生产与流通的背景下深入,无法阐释文化与社会、文化与权力之间的关系。具有一定的知识性的话语建构,但与形成具有中国特色的研究范式以及本土化的学术谱系还有一定的距离。

"我始终认为文化研究在20世纪90年代的中国出现并迅速发展的根本动力还是来自中国现实社会文化的要求,而不是西方文化研究的'理论旅行'"。④ 很多学者都强调要结合当下的社会文化实践开展研究,但实际研究并不够深入,脱离中国社会生活和媒介发展的实际。有些学者常常有意无意"绑架"着某种西方理论完成一次煞有介事的"理论旅行",外来的话语资源被当作解决现实问题的工具,大量贴标签式的研究其实不仅是一种"失语",也是

---

① 此处受到刘海龙关于传播概念讨论的启发。刘海龙. 大众传播理论:范式与流派[M]. 北京:中国人民大学出版社,2008:4,353.
② 周宪. 文化表征与文化研究[M]. 北京:北京大学出版社,2007:6-7.
③ 鲍海波. 媒介文化的研究现状及其本土化反思[J]. 新闻知识,2008(12):8.
④ 陶东风. 社会理论视野中的文学与文化[M]. 广州:暨南大学出版社,2002:71.

学界急功近利的表现。"语境化的文化研究是从现存的当代文化和社会中的现实斗争的角度来读解文化文本,把意识形态的分析置于现存的社会—政治的论争与冲突中,而不仅仅涉及那些被假定是铁板一块的统治性意识形态或某种被简单地等同于意识形态的操纵或统治本身的大众文化模式。"①其实,不仅是发现并直面中国媒介文化的现实问题,更重要的是运用什么理论武器去解决现实问题,而问题的关键恰恰在后者。

如今,数字技术的发展使得"饭圈亚文化、媒介化空间转向、以短视频为代表的视听文化、社交媒体文化、数字化的审美鸿沟等议题颇受关注"②,当代媒介文化不断发生裂变与重构。我们应该记得布尔迪厄的提醒,人文社会科学的反思性是多么重要的思维方式,要避免所谓"生成的遗忘","为了把艺术品的经验变成普遍的本质,付出了双重的非历史化的代价,即作品和作品观照的非历史化的代价"。"在与文本(或事件)的一种直接认同的天真性中体验超历史是不够的,应该证明它。"③这种提醒在当下以热点与个案为研究重地的媒介文化领域,显得特别迫切,避免对于文化、知识的历史发生的遗忘,才是真正通向媒介文化本土化建构的路径。传播学奠基人威尔伯·施拉姆关于传播学研究有一个著名的比喻——十字路口,这里看似繁忙,许多人经过,但很少有人逗留。意指不同学科的学者来到这里,带来些真知灼见,但是又很快回到自己的学科中去。媒介文化研究的状况近乎于此,仿佛一个繁忙的十字路口,匆匆而过的身影太多。这里呼唤开放的理论视野和跨学科的知识积累,更需要有真正驻足停留并能够扎根的学者。

我们要走的不是"西方理论、本土实践"的西方中心主义学术老套路,而是"作为传播的文化"视野下的创新。"人文学科所最关注的是具体的特殊性而不是普遍的通性。"④寻找媒介文化本土化研究的"具体的特殊性",既包括基于本土文化、提出原创问题,也包括基于本土文化、利用传统理论资源。本土化的探索必然不能止步于西学的接受,如果说本土问题的发现与解决是眼前利益,那么本土理论资源的挖掘则是长久之计了,可以为研究提供持久动力、提升续航能力。那么,中国传统文化资源是否具有值得挖掘的空间,可否延伸探索的方向?在学习引进和传播运用西方理论资源的基础上,在国内学术界对传统文化再反思的大趋势之下,是否可以回顾"轴心时代",挖掘中国文化传统理论资源,映照当下的媒介文化图景,开发更有意义的学术话题?陶东风提出:"一个有生命力的学科应该具有积极而开放的胸怀,一种积极突破、扩展疆域的心态……文学理论的飞跃式发展常常发生在边界被打破、其他学科的研究方法积极'侵入'的时候;这些开创性的大师恰好常常是文学研究的'外人'。"⑤前文所述媒介文化研究徘徊于"十字路口"的境遇,乍看之下感觉尴尬,而从另一种角度来说,也许恰是一种蓄势待发的姿态,我们有理由期待这里蕴含着未来更多可能。

---

① 道格拉斯·凯尔纳.媒体文化:介于现代与后现代之间的文化研究、认同性与政治[M].丁宁,译.北京:商务印书馆,2004:175.
② 曾一果,毛佳佳.数字技术驱动下媒介文化的裂变与重构:2020年我国媒介文化研究状况扫描[J].中国图书评论,2021(4):94.
③ 皮埃尔·布尔迪厄.艺术的法则[M].刘晖,译.北京:中央编译出版社,2011:269,292.
④ 林毓生.中国传统的创造性转化[M].北京:生活·读书·新知三联书店,1988:22.
⑤ 陶东风,徐艳蕊.当代中国的文化批评[M].北京:北京大学出版社,2006:54.

参考文献

阿尔文·托夫勒. 第三次浪潮[M]. 黄明坚,译. 北京:中信出版社,2018.
阿伦·布洛克. 西方人文主义传统[M]. 董乐山,译. 北京:生活·读书·新知三联书店,1997.
爱弥尔·涂尔干. 宗教生活的基本形式[M]. 渠东,汲喆,译. 上海:上海人民出版社,1999.
埃里克·麦克卢汉,弗兰克·秦格龙. 麦克卢汉精粹[M]. 何道宽,译. 南京:南京大学出版社,2000.
柏拉图. 柏拉图全集[M]. 王晓朝,译. 北京:人民出版社,2017.
班固. 汉书[M]. 北京:中华书局,1962.
保罗·莱文森. 数字麦克卢汉:信息化新千纪指南[M]. 2版. 何道宽,译. 北京:北京师范大学出版社,2014.
保罗·莱文森. 软边缘:信息革命的历史与未来[M]. 熊澄宇,译. 北京:清华大学出版社,2002.
北京大学哲学系外国哲学史教研室. 西方哲学原著选读[M]. 北京:商务印书馆,2003.
北京大学哲学系外国哲学史教研室. 古希腊罗马哲学[M]. 北京:商务印书馆,1961.
贝克莱. 人类知识原理[M]. 关文运,译. 北京:商务印书馆,2017.
布鲁克·诺埃尔·穆尔,肯尼思·布鲁德. 思想的力量[M]. 9版. 李宏昀,倪佳,译. 北京:北京联合出版公司,2017.
彼得斯. 交流的无奈:传播思想史[M]. 何道宽,译. 北京:华夏出版社,2003.
查·索·博尔尼. 民俗学手册[M]. 程德祺,等译. 上海:上海文艺出版社,1995.
陈独秀. 独秀文存[M]. 合肥:安徽人民出版社,1987.
陈鼓应. 老庄新论[M]. 上海:上海古籍出版社,1992.
陈鼓应. 老子注译及评介[M]. 北京:中华书局,1984.
陈鼓应. 庄子今注今译[M]. 北京:中华书局,1983.
陈其南. 家族与社会[M]. 台北:联经出版公司,1990.
陈绶祥. 中国绘画断代史·魏晋南北朝绘画[M]. 北京:人民美术出版社,2000.
陈振濂. 书法学[M]. 南京:江苏凤凰美术出版社,2019.
程郁儒. 民族文化传媒化[M]. 北京:中国社会科学出版社,2011.
崔林. 媒介史[M]. 北京:中国传媒大学出版社,2017.
戴维·克劳利,保罗·海尔. 传播的历史:技术、文化和社会[M]. 6版. 董璐,等译. 北京:北京大学出版社,2018.
丹尼尔·贝尔. 后工业社会的来临[M]. 高铦,等译. 南昌:江西人民出版社,2018.
道格拉斯·凯尔纳. 媒体文化:介于现代与后现代之间的文化研究、认同性与政治[M]. 丁宁,译. 北京:商务印书馆,2004.
丁宁. 西方美术史十五讲[M]. 北京:北京大学出版社,2016.
段玉裁. 说文解字注[M]. 北京:中华书局,2013.
恩斯特·卡西尔. 人论[M]. 甘阳,译. 上海:上海译文出版社,2004.
费孝通. 文化与文化自觉[M]. 北京:群言出版社,2010.
冯友兰. 三松堂全集[M]. 郑州:河南人民出版社,2000.
冯友兰. 中国哲学史新编[M]. 北京:人民出版社,1982.
郭若虚. 图画见闻志[M]. 沈阳:辽宁教育出版社,2001.

龚自珍. 龚自珍全集[M]. 上海：上海人民出版社，1975.
伽达默尔. 真理与方法：哲学诠释学的基本特征[M]. 洪汉鼎，译. 北京：商务印书馆，2010.
伽达默尔. 真理与方法：补充和索引[M]. 洪汉鼎，译. 北京：商务印书馆，2010.
简·艾伦·哈里森. 古代艺术与仪式[M]. 刘宗迪，译. 北京：生活·读书·新知三联书店，2008.
蒋晓丽，石磊. 传媒与文化：文化视角下的传媒研究[M]. 北京：华夏出版社，2006.
蒋原伦. 媒介文化十二讲[M]. 北京：北京大学出版社，2010.
哈罗德·伊尼斯. 传播的偏向[M]. 何道宽，译. 北京：中国人民大学出版社，2003.
哈罗德·伊尼斯. 帝国与传播[M]. 何道宽，译. 北京：中国传媒大学出版社，2015.
海德格尔. 演讲与论文集[M]. 孙周兴，译. 北京：生活·读书·新知三联书店，2005.
韩愈. 韩愈集[M]. 严昌，校点. 长沙：岳麓书社，2000.
黑格尔. 精神现象学[M]. 贺麟，王玖兴，译. 北京：商务印书馆，1979.
黑格尔. 小逻辑[M]. 贺麟，译. 北京：商务印书馆，2017.
黑格尔. 哲学史讲演录[M]. 贺麟，王太庆，译. 北京：商务印书馆，2017.
洪浚浩. 传播学新趋势[M]. 北京：清华大学出版社，2014.
胡百精. 危机传播管理[M]. 北京：中国传媒大学出版社，2005.
胡泳. 数字位移：重新思考数字化[M]. 北京：中国人民大学出版社，2020.
黄寿祺，张善文. 周易译注[M]. 上海：上海古籍出版社，2010.
季羡林. 中印文化关系史论文集[M]. 北京：生活·读书·新知三联书店，1982.
卡尔·霍夫兰，欧文·贾尼斯，等. 传播与劝服：关于态度转变的心理学研究[M]. 张建中，等译. 北京：中国人民大学出版社，2015.
卡特. 中国印刷术的发明和它的西传[M]. 吴泽炎，译. 北京：商务印书馆，1957.
凯文·凯利. 科技想要什么[M]. 熊祥，译. 北京：中信出版社，2011.
康德. 道德形而上学原理[M]. 苗力田，译. 上海：上海人民出版社，2002.
康德. 康德著作全集[M]. 李秋零，译. 北京中国人民大学出版社，2013.
克利福德·格尔茨. 文化的解释[M]. 韩莉，译. 南京：译林出版社，2008.
勒纳，等. 西方文明史[M]. 王觉非，等译. 北京：中国青年出版社，2005.
雷吉斯·德布雷. 普通媒介学教程[M]. 陈卫星，王杨，译. 北京：清华大学出版社，2014.
理查德·塔纳斯. 西方思想史[M]. 吴象婴，等译. 上海：上海社会科学院出版社，2016.
李敖. 谭嗣同全集[M]. 天津：天津古籍出版社，2016.
李大钊. 李大钊全集[M]. 石家庄：河北教育出版社，1999.
李筠. 西方史纲：文明纵横 3000 年[M]. 长沙：岳麓书社，2020.
李约瑟. 中国科学技术史[M]. 北京：科学出版社，1975.
李宗荣. 信息心理学：背景、精要及应用[M]. 武汉：武汉大学出版社，2017.
黎志添. 宗教研究与诠释学：宗教学建立之思考[M]. 香港：香港中文大学出版社，2003.
梁启超. 饮冰室合集[M]. 北京：中华书局，1989.
梁启超. 论中国学术思想变迁之大势[M]. 上海：上海古籍出版社，2001.
雷吉斯·德布雷. 普通媒介学教程[M]. 陈卫星，王杨，译. 北京：清华大学出版社，2014.
雷蒙德·威廉斯. 关键词：文化与社会的词汇[M]. 刘建基，译. 北京：生活·读书·新知三联书店，2005.
刘海龙. 大众传播理论：范式与流派[M]. 北京：中国人民大学出版社，2008.
刘建明，等. 西方媒介批评史[M]. 福州：福建人民出版社，2007.
刘熙载. 艺概[M]. 上海：上海古籍出版社，1978.
柳诒徵. 中国文化史[M]. 北京：中国和平出版社，2014.
卢辩，注. 孔广森，补. 大戴礼记补注[M]. 北京：中华书局，1985.
卢德之. 论共享文明：兼论人类文明协同发展的新形态[M]. 北京：东方出版社，2017.

卢克莱修.物性论[M].方书春,译.北京:商务印书馆,2009.
卢辅圣.中国书画全书:第2册[M].上海:上海书画出版社,1993.
鲁丝·本尼迪克特.文化模式[M].王炜,等译.杭州:浙江人民出版社,1987.
鲁迅.鲁迅全集[M].北京:人民文学出版社,1981.
罗钢,刘象愚.文化研究读本[M].北京:中国社会科学出版社,2000.
罗素.西方哲学史[M].何兆武,李约瑟,译.北京:商务印书馆,1963.
罗杰斯.传播学史:一种传记式的方法[M].殷晓蓉,译.上海:上海译文出版社,2002.
马丁·布伯.人与人[M].张健,韦海英,译.北京:作家出版社,1992.
马丁·布伯.我与你[M].陈维纲,译.北京:商务印书馆,2015.
马克思.机器。自然力和科学的应用[M].北京:人民出版社,1978.
马克斯·舍勒.人在宇宙中的地位[M].李伯杰,译.贵阳:贵州人民出版社,2018.
马克斯韦尔·麦库姆斯.议程设置:大众媒介与舆论[M].郭镇之,徐培嘉,译.北京:北京大学出版社,2008.
马歇尔·麦克卢汉.理解媒介:论人的延伸[M].何道宽,译.北京:商务印书馆,2000.
玛格丽特·米德.文化与承诺:一项有关代沟问题的研究[M].周晓虹,周怡,译.石家庄:河北人民出版社,1987.
玛丽·吉科.超连接:互联网、数字媒体和技术-社会生活[M].2版.黄雅兰,译.北京:清华大学出版社,2019.
曼纽尔·卡斯特.网络社会的崛起[M].夏铸九,等译.北京:社会科学文献出版社,2001.
迈克尔·舒德森.新闻社会学[M].徐桂权,译.北京:华夏出版社,2010.
毛泽东.毛泽东选集[M].北京:人民出版社,1991.
米尔恰·伊利亚德.神圣与世俗[M].王建光,译.北京:华夏出版社,2002.
苗力田.亚里士多德全集[M].徐开来,译.北京:中国人民大学出版社,1992
牟宗三.中西哲学之会通十四讲[M].上海:上海古籍出版社,1997.
牟宗三.历史哲学[M].9版.台北:台湾学生书局,1988.
尼尔·波兹曼.娱乐至死[M].章艳,译.桂林:广西师范大学出版社,2004.
尼古拉·尼葛洛庞帝.数字化生存[M].20周年纪念版.胡泳,范海燕,译.北京:电子工业出版社,2017.
潘德荣.诠释学导论[M].桂林:广西师范大学出版社,2015.
培根.新工具[M].许宝骙,译.北京:商务印书馆,2017.
皮埃尔·布尔迪厄.关于电视[M].许钧,译.沈阳:沈阳辽宁教育出版社,2000.
皮埃尔·布尔迪厄.艺术的法则[M].刘晖,译.北京:中央编译出版社,2011.
钱穆.国史大纲:全2册[M].北京:商务印书馆,2010.
钱穆.中国文化导论[M].上海:三联书店出版社,1988.
钱穆.晚学盲言[M].桂林:广西师范大学出版社,2004.
阮元.十三经注疏[M].北京:中华书局,1980.
汝信,等.西方著名哲学家评传[M].济南:山东人民出版社,1984.
邵大箴.外国美术名家传[M].太原:山西人民出版社,1986.
瑟韦斯,玛丽考.发展传播学[M].张凌,译.武汉:武汉大学出版社,2014.
司马迁.史记[M].北京:中华书局,1982.
斯蒂芬妮·麦克卢汉,等.麦克卢汉如是说:理解我[M].何道宽,译.北京:中国人民大学出版社,2006.
斯塔夫里阿诺斯.全球通史:从史前到21世纪[M].7版.吴象婴,梁赤民,译.北京:北京大学出版社,2020.
宋希仁.西方伦理思想史[M].北京:中国人民大学出版社,2010.
索绪尔.普通语言学教程[M].高名凯,译.岑麒祥,叶蜚声,校注.北京:商务印书馆,1999.
索绪尔.普通语言学手稿[M].于秀英,译.南京:南京大学出版社,2011.
陶思炎.应用民俗学[M].南京:江苏教育出版社,2001.

特伦斯·霍克斯. 结构主义和符号学[M]. 瞿铁鹏,译. 上海:上海译文出版社,1987.
童兵. 理论新闻传播学导论[M]. 北京:中国人民大学出版社,2009.
王弼. 王弼集校释:周易略例[M]. 楼宇烈,校释. 北京:中华书局,1980.
王夫之. 船山全书[M]. 长沙:岳麓书社,1996.
王介南. 中外文化交流史[M]. 上海:书海出版社,2004.
王利器. 文心雕龙校证[M]. 上海:上海古籍出版社,1980.
王鹤鸣,王澄. 中国祠堂通论[M]. 上海:上海古籍出版社,2013.
王工. 守望记忆:中国当代若干美术问题思考[M]. 石家庄:河北教育出版社,2012.
王守仁. 传习录校释[M]. 萧无陂,校释. 长沙:岳麓书社,2012
王霄冰. 仪式与信仰:当代文化人类学新视野[M]. 阿曼古丽,等译. 北京:民族出版社,2008.
王先谦. 荀子集解[M]. 沈啸寰,王星贤,点校. 北京:中华书局,1988.
汪裕雄. 意象探源[M]. 合肥:安徽教育出版社,1996.
威尔伯·施拉姆,威廉·波特. 传播学概论[M]. 陈亮,等译. 北京:新华出版社,1984.
威尔伯·施拉姆,威廉·波特. 传播学概论[M]. 何道宽,译. 北京:中国人民大学出版社,2010.
韦政通. 中国哲学辞典[M]. 王冰,校勘. 长春:吉林出版集团有限责任公司,2009.
乌尔里希·贝克. 风险社会:新的现代性之路[M]. 张文杰,何博闻,译. 南京:译林出版社,2018.
吴军. 全球科技通史[M]. 北京:中信出版社,2019.
吴予敏. 无形的网络:从传播学角度看中国的传统文化[M]. 北京:国际文化出版公司,1988.
习近平. 摆脱贫困[M]. 福州:福建人民出版社,2014.
习近平. 习近平谈治国理政:第一卷[M]. 北京:外文出版社,2014.
习近平. 习近平谈治国理政:第二卷[M]. 北京:外文出版社,2017.
习近平. 习近平谈治国理政:第三卷[M]. 北京:外文出版社,2020.
项翔. 近代西欧印刷媒介研究——从古腾堡到启蒙运动[M]. 上海:华东师范大学出版社,2001.
肖峰. 信息技术哲学[M]. 广州:华南理工大学出版社,2016.
徐复观. 学术与政治之间[M]. 北京:九州出版社,2014
徐复观. 中国艺术精神[M]. 上海:华东师范大学出版社,2001.
徐耀魁. 西方新闻理论评析[M]. 北京:新华出版社,1998.
徐震堮. 世说新语校笺[M]. 北京:中华书局,1984.
许慎. 说文解字[M]. 北京:中华书局,1963.
亚里士多德. 政治学[M]. 吴寿彭,译. 北京:商务印书馆,2009.
颜之推,等. 颜氏家训集解:增补本[M]. 王利器,集解. 北京:中华书局,1996.
杨柏岭. 江顺诒研究. 芜湖:安徽师范大学出版社,2019.
杨伯峻. 论语译注[M]. 北京:中华书局,1980.
杨伯峻. 孟子译注[M]. 北京:中华书局,1962.
杨瑞明,张丹,季燕京,毛峰. 文明传播的哲学视野[M]. 北京:中国社会科学出版社,2012.
于德山. 当代媒介文化[M]. 北京:新华出版社,2005.
俞剑华. 中国古代画论类编[M]. 北京:人民美术出版社,2004.
约翰·杜威. 民主主义与教育[M]. 王承绪,译. 北京:人民教育出版社,2001.
翟杰全. 让科技跨越时空:科技传播与科技传播学[M]. 北京:北京理工大学出版社,2002.
詹姆斯·凯瑞. 作为文化的传播:"媒介与社会"论文集[M]. 丁未,译. 北京:中国人民大学出版社,2019.
詹姆斯·罗尔. 媒介、传播、文化:一个全球性的途径[M]. 董洪川,译. 北京:商务印书馆,2005.
张岂之. 中国传统文化[M]. 3版. 北京:高等教育出版社,2010.
张磊. 孙中山文粹:上、下[M]. 广州:广东人民出版社,2009.
张立文,等. 玄境:道学与中国文化[M]. 北京:人民出版社,2005.

张彦远.历代名画记[M].北京:人民美术出版社,1963.
张荫麟.中国史纲[M].北京:中国和平出版社,2014.
赵毅衡.符号学原理与推演[M].南京:南京大学出版社,2011.
郑师渠.历史视野下的中国家风文化[M].广州:广东人民出版社,2015.
郑永年.郑永年论中国:中国的知识重建[M].北京:东方出版社,2018.
郑永年.郑永年论中国:中国的文明复兴[M].北京:东方出版社,2018.
中共中央编译局.马克思恩格斯全集[M].北京:人民出版社,1979.
中共中央编译局.马克思恩格斯选集[M].北京:人民出版社,1995.
仲富兰.民俗传播学[M].上海:文化出版社出版,2007.
周荣庭.运营数字媒体[M].北京:科学出版社,2012.
周宪.文化表征与文化研究[M].北京:北京大学出版社,2007.
朱伯雄.外国美术名作欣赏[M].上海:上海人民出版社,1984.
朱人求.儒家文化哲学研究[M].合肥:安徽人民出版社,2008.
朱熹.四书章句集注[M].北京:中华书局,1983.
宗白华.美学散步[M].上海人民出版社,1981.
左丘明.左传[M].杜预,集解.上海:上海古籍出版社,2015.

后　　记

本书的写作来自课堂教学与实践，原课程名称为"文化与传播专题"，而课程的启航又来自对新媒介环境下新闻传播人才培养方向的思考。

2013年，安徽师范大学新闻与传播学院入选中宣部、教育部首批10所部校共建新闻学院试点单位。2016年，学校修订新一轮人才培养方案。经过多方调研，我们认为当前新闻与传播人才培养面临诸多的挑战，需要探索新的转型方向。一是需要重新认识加拿大学者麦克卢汉"媒介即讯息"等主张，尤其是媒介是载体还是本体，需要辩证地理解；二是要重塑新闻传播的质量意识，深度思考并解决传播"品质弱化"问题；三是要重视"传播学本土化"尤其是"本土传播学"研究不足的现状，解决传播者文化素养断代的问题；四是需要重视文化传播人才培养重技能轻修养的现象，夯实文化修养与科学素养等。

总之，随着新媒介的出现与快速发展，新闻与传播学学科的确立，我们中的部分人越来越信服"媒介即讯息"的主张。于是，原本为载体的媒介渐趋本体化，我们过分重视"媒介"本身，忽视了传播者文化修养的提升与知识结构的优化，忽视了对传播内容的专业性学习与把握，忽视了传播效果以育人为要的品质诉求。这样，原本为工具存在的媒介，此时就更加空壳化。鉴于此，我们确立了"人文与科技并重，理论与实践结合"的人才培养规格，以此为指导思想，在人文方面，新增了"文史哲导论""应用语文""文化与传播专题"等课程。

新课程确立并得到学校同意后，学院成立了课程组。从2016年下半年开课，之后每学年均有开设，在一轮轮的教学过程中打磨教材内容。围绕文化与传播的理论与实践问题，课程的主要内容包括中西文化的起源、先秦儒家文化传播实践、中国汉魏六朝绘画艺术及其传播、地域文化（安徽）传播、西方视听文化传播、跨文化传播等。教学效果优秀，学生反馈良好。

在课程建设过程中，"文化与传播专题"获得学院2016年马克思主义新闻观教育质量工程项目立项、2020年省级教学示范课项目立项。《文化与传播十五讲》入选安徽省质量工程项目——省级规划教材（普通高校文化传播类专业系列教材，项目编号：2017ghjc043）。

在授课的基础上，《文化与传播十五讲》的编写工作持续进行。从拟定写作提纲开始，我们在芜湖、扬州等地数次组织研讨，王世华、庄华峰、余尚文、谢清果等专家提出过修改意见。经过数年打磨，即将付梓，回想一下，本教材编写力求突出两个特点：

第一，显示开放性、具有链接性，彰显徽文化传播特色。文化、传播既是两个关键词，也具有同构关系，显示出文化与传播在跨学科性上的开放性，涵盖内容丰富，要有一定的知识容量和思想容量。一是搭建课程链接专业教育和通识教育的桥梁作用——突出教材的针对性，面向新闻传播大类招生、文理兼收的本科生，把握教材编写基于专业课程、高于一般通识课程的难易度与普适性；二是构建课程链接传统文化与现代文化、地域文化与全球文化的延伸作用——强化课程的引导效果，引发学生找到相关话题，启发自主学习的兴趣；三是突出地方文化特色，教材第一讲、第十三讲、第十四讲、第十五讲等内容都与徽文化传播具有紧密联系,对徽文化传播问题有较深入的探讨。

第二,实现融通性与专业性、知识性与趣味性、前瞻性与基础性的结合。文化与传播具有共时性、历时性两种维度,既有要坚守的人文精神,又有与时俱进的时代品质。本教材重视基础培养和兴趣开发,抓住中西文化中一些有特色的内容和亮点,用典型事例和材料进行具体深入的阐述。力求深入浅出,在介绍知识的同时,讲出中西文化的精神、内在意味、核心价值等,让理论活起来,让课堂活起来,把人文精神灌注其中,注重培养学生的人文情怀。

本书是集体智慧的结晶,各部分执笔人是:前言(杨柏岭),第一讲(赵忠仲),第二讲、第三讲(张泉泉),第四讲、第五讲、第六讲、第七讲、第八讲、第九讲(杨柏岭),第十讲、第十一讲、第十二讲(王友群),第十三讲、第十四讲、第十五讲(秦枫),结语(张泉泉),参考文献(张泉泉),最后由杨柏岭、张泉泉统稿。

本书的出版要感谢中国科学技术大学出版社的领导和编辑认真细致的工作。

期待诸位读者的批评与指正。

杨柏岭　张泉泉
2021 年 8 月